新台灣文庫9

（復刻版）

四十五自述

我的文學歷程

張良澤 著

復刻版序

張良澤

在共匪包圍台灣的今天，恨不得到前線舞大刀，卻躲在後方揮小筆，實感無奈！

只因老弟黃一城醫師急著要複印幾本送給親友，還說很多人想買都買不到。

進而前衛出版社林文欽兄建議乾脆重新改訂，出版「決定版」如何？我說我已答應讀者要寫《九十自述》，屆時會把《四十五自述》包含進去。

結論：爲了應急，照原版複印一千本，送我三百本；關於經費，要我不必管。多謝文欽兄和一城弟。

每次談起這本拙著的出版，就想起當初在美國出版時，林衡哲兄出錢出力，親自跑到香港印刷廠，又被騙了錢，搞到衡哲兄胃出血，險些送了命。

所以，本書的誕生，要先感謝林衡哲醫師。

餘生當盡全力，完成《九十自述》，以報答諸友及愛讀者之厚愛。

二〇二二・八・五　酷暑

（復刻版）《四十五自述》勘誤表

頁碼	行數	誤	正
11	末行	苧麻	蓖蔴
13	8	清便車	輕便車
15	3	陳×敦	陳錦敦
27	1	××號軍艦	太平號軍艦
39	12	神町區	新町區
45	5	台灣風物	台灣風土
59	1	我又一次	我有一次
87	1	四弟良朋	四弟良明
109	10	付嘘	嘘付
176	8	盆（）	盆景
199	9	三數個月	數個月
225	10	趙剛	紀剛
241	7	張星健	張星建
247	末行	蕭瓏	蕭壠
247	末行	瑣琅山房	琑琅山房
294	4	在鄭家	在陳家
309	10	塚木先生	塚本先生
310	3	西川先滿	西川滿
372	3	動車	自動車
433	2	哥德	歌德

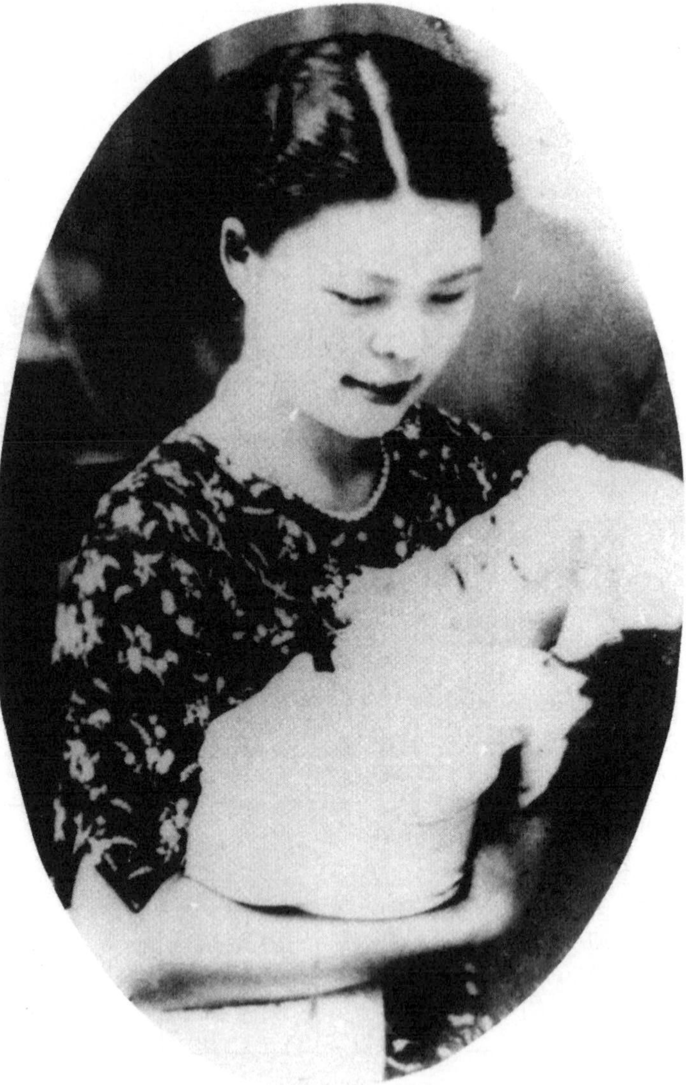

母親與我　　1939年10月張良澤生後滿月攝於彰化
1966年12月複製於日本

父親的畫像

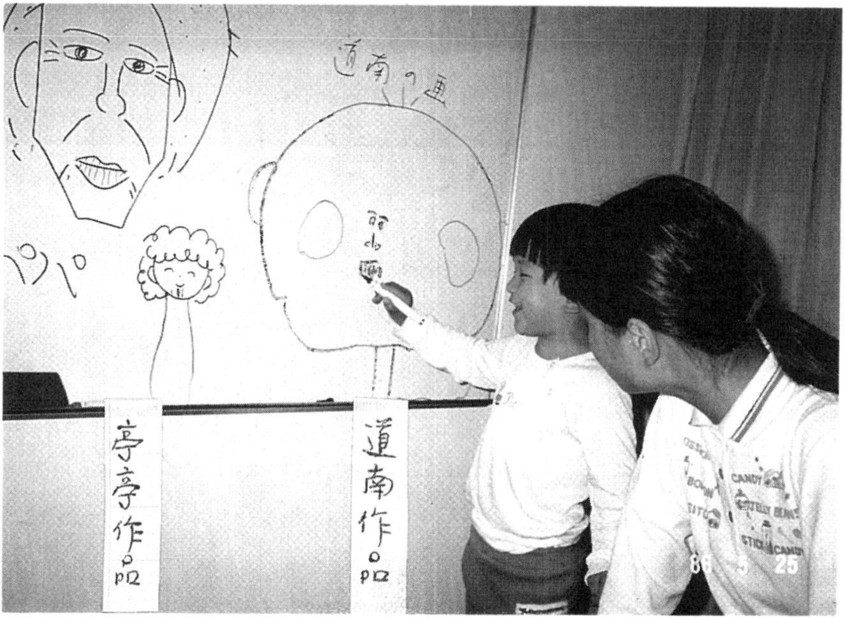

1986年 5 月25日張亭亭(11歲)、張道南(3 歲)
來探訪張良澤時，隨意作畫於黑板上。

目錄

凡例

張良澤

一、本書全憑記憶撰寫，無暇詳查資料，故年代順序、事情先後或有顚倒或有錯誤。

二、書中人名原則上以眞實姓名示之；但有的爲顧慮該人之淸譽，便隱其名，以旁字代之。有的筆者一時記不起來，則以×××代之。

三、當事人若發現書中記述與事實不符，則請開列具體事項，惠寄筆者，則必登報道歉，並於本書再版時訂正之。

四、讀友若發現有需補充或訂正之處，則請提供資料，俾便列入本書之補篇。提供者之姓名願意公開與否，亦請明示，必遵辦之。

五、筆者以寫「遺書」之態度執筆，雖略有隱蔽私事，但絕無意造假。

一九八六年七月十二日初稿完於東京大森

一、幼年時代（1939・9～1952・8）

近聞島內外有志一同要創辦台灣文化刊物，拉我入夥，我當義不容辭；可是又來信要我寫一篇我的文學歷程什麼的，我便有點躊躇了，並不是假客氣，實在是沒有什麼值得吹噓的。但盛情難卻，左思右想，想到萬一被「陳文成了」或被「江南了」（當然這未免太高估自己），則有口莫辯，死不瞑目；又想到平日只叫人寫回憶錄，而自己卻不留史料，未免說不過去；又想到偶有大小場合主事者要介紹我時，不是牛頭不對馬嘴，便是一片空白；又想到人生旅途已走過平均歲數的三分之二，也該對自己做一番反省回顧。於是，便說服自己提筆自剖。

但是，一旦提筆，又不知從何說起。大凡讀者都喜歡看些風流韻事，可是我的一筆風流爛賬又無從算起，而且今後也有可能隨時發生，所以最好留待入棺之前，再做個總賬，題為「張良澤懺悔錄」，以便匡正世道人心而不必包括自己了。

因此，這回自述就單表不必懺悔的部份，也就是我的光明面。（想看我黑暗面的人，以下不必讀了，等以後讀我的懺悔錄即可。）而既然要寫，就寫個淋漓盡致，以免以後再補充、訂正什麼的。

我的戶口登記是生於昭和十四年（一九三九）九月一日（大概不很正確）。出生地是埔里街烏牛欄，但老家是在員林郡五汴頭，因爲當時家父張水景當埔里街役場的獸醫，而家母張陳氏錦雲（彰化市人）亦在同役場當產婆。此時，祖父張開恭（漢醫、漢詩人）已去世。祖母張蕭氏葱，彰化社頭人，平埔族後裔也。根據族譜記載，祖先來自福建饒平，則必屬客家人；又我屬來台第十八代，則世居台灣至少三百年以上了。想像祖先挑一枝扁担、荷一把鋤頭，隻身來台開墾；清法又不准携眷入台，只得就地取材，娶「生蕃婆」或「熟蕃娘」爲妻，因此才得傳到我這十八代的「蕃子」。這些祖先之事，家父伯叔那一代都不知道，他們只知道自己是「台灣人」，只會講「台灣話」（於戰前也講「日本語」，於戰後也講「中國話」，因爲二者都是「國語」）。而我知道這些「路子」（根）也是近年的事。

彷彿記得幼年時代，父母因工作關係，先後住過和美、線西。那段時期，我只記得幾件事情如下：

●一羣同伴在玩停放於路邊的輕便車，大家搶著站在車上，沒有人推車，車子不動，大家楞楞地毫無趣味。我便跳下來，用力推動車子，大家便樂得嘻嘻哈哈。我心想：我要鍛鍊我的體力。同伴們愈高興，我愈推得起勁。

●隣居有位大姊姊，長得又豐滿又美麗，早上常常睡到很遲。我偶而到她們家去玩，愛偷看蚊帳裏睡覺的大姊姊；她寬鬆的睡衣裏面，好像奶仔很大。

●母親有一天去倒垃圾，看到池塘裏有一條大泥鰍，就用畚斗舀起來，跑回來大聲叫我來看。

●有一天，一隻母雞不見了，母親到處找，找到很晚也沒找到。是夜，我夢見那隻母雞回來了。果然，翌晨，那隻母雞回家了。母親大喜，而我沒告訴母親昨夜的夢。

●又一夜，我夢見大門邊有隻大青蛙。次晨，跑去一看，果然大門邊有隻大青蛙。我把牠抓來給母親料理。

●某日，小叔老遠來看我們，說是要到很遠的地方去，叫我和妹妹站在一起，他用小黑盒形的照相機給我們拍了一張照片。

●爸爸說：如果我在外面愛吃糖果的話，向店仔的人說爸爸叫什麼名字，他就會給糖果。因此我常向店仔的人「買」餅干而不必付錢。心想：我爸爸眞偉大。

●爸爸每天出門時，都穿長統靴，長統高到大腿，靴底後面還帶有一個小齒輪。可是他從來沒跟我玩過。只有一次，媽帶我去車站接他，他高興地把我舉起來。

●自己覺得在同伴裏頭是最有力氣的，可是一到幼稚園，幾乎天天都被一個個子與我差不多的同學欺負，他叫我做馬給他騎，我就做馬給他騎，一點都不敢反抗。有時被他打得哭了，老師就來哄我，用手帕替我拭淚。那條手帕很細很香，老師的身上也有香味。她很愛我，我知道。那個壞蛋是佩長刀的「大人」的兒子。

●小孩子哭泣不停時，母親就叫：「大人來了！」小孩就不敢再哭。

●我家玄關門口，釘有「國語家庭」的牌子。母親穿燈籠褲，拿鋤頭和其他的母親們一起下田種苧麻。

●老師的蠟筆顏色眞多，放學時都收在書櫥裏。有一天下午，我下定決心，從窗口爬進教室，把那盒蠟筆偷走了。

●有一個阿兵哥（兵隊樣）坐在幼稚園附近的池塘邊。頭盔拿在手裏，理光頭，頭看來很大。好像在等誰的樣子。我走過池塘的這一邊，唱著：「肩荷鐵砲的兵隊樣……。」他朝我笑笑；我很喜歡他。

●母親愛靠在床上看書。有一天，她講書中的故事給我聽：一個風雨很大的日子，那個男人全身被打濕，跑進那個女人的屋裏。女人很驚喜地迎向他，用乾毛巾替他擦拭頭髮；男人用力地把女人壓在床上……。我看到母親臉上從未有過的奇妙微笑。

●常常有B廿九低空飛過，緊急警報。媽抱著我和妹妹，躲進壁櫥裏，嘴裏不知在唸什麼。解除警報後，隣居大人們跑出馬路，指著稻田上空；我仔細一看，有一白點漸漸下降。母親把我抱進屋裏。一會兒，一輛黑頭車急馳而過，大人說那裏面抓了剛才降落下來的敵人，可是我沒看清楚。

●並不感覺有戰爭，可是父親不知從哪兒借來一部牛車，運載滿車的家具，星夜趕路。爸爸走在牛身邊；媽媽抱我們坐在牛車前端。滿天星星，牛車顚來顚去。從此就住在線西。

●有一陣子只有母親帶我們回五汴頭的祖母家去住，祖母動員孩子們去拾蝸牛。滿籃子的蝸牛擠來擠去，滿是粘液，看起來很不舒服，可是用開水一煮，沾醬油吃，蝸肉卻很香脆。香蕉也不等黃熟，用水煮過，靑皮變黑皮，沾醬油也是很好吃。平時都吃蕃薯簽乾摻白米飯，總是祖母伯叔們先吃，等到女人和孩子們吃時，已不見白米飯了。母親看我們肚子愈來愈大，便在房間裏藏了一缶豬油，叫我們偷偷端碗進去，舀一匙豬油和些食鹽加在蕃薯簽裏，味道眞香。

●媽媽做不好田事，常遭祖母大罵，說大肥要先攪水，攪勻之後才澆菜，怎麼可以一塊一塊的掛在菜葉上？菜葉不久就會乾枯。

●空襲警報，全家跑進防空洞裏。洞裏積水到肚臍，久久不能出去，堂姊千惠子叫：「阿嬤，我要放屎！」祖母大吼：「妳不會站著放？死查某鬼仔！」外面有轟隆聲。警報解除後，看見清便車夫倒在大馬路邊，腸子流出外面。剛才我還蹲在他身邊看他修清便車呢。大人們趕緊拿草蓆把他蓋住。

●母親偶而帶我們去彰化市外婆家。外婆最疼我們，給我們吃很多白米飯，還大包小包帶回來。阿祖（外曾祖母）已瞎眼，聽到我回來，便叫我到床邊，從我頭上摸到脚下，嘴裏不斷叫我：「乖乾仔孫，乖乾仔孫。」（寫至此，不禁淚下。）最後一次去彰化時，阿祖已不在人世。外婆說：家屋被炸了一個大洞，阿祖嚇了一跳，便過身了。

不知爲什麼，我們母子又去線西和父親同住。從此，也沒有空襲警報了。

可是，突然有一陣子，每天滿街喊殺，一羣人提著棍子在追殺什麼。我看到有一個人被打得頭破血流，跪在地上求饒，覺得很可憐。後來，那羣提棍子的人衝到我家裏來，猛喊：「把三脚仔揪出來！」母親跪在玄關，叩頭說：「男人不在家，」我躲在門後發抖。那羣人不知說了什麼就出去了。我知道他們來找爸爸，但不知爲什麼叫三腳仔？幸好那陣子父親都不在家。

不久，父親回來了，我們舉家遷回五汴頭。可是，不幾天，父親又出遠門了。媽媽常常躲在房裏寫信。從母親口中，常聽到一些字眼：國軍、軍醫、花蓮港、台東、大陸……。印象最深的一句話是：「恁老父恐驚在外頭有查某了。」

後來根據父親的口述，始知他在一九四六年二月至七月間，充當中華民國國軍上尉軍醫。部隊移駐台灣各地之後，將調回大陸時，他就退役歸來。歸來之後，即舉家遷移花壇鄉白沙坑，開業診所，母親充當藥劑師。唯把我留在五汴頭祖母家，因爲適値小學入學。

我於一九四六年八月入彰化縣永靖鄉永興國校。每天上學要走過墓地旁邊的一段小道，小道上爬滿無毒蜈蚣，我怕得哭出來，堂姊千惠（六年級）幾乎每天都要背我走過這一段路。堂姊的赤脚很漂亮，但不怕蜈蚣，一路踩過去。鹹草籃的書包裏，沒有課本，老師用台灣話上課，我聽不太懂。回家後，二伯父張尙喜爲我補課，如今還能用台語背誦：人，人有二手，一手五指，兩手十指，指有節，能屈伸。你來，我來，來來去去，同去同行……。

不知爲什麼，遊伴們對我表示反感時，就罵我「三脚仔子！三脚仔子！」可是老師很疼我，聽說母親要帶我去白沙坑時，老師摸著我的頭哭了。我第一次看到大人眞的哭了。

轉入白沙坑國校，學校情形毫無印象，只記得每天要走很遠的山路。尤其中午放學後，又飢又渴，走幾步就要伏下去喝路邊的溝水，尤其要橫越一望無垠的乾溪埔，砂石燙得脚底都要爛熟。

山中的診所生意可好，母親每夜都要數鈔票數到很晚。後來不知爲什麼，父親要改行教書了。爲謀教職，我常聽父母商量送某人多少錢，當中常聽到一個叫陳×敦的名字。

一九四七年九月，父親任教永靖初級農校，我轉入永靖國校二年級。永靖離五汴頭三公里路，祖母常來我家，來回路程絕不空手，邊走邊揀樹枝當柴火。

常見父親用布袋提薪水回來，可是家裏老是三餐稀飯。後來聽說四萬換一元，不必用布袋，但稀飯更稀了。

父親高價購來一架老收音機，每天早上就看他坐在收音機前練習ㄅ、ㄆ、ㄇ、ㄈ……。放學路上，也都聽到有收音機的人家在聽ㄅ、ㄆ、ㄇ、ㄈ的廣播。而我們拿到的國語課本，第一課是：「我是中國人，你是中國人，我們都是中國人。」

升上三年級，級任老師很漂亮。這時，有幾間教室被阿兵哥佔用。操場的一角停放著幾輛軍用大卡車。下課時間，我們找阿兵哥玩。因爲軍隊常常調動，有的部隊我們可聽懂他們的「國語」，有的部隊就全聽不懂他們的「國語」。可是他們身上的味道完全一樣，而且在校庭圍蹲成一小圈一小圈，所吃的飯菜的味道，也都一樣。

每天上課之前，老師一定叫我們背誦教室後面貼的一張訓詞：「一年準備，二年反攻，三年掃蕩，五年成功！」當時我只懷疑爲什麼沒有「四年」，別的都沒有懷疑。但又不敢問老師。陳老師（名字忘了）雖很漂亮，卻很嚴厲，絕對不許我們張望窗外阿兵哥的操練。但操場上「殺！匪！匪！」的刺鎗操練實在很好看，老師便用白紙把下面二格的玻璃窗糊起來。可是我發覺站在講台上的老師，卻常常從第三格玻璃窗掃視出去。她好像不是在看操練的樣子，而是偷看著有個高大英俊的一顆梅花走過走廊。(我坐在離走廊最遠的一排，所以看得到窗外的高處。）有一次，老師沒看清楚梅花走過，便問我們：「剛才是誰走過？是不是校長？」眾生搖頭表示不知，唯我心想：鬼話！聽脚步聲就知道不是校長！

不久，暑假中，鄉人盛傳陳老師於半夜偷跑了，跟一個阿兵哥！同時又盛傳某家孩子被抓去殺掉，取了胆肝做藥。母親叫我別亂跑。

這時，又盛傳瘋狗到處咬人，一旦被瘋狗咬到，就會中毒而發瘋，所以衛生所的人四處撲殺野狗。撲殺的方法是用豬肉包毒藥，丟給狗吃。狗吃了毒藥不久，就腹痛不止，倒在地上打滾，拼命滾到水溝邊想喝水，口吐白沫，最後猛力抽筋，四脚一踢，伸直，就瞪著白眼不動了。水溝裏的狗屍體，肚子膨脹，蛆虫從眼孔鼻孔鑽出來。放學路上，一路臭到底。心想做狗眞可憐，便更加愛憐我的小白。

小白最近被父親鍊住，三餐只喝洗米水加少許稀飯，可憐瘦得全身排骨。我放學回來，就趕快帶牠出去尋食。牠最愛吃小孩的大便，路邊的一堆大便，都被牠舔得乾乾淨淨。最初我看到牠吃大便，便氣得揍牠，但後來想到牠已餓得受不了，而牠又吃得很好吃的樣子，便不忍心硬把牠拉開了。

一天，媽媽說，萬一小白跑出去，被衛生所的人毒死了，實在可憐；而且瘋狗病會傳染，不如早日把牠送給阿兵哥。阿兵哥愛吃狗肉，我是早就知道的，也看過他們的大鼎裏燉狗肉的情形，但沒想到要把自己忠實的伙伴送去屠宰。可是在母親近乎哀求的命令下，我只好拉著小白出門。小白一出門，就蹦蹦跳跳，高興地爬在我胸前要舔我的手、我的臉。

我拍拍小白的後腦，與平時散步的方向相反，硬把牠拉向國校的方向。最初牠不肯走，但看我跑起來，牠也跟著跑起來。

把小白交給那個常常拔子彈頭送我的劉阿兵哥（他說他是湖南人），我就返身離開。可是小白掙扎著要跟我回家，我裝著不知道，趕緊走開，可是小白一直在叫我（現在我的手發抖，額頭冒汗，但不能不寫下去。）繞過教室之後，才悄悄從窗邊偷看對面走廊下的動靜，走廊的盡頭，便是部隊臨時搭棚的廚房。兩個廚夫阿兵哥硬把小白拉過去，吊在柱子上。小白尖叫，脖子快要斷了。阿兵哥拿粗棍往小白頭上猛打下去。兩三下，就沒聲音了。小白嘴角流血，再也沒有掙扎了……。

現在我已完全想不起來那天怎樣回到家裏。

四年級時，外婆來我家。是夜，我用得意的「國語」唸書給外婆聽：「天那麼黑，風那麼大，爸爸捕魚去，爲什麼還不回家？……」

外婆說她聽不懂，我就用台灣話解釋給她聽：「天hia—nia—黑，風hia—nia—大，阿爸……」我不但用加強語氣，而且用雙手形容，說著說著，我彷彿看到漆黑的夜裏，風聲唬唬，海浪翻滾，一艘小漁船忽隱忽現，船上老漁夫拉著網，心裏在惦念著家中妻兒……

外婆拉起衣角擦眼睛，我也視線模糊了。平時琅琅上口的國語並不覺怎樣，怎麼用台灣話唸就令自己想到很多？覺得很不可思議。

爲了參加全校美術比賽，母親幫我畫圖。我先在一本畫册上，描出母鳥咬一條毛虫餵巢裏小鳥的構圖，然後母親替我著色。那巢裏三隻飢餓的小鳥，張開大嘴，搶著要吃毛虫的景象，母親用蠟筆把牠們塗活了。那畫面一直印在我心版上。

四年級的級任老師也是年輕貌美的女老師，因爲她讚美我有自動自發的精神而用美麗的手摸了我的頭，使我永生記得她的名字叫詹秀娥。由於她也嫁給外省郎，遭到甚大的物議，遂不得不離開我們。鄉人都說：「永靖的兩朶花都插在牛糞上！」可是我二年級時的林老師，却是很好的外省郎老師，他會用變調的台灣話和母親交談；母親說他一個人住在學校，怪可憐的，便常叫我提一條家裏籬笆收成的菜瓜帶到學校給林老師。林老師的頭髮總是抹很多油，油亮濃香。

五、六年級的級任是台中師範剛畢業的陳輝岩老師。他的國語眞漂亮，教學又認眞，做事一絲不苟。他印發每人數張「國語票」。每張都蓋有他的私章，像鈔票一樣。凡是講了一句台灣話被聽到了，最先聽到的人便向他索取一張「國語票」，每週結算一次，超過基本額的人加分；少了票的人挨打屁股，少一張就打三下。林四郎每次都被打得跳起來，老師又不准他叫出聲來，女同學看他哭叫不得，最樂了。

其實，鼻下常掛兩條黃濃鼻涕的林四郎並不是不會講「國語」，他只是故意要製造事件而已。有一次，他模仿賣黑板的人，肩上扛著黑板的樣子把一手高高舉起，脖子偏向另一肩，故意高叫：「ㄛ—ㄅㄤ—ㄜ！（黑板喲）」

大家聽到了，爭先恐後地跑過去，伸手向他說：「一票！」

「助——你。」他接著說，得意地笑著。

「什麼呀？一票啦。」胡月雲最認眞。沒有人打破她的高票紀錄。

「我幫助你呀！怎麼樣？不對嗎？」林四郎故意逗著胡月雲說：「我——幫——助你！」

胡月雲向老師哭訴，林四郎受到加倍重罰。挨打之後，還被罰站於牆角。黃鼻涕一上一下地吸著，然後就吃進嘴裏。

父親在永靖農校教「博物」和「畜牧」。每年農曆過年，父親便在粉鳥橱、鷄稠、鵝舍上貼上寫金字的紅紙條：「六畜興旺」。可是六畜不見增多，常常著瘟；倒是人丁興旺。母親每隔一年就生一個孩子。因爲她以前是產婆，所以自己算準日期，備妥黑皮道具箱於床頭，半夜裏嗷嗷啌啌，就聽到哇哇聲；父親燒水替嬰兒擦拭。如此一連串生了七個孩子，次序如下：

我→張百合→張良弘→張良光→張百玲→張良明→張百華。

這個次序通常也是我們睡覺的排列次序。七個孩子擠在一間小塌塌米臥房，天氣又熱，大家都只穿短內褲。塌塌米底下有小虫，天花板上老鼠在開運動會，我們身上發癢不已。於是便由我下口令，各人替左手邊的人背上搔癢，數到二十，再向後轉，替右手邊的人搔癢。

我常不知睡在中間較有利還是睡在旁邊較有利？每夜如此翻轉數次，才能入眠。

兄弟一多，食物自然不夠分配，三餐喝稀飯，父親的公教米勉強夠吃；厠所的大小便由屋後的老庚伯包辦，每挑一担就給我們三個高麗菜，所以餐餐都配青菜。偶而煎一條魚，由父親分配魚肉，剩下的魚頭魚骨由孩子們輪流享受。可是有時日子久了，忘了該輪到誰，便常引起孩子們的爭執；但看到父親一瞪眼，便誰也不敢吭聲了。

母親努力把小鷄養成母鷄，母鷄生蛋，又孵出小鷄。鷄蛋像寶貝似地，每隔數日，就拿到燈下，用手遮住燈光，照看蛋裏的動靜。發現蛋裏會流動的，就煎給我們配飯；但有的蛋敲開時，像炸彈一樣爆出巨響，同時臭味難聞，母親就把它煎黑，自己吃。

下雨的日子最無聊，爸爸不准我們出去玩水，只好在屋裏辦姑伙仔（家家酒）。弟妹們用火柴棒買門票，看我演布袋戲。我用椅子當戲棚；用包巾當布幕，掛在椅背上。手帕打個結，用食指撐進去，就變成有頭有身的人物了。椅背向觀衆，布袋戲就在椅背的橫木上登台。「封神榜」、「孫悟空」這些戲，我都帶過弟妹去城隍廟前看過眞的布袋戲了，所以我再扮演，就不甚叫座。倒是我臨時編造出來的劇情常有意外的效果。

……風眞大，雨嘛眞大，在彼也時陣，有一也查埔走入去查某也房間……啊，錦秀，不是阿桃，我眞愛妲……（不知何時，我變成了那個查埔）……但是……（我低頭不語）。

俚、俚要離開我是否……（不知何時，我又變成阿桃，手掌微抖，聲音壓低。）

是啦，阿桃，我愛去相戰……（我又變成查埔。兩手抱住阿桃的頭。）

俚嘸通𣍐記得我，阿哥……（兩人抱在一起）。

……在彼也時陣，風眞大，雨嘛眞大，二也人我看着伊，伊看着我……（突然，我眞的唸不出台詞。我看到大妹在擦眼淚；大弟、二弟、三妹都一動也不動地看着。）

我們住的農校宿舍每家的獨立庭院，空間還算足夠。對面同樣大小的日式宿舍，是屬於鄉公所的；在國校裏住了軍隊之後，軍眷便都住到公所宿舍來。一間宿舍隔成好幾間，住了好幾家。婦女、小孩都穿包子鞋，可是卻懶得脫鞋上房間，因此在塌塌米上又架了床舖。不像我們打赤脚，要進屋裏必先繞到屋後去洗脚才能上去。她們婦女們整天不是做饅頭就是打牌。她們的賭牌很奇怪，小方塊有一萬、二萬和圈圈什麼的，四人圍坐在樹下矮桌邊，嘩啦啦地搓起來，嗓門又大，加上賭輸的人和賭贏的人打起架來，所以整排宿舍區都被吵得鷄犬不寧。

我也是好賭的人，但我們賭的是玻璃珠，在地上挖四個小洞，分東西南北，誰先把珠子打進洞裏誰就贏。珠子輸光的人，要拿錢來買，一角十個。要是贏了一角，就樂得去買一枝冰棒來吃。後來又時興一種尪仔標，猛力一摔，其風力把對方的尪仔標掀過來，就算你的了。再昇一級，就是用撲克牌玩十點半。我愈賭愈狂熱，城隍廟的老人們都回去了，我們還賭得昏天暗地。

有一天，被陳輝岩老師撞見了，第二天早上，被叫到前面，猛猛地揮了我一巴掌，滿天全金條。女同學們用訝異的眼光看我，好像說：沒想到好學生竟也是賭徒！下課後，我把撲克牌狠狠地拋向池塘裏，翩翩飄落水面。從此不再沾賭了。

陳老師爲了提高我們的作文能力，在教室後面掛了很多書報，有『國語日報』、『小學生』、『良友』、『學友』等。我最愛看『學友』和『良友』。厚厚一本，內容有中國故事也有西洋的冒險故事，彩色插圖又生動。每期掛出，我一定從頭讀到尾。可是讀了很多中國故事，都覺得沒有外婆講給我聽的故事生動感人。外婆說了一個矮子和高個兒兩人的情義，令我久久難忘。高個兒說：「我的腿長，跑回去拿雨傘，你暫避雨於橋下。」矮子在橋下不敢走動，直到水漲而淹死；高個兒跑來看到朋友爲守信而犧牲，自覺對不起友人而跳水自斃。所以至今我們在拜拜時必請二神出來遊街……。

我心血來潮，撕下國語筆記簿，一定要寫好這個故事。可是一提筆要寫題目時，就難住了。外婆說的是「七丫爺」和「ㄌㄜ」爺，這用國語怎麼稱呼呢？想了半天，題目才定爲「矮阿爺和柳爺」。因爲柳枝又細又長，故稱柳爺，編輯先生大概知道吧？但若是外省人當編輯，怎麼辦？

稿子投寄出去很久了，每期『學友』一掛出來，我就心砰砰跳。不知道插圖畫成什麼樣子？矮阿爺喝了很多水，所以臉孔發黑；柳爺跑得滿頭大汗，所以臉孔漲紅，而且背上要掛一把雨傘。

可是等到升六年級以後，我就沒有工夫看『學友』了。下午放學後要補習，晚上又要去老師家補習。我那篇得意傑作大概沒希望了。

當時，級任陳輝岩老師才新婚。六、七個男女學生在鄰室的塌塌米房間讀書。休息時間，陳老師就進新娘房子吱吱喳喳。我們幾個男生就把電燈關掉，拿手電筒往自己嘴裏照，照出紅紅的鬼臉，嚇得胡月雲、陳麗青、陳美惠三個女孩子抱成一團而吱吱叫。

可是當下課後，我一個人走過竹林時，黑漆漆地沒有一個人，竹葉蟋蟋嗦嗦，竹管磨擦而吱吱叫時，便覺得眞有鬼跟在後面，我走得快，牠就跟得更緊。回到家裏，常一身冷汗。

七月，唱起驪歌，青青校樹，卓卓庭草，的確令人傷情。女學生們哭得淒淒切切，男孩子們雖沒哭，但也調皮搗蛋不起來。我上台領了「六年皆勤奬」，高興地拿回家獻給母親。

八月，陳老師領了我們一群鄉下野孩子從台中一中考下來，考到彰化，都沒有一人考上。最好的幾個考上員中，其餘就滑到最後一站的北斗中學了。

二、初中生活（1952・9～1955・6）

小學五年級時投寄出去的生平第一次的創作「矮阿爺和柳爺」，一直下落不明。我於一九五二年夏，考入省立員林中學初中部。

剛入中學，全身新制服、新球鞋、童軍帽，好不威風。父親特地找出他學生時代所用的日本製鋼筆，修好筆尖便鄭重地送給了我。我把鋼筆插在褲袋裏，手常常伸進褲袋裏摸它。可是不幸，在新生訓練時，有一次上厠所大號，解完後站起來時，褲袋裏的鋼筆掉進糞坑裏了。我只好等放學後，校園裏都沒有人了，才拿了一根竹竿，竿頭割開綁成Y字形，打開厠所後面的糞缸蓋子，整個臉覆在缸口，從糞堆裏找到我珍貴的鋼筆。金蠅轟轟撲到我臉上，蛆虫爬滿缸壁，缸裏還有帶血的黑布。取出鋼筆之後，我用肥皂猛刷數次，可是過了好多天，那隻鋼筆還是帶有屎味。

初二時，特別愛打網球、排球，單槓、跳箱也很拿手，放學後還跑到埔心的排水溝去游泳。因而黑球鞋很容易穿破。父親規定每學期註册時才准買新鞋，其實新鞋穿不久，前面就會開大口。只好我自己用布袋針縫補了。可是再靭的痲繩也耐不住在水泥場上磨兩下子就斷了。裏面的破襪子雖然看不到，但脚趾從鞋子的前口伸出來，實在很難為情。於是索性用鐵絲穿紮破口，牢牢箝住。可是一好沒二好，這下子連走路都痛得咬牙切齒。

肚子餓的特別快，到了第三節課時，已經餓得受不了。於是眼睛盯着老師，手伸進書桌裏，打開裝花生米的小藥瓶蓋子，無聲地倒出花生米來，擦一下鼻子，便塞一顆進嘴裏。因此每到吃便當時，只得硬吞乾飯。乾飯是母親在早上煮稀飯時半途撈起來的，因此一點粘性也沒有。幸而有時不帶花生，而炒了從稀飯裏撈起來的茄子，炒成糊糊；打開便當盒，乾飯和糊糊粘在一起，雖然不好看，但很好吃。

本來初一的英文，是我的拿手科目。那位黑面老師很認眞，教得口角都起白沫。聽說他是日本早稻田畢業的。可是一到初二，換了一位高頭大馬的白面死人，臉孔白胖而有無數小洞孔。上課時，一邊搧扇子一邊盯着窗外。不是看窗外的風景，而是盯着某一點而已；聲音又小，好像在自言自語。聽得最清楚的一句話是：「日本發音根本不行！」每上他的課，我不必偷偷摸摸地嚼花生，甚至公然把『七俠五義』拿到桌上來看，他也不知道。他的死人面，他全身冷漠、傲慢的樣子，使我發誓不再讀英文，以洩心頭之恨。

同校的高中部大哥們，令人景仰。他們把軍帽折得前翹後翹，歪歪地戴在頭上，汚垢的書包往背後一掛，邊走邊唱日本軍歌，雄赳赳氣昂昂。我們小蘿蔔頭跟在後面，覺得很驕傲。走到校門口，被教官擋住了，小蘿蔔頭們安然過關。但翌日早上，從公路局車站到學校的這段路上，依然如故。聽老大哥們笑談揍了某某教官，眞想請他們揍一頓初二丙班的英文老師。

小鬼羅震曄家裏經營花木園，有錢去租小說。公路局車站房邊，有一位退伍軍人擺了一架出租書攤。站在那兒看，只收費一角，但要借回去一天便要五角。我捨不得花一角錢，只好站在人家背後看連環圖。有時候好友詹啓宗會請我一角錢，我便租來一本連環畫，享受個痛快。有時候看了再看，捨不得歸還，直到他女兒（也是我們員中的學生，挺清秀的。）來幫忙收攤子時，才把那本『牛伯伯打遊擊』遞還書攤。

好友羅震曄一租就是一套數本，而且他從來不看連環畫。他很好心，看完一本就借我帶回家。他看書速度眞快，逼得我一夜要看完一本。父親規定我們夜課不得超過八點，因爲電費很貴。八點過後，全家人都睡着了，我就把父親桌上自製的小柏燈偷偷拿進被窩裏，再從書包裏偷偷摸出小說，看得神不知鬼不覺而劍光閃閃。這樣的，我看了『西遊記』『水滸傳』『三國演義』『包公案』『七俠十三劍』『薛仁貴征東』『薛平貴征西』『羅通掃北』『火燒紅蓮寺』……

學校每逢節日，各班都要在走廊展出壁報。我連年當學藝股長，畫刊頭、做花邊、寫文章都是一手包辦。那些文章寫來容易得很：國父孫中山先生領導國民革命，推翻腐敗的滿清政府，建立中華民國；蔣總統領導北伐，打倒百惡的軍閥，完成第二次國民革命；再領導全民八年抗戰，打倒千惡的日本鬼子，完成第三國民革命；現在正領導我們一年準備二年反攻三年掃蕩五年成功，打倒萬惡的共匪，完成第四次國民革命。因此，今夜明月，舉頭望明月低頭思大陸同胞吃樹皮，我們要把中秋月餅捐獻給前線戰士，好早日把青天白日的國旗插在南京城上。……

忽聞有一艘××號軍艦被萬惡的共匪炸沉，洪樵榕校長很生氣，在台上揮着拳頭。於是全校掀起捐艦運動和學生從軍運動。沒想到每天早上走在前頭唱日本軍歌的魏大哥眞的投筆從戎去了。校長樂得常常在朝會時報告魏大哥在空軍官校的優異表現。果然半年後，一架螺旋槳雙翼飛機飛到學校操場上空廻旋，愈旋愈低，我看到機上的人揮手回報滿操場師生的歡呼。再不久，就聽說他被選上噴射機的雷虎小組；再不久，消息傳來他駕的噴射機栽進台中附近的稻田裏，只被找到一節手指頭。永靖鄉公所舉行公祭，鄉人頗惋惜我們永靖鄉為反共抗俄而犧牲的第一位英雄。我永遠忘不了他躍起轉身投籃的美姿。

班上同學詹啓造的體型、長相都很類似魏大哥，但他似乎不很關心我們的愛國運動。他只關心自己的穿着。他的制服質料就跟我們的不同，又細又軟且不起皺，而且褲管的稜角永遠筆挺。放學後，他就換穿白球鞋、白襪子，跟高中部的大哥們一起打球，或和初三的一群哥兒們聊天，聊天內容常常提到打手鎗什麼的。因為他有時也跟我打網球，所以偶而會請我去他家裏經營的文化戲院看電影，看電影比看小說快樂多了。印象最深的是『聖女貞德』。貞德眞美，奶仔又尖又大，但穿上戰甲，卻分辨不出男女，因為所有戰士們的戰甲都有突出的兩塊胸部。最後貞德被活活燒死，那美麗的胴體被綑在木柱上，單薄的囚衣、半露的胸脯、手臂、大腿、微捲的短髮，吸住了我全部靈魂：我感到全身隨着熊熊燃起的火舌而震抖。不知何時，我整個臉都濕了。

在我日夜思念貞德的時候，有一天朝會，我看到女生班有一位女生跟貞德長得一模一樣。

同樣的鼻子，同樣的下巴，而且同樣齊耳的捲髮！從此，下課時間，我都要走過她們班的走廊，裝着正視前方的樣子走過去。其實，她的影子在哪兒，我都注意到了。因爲她高出別人有半個頭。她似乎不太跟其他同學玩跳繩什麼的，中午吃便當的時間，她就急急一個人走過導師室前的走廊，轉進圖書館裏。我草草呑了飯，急急步向圖書館。我站在雜誌架這邊，注意她俯身托着下頦看報紙。她也不坐在椅子上慢慢看，而翹起臀部半彎腰，黑裙後面吊高，可看到她白皙的腿部後面，那大腿與小腿之間的轉接處，肉紋淸楚得像螃蟹的脚節。臂彎處隆鼓的白上衣，從側面更可淸楚地看出豐滿的半圓形。而且背部繃緊着兩條別的女同學所沒有的白帶子。

她看完了一報之後，又移身到另一報前。很快地翻開她所要看的版面，毫無考慮的樣子。看完兩報，她轉身走出去，毫不在意後面有人偸看她。我趕快上前，看她剛才視線所集中的地方：××副刊，吳×蘭寫的「××之夢」！這到底是什麼內容呢？我看了幾行，就覺得索然無味。不知道是連載的關係還是什麼，反正虛點「……」很多，對白很多，動作慢呑呑的，毫無變化可言。不如人家『五虎平西』，一回就是好幾頁，動作緊湊，對話簡潔有力，叫人應接不暇。我眞想不通女孩子怎麼會對這種報紙副刊那麼沉迷？小學時我愛看『國語日報』的科學新知和偉人小傳，現在我愛看的是貼在公路局車站閱報櫥裏的『民聲日報』，那裏有一版專門刊登「××分屍案水落石出」、「×××誘拐少女」、「××強姦罪起訴」等等。

父母的感情依然三天一小晴、五天一大雨，三年一小反、五年一大亂。母親問過烏卦司，說是兩人都屬蛇，一洞不容二蛇。要看今天是否晴天，就聽早晨起來父親在前後院澆水時有沒有吹口哨，他吹的都是日本時代的老調，曲調很優美，可是沒聽過他唱歌詞。如此愛好音樂的人，一和母親吵起架來，吼聲勝過對面軍眷區的吵架聲。

母親很躭心再生小孩，可是服藥也無效，竟然懷了第八胎。不得已，到員林一家婦產科去拿掉。由於貧血，需住院兩天。我放學後，去醫院看母親，母親顯得很快樂安逸。平時母親像「干樂」(陀螺)一般團團轉，轉得頭髮亂蓬蓬，因此這兩天，是自我懂事以來，母親唯一得到的一次假期。我把書包放下，童軍帽放在書包上，坐在緣側（日式房子通道），母親側坐在我身邊。緣側很蔭涼。

「媽這次手術，順便放了林克。」媽摸着我的頭，很溫柔。對了，媽好像從沒有摸過我的頭。

「林克？林克是什麼？」我知道這是日本話，但不知有何用途。

「林克是一種圓圓的東西。」媽用食指和姆指圈起一個圓圈說：「大概有這般大。把它放在肚子裏，就可以避免生孩子。」

我還是不懂。告辭了依依目送我的母親。

我對章回小說的狂熱、對聖女貞德的狂想、對社會新聞的種種興趣，到了初三開始，便都中斷了。因爲這時，我開始自覺要走怎樣的人生之路了。

我迫切期待着初三各科老師都是令人喜愛的老師。不料，第一堂出現的國文老師竟是一句話都聽不懂的青面鬼！又瘦又乾，指甲特別長，皺起眉頭，顯得眼眶深陷而眼球特大。第一堂課，照例是一番訓勉，可是一堂下來，完全不知道他講什麼。而且太用力講話的緣故，喉嚨便常常被痰哽住，於是走下講台，咔嚓一聲，好大一口痰就被他吐出窗口直飛窗外。

「ㄉㄡ啊，ㄉㄡ啊，你們不ㄉㄡ ㄗㄚ ㄒㄧㄥ？」清瘦的臉頰，炯炯的目光逡巡着每個鴨子聽雷的學生。

一下了課，全班哄然，要我這個班長到教務處去請求更換去年的國文老師。去年的老師雖是台灣人，却是師大國文系畢業；全校國語講得最好的是洪校長，其次便是那位國文老師了。

「報告！」我大聲呼令。因爲我是全班推舉的代表，所以理直氣壯。我生平第一次正式對別人提出抗議。

教務主任聽了我的來意，便心平氣和地拍拍我的肩膀說：「章老師是全校最好的老師。你們還聽不慣他的口音，等過一段時間就習慣了。他講課可眞有內容，你們用心聽。一個月後再聽不懂，來找我好了，我給你們換另外一位老師。」教務主任講話眞誠懇，我相信他的好意，便回去安撫了民心。

果然，一個月後，我們都很敬愛章寅老師了。他不但嗓門大，而且富有表情，講到林覺民在燈下寫遺書，好像是他自己在寫遺書似的，那手劃，那皺眉，既悲壯又淒涼。而且他關注每個學生，遇有打盹的學生，他就帶着嚴厲又慈祥的口氣說：

「讀啊！讀啊，你不讀怎行？」

放學後，我再不打球運動了。一個人拿了國文課本，跳出窗外，站在土丘上，一手持卷，一手比劃，迎風吟頌：「意映卿卿如晤，吾今以此書與汝永別矣。吾作此書，淚珠與筆墨齊下，不能竟書而欲擱筆，又恐汝不察吾衷，謂吾忍捨汝而死……汝腹中之物……」

想到嬰兒誕生時，父親已作骨灰，洵天地之至悲，便無法再唸下去，只好閉起眼睛，讓微風吹乾我的眼淚。（此刻，我猛悟自己好像也在寫遺書。可是，我的遺書會有人唸嗎？）

紅紅大大的夕陽，滑進農家的竹圍後面。我坐下來沉思：一個偉大的革命家，往往也是一個偉大的文學家，因為他們都富有熱情和理想；同理，一個偉大的文學家，必然也是一個偉大的革命家！……

降旗時，全體學生整隊於操場，級任老師要站在自己班的旁邊；科任老師也要列隊一排站在升降旗台的兩側。即使學校附近的人，凡聽到「三民主義，吾黨所宗」或升降旗歌時，也一定要立正。可是，章寅老師不但從未參加朝夕會，而且在歌聲樂隊聲中，他照例在房間裏踱來踱去。他的房間正好在旗桿後面二樓教室的正中央，窗戶開着，燈光亮著，很清楚地看到他來回踱步。來時，面向操場，從不眺一望樓下操場有校長或訓導主任的訓話；去時，背向操場，雙手叉在背後，有點駝。日復一日。

有時，我課文有疑難，不，該說是藉題去找他。他親切地招呼我坐在竹床的床沿上，為我解釋課文，問我家庭情況。窄小的房間，只有一張床、一張書桌和一把椅子。桌上一盞孤燈，燈下有翻開的作文簿，和幾本我從未看過的線裝書。有一天假日，我請他到我家來，他客氣的不肯留下來吃飯，但我看到他從未有過的快樂笑容。（章寅老師，員中畢業後，我都沒回母校去探訪您，也沒打聽您是否還在母校教書。如今已整整三十年了。不知您是否還健在？我想您不可能那麼長壽。我想您的靈魂早已回到您的故鄉探望您的妻兒了吧。請原諒我的幼稚無知，爲什麼連一封請安的信都不敢寫？雖然偶而想起您淒涼的晚境，我便自責不該那麼無情無義，但您會知道嗎？）

由於最後一年的成績突飛猛進，我被列入直升高中部的名單中。我從來沒有考慮要讀大學，因爲全永靖鄉沒有一個人讀大學，但有一個父親的學生考上台南師範，成爲鄉人傳頌的好子弟。何況我在國校一年級時，便立志要當老師，所以報考師範學校一直是我唯一的願望。何況弟妹們一個緊跟着一個長大，我要趕快賺錢供他們讀書。又正好師範學校不考英文（一想到英文就害怕，好像又看到那個死人），其他科目我都有七分把握。

聽說南師分普通、美術、音樂三科。爲了準備萬一普通科考不好，而美術科我也蠻喜愛，也許加考美術也說不定，便要求美術老師讓我在美術教室裏練習石膏像素描。如此忙碌之際，已記不清怎樣踏出員中校門。只記得公路局車開到車路口招呼站時，慣例地探頭望望油行的女兒——我的「貞德」，是否還坐在店頭的藤椅裏看報？果然，她的悠然神態毫無改變。她也是高中部保送生。員林有錢油行的女兒。

三、燕子去了（1955.7～1957.6）

由於我小學時候，常在野外、田間看到野生的拔拉苗或木瓜苗或甘蔗節，便帶回家裏種在前後空地，因此到了初中時，就有吃不完的水果。唯有香蕉沒種，而我們又最愛吃香蕉；於是母親偶而也會買人家挑來賣的香蕉。一只香蕉切成兩節、三節不等，按年齡大小分配。弟妹們老是瞪眼看我分得大半的一份。我們唯恐先吃完的人乾眼看別人吃，所以誰都盡量吃慢些。百玲、百華兩個妹妹用食指從香蕉正中插進去，香蕉便裂成三片，取其一片，用門齒咬，可以咬很久；良弘、良光兩個弟弟最噁心，伸出長舌，像吃芋仔冰似地慢慢舔，舔得香蕉皮都破了；么弟良明一口吞下之後，就來要我的，因此我也趕快放進口裏，但不吞下肚，只吞到喉嚨再擠出嘴裏，慢慢品味，再咽到喉嚨再擠上來，如是反芻，享受自得。還是大妹百合最疼小弟，自己只吃一半就給良明。

然而我於一九五五年夏，考入台南師範北港分部之後，一切都解放了。學校發放伙食費給我們在外包飯，三餐白米飯，吃得飽飽的。

當初「政府」擬在嘉雲一帶設立一所師範學校，便先在北港設立試驗性的「南師分部」。我們一和、一愛、一平三班是南部分部的實驗班，因此在北港生活了一年。後來撤銷分部，遷回台南。

在北港生活的一年，留下許多深刻的印象。那個博物的胖老師，上課時問我們晚上睡覺有沒有做夢，夢到驚妾處，褲底有沒有濕濕？如果有的話，那是正常現象，千萬不要疑心疑鬼。那個瘦小的特約校醫，有一次我去看病，他不認眞看病，卻問我：如果一隻公鷄和一隻母鷄在小鷄時就把牠們個別隔離開來飼養，不讓牠們看到外面的世界，等這兩隻鷄長大之後，把牠們關在一起，試問那隻公鷄會不會騎到母鷄背上？音樂課的于湧魁老師是我們一和的導師，嘮嘮叨叨的，每天午飯後硬要我們習字，不准睡午覺；晚上還會突檢我們租宿的地方，而我又常常不在家。

除了家住北港鎭上的同學之外，外地來的都要在外租房。班上一夥人十來個合租在北港廟附近巷裏的三合院舊宅，我和張振葉、曹浩一合住一房；兩人都是員中高一唸了一年再來重考的，比我懂事，所以對房東的女兒很有興趣，經常留在房裏讀書。而我總愛在北港廟前看打拳賣膏藥。「小弟今日來到貴地，敬請各位兄弟多多包涵……。」左手握拳，右掌合拳，向衆人一敬，脫下上衣，露出全身肌肉，舞起大刀，咻咻作響……鏘鏘鏘，那邊又有一堆人，圍看蛇師呑蛇……「無論死蛇咬到，死馬踢到，冷滾水燙到，樓脚滑落樓頂……現考現好，現抹現倒！來來來！小弟今日來到貴地，不是要賺錢，是要來報各位一味好藥！」鏘鏘鏘……咻咻咻……。

有人看累了，坐在長凳上，促起一腿，吃着小燈泡下照得通紅的大西瓜；有人蹲在担仔麵旁邊，吸着冒熱氣的麵條；尤其那土豆湯，土豆軟軟而湯汁香甜……我摸摸口袋，還是回去睡覺吧。

最討厭的是軍訓課，那猪面教官人並不壞，做起示範動作也蠻漂亮，就是在水泥地上操練，實在熱得快暈倒。

國文老師錢倫寬，兩腿高到我們胸部，走路一跛一拐，卻愛打籃球。他對平班的女生們笑起來，最是可愛。他出的作文題目從沒有「國慶節感言」「反共必勝、建國必成論」這類東西，常叫我們自由擬題，把內心所要說的話，眞誠地寫出來。而且他改作文簿很細心，知道我想說而表現不出來的地方，令我很心服。他講課內容不像章寅老師常會引經據典，而常常提到「象徵手法」「心理描寫」這類很新鮮的詞兒。

有一次，他提議假日要帶領脚踏車隊遠征台西。這可樂得我趕快叫父親把家裏的老單車托運給我。紅面鷄母丁蒜家住台西，今早她是地主；詩人林俊惠、才女侯美惠、美女蔡盞，還有梅山小黑女等人，平時我們都常打招呼（其實全校只有我們三班一百三十人左右，大家都混得很熟，除了幾個老娘面孔之外，彼此見面必打招呼）。一行十多人，跟在錢老師的屁股後面（他的車子特別高，座墊又拉高，我們騎二十二吋的脚踏車，看起來像母鷄帶一群小鷄），沿着海岸村道北上。過去我都不知道漁村的小孩子都不穿褲子，一件上衣吊上肚臍上，在低矮的茅屋附近追猪仔；海邊有人在拉網，有人在撐竹排，那些大人有的也光着屁股！女生們都不太敢回頭張望，而我們後頭的幾個男生卻大驚小怪，彼此狂呼猛笑；錢老師便回頭瞪我們一眼。

一路都是沙路，路邊長滿有刺的植物。不知騎了多久，才到台西港。風很大，飛沙滾滾，雖是大太陽，但看不清楚港口停幾艘漁船。丁蒜家裏很寬敞，紅磚厝大合院。她父母很高興地請大家吃新鮮的海產。蒼蠅特別多。

振葉、浩一常和女詩人交換着『野風』或『塔裏的女人』什麼的，而我還是喜歡搖首擺尾地吟誦：昨夜又東風……瓊樓玉宇高處不勝寒……雕欄玉砌應猶在……故國不堪回首月明中，只是朱顏改……。

不知爲什麼，放寒假前，錢老師特別叮嚀我在寒假中，至少要看完一本『基度山恩仇記』。爲了好交差，只好到永靖農校圖書館找找看。正好父親兼管圖書室，終於讓我找到那本厚厚的書。作者大仲馬。還沒有人看過的新書。

書一開頭就是長長的名字，長長的人名，不，是地名還是人名？都叫人搞不清。我強迫自己勉強看下去：有一個人在婚禮中，突然被警察逮走，關進地牢裏，有一個老囚犯交給他一張地圖。……嗯？怪啦，他爲什麼在人生最快樂的當兒被逮捕呢？他能逃出地窖嗎？……他的毅力眞驚人，十多年歲月，終於挖出地道……後來呢？他循着老人給他的地圖，找到基度山的財寶……後來呢？他變成了有錢的基度山伯爵，利用他的錢財、地位，找尋陷害他的仇人……後來呢？……後來呢？我緊跟着基度山伯爵忙得喘不過氣來，有時要冷靜研判，有時要機智僞裝，有時要果敢行動，把壞人一個個揪出來，讓他受苦，以補償我無端所受的苦難。好痛快！好開心！

不知何時，我翻到最後一頁，再想看下去，可是基度山伯爵只講了一句說：「人生唯有希望和等待。」便結束了。

「人生唯有希望和等待。」

我不知在心中唸了多少遍。我發現了以前從未發覺的寶庫。

回到學校之後，錢老師看了我提出的「讀書報告」，告訴我還有一本小仲馬寫的『茶花女』也不錯。於是我又陶醉染有肺疾的煙花女郎的懷抱裏。後來錢老師又說『愛的教育』不可不讀，於是我又寫信請父親寄書來。

接到『愛的教育』，打開一看，首頁夾有父親的一封信：

「良澤吾兒收知：

你已長大，自然會對異性發生興趣，爸爸也不反對你交女朋友。但若要談戀愛，為時尚早；尤其關於愛情生活種種，等你結婚以後，自然便能體會。你當顧念父母養育之苦，用功讀書為要。祝

健康！

父字　民國45年3月×日」

我不但沒聽父親的忠告，而且向導師借來鋼版、鐵筆，用自己的零用錢買了一刀白報紙，把林俊惠借給我的『拜倫詩集』中，選出歌頌男女愛情的詩篇，油印成一張「張良澤詩抄」，發給三班同學。(現在我想起這件事，眞要鑽入地洞中！)

教育概論的陳憲政老師，眼皮低垂，每上他的課，全班學生都要打盹。可是一到下課，他教我們打排球和網球，大家便生龍活虎。愛班的詹清泉搥球挺有力，前排中的許錦亭做球也很漂亮。我打二排左，只恨兩腿沒有彈力，總是跳不高。

許錦亭長得挺帥，鼻子挺尖、胸肌發達，是人人羡慕的健美男子。聽說他的老大黑龍仔挺厲害，北港、嘉義一帶的少年仔無不拜黑龍仔爲大哥。我發現北港的少年家很愛練身體，街上有健身房，街道走廊樑上也掛雙環；黃昏時候，三五成群來我們校園練單槓、雙槓。我看到他們都有點怕怕，街上走路千萬不能無故看人。但因我的兩臂漸漸粗壯，喜歡把衣袖捲得高高的；許錦亭說如果有人找我麻煩，只要報一下他的名字就好。

北港迎媽祖，可眞熱鬧，從沒有看過那麼狂熱的場面。鞭炮不是一串一串放的，而是一火鼎一火鼎燃放的。每家門口都放有一口大火鼎，神轎抬來了，便抬到火鼎上面，主人點了火，鞭炮猛跳，乒乒乓乓像無數機鎗掃射。濃煙、火花從神轎底下猛向半空飛奔；那些抬轎的人，一點兒都不畏懼。一隊過了又一隊，隊伍前面是神轎，神轎前面有乩童揮砍沙魚劍，把自己頭上、背上砍得鮮血直流；神轎後面是宋江陣、獅陣；再後面是走了幾天幾夜而毫無疲倦之色的老弱婦孺，每人手上握一把香和印着「清水進香團」的三角旗。「清水」過了有「沙鹿」又有「鹿港」又有「朴子」「布袋」……通過大馬路擠向朝天宮而去。馬路兩旁人疊人，根本看不到什麼，只有鑼鼓震耳，煙硝滿天。

離別了這可愛的海岸城鎮，我們被遷回台南本校。這兒又是另一種風情。古榕。鳳凰樹。

紅樓琴韻。隔一道圍牆，外邊便是台南女中的背後，而她們的校門卻面向台南一中、成功大學那方面，因此從沒有一個南女學生回頭看我們南師。何況我們又不准隨便踏出校門，每天早上從宿舍（借用市女中校舍已至久）走到本部上課，中午、下午回去吃飯，晚上再到學校晚自習，而後回去點名、就寢。從早到晚都有教官拿着點名簿在監視。

村人有賣羊肉的，知道我考上師範之後，母親每隔一段時期就要寄一缶羊油給我，所以每次私宰羊隻，就悄悄推着脚踏車來我家賣羊肉。學校餐廳就在每棟寢室的中央，因此等教官離開後，同學們帶有私菜的，便紛紛把飯碗端進寢室。我把同學吃剩的菜湯倒進小鋁盆裏（這鋁盆比洗臉盆略小，就像以前我家小白喝洗米水的盆子那般大），滿滿地盛了白米飯，端進寢室裏。從床底下摸出醬油，從床頭的木板箱裏摸出一方塊羊油（母親已替我切成像麻將牌一般大小），攪拌起來，用大湯匙吃得赤露的上半身不斷淌汗。

只有禮拜六晚上可以上街，但外出時一定要穿制服，衣袖不准解開捲起。有次我冒險走進運河邊的神町區小巷，阿哥們站在門口拍掌呼叫，我怕得連頭都不敢回，急急如辦公務，眼角掃視紅燈戶裏的動靜，裏面燈光昏暗，有女人翹腿坐在門邊。不意看到一個白衣黑裙的女學生也站在門邊，還是學生頭髮，難道她也是神女？我不敢再往回走，眞想看一眼她的臉兒。這時，我想起『茶花女』的故事。

走了一趟輕則大過重則退學的險路之後，再也不敢試了。還是乖乖躺在床上看我的小說吧。可是整個寢室空空蕩蕩，靜得叫人無法看書。張振葉他們準是看電影去了，葉時雄他們準是吃當歸鴨去了。我只能等到月底學校發放剩餘伙食費時才能跟他們一起出去。眞羨慕家裏有匯錢來的同學。媽來信說她已經開始學編織機，以後替人家打毛線衣，可以寄點錢給我；又叫我羊油不要省，每餐一塊，一包有六十塊，一個月會寄一包來。

窗外月亮圓又圓，
椰子樹影婆娑起舞；
我的情意向誰傾訴？
……………

改了又改，愈改愈長，沉吟了半晌，覺得這麼優美的詩句，毫無遜色於拜倫。同學們鬧哄哄地回來參加晚點名，沒有人知道我完成了一篇傑作。

要投稿就要投『中央日報』。于導師說過它是最高權威的報紙，它的副刊是全國最高水準的文藝園地，所以班上訂了一份『中央日報』。可是我從沒有看報的習慣（只在寫週記時，隨便找張舊報紙抄抄），但知道各報副刊都可以投稿，便附了回郵，把我的傑作寄給中副。

投寄出去之後，我才開始和同學搶着看中副。並開始勤跑圖書館，比較各報副刊的異同。我發覺各副刊都常出現一些固定的作者，內容和我們的壁報作文差不多，只是加些愛情故事或骨肉分離的場面；最後男主角登上軍艦，鼓浪而去，女主角站在碼頭，揮着手帕，等待反攻的號角一響。

突然有一天晚上自習的時間，值日生站在講台上，大聲一叫：「張良澤！你的信！」衆生猛抬頭一看，只見報馬仔侯俊雄把一封印有「中央日報緘」的信函高高揚着。我急急跑上前，搶過來，一摸裏面，便知道是退稿。塞進褲袋裏，表示這沒什麼，你們不必看我。

這一堂自習課特別長。直到回宿舍、晚點之後，大家忙着洗澡、洗衣服之際，我直向廁所跑去，取出信函，已被褲底的汗水沾濕了。藉着昏暗的燈光，仔細尋視有沒有被修改的地方。什麼都沒有，評語也沒有，完完整整被退回來了。

我不但是游泳選手、排球選手、網球校隊，且是學藝股長，所以在班會的發言，頗有份量。當我在晚自習時，宣佈我個人要組織「和風文藝社」，社址設於本班時，沒有人表示反對。我又說因社址設於本班，故可視爲本班班刊，所以我請求由班費提供蠟紙與紙張。結果也沒有人反對。

於是，就寢時間，我掛好蚊帳，把被單墊得鼓鼓的，枕頭放在被單下，好讓教官來查舖時看我睡得死死的。其實我在餐廳裏，用厚紙板把蠟燭的光線擋住，一字一字用力地在鋼板上刻着，寫錯時，就用蠟燭塗掉重寫。空白處，就畫插圖或抄幾句我喜愛的美句。翌日到導師室油印；油印、折疊、裝訂，常有好友何榮森來幫忙。最後在首頁的右上角框框內，印上書法好手張川吉寫刻的「和風」木章，便完成了一本五張十頁的班刊。十二月一日，『和風』創刊號誕生！

雖然標示「和風文藝社主編」，但誰都知道是我自寫、自刻、自編、自印、自發。每班發二本，發到樓上的二平時，便起了一陣騷擾，她們好像很懷念我的樣子。最後在訓導處前的走廊牆壁上，貼上一份供全校師生閱覽，這一期的工作便告結束。

以後每期爲了分發班刊，走上二樓時最爲威風。教官也不敢干涉。以前男生班也有分配在樓上的，但因爲樓下的女生伸頭眺望黃昏景色時，樓上的男生便聚集下望，大聲評頭論足，甚至有人吐口水滴到女生的後腦上，所以從此把女生班都換到二樓；而三年級畢業班已快當老師，行爲規矩端正，分配於三樓。

班上多了四個文藝愛好者。何榮森，筆名可人，他常自稱可憐人。聽說他父親早年赴日營商，抛下老母妻兒；而他個子又矮小，自卑感很重，可是和我在一起時，他常笑得很甜很開心；週末夜晚，通常只有他陪我在寢室裏看書。張英文，個子高大英俊，但不太和人來往，一個人默默地寫稿，但不知在哪兒發表？偶而會交稿給『和風』。許義雄筆名許秀玲，是本班運動健將，黑皮膚，笑起來像「黑人牙膏」，眞不知道爲什麼他那麼偏愛女性化的筆名？又看不出他有女朋友的跡象。廖貞雄，感覺最細膩，放浪不拘，一派浪漫詩人模樣。

我也覺得應該有個筆名，才像個作家。於是拿來字典，手按其上，發誓：兩次翻開的右上角第一字爲筆名，絕不悔改。結果戰戰兢兢睜眼一看，第一次是「奔」，第二次是「煬」。奔字還差強人意，煬字就令人討厭，因爲隋煬帝是個昏君。但已發過誓了。看看煬字的解釋：「火勢猛烈」「熔化金屬」。嗯，也不錯，奔字代表熱情，其熱度足以熔化金屬，是爲「奔煬」！何況我的「良澤」二字，有水無火，正可補運。這豈不是天意哉？

猛拍一下字典，就此決定。趕快跑去街上印刷廠，（管他晚自習點名！）訂製了二刀「奔煬自用稿紙」！

為了大量寫稿，我向許義雄借來『朱自清散文集』『徐志摩詩集』，向何榮森借來張秀亞的『牧羊女』、林海音的『冬青樹』……週末就去經緯書局，猛讀時下最常出現於副刊上之作家的作品集。我還設了一本「美句簿」，隨時抄下優美的文句。這些麗句，不但可以做「和風」的補白，而且把它穿插於自己的作品中，看來格外有力量。

黃昏時，我不再打球了。和何榮森相偕到南校區被美機炸平的廢墟，躺在草地上，看高聳的煙囪移動於白雲間，吟誦着：「花謝了，有再開的時候，燕子去了，有再來的時候……」當噴射機接連起飛掠過紅樓頂上時，我便望着冒煙的機屁股大吼：「軍刀機去了，沒有再來的時候……」

我又發現了一個讀書的好去處。穿過禮堂右側的籬笆，便是法華寺。寺院深深，偶有尼姑出來巡堂插香。有一次耐不住好奇，和何榮森偷偷打開七寶塔的鐵門進去一看，嚇！全是一缶缶的死人骨！益增人生如浮雲之感，遂在晚鐘和木魚聲中，吟誦：「我是天空裏的一片雲，偶而投影在你的波心……討厭的黑蚊子，拍乎你死！」

學校西側，有幾棟教職員宿舍，都是木造的日式平房，樹蔭蔽天，看來舒適清涼。再往南郊走去，便是一棟棟獨立庭院的紅瓦白屋，每家圍牆都築得高高的，道路寬敞而少樹木。這一大片的美軍宿舍區，看來很少人進出。只有幾個白人孩子和黑人孩子在投球而已。差不多在上下班時間，才看到美國大兵開着前翹後翹的大轎車駛進巷口，黃臉孔的女佣人卽刻開大門讓車子駛進來。碰的一聲，又把大門關上。

晚上走到中正路口，兩側的酒吧霓虹燈光最刺眼。有的霓虹燈管彎曲成一個半臥的赤裸女郎，一腿伸直、一腿收縮，挺出兩個大乳房，一手舉着高脚杯，向夜空的星辰敬酒，酒吧前面的走廊，停着長列的三輪車，車夫們伺機隨時載送大兵和美女進出。

偶而也看過「國軍」飛行員穿軍裝、戴船形帽，雄赳赳氣昂昂地進出酒吧；而美軍則放浪不堪，常一人左右擁着兩個吧女；或四、五個大兵擠一輛三輪車，呼嘯過街，那音量增加了重量，使得瘦巴巴的三輪車夫踩都踩不動。

忽然聽說台北有個姓劉的偷看女人洗澡，被美國大兵一鎗打死。美國根據治外法權，把犯人解送回國，氣得劉太太舉牌在街上抗議，一群年輕人看不過，便衝入美國大使館，撕毀美國國旗，搗毀窗戶。經報上一渲染，便像瘟疫一樣地在中南部傳來反美情緒。

有一夜，我看到中正路口的一個三輪車夫，脫下木屐，邊叫「幹恁娘」，邊追趕着一個美國大兵；大兵逃得很快，我不問緣由，就拔腿幫着三輪車夫追趕，但跑了一程，想到大兵身上也許有手鎗，便跑不動了。最後，那車夫狠狠地拿手中的木屐擲過去，但對方連影子也不見了。

過幾天，母親來信，囑咐我千萬不能好管閒事，我便不再上街鬥熱鬧了。再過不久，蔣中正總統發表文告，說此次全島反美浪潮，有匪諜在幕後操縱，更使我嚇得不敢吭聲，只好夜夜趴在餐廳的燭光下，猛刻鋼版。

雖然『和風』陣容愈來愈堅強，而我繕寫鋼版的技術也愈來愈高明，插圖也很生動，但總不能十分滿足我的發表慾，尤其上回中央日報的退稿，讓我蒙羞至大，一定要雪恥復國。於是我常跑去圖書館的閱報室，用心研究各報副刊的特色。我發現『公論報』的印刷最差，紙張也粗糙，甚至連標題都印不清楚；但它的副刊版面最大，除了普通文藝副刊之外，還有「藍星」的詩專刊和「台灣風物」的副刊。心想：這樣的副刊必定較容易攻入。便把以前錢倫寬老師替我改過的小說創作重抄一遍，投寄出去。果然不數日，登出我的「喜劇」，令我振奮不已。總算我跨出了一大步。這是我生命史上不可磨滅的日子——一九五七年六月二十日。「奔煬」兩字首次變成鉛字！

於是，我接二連三地把舊作投寄出去。可是人生好景無常，登了第二篇之後，『公論報』的主筆聽說有匪諜嫌疑，被抓了去；後來學校停訂該報，街上也不易看到，使我更加懷念它。又聽說它的廠房失火了。為此，我至為傷心。一來，失去了我發表的園地；二來，我發覺這份印刷不明的報紙常有別報看不到的消息，心中暗暗佩服發行人李萬居有膽量，敢批評黨政的文章。我可想像此報的生存在旦夕之間矣。

四、吃飯生（1957．7～1958．9）

有一陣時常在中副讀到路加翻譯的「寫作淺論」，受益匪淺。文中一再提到一個作家最重要的是生活的體驗。於是我便報名參加救國團舉辦的民國四十六年暑期青年活動的「澎湖農村服務隊」。隊長是美術科三年級的學長倪永震，也是我們國樂社的社長。成員由本校國樂社、西樂社及台南護理學校學生組成，共三十人（男生十名），爲全國首創的農村服務隊。領隊由本校男老師、副領隊由護校的女老師担任。

登上三三四號登陸艦，艦上還有前往金門、馬祖的勞軍隊，青年學子齊高歌，好像就要反攻大陸去了。

我們住在西嶼國校的教室裏，全島光禿禿的，沒有一棵像樣的樹。白天到各離島的村落去清掃水溝，替小孩子點砂眼藥膏、治療臭頭，並挨家貼一張「蔣總統肖像」在客廳。到處風沙滾滾，居民都吃地瓜煮小魚，小孩臉上爬滿蒼蠅也懶得動手趕走。

我們的交通、三餐，全由駐軍負責，因而晚上也得到各部隊去勞軍表演。南師的楊外省妞是隊花，我和張川吉在兩根橫放的竹竿上敲動成井字形的另二根竹竿，一合二開三拍子，碰！喳喳！國樂加上大小鼓加上小喇叭，楊妞的修長腰肢在我眼前跳來跳去，看得台下阿兵哥們鴉雀無聲。

最後一個節目是全體隊員都出場的山地舞。這是我最期待的節目，因爲內圈和外圈的人輪流換手，我可以握一次陳美津冰涼、細嫩的手。

陳美津體裁適中，文靜寡言，嘴角的一顆小黑痣笑起來特別迷人，是全隊公認的第二美人。我在出發前的排練期間，就決心要追她了，倪學長也洞察了我的企圖，所以他也不便揷手。她跳起山地舞，舉纖纖細手拜月時，最是婀娜多姿。

西嶼國校圍牆下便是海濱。一天勞累之後，男生在井邊沖洗，女生端水進教室擦洗。坐在圍牆上，對面就是馬公街，燈光點點反照海面，看起來一面都是閃閃爍爍的星星。唯有那較大的青星隨着砰砰的引擎聲慢慢移動。我帶了父親學生時代的日本製口琴，吹起「荒城之月」，琴聲單調而悠揚（我還不會掛佩士），引誘女隊員走向我這邊來。

陳美津說她也要吹吹看，我把口琴在褲管上猛擦之後才借給她。兩位老師在休閒時間就不見人影，因此我們便常去海邊玩水。午覺時間，美津要我教她游泳。她在大岩石後面換好泳裝，我不敢正視她邊走邊拉衣角的姿態。

她說要學仰泳，我就雙手扶在她的背後，叫她兩腿慢慢踢，頭部放低，胸部挺起。兩個網球大小的奶型一露出水面，她就手忙脚亂地沉入水底。又說要學蛙泳，我就雙手扶着她的腹部，軟軟的；狗爬似地亂抓一場，站起來，來不及撥開覆面的長髮，海浪湧來，她便搖搖幌幌地倒向我胸前來。我心跳加劇。

她在岩石縫隙找貝殼，我抱了石頭潛水去敲珊瑚，海底的珊瑚像一片連緜起伏的白色森林。採了一欉最大的珊瑚，鑽出水面，來不及喘息，趕快呈獻給她。她把尖尖長長的貝殼捧在上面，好珍惜地捧回教室，她的密友陳麗美總笑迎她豐收歸來。陳麗美小巧玲瓏，善解人意，是隊裏唯一手不釋卷的人。

我們都變成小黑人，全身帶着海藻味回到台南散隊了。

但我還被太陽曬得昏沉沉的，每天一封信，直到陳美津回了一信：「你的信都被教官沒收了，以後請不要再來信。」時，我才半醒過來。

我的情意向誰傾訴呢？

如果我拚命傾訴於自己的『和風』，也無法寄到她手裏，卽使她收到了，也不會瞧得起這份油印刊物。正好這時校刊『南師青年』由一個常在全市論文比賽得獎的孫天成主編，他來找我負責文藝版，我便優先刊登自己的作品。

再來便是台南市青年反共救國團編印的『青年天地』了。這份小型月刊，全台南市的各級學校每班都硬性規定要訂購兩本，因此，發表在這上面，陳美津必定會看到。卽使沒看到，陳麗美也會告訴她。

後來，何榮森拿一份他們嘉義發行的『工商日報』給我看，我才知道班上有位不太熱衷於『和風』的張英文化名在此副刊『雲海』上發表作品，於是我也不甘認輸，不斷投稿。

總之，除了與師範教育有關的『國語日報』偶而試投之外，我日夜趕稿，把積壓於胸中的澎湃戀情以及因失戀而產生的自卑心理，全部宣洩出來，忙着到處投稿，漸漸地淡忘了陳美津了。尤其認識了王清芬之後，很快就取代了心中的影子。

那是有一期『南師青年』發刊前夕，我隨便指定了一位普一義的學藝股長王清芬幫我校對而產生的一段情。

那天，在中華日報印刷廠校對至晚，我陪王清芬回宿舍。邊走邊談，我才發覺這個個子小胖而戴眼鏡的學妹頗有才氣，她都記得我在『青年天地』上發表的佳作。這可令我有點飄飄然。

因爲我們是編校刊的特權階級，所以到女生班找王清芬出來談「公事」，教官也不敢過問。她們同學都投以羨慕的眼光看她被「外找」。但是過了重要節日而不出校刊時，我就沒有理由「外找」她了。正好這一年的一年級女生班被分配在樓下，而她又正好坐在靠走廊的窗邊，晚自習後，她暫時不離席，知道我走過窗口時會丟信進去，而同時她的回信已放好在窗檽。最初她只叫我替她改稿，但漸漸地彼此都有牛郎織女相望於銀河而無法相聚之苦。同學們都已公認王清芬是屬於張某的，然而我們也不敢在校外幽會一次，唯恐觸犯校規。

南一中、南女中是書蛀虫，他們只想升大學，因此『青年天地』多半由南師、南二中、長榮女中包辦，其中最常出現的名字除了「奔煬」、「許秀玲」之外，還有台南二中的「許達然」。不知這個「許達然」是何種人物？大概也跟我們一樣不是大學料子吧。

我察覺到我們師範生到了三年級而面臨卽將担負起神聖的國民教育之際，心裏總有一股說不出的滋味。大家除了猛吃免費的公家飯之外，不知道該怎麼辦。因此，體師科的同學看到成大的僑生三五成羣穿著成大制服走進我們校園，引得在黃昏的操場上散步的女生們注目時，一夥四肢發達的同學們便拿著棒球棍追趕僑生們，鬧得經常有兩校羣毆的事件發生。我們班長吳仁修一天到晚讀英文，惹得同學們都譏笑他說：「一樣三百八，讀英文也不會加薪啦。」

於是，我仔細觀察同學們的一舉一動，描繪生活種種，寫成短短兩三百字左右的專欄，命題爲「吃飯生百態」，連載於『工商日報』，心裏有種快感，而且漸漸對人物的刻劃有了幾分把握。

普三愛也模仿我們出了班刊，但他們以論說文爲主，較少文藝氣氛。倒是普三忠的班刊，成了我們的勁敵。那個流鼻涕的鄉下孩子劉文公，看不出他會畫漫畫，而且筆法生動，把我們的學校生活畫活了。每次經過走廊，我都發現閱讀『忠誠』的比『和風』爲多。這下子，我不得不改變方針，要以校內新聞取勝。

正好有一天降旗會時，訓導主任走到我們班隊伍前面，巡視每個人的服裝。發現了許錦亭的帽子折得前翹後翹的，大爲震怒，便把他的帽子摘下來，丟在地上用腳踩踩。許錦亭臉上一陣青一陣紅。大家不敢一動。

翌日，我趕出了『和風』，首頁的校內新聞版上，有一則頭條新聞：

訓導主任侮辱國徽、侮辱人格！

〔本報訊〕訓導主任於昨日降旗時，取締本班不整服裝時，將某生軍帽踩踏地上，此種行爲，不但是侮辱了軍帽上的國徽，而且侮辱了學生的人格！……一不做二不休，順便把過去我在教務處碰釘子的事，一一刊登，報一箭之仇。於是第二條新聞便是：

教務處官僚作風、對學生傲慢不理！

〔本報訊〕本刊日前派員前往教務處，洽領班刊所需蠟紙，教務處卻一問三不知、無人受理，……

班刊分發下去，也貼上了走廊，頓時覺得全校師生走路都比平時爲快。果然，教室裏右上角的擴聲器叫了：「普三和張良澤，即刻到訓導處來！」這下子該慘了，我有點後悔。只見訓導主任把壁上的班刊捏成一團，在我眼前揮舞著：「你侮辱師長！留校查看！」在等待正式公佈處分的日子裏，的確度日如年。于導師說我有點過分，叫我寫張「悔過書」，要替我說情。可是在上木工課時，那全校無人不怕的金頭老師，意外地第一次講了課堂以外的事：

「你們的班刊我看了。寫那兩條新聞的人，不但觀察深刻，而且富有正義感。不過，本報訊應該改爲本刊訊才對。」

簡截有力的兩三句話，打消我寫「悔過書」的念頭。

正好赴美考察半年的朱滙森校長回來了。返校頭一天，便要處理我的「留校查看」事件。我坐在校長室裏鋪了白罩單的沙發椅上，面對著鬢髮微白、滿臉皺紋的朱校長從公文堆中抬起頭來。

「你的寫作能力很強，好好努力。」他常面帶笑容，露出一排白齒。「這點小事，你不必牽掛，由校長承担好了。你回去好好看書吧。」

走出校長室，我想起以前在同一天朝會時，不同的兩種聲音：

「你們再爬到窗口，被我ㄓㄚ到了，一個大過！」訓導主任拿著麥克風猛吼。

「每當我看到你們坐在二樓、三樓的欄杆上時，我都不曉得怎麼辦？要叫你們下來嘛？怕你們吃驚而摔下來；不叫嘛？又怕你們不小心滑下來。」校長的聲音那麼小，同學們努力要捕捉那聲音而靜得出奇。

次日，校長的返校報告中，沒有提起『和風』事件，而報告了一件好消息：美國救濟總署答應免費長期供應牛奶粉，下月起，同學們每天都可以喝到一大杯脫脂牛奶。

雖然我沒有受到任何處罰，但破了一次胆，便無心再辦了。『和風』半月刊終於無疾而終於一九五七年十二月，整整發行一年，共十八期。

某日，我看了日片『青色山脈』，一羣天眞活潑的高中女生穿著水兵服，騎著自行車，唱著「青色山脈」，迎著晨曦，馳過田野，奔向學校；火車從遠處的山麓駛過。在教室裏，女生們和老師熱烈討論兩性的問題、生育的問題。那麼開放，那麼自由，那麼活潑可愛！而我從小到大，不知讀了多少「千惡的日本鬼子」、「日帝侵華史」、「南京大屠殺」的教材，自己也不知做了多少遍這類壁報文章，但一下子都被這一羣日本高中女生吹掉了。

看完電影，我就跑去書店，買了一本注有羅馬音的日語初級教本。每天晚自習時間就勤讀AIUEO。我不管同學們拿什麼眼光看我；但教官來查堂，我就緊張地塞進書桌裏。以後于導師常在「導師訓話」的時間裏，提道：「你們台灣人奴性不改」、「台灣人是亡國奴」這些話，我知道是對我而發的。但他對吳仁修勤讀英文一事，卻鼓勵道：「有上進心！將來必有前途。」我更加決心要讀好日文。

下學期，學校課業告一段落，我們開始校外實習了。我被分派於進興國校二年級。下課時間，孩子們最愛跟我打躲避球，而且看我們小老師好欺負，操場上一羣羣的小孩子在吊著小老師的臂彎和脖子。雨天，我走過鳳凰樹下，紅花掉落滿地，我怕將泥濘濺踏了紅花，一步步慢慢走，忽然前面出現了一個穿紅雨衣、紅雨鞋的小背影，低頭走得很慢，好像也怕踩到紅花似的。我輕快趕過小女孩身邊，她一手扶著鼓鼓的書包，覺得我在注視她，便笑笑地跑進校門了。因爲她的小臉大半罩在雨衣裏面，我分辨不出是否跟我玩過的孩子。一連幾天的陰雨，我在教室裏批改作業時，常常注意會不會有紅雨衣的影子走過窗邊。

公費畢業旅行是師範教育的最後高潮。分乘數輛遊覽車北上，湖光山色，美麗寶島，令人喜愛。只是我們從小都未讀過台灣歷史和地理，因此也不知道那叫什麼山什麼河；只知道有個民族英雄鄭成功，他老爸是漢奸鄭芝龍，但不知他老媽是誰。

抵達台北，約了二弟良光來北女師宿舍相會。他去年國校畢業後，就被父親安排坐運豬卡車到板橋伍順自行車工廠當童工。這天假日，他騎了自行車來了，兄弟異地相見，喜不自勝。我載他逛台北街，騎到總統府前，瞻仰蔣總統常在這兒閱兵的高樓。廣場很大，但行人至少。當我們騎到總統府門口時，突然站在外門口石台上的兩個憲兵跳下來，持鎗走了過來。不太友善的樣子。

「下來！」金亮的鋼盔，雪白的手套，一聲下令，空氣都僵固了。

我看前看後，沒有別人，那一定是在喝我們。我趕緊跳下車，心想大概要取締我們騎車相載。弟弟臉色蒼白，微微發抖。

「你知道這兒是哪裏嗎？」一個憲兵責問我，一個站在我後面。

「是總統府。」我立正回答。

「怎麼跑到這兒來？」

「我帶弟弟上街，剛好路過這裏。我弟弟在板橋做工，……」

「你不知道這裏禁止通行嗎？」

經憲兵一提，我才大悟爲什麼沒看到行人。「我實在是不知道。第一次來台北，我弟弟在板橋做工。請……」心想又不是總統的上下班時間，何必禁止通行呢？

大概看我嚇得額頭直冒汗，弟弟快滲尿了，便下令道：「快去！下次不准再犯！」

這下，遊興全失了，弟弟騎車回板橋去了。

翌日，我們參觀國防醫學院。走進解剖室，藥味撲鼻，看到解剖台上的屍體，一陣暈眩。穿白衣的準醫生們拿著刀叉，在屍體上割皮膚、挑肌肉。屍體乾枯，沒有肥肉。臉部很難看；

陰毛很多，幾乎看不到男根。可是泡在玻璃缸裏的屍體，卻顯得肼腫。醫學院的軍訓教官對我們解說道：「本校解剖用的屍體很充足，是一般大學醫科所不及的。因爲政府所鎗斃的匪諜，若沒有家屬認領，便歸我們所有。各位將來如果有志報國，歡迎報考本校。服務十年，就可退役開業。……」

中午，我們坐在大溪邊吃便當。北女師待我們眞好，每人一節香腸。我咬了一口，覺得味道好像在哪兒聞過，很熟悉。啊，對了，就是上午那屍體的味道！還有瘦肉也一模一樣！我不敢出聲，把香腸吐回飯盒裏。其他同學也都皺著眉頭；有些女生跑向草叢中去。

半島旅行，我還發覺了一個有趣的語言問題。南師並未硬性規定要講「國語」，但經常舉行注音符號、發音、錯別字等國語測驗，再加上國文科的鐘點最多，所以我們的國語文能力已達到比用台語方便的程度。我在構思文章時，基本上是用「國語」比用台語爲多。同學之間的交談雖用台語，但往往會穿插一些「國語」。全校只有一個山地保送生和五、六個外省同學之外，全講台語。客家人雖也不少，但他們都不講客家話，好像怕人知道他是客家人似的。但客家人講起「國語」，都比我們漂亮多了。

雖然台灣話是我們共通的語言，但彼此都愛嘲弄對方說是中部音啦、海口音啦、南部音啦。我被劃入中部音，但中部同學又笑我「永靖枝仔冰，冷冷碇碇」。南部音中的台南市人又以「府城人」自傲，不但強調自己是正統台語，而且笑我們說話不雅，不應說「眞ㄊㄧㄥ」，應該說「歡喜」才是云云。

可是這次旅行到了台北，我們這羣土包子不論是中部音、南部音、海口音，全部被笑爲「下港人」講「下港音」。其實我聽「頂港人」的台語才難聽呢。

透過語言，我大致了解台灣的人種學：山地人從南洋羣島漂到台灣，成爲最早原住民；後來從福建省移民來的，講閩南話；從廣東來的，講客家話。但上至總統文告，下至老師的訓話，都說我們是炎黃子孫！也因此從國校起每年都要塡寫「身家調查表」，每次我都要問父親「祖籍」欄怎麼塡？父親有時說「潮州」，有時說「漳州」，有時說「泉州」，最後就說「青菜啦」！南師訓導主任、于導師或教官們，都不准我們自稱「台灣人」，而要說「閩南人」；不准說成「台灣話」，而要說「閩南語」。客氣時便稱呼我們爲「本省同胞」或「本省人」，不客氣便罵「你們台灣人……」。尤其「外省仔」最喜歡強調本省祖先皆來自大陸，好像說他們就是我們的祖宗那般神氣。

旅行歸來到畢業典禮的那段期間，同學們似乎更沒有準備負起神聖國民教育的氣象。我利用這空檔，除了勤讀日文以補塡心中的空虛外，並請父親寄來一套梁實秋翻譯的『莎士比亞全集』十五卷。（我一向沒有向圖書館借書的習慣，但父親寄來永靖農校的藏書，可以任我保管多久。）

我還是喜歡迷醉於西洋名著之中。我覺得西洋作品開頭是假的，但愈讀愈眞，眞得令人與書中人物同喜同惡；而中國當代作家的作品，開始好像眞的，但愈讀愈假，假得令人反感。尤其讀了莎翁全集之後，覺得中國作家都不夠看，論才華、格局，都是小兒科。唯有一本文心先生的『千歲檜』，叫我特別珍愛。

那是在畢業旅行停脚於新竹師範時，何榮森帶我去新竹合作金庫拜訪他哥哥的朋友許炳成、筆名文心的事。事先何榮森已寫信跟他提起我的作家志願，所以一見面就直入話題。「有一分眞實就說一分話，不要做多餘的誇大和修飾。」他說。他個子沒有錢老師高大，但走路同樣拐拐的。他帶我們上夜市，買了兩個又大又紅的蘋果，各送我們一個。並簽名送了我一本他的處女小說集『千歲檜』。

我和何榮森邊走邊咬大蘋果，這是我懂事以來首次吃到的蘋果，而且是整整一個。旅途中，偶而翻翻『千歲檜』，覺得沒有什麼奇特的情節，敘述平平淡淡，所以也沒有什麼特別印象。

現在，我迷醉於莎翁的才華橫溢，浪漫氣氛濃重的異國情趣中，回頭重讀『千歲檜』，正好碰到一個與莎翁相反的台灣作家，木訥、樸質的述說：嘉義古時叫諸羅城，城中人保有古風。深夜的車站前，有一個三輪車夫，在寒風中等著客人。最後的夜車已過了，他還不回家。他期待有奇蹟出現，多載一個客人，就能送錢給朋友買藥。朋友病倒了，好幾天不能來拉車，家口又多。眞冷呀！坐在三輪車上苦等，肚子餓得像胃袋破了一個大洞。「郎客呀，俚要去多位？哦，城內？算較贌累啦，五元都好啦……」車夫不斷地踩動踏板——往後踩空檔：自言自語著。

我永遠忘不了這篇「諸羅城之戀」給我的省悟：我爲什麼都沒看到生活在我周邊的人物？

除了三輪車夫之外，有那麼多的農民、工人、漁夫、小攤販，他們是怎樣生活的呢？

王湊芬在『青年天地』上寫了一篇「別了，奔煬」送別我；父親特地來參加我的畢業典禮。兩大箱書籍及舖蓋草蓆。叫了一輛三輪車到火車站。父親第一次拿我當大人看待，談著母親脾氣愈來愈壞，希望我回家之後多勸解她。可是我只在想著我的創作。突然，我正對著父親，一字字慢慢說道：

「豆漿，」我們從小就用日本話叫父親。「我決定要做一個作家。但恐怕有一天會被關起來。」我說不出被抓的理由，只是一種直覺，很悲壯的。

「嗯。」父親的視線從圓框眼鏡裏投射出來。「我可以頂替你坐牢嗎？」

這是我生平第一次從父親口中聽到「我愛你」的聲音。

父親忙著請託縣議員黃大山先生去縣府奔走，希望我能分派在永靖國校服務。母親忙著編織毛線衣，每天熬到深夜，小燈炮垂放到編織機前，正好掛在母親低頭數針的面前；編織機是中古的日本貨，推動起來相當吃力的樣子。我常在半夜醒來，看到蚊帳外的微弱燈光下，母親用雙手扳動手把，推出「沙—沙—」的笨重機織聲。

國校學期的最後一天，弟妹們紛紛放學歸來，進來一個，母親就要停止一次手中的工作，接過「通信簿」看看成績有沒有進步，然後連同獎狀珍重地收在衣櫥裏的一個牛皮紙袋裏。那紙袋裏收藏了我國校一年級以來的成績單、獎狀、畢業證書等等學校記錄。而弟妹們也都努力要把那袋子裝滿以博得母親的歡心似地，彼此競賽著。

我又一次看到那隻古皺而無破損的袋子，看到弟妹們討好母親的天眞表情，看到母親滿足的微笑，我不禁寫了一篇「榮譽袋」，投給中副（我已摸出了編輯先生的心理），果然很快就登出來了。這是我踏出校門即將踏入社會的最大鼓勵。母親同意我拿這筆稿費專程去員林書局買了一套我嚮往已久的『莫泊桑全集』十二卷。

今年父親入闈永靖農校的入學考試委員。一夜，風雨交加，全家人已入眠。忽聞玄關外有急促敲門聲。父親起來開門。我一時被好奇心驅走了睡意，靜觀蚊帳外的動靜。

父親把客人帶到小客廳，打開燈，我清楚看到那是個中年農夫。農夫吞吞吐吐地說明他的兒子昨天的入學考試考得不好，請求父親幫忙。

「這點仔小意思，請您收起來。」農夫從衣袋裏摸出一包扁平的小信封。我猜那是鈔票。父親的表情有點不自然的樣子。裝著沒看到擺在桌上的東西，說：

「入學考試很公平，也很嚴密。我實在幫不了忙。」

最後，父親說還有第二次招生，叫他兒子早做準備，諒不難考上。父親站起來送他，並把那封東西塞還給他。在玄關，兩個中年父親互道晚安。窗外雷電交作。

這活生生的一幕，我把它素描下來，命題為「風雨夜來客」，寄給聯合報副刊。我下意識到這種有泥土味的農夫，聯副一定會喜歡，果然被我猜中，於八月廿八日刊出。我又攻進了一個新陣地。

畢業後，得到這兩次戰果，至為欣慰。可是不久人事命令發佈了。因為父親捨不得用錢，結果我被分派到「彰化縣潭墘國校」。台灣全圖上找不到「潭墘」這地名，父親到處打聽，才知道是在大城鄉的靠海地方。

書籍、鋪蓋等捆綁在自行車後架上，家裏不用的水壺、鍋鼎等炊具吊在手把前。早上八點從家裏出發，叮叮噹噹，南下至北斗，再西向竹塘，經過二林，抵大城，再南下騎到潭墘村時已黃昏。是夜，由工友劉先生替我在辦公室掛好蚊帳，我就睡在辦公桌上。

次日朝會時，劉復到校長在旗台上，嚴肅地向學生們宣佈：「本校獨立的頭一年，就有台南師範剛畢業的新老師——張良澤張老師到任，實在是無上的光榮。我們請張老師擔任六年級的級任老師，相信本校的第一屆畢業生將會有驚人的成績表現。大家鼓掌歡迎！」

這一天正好是我十九歲生日。才蓄髮兩個月的光頭，使我很羞怯。

五、初爲人師（1958.9～1961.6）

潭墘國校原爲大城國校的分校，五年前開始每年招收學童一班，至今年正好六年六班。六位級任老師，加上劉校長、謝教導、劉工友三人，正好組成一隊九人制排球隊。清一色男性，除了劉工友是退役軍人之外，平均年齡三十歲前後，大夥兒生龍活虎，排球隊在大城鄉下所向無敵。

學校背後是村落，走過村落便是濁水溪。雖然看不到海，但茫茫無際的河原，便知離海不遠了。村人利用河床的沙地種植西瓜，挖了很多沙坑儲水。我常帶學生走到河心的水流處玩水，河水黃濁，名副其實的濁水溪。過了對岸，便是雲林縣的二崙了。

月薪三百八十元，第一次領了三個月薪，一千多元，是生平第一次摸到的大錢。趕緊騎車到大城郵局，滙給母親一千元，其餘留作生活費。燉一鍋滷肉滷蛋，可以吃很久；快吃完時再加肉加蛋卽可。有時劉先生（全校師生管叫劉工友爲劉先生，他比校長更有權威）外出，而我上課忘了關火，焦味傳到教室時，學生們便哄然大樂。

海邊學童入學較遲，發育又快，有幾個已長得與我同高。考試考壞了，男生抽屁股，女生打手心。每當輪到後排的高個兒女生時，我便不覺低頭揮鞭；而挨打的女生也低著頭，彼此臉上都紅到耳根。

由於校長及家長們的要求，便在下午放學後及夜間，爲志願升學的十多個學生補習功課。反正督學也不可能駕臨這僻村來抓惡補，而且一筆額外收入，對我也具有吸引力。

辦公室與教室之間，有三公尺寬的空間，利用兩邊的牆壁搭連起來的草寮，便是劉先生的臥房兼廚房。由於我不想花錢租民房，劉先生便把臥房隔成兩間，一間供我使用。兩人只隔一塊甘蔗板，站在竹床上可探望隣居。夜夜聽他訴說大陸家鄉的風情，以及十五歲以後參加抗日剿匪的戰績。他從沒打過敗戰，只恨糊塗將領搞錯了方向，把部隊開過台灣海峽。

海風唬唬吹過防風林，咻咻吹進四處空隙的草寮，蚊帳被吹得亂飛舞。蚊帳不是防蚊子，而是爲了防沙，可是被單上面仍然沙沙的。

早晨起來，就蹲在辦公室外側的幫浦（打水機）下刷牙洗臉。抬頭往村道望去，學童紛紛上學來。當中有人提一根菜頭或一把葱或兩穗蕃麥，邊走邊搖幌過來，便知道我今天可不用買青菜了。幾乎每天這時刻，籬笆外就會響起兩聲清脆的脚踏車鈴聲。她的用意當然是警告學童橫越馬路時不要撞到她的車子；可是這時我就會停止刷牙，悠然看她飛舞的裙裾消失於防風林間。她沒有回頭。

我知道自從自己到任之後，便引起了村人小小的騷動。尤其在家庭訪問時，感覺最爲明顯，好像每家的房間門扉都半掩著，而門後總有人在偷窺什麼。

某週日，於學校教補習。忽聞田中有小孩的大叫聲，奔出一看，小孩哭叫小弟沈入池塘中。池塘四週有刺網高過身，我連爬帶滾翻過去，連衣帶鞋潛入水中，摸索半圈，終被我撈起。小弟已不省人事，臉變黑。適田中有一水牛，將小弟覆於牛背上，掏出口中泥土雜草，猛力吸其口鼻，並壓其背。突然吐出污水，旋即甦醒，猛號一聲，脫離險境。新生報記者次日來訪，我的小義舉見之報端。母親見報，特來信嘉勉，而村人待我益加有禮。

自從我救了謝教導的小兒子之後，謝教導就向我提起劉村長（本村以前叫劉厝，所以碰來碰去都姓劉）的女兒服務於大城鄉公所，豐滿迷人，而且少說也有兩甲良田當嫁粧。從此我與她之間，似乎有了每天清晨隔籬相望的默契。

然而，我不敢接受謝教導的好意，是因爲我想成爲偉大作家，不願早受家累；而且內心一直有一種不安，爲什麼師範同學甚至以前員中時代的同學，他們都會打「手鎗」，而我猛搓半天搓得鎗膛紅赤赤也射不出子彈？

村莊裏沒有書店，唯一能看到的書報是郵差每天送來的隔天的中央日報。上大城來回需八公里沙路，風沙大時，推車前進都困難。有一天，在報上看到一則文壇函授學校的招生廣告，校長穆中南，教授陳容都是常在中副出現的名作家。我想我應該好好從頭學起。來潭墘已半年，也寫了五、六篇稿子，只登了聯副一篇，其餘都被退回。最後只好發表於老巢的『青年天地』與『工商日報』副刊。

文壇函授學校小說創作班的講義按月寄來，讀全講義就交一篇習作。批改詳細又親切，只是被限定於某種範圍或某種主題，覺得碍手碍脚的。不過在修辭上，的確收益不少。

以前錢倫寬老師曾指示我，要寫短篇小說，則短篇小說之王莫泊桑的作品不能不讀，因此我把『莫泊桑全集』一字不漏地從頭讀起，並用紅筆加圈加點。其他，我也買了『紅與黑』、『雙城記』、『罪與罰』、『紅樓夢』等中外名著，都無法看完全書。我眞正一讀再讀而每讀一次必有新心得的，唯有『莎士比亞全集』和『莫泊桑全集』而已。我覺得莎翁的才華是外爍的，而莫翁是內歛的；前者光芒萬丈，令人應接不暇；後者冷靜客觀，令人深思猛悟。

當然我的書箱裏還帶來了師範時代所購買的『西洋哲學概論』、『哲學導論』等哲學書籍。錢老師說一個文學家必然也是一個哲學家，而哲學家未必能成爲文學家，所以一個文學家不能不讀哲學書。雖然我很愼重地用紅藍鉛筆劃出人名和警句，可是永遠搞不通柏拉圖、蘇格拉底、黑格爾、海涅等人的想法有何不同？與我的想法又有何不同？倒不如我看一本『編輯學概論』，把邏輯與歸納應用於報紙的版面處理，又實際又有用。假如有一天我能當報社的編輯那該多好。

王清芬已當了『南師青年』的主編了，她不斷寄書刊給我，而且每次來信都叫人動情。每週一封長信，是我最大的安慰。我甚至可以聽郵差的車鈴聲就可判斷今天有沒有我的信。然後我也每週一封信交給郵差帶去。謝教導看在眼裏，以後他就不再提村長女兒的婚事了。其實我心裏何嘗不喜歡村長女兒，論才華也許不如王清芬，但那白晳的皮膚、豐滿的胸部和臀部，圓圓的臉蛋和長長的秀髮，幾乎是我每天淸晨必飲的甘泉。如果有一天沒聽到她的鈴聲，就覺得一天的工作不知從何開始。而最近好幾次明明看她騎車過去了，也不響鈴聲。

學生裏面，張秀華長得挺秀氣的。她常背小弟弟來寧靜的禮拜天校園玩。其實校園裏除了一個沙坑之外，既無鞦韆也無滑梯，而劉先生每逢週日就不見人影，所以也無法向他買健素糖來請張秀華姊弟吃。張秀華很害羞的樣子，叫她進辦公室來坐也不敢，只站在門口看我寫字。弟弟哭鬧了，她就笑著向我說聲再見便回去了。她的笑，很甜。

一年惡補的結果，成績尚差強人意。校長為了犒賞我的辛勞，邀請全校教員同上茶室。一行八人（劉先生說茶室沒意思，所以他不來。）騎車到大城街的小巷中，小美茶室的門口，羣鶯呼擁而上。我感到一陣昏眩，躲到同事背後。只見校長開心地摟住一個茶女，用力抓抓她的胸脯說：「哦，是眞奶。來！先給我們的少年家仔。」說着，便把她推到我身邊來，並說：「他還是個處男，妳得好好服侍呀。」

大夥兒擁進一間大埸埸米房間。女人們端茶和瓜子擺在中間的方桌上。一男一女間插而坐。同事們還來不及喝茶，就開始毛手毛脚起來了。有的伸手往女人的上衣裏面亂掏，有的從裙下進攻，有的把女人壓到牆角。

我不敢正視他們的動作，心裏唸着：「涓滴（王清芬筆名），請原諒。」低頭猛啃瓜子，被分配給我的茶女殷勤地剝了瓜仁要送進我嘴裏，我不斷側臉迴避。

「你，第一次來茶室嗎？」她靜靜地問我。

「嗯。」我覺得我冷落了她，有些不好意思。便問她：「妳叫什麼名字？」

「金枝。」

我瞄了一眼金枝的脂粉，塗得很濃；寬鬆的衣領，好像隨時等着打魚歸來的漁夫來打撈似的。

好不容易度過了漫長的一小時光景，大夥兒意猶未盡地走出暗房。迎面海風吹來，騎車上路，我不禁回首一望，茶室的門口分辨不出哪個是金枝。

孩子們畢業後，就忙着幫家務，做童工，都無暇來學校玩了。

校庭寂寂。劉先生幫我綑綁炊具和衣被於鐵馬上。臨走前，我再去教室看看。教室空空，只有牆上的標語和學生的字畫依舊未動。

劉先生送我一程，互道珍重，我便騎車依依離開了生活一年的鄉村。一路上，只有遍野的紫花，一排排地低頭向我道別，都沒碰見村長的女兒騎車回來。

永靖國校的教員大半都是我小學時代的老師，連老校長劉江水先生也沒變。

我到差沒幾天，校長室的孫秘書就送來一份入黨申請書。我未加考慮就把它丟進字紙簍。過幾天，又擺了一份在我桌上，我又把它丟進字紙簍。以後，孫秘書看到我，總是笑笑而已，從沒有來要我塡表入黨。

我被分派五年級鋤頭班。既然是鋤頭班，我就按照規定課表上課，不必像其他升學班那樣叫學生每天揹兩個大書包上學。每當縣督學來突檢，孫秘書便事先得悉，趕緊通告各班，學生們便主動藏起參考書專用書包，而取出另一個書包。有的忙去校長室抬風琴，有的拿出勞作工具敲敲打打，有的上體育課玩躲避球，學校頓時活潑起來。

全國公教人員實施了健康保險，我便決心割除大腿後的靜脈瘤。我想可能是因爲初中時常跑去埔心的大圳溝，大熱天沒做預備運動，看到清澄的水就一頭栽進去，久而久之，造成腿部靜脈的硬化也說不定。到師範時，才發覺坐久了，屁股的左邊會痛，仔細一摸，才知道裏面結了一羣瘤，而且細瘤一直延續到大腿後面，這使我非常憂煩。但走路、運動都不覺異狀，因此也不想增加母親的煩惱，就當沒一回事。現在既可享免費醫療，我就請母親陪我去彰化基督教醫院就醫。

醫生說要開刀才知道是良性瘤還是惡性瘤，我便辦妥住院手續。開刀前一天，外祖母特地帶我去天公壇求天公保佑。

經過四個小時的手術，醫生說是良性瘤，但爲了避免擴大，把它切除下來了。母親聽了，才現出微笑。從此兩星期，我躺在床上不能動，母親每夜睡在我的床下，每隔數小時，不是冲牛奶給我喝，就是削蘋果給我吃。白天，裏小脚的外祖母從南門提一小鍋鷄湯來給我喝。我眞懷疑那搖搖晃晃的走法，怎麼不會溢出鷄湯來。

湯水喝多了，小便也就多，母親不在時，護士小姐拿奇形怪狀的玻璃瓶來叫我使用。她把布簾拉起來，叫我自己解；可是小鳥放入瓶口，觸到冰涼，就縮得內緊外弛；護士小姐又站在布簾外等着，更叫我緊張得滿頭大汗。好不容易擠出半壺，護士小姐接過暖暖的瓶子，一點也沒有嫌惡的表情。

大便就更苦了。母親把我的下身扶起，護士小姐拿扁平的鋁盆墊進去，躺着大解，實在難受極了。放完了，母親就拿去冲洗。我想起以前母親都用手洗弟妹們拉大便的內衣褲。

護士小姐八小時就輪班。白天班有一位陳小姐白白瘦瘦的，小小眼睛，台南人，待我無微不至。替我擦拭身體的時候，把布簾拉起來，叫母親出去。她細心地俯着身體，把我從頭擦到脚。我聽到她的呼吸聲，看到她胸前的白衣在我鼻前起伏。每次我都感覺應該開口跟她談些什麼，至少也該向她說聲謝謝。但看到她微笑而抿着的嘴，我只有痴痴地盯着她的眼睛。

夜班，有一位謝小姐，溪湖人，大眼睛，愛笑愛說話，每次來換藥，就問我床頭那些書是什麼書，寫什麼稿子。也和母親閒話家常，母親也好像選媳婦似地問她家庭情形。她眞是個快樂的天使，聽到她的聲音，就覺全身舒暢。

每週末，牧師就率領護士小姐們來各病房唱聖詩。悠揚歌聲中，我沉醉了。我慢慢學會了一支聖歌：

「我的罪極重，嬒得推辭；
照理律法，應當着死。
在沒法度通救自己，
耶穌，我來就祢，就祢。
阿門——」

這是我生平第一首會背唱的聖歌。每當我唱起它，腦中會就浮現兩位不同類型的白衣天使。

聽說去年八・二三金門砲戰大捷以來，英明偉大的　蔣總統隨時要下令反攻大陸了，所以各機關都要加強保密防諜。由於大家都有某有猴，所以男老師的值夜都委託我代班。我也樂於在值夜室過夜，一來可免回家和弟妹們擠睡在一起，二來每夜可得四元的值夜費。我每夜買一元土豆，一元甘蔗，其餘每週買一本文藝小說。

每夜拿手電筒巡迴校區一圈，偶爾會發現樹叢間有一對男女抱在一起，但又不敢上前盤問他們是不是匪諜，只好在值夜簿上記錄：「一夜平靜」或「滿天星斗，不見異動」，或乾脆把最近我頂愛唱的「綠島小夜曲」的歌詞摘錄幾句：「這綠島像一隻船飄呀飄呀……」

學校附近的小店有零售『聯合報』，我去買土豆時偶也買一份學校拒買的『聯合報』回來看。我還是覺得「聯合副刊」最適合自己的體質。它只有半張版面，扣掉何凡的「玻璃墊上」專欄及一篇連載小說之外，剩下一千來字的篇幅。而這小小的篇幅經常出現鍾正、文心、廖清秀、施翠峯、陳火泉、鄭煥、鍾理和等人之作品。這些人的共通特徵是文字樸拙，取材於台灣農村或小公務員的生活，一看卽知是道地的台灣土產作家。在反共文學的洪流中，他們的作品中從未出現「反共抗俄」此類的口號。

這些我心愛的作家羣中，除了文心（許炳成）見過一面之外，其餘我都不認識。我內心有一股衝動：我也要把我所見的鄉間人物編織成感人的故事。於是，我在值夜室裏貼着「六畜興旺」紅紙條的竹床上，邊啃甘蔗、吃土豆，邊構思情節。塗塗改改，直到昏昏入睡，睡夢中突然悟出情節，便躍起猛寫幾段，又昏昏入睡。如此，白天也想，晚上也想，終於讓我想出幾篇結構精緻的短篇小說。平均每月登上聯副一篇，而退稿數篇。一天，文心先生來信說：「將有文友聚會於龍潭鍾肇政家，務請駕臨。」

此時已放暑假，我欣然赴會。乘慢車從員林出發，半天始抵桃園，再換公共汽車，路經中壢，過山崗兵營及茶園，抵龍潭站。寧靜的小街道盡頭便是龍潭國民學校。緊隣學校的日式宿舍，便是鍾家。鍾老先生是國校校長。我一走進玄關，迎面跑來一位中年男子。

「你是良澤嗎？」他親熱地大吼。

「是。」我小聲應諾，摸摸自己的平頭。

「來來！上來！」他拉我進客房。很多客人在交談着。「喂！我來同各位介紹。這位就是奔煬，名叫張良澤。」

我行禮如儀。主人依次介紹客人的大名，文心先生依舊咧着大嘴，好高興我來的樣子；其餘陳火泉、廖清秀、鄭清茂……都是我在聯副上景仰的作家。大家對我表示一下歡迎之意以後，繼續中斷了的話題，我便悄悄地坐在屋角。談話的中心人物是陳火泉先生，他的年紀最大，光頭亮亮，紅光滿面，比手劃脚地暢談着：「老婆叫我不要熬夜寫稿，可是我不熬夜幹啥呢？孩子們都睡了，我睡不着，只好騎上老婆弄兩下子。這下子老婆又懷孕了，孩子愈來愈多，我只好再熬夜寫稿。……」

衆人哄堂大笑。他接着說：「你們別看我老婆年紀一大把。她的乳房倒是又大又圓，不輸小姐的。」他用兩手比着胸前，做出富有彈性的樣子。

主人鍾肇政先生時時掏出上衣口袋的小黑盒子調整着，有一條細線通到耳朵，原來他患重聽症，難怪講話都用吼的。他說他在老父的國校教音樂，所以較有時間寫作。我看他的形象卻有幾分像貝多芬。

午宴開始了，女主人和老太太忙着上菜。大概看我畏縮地靜默着，鍾肇政夫婦一再爲我挾菜，好像關照小弟弟般的親情。席間，大家爭向陳火泉先生敬酒，並且一再提到林海音的名字，頗以她今天缺席爲憾。

原來他們都認識林海音女士，她是聯副的主編，也是何凡的太太。苗栗客家出身，在北平長大，戰後偕夫回來台灣。難怪她對故鄉格外親切，特別垂睞台灣人作家。根據衆人口中描述，林女士好像長得頗有姿色似的。我想起我以前讀過她的『冬青樹』和『綠藻與鹹蛋』，比起同時代的女作家張秀亞、鍾梅音等作品，林海音女士最言之有物，描寫最爲生動；可是後來她發表的長篇小說『曉雲』，卻與我剛剛讀過的一本翻譯小說情節完全雷同。

鍾肇政殷殷向客人斟酒，同時也陪我講話。此時我才知道以前我最愛讀的『寫作淺談』的譯者「路加」就是他的化名；當然以「鍾正」發表於聯副的也是他，他可是作品最多的台灣作家。

鬧哄哄之中，似乎有人在讚賞我是最年輕、最有希望的台灣作家，一時靜寂下來，大家的目光集中過來。我不好意思地低頭吃菜。

「哦！你就是……」坐在對面的陳火泉瞪眼看我，好像現在才發覺我的存在。指着我說：

「你就是噴……噴……」

「奔煬呀。他是最近常發表作品的奔煬呀。」文心向陳火泉補充說明。

「哦，原來你就是噴煬！」

說時遲、那時快，碰！的一聲，有一塊重物從陳火泉口中掉在桌面上，引得衆人詫異地盯住桌面。陳火泉迅速地用手掌罩住那塊金屬物，趕快拾起來，塞進嘴裏——原來他的整排牙齒連同上口腔都掉下來了。我生平第一次看到假牙。

陳火泉的紅臉更紅了，紅到脖子也紅了。衆人笑得前俯後仰，我也跟大家笑成一團了。

餐後，主人要招待大家去看興建中的石門水庫。雖然外面不知幾時下起了大雨，但主人熱情地叫來兩部計程車，帶了數把雨傘。大家擠進車裏，駛往石門水庫工程處。

到了山頂的瞭望台，風雨加劇，鑽出車廂，幾乎要被巨風刮走。撐開雨傘，更是危險，於是衆人合抱於傘下。數步之下，便是峽谷，谷間濛濛可見大水壩。頭上電光閃閃，劃破昏暗的天地；雷聲滾過對面山頭。

大家的衣服都被打濕了，可是沒有人說要避進車裏。只有我躲在衆人背後，但見諸前輩伸著項頸，眺望前方，肩靠肩地相擁在一起。靜默地佇立在突起的高崗上，如同佇立於狂風暴雨中的艦艇上。

這是民國四十九年（一九六〇年）七月某日之事。

事後，鍾肇政不斷來信鼓勵我努力創作，並且寄來一疊油印資料。原來他於兩年前，鑑於台灣作家常遭退稿，而苦於無從討教改進，便號召諸文友將作品巡迴閱覽，而後把各人讀後感油印成『文友通訊』，藉此通訊，切磋琢磨、增益友情。這份『文友通訊』完全由鍾肇政一手刻鋼版、油印、寄發。大家商議每年一次聚會，而我所參加的便是他們的第二次聚會。聽說遠住南部的鍾理和本擬參加，因病未克前來。

自從鍾理和的作品常出現「聯副」之後，我便細心閱覽他的作品。他的文字絲絲扣人心弦，無論寫草坡上的小鷄與母鷄的情景，或寫月光下夫妻揷蕃薯枝的愛情，或寫農民晒穀而被西北雨捉弄再三的耐心，或寫因爲無錢求醫而眼看愛兒發熱斷氣的悲痛，一幕幕都鮮明呈現於眼前。正當我喜愛他的作品勝過以前所有台灣作家之際，八月十日的聯副上，編者刊登了一則小啓事：「鍾理和先生逝世了」！我忍住驚訝與悲慟，慢慢看下去：本刊作家鍾理和先生因患肺疾，臥病長久，終於日前完成中篇小說『雨』時，舊疾復發，嘔血而死。……生前貧病交迫，而不廢創作；身後蕭條，遺妻子五人，生活堪憐……。

此時，我正好有篇稿子在聯副手中，便趕快追寄一信，說明該稿件如蒙採用，請將稿費轉贈鍾理和遺孤。不數日，果然刊登，並於文末括弧加註「本篇稿費轉贈鍾理和先生遺孤」。緊接着好多篇悼念鍾理和的文章連續出現，文末都註明「稿費轉贈」等字。其中，陳火泉寫了一篇「倒在血泊裏的筆耕者」，僅此標題，便足夠說明鍾理和的一生了。

聯副編者林海音女士眞是古道熱腸，除了在聯副卽時開始連載『雨』之外，同時與鍾肇政、文心等人成立「鍾理和遺著出版委員會」。在百日忌時，鍾鐵民便寄來一本該委員會編印的其父小說集『雨』。並附了一封長信，感謝諸先進饋贈稿費，始得渡過難關云云。並說自己已高二了，不知何去何從。

我要他堅持到底，以完成學業爲重。並約定日後有機會一定去探望他們母子。

九月，進入我義務服務的最後一年，劉江水校長不知何來心血，破例拔擢我這個拒絕入黨的毛小子當了訓導課長兼體育組長。因此，我不必擔任級任，而只教兩班升學班的作文就了事。正巧這年新進五個年輕教員中，當中有兩個是我的小學同學高秀香和陳麗青，另一個低我一班的林松源。林、高都是鋼琴能手，我們便組成一隊合唱團，課後除了練唱之外，也打排球。一些老教員受到我們的影響，紛紛參加我們的課外活動。我爲了表現年輕人的魄力，規定全教校職員一律要參加晨間早操。

我穿着全身雪白的運動衫、運動褲，站在升旗台上，下令散開自由隊形。林松源播放音樂，我邊作示範動作邊喊一二三四，不必用麥克風，我的嗓門便可以傳遍整個校園，五十班三千人學生，整齊劃一地配合我的動作，晨光洒遍每個精神飽滿的孩子臉上。每次我都會情不自禁地偷瞄遠處作仰身運動時，緊繃着胸部而腰肢細軟的陳麗青的美姿；我想她也會偷偷瞧我在台上的雄姿才對。

可是由於我現在變成帶動學校風氣的受注目人物，我便不能對任何人表示特別偏愛。頂多只有借打掃時間巡迴各教室時，多看一眼她在教室裏伏案改作業並期待她抬起頭來對我一笑而已。可是我知道這位老鄉長的外甥女，是不會對我有意的。

林松源每夜同我睡值夜室。他放唱片欣賞貝多芬，我絞盡腦汁在構想我的傳世名作。我想起小學時候最愛捉弄一個鼻子凹陷的怪人，他以行乞爲生，但又不像別的乞丐光伸手要飯。他叫人家丟錢在水桶裏，然後四肢伏地，把頭鑽進裝滿水的水桶裏，好久好久才把硬幣咬上來；咬不上來的錢，他絕不拿走。他咬錢時，我們小孩子就蹲在他屁股後面，嘲笑他破褲子底下垂掛著的大卵泡。有時在路上碰見他，我們便拿石頭擲他，可是他從未報復我們。我又想到城隍廟庭的一羣老人，細數著人間善惡。我又想到甘蔗店前，一羣剖甘蔗的豪邁少年仔。我又想到大拜拜時迎神賽會的盛況。於是，我把凹鼻仔怪人連串起這些鄉間人事，加上一個意外的結局，便寫成了一篇「平仔三」。後來想到日本有一本暢銷小說叫「人間的條件」，也拍成電影，相當轟動。我雖未讀過，光聽書名，便覺頗有哲學味，於是我又把篇名改爲「生存的條件」，以相比美。果然投給聯副之後，很快就登出來，使我信心大增，繼續日夜構思要比莫泊桑更精彩的短篇小說。

星期日，我在值夜室午睡，不知哪個搗蛋鬼突然來敲鐘，吵醒了我，探頭一望，不見人影。又躺下將睡時，又來敲醒了我，仍不見人影。於是我假想那小鬼要被我逮到，必定打個半死，而後必然惹出問題，最後我才進一步了解這小孩的不幸身世。如此一路聯想下去，我終於意外地寫出一篇「鐘聲」。感謝聯副，又很快的看到自己的筆名「奔煬」再一次出現了。

事隔二週光景，有一天中午，同事們都回去吃午飯；我無意間走到廣播室，打開收音機想聽聽音樂，突然，「噹！噹！」擴聲機裏傳來鐘聲。我下意識地感到驚奇。

「中國廣播公司小小廣播劇。」播音員說。我知道這是午間十分鐘左右的短劇。短劇之後便是音樂欣賞節目。我一向只聽音樂節目而已，可是今天短劇的鐘聲特別吸住了我的注意。

「今天播放的廣播劇是『鐘聲』。」稍停片刻，接著說：「作者奔煬，編劇崔××（很有名的中廣明星，一時想不起芳名，後來聽說是個潛伏已久的女匪諜，被判徒刑了）。」

「唷，是我的作品！」我大跳起來，趕緊跑到隔壁的教員室，可恨沒有一個人在。我再趕緊播開各教室的播聲機，好讓全校學生都知道現在播放我的作品，可是孩子們都在操場玩皮球。

「喂！是誰在敲鐘呀？過來！」

我邊聽廣播邊焦躁著。此刻要是跑回家通知媽媽，恐怕已結束了。嗨！多可惜，沒讓媽媽聽聽。

焦躁中，短劇結束了。我頹然坐下來，回想剛才的劇情，都照我的作品朗讀而已，並沒有加以改編。我於興奮、感激之餘，慢慢怨恨起來：為什麼堂堂政府經營的中廣公司要採用別人的作品，卻事先不徵求原作者的同意呢？我不是想要得到額外報酬，至少我可知道什麼時候播放，我便可以叫家人、同事分享我的光榮呀。政府機關都這麼做了，難怪民間盜印翻版橫流。

雖然深深感到處此環境，今後的「著作權益」將無法受到保障，但我還是狂熱於創作。

林松源對我崇敬有加。我為了做好模範，表示大丈夫男子漢不可一輩子屈居於小學教員，於是我每天一早就到花園裏去背誦『標準課本高中國文』和『標準課本三民主義』。霧氣籠罩著草木，露水沾濕了花葉。讀倦了，就坐在彩色的石頭上，觀賞吐著清香的茉莉花。往往忍不住會俯身去吻一下花蕾。陳麗青老師每天準時於八點騎車出現於校門，經過花園前而直抵辦公室。她的紅色跑車穿過綠叢間，我的心就會砰砰跳。幾次我都沒有勇氣叫她停下來看看可愛的茉莉花。有一次，我終於忍不住選了最嫩綠的枝葉間綴著滿滿的花蕾的一枝茉莉花，摘下來，偷偷放進陳麗青的抽屜裏。然後回家吃早飯。然後慣例載玲妹和華妹上學。

兩小妹一個坐車前桿上，一個坐後架。一路上小朋友們的「老師早」不絕於耳。這是兩小妹的最快樂時光。

「阿玲，」我邊騎邊問：「妳看陳老師怎麼樣？」

「哪個陳老師？」玲妹只顧兩側的早安聲，對我的心事毫不關心。她已五年級了，不該不懂事呢。

「那位三年乙班的陳麗青老師呀。」我有點不悅。

「哥，」坐在後面的華妹竟然聽到了，猛叫著：「陳麗青老師好漂亮呀，把她娶起來做某挺不錯的呀。」

那天，我硬著頭皮走進辦公室，一眼掃過去：陳麗青的桌上有一只玻璃杯，杯裏養著一枝茉莉花！

六、開風氣之先（1961・7～1962・8）

民國五十年（一九六一年）七月末，某日深夜，在永靖國校的教員室裏，林松源、曹浩一陪我坐在收音機前聆聽大學放榜的消息。南師同班中部三好友之中，張振葉（服務於南投國校）今年保送師大，曹浩一（服務於員林國校）打算結婚，而我的命運便決定於今宵。

今年大專聯考的數學特別難，聽說考生總平均在十分前後，則只有初中程度的我便撿到便宜了。英文我一竅不通，但全考選擇題，我便亂猜一通，並且偷看前面左右的答案卷，大致寫幾號，我也如法泡製，因此大概不致於考個鴨蛋。其他國文、歷史、地理、三民主義四科，都是發揮題，也是我全力準備的科目，考得相當滿意。一般估計總分三百分便有希望了。

今夜，是乙組的放榜。我立志做一個偉大的中國作家，因此在塡寫報名表時，我便毫無考慮地把各校中文系列於前頭，由國立、省立、私立依次排下來。緊接著中文系便是外文系，再而法律系、經濟系等。共有一百個志願項目，通通塡滿。有一個考生看我如此塡法，便笑我說：「你的第一志願到第九志願都是中文系，那麼底下的都白寫了。」我說：「我是按照自己的志趣寫下來的呀。」他說：「歷年的成績是中文系最低分的，你應按照成績高低次序塡寫才對。」果然大家都拿著去年各系的成績統計表依次塡志願；但我還是搞不懂爲什麼要依照成績呢？我們不是依照自己的志趣來決定自己要走的路嗎？

播音員已經唸完了國立台灣大學的錄取名單了，接下來便是國立政治大學。我已經緊張了好久，還沒聽到自己的名字。林、曹兩友也毫無睡意。省立師範大學又唸完了，我又落空了。我的尿很急，又不敢走開。已經深夜十二點多了。

「以下發表省立成功大學乙組錄取名單。」播音員似乎毫無倦意，以同樣的音調唸著：

「成大中文系錄取人數四十名。名單如下。張良澤……」

「有了！」林、曹兩人同時地叫出來，一人搖一邊我的肩膀。我楞住了。

「喂，張的，是你呀。」林松源喊醒我。

「沒錯啦，小子考上成大榜首啦！」曹浩一附和道。

「沒錯嗎？」我求證一下兩人的表情。「沒聽錯嗎？哈哈！哈哈！」我從椅子上跳起來，跳到辦公桌上，轉身面向窗外的花圃，星斗滿天。解開褲頭，掏出小鳥，使勁一放，如橡皮管放自來水一般，從高空中劃出銀色弧線洒到地面，發出嗶啪聲，好久才放完。

我的不安直到接到成績單時才完全消失。果然我考上成大中文系的榜首了。可惜總分只差〇．五分，便可考上師大國文系了。各科得分都在意料之中，偏偏最有把握的三民主義只給我五十九分，眞氣死人！題曰：「何以三民主義是救國主義？試申論之。」我先從正面申論國父手著三民主義的眞價，再反面說明辛亥革命之後，因未實施三民主義，故造成軍閥之割據；二次革命之後，因未實施三民主義，故使日帝乘機侵華；三次革命之後，因未實施三民主義，故使共匪竊據大陸；如今要反共抗俄，唯有在反共基地實施三民主義，才能復國建國，故謂三民主義是救國主義。如此立論，擲地有聲；何況我又根據三民主義權威任卓宣、馬璧兩大教授的論點，再加上我的卓見，鐵定唯有三民主義才能統一中國。閱卷先生不是思想有問題，便是有匪諜嫌疑，不然怎麼故意給我五十九分呢？

大專放榜沒幾天，各報爭相刊登補習班的廣告。有一家台北的補習班特登今年榜首名單，竟然也刊登我的大名。我去函抗議未曾入貴班補習。該補習班回信道：「有一學生與你同名」，並附來該生學生證爲憑。我便知道該補習班騙人手法之高明了。

雖有小小不悅，但不影響我高高興興地入學南台灣最高學府去了。

卡祺制服的上衣口袋，用紅線繡了「成大」兩個大字，何等神氣。當年在南師時，看到這兩字，便矮了半截；現在覺得高半截了。可是附屬於文理學院之下的中文系，面對著人多勢衆的工學院與趾高氣揚的商學院，我們又像孤兒似的默不吭聲。

新生訓練完了，便是各系的迎新晚會。中文系四十個新生加上一位退伍軍人和五個僑生，男女生約各半。女同學相貌平平，但有兩個外省妞兒長得活潑可愛，另有一位本省妞兒名叫林秋江的，最爲清秀美貌。

迎新晚會，林秋江穿了一件白洋衫，略施脂粉，靜靜地坐於一角。我察覺到老學長們各個視線都投向她去。也有人偷指著她而私下耳語著。餘興節目開始了。主持人第一個指名出來唱歌的便是林秋江同學。可見老大哥們早就對她有野心了。

掌聲一再催促她上台。她不得已地走出座席，步向台前，衆人屏息靜待，她很小聲地說要唱一隻最近流行的洋歌「木頭心」。我聽不懂洋歌詞，事實上，她的歌聲也如同蒼蠅聲，加上她纖弱的體態，被白衫襯托得有點貧血的臉蛋，嬌嗔得令人想去扶她一扶。

正式上課了。教室裏仍然籠罩著迎新氣氛。數對寶貝外省哥兒和外省妞兒，成天價地談著舞會的事。我爲了奪回三年小學教員的時光，每堂課都坐在最前面，用心聽課和抄寫筆記。唯一能分散我心思的便是坐在最後面角落的林秋江。我常常有意無意地回頭望一望她。

不久，班上同學好像分成兩個集團：一個是啃書集團，一個是遊樂集團。前者清一色的台灣子弟，彼此沒有什麼交往，只一味地做乖學生而已；後者以外省子弟爲主，加上少數有錢的台灣子弟，經常翹課，遇到點名老師才出現，一出現便派對、斯諾克扯個沒完。我很愛聽他們閒扯將軍伯伯或局長叔叔的趣事，覺得他們的生活天地很新奇。和他們周旋在一起的台灣子弟，也學他們穿高跟皮鞋，並把奥魯巴克的頭髮擦得油亮油亮，人手一枝洋煙噴得霧頭霧臉。

兩個嬌滴滴的外省妞兒，常向我這個老班頭借筆記。借時還時都會大膽地把豐滿的胸部靠向我的胸前來；我只好畏縮退卻，但樂於爲她們效勞。正巧兩人都是飛將軍的女兒，只要她們來上課，一定有藍色的小吉普車接送。總之，我眞羡慕他（她）們這一羣特權階級。

但是，唯有林秋江，看來既不屬於特權階級的一羣，也游離於我們書呆子的一羣。她像謎一般地忽來忽去。

鍾肇政頻頻來信勸我轉到外文系。我甚不以爲然。我認爲要成爲中國偉大的作家，必先精讀中國五千年偉大文化，所以我對中文系課程清一色的四書五經唐詩宋詞，不但沒有反感，反而認眞背誦，還嫌教授們進度太慢，每堂課抄滿一黑板時間已過半，再照黑板唸一遍時間就完了。

一學期很快就過去了。農曆除夕前放寒假，大家興高彩烈地準備回去過年，我卻準備遠赴美濃山中，拜訪鍾理和先生的遺孤。

行前，我向室友薛死人與賴蛤蟆述說了鍾理和事蹟之後，兩人就從皮箱裏拿出一疊衣物、毛巾、襪子等，紅著眼眶說：「請他們母子多保重。這些舊衣物實在見不得人，就煩你順便帶去。」

山路飛沙滾滾，破公車顚了半天，始抵旗山。於旗山換車，一路綠山翠野，如入桃源世界。至美濃下車，往笠山走去，婦女都穿唐裝，彷如回到陶淵明時代。有誰相信在那笠山下，竟有餓死的現代陶淵明。

沿著一條大河上溯，來到一座大廟，問尼姑鍾家在何處。尼姑指著河對面說那棟依傍著山腰的土塊厝就是。循羊腸小徑，走下土庭，但見豬圈旁邊有一老婦正在餵豬。

「請問鍾先生家……」我畏縮地站在土庭中央，手提著大包袱，向老婦人問道。

「你是張先生嗎？」老婦人一眼就知道我是誰。笑著迎上前來，略帶駝背，散亂著蒼白的頭髮。「張先生你眞的來啦！趕老遠的路來，太謝謝你了。快請進屋裏坐。」

老婦人說得一口漂亮的北京話。從聯副連載中的『笠山農場』，我知道鍾平妹和鍾理和私奔至奉天、北平，吃苦了好多年，所以女主人必能操京片子。但是，我看小說中的女主角，又年輕又漂亮，斗笠底下裹著頭巾，只露出一對會講話的眼睛和透明得可數出微血管的額頭。但現在，鍾鐵民出來介紹說：「這是我媽媽。」的當兒，我頓時感到時光的錯亂，頓被時光的洪流沖得站立不穩。

鍾鐵民竟是個駝背！高三了，身高竟只到我胸前。清秀的臉龐，要不是駝背，該是個美少年。

此夜正是農曆除夕。山中寂寂。四周無人家。土塊厝倉庫改造的住屋，只開了兩個小窗戶，屋內格外漆黑。一家人圍坐在竹桌邊，桌上一盞小油燈，微弱的燈光照出勞累得蓬頭散髮的母親、清秀而低矮的鐵民及有點浮腫的三個弟妹的臉龐。不知是誰碰了竹桌一下，油燈便搖晃起來。

我坐在靠牆的位子。我知道我背後的上方掛著一幅鍾理和的遺像——剃光頭帶著微笑的清瘦臉頰。那是白天我進這屋裏時看到土壁上唯一懸掛的東西。屋角的一端有一個土灶，灶前堆了一堆柴枝，一看就知道是兼煮豬菜的厨房了。屋中央有一個小隔間，便是寢室。

女主人爲遠道而來的稀客，特地煮了一鍋白米飯，切了幾片白肉（我想那是準備明早兒拜天公用的）。忽又端出一個小盤子，盤子上盛一個荷包蛋。

「張先生，今天路上辛苦了，吃點營養的吧。」鍾伯母親切地把盤子放到我的面前。

我訝異地注視著荷包蛋，眼前浮現一幕幕熟悉得如同我親身經歷的往事——

……我站立了好久，手裏握著一個鷄蛋，考慮著要不要煎荷包蛋。鍋鼎冒著油煙，平妹一早就要上山做工；虧她昨天偷扛了一條原木，被山警追得連翻帶滾地爬回來。那條木頭便值她的一個月工資了。平妹已瘦得不成人形，再不補點營養，恐支撐不住了；可是這個鷄蛋是計劃要孵小鷄的，小鷄成母鷄，再生蛋，則小小規模的養鷄事業即可實現。……是夜，平妹平安回家。我已備好晚飯。一家大小圍著竹桌吃蕃薯飯。平妹把那個荷包蛋又帶回來了。

「你是病人，你才需補營養呀。」平妹帶怒地把飯盒裏的荷包蛋挾到我的碗裏。

「一家都靠妳支撐，妳不能倒下去呀。」我又把蛋放回平妹桌前。

兩人推來推去的時候，我看到孩子們的目光隨著蛋包而一來一往。終於我把它切成四份……

可是，現在，平妹又把蛋包放到我桌前的時候，孩子們卻都低頭猛扒著飯，似乎沒看見什麼似的。

我盯住荷包蛋，喉頭都快哽住了。拿起湯匙，切成四份，我看不清蛋黃是否流出來。

是夜，與全家人同睡一張竹床。蚊帳內黑漆得看不見窗外的星空。鐵民與我面對面的側睡著。他說：小學二年級時，有一次從樹上摔下來，回來也不敢講。過幾天，背上發痛，母親問他，他才著實招供，挨了一頓打。母親忙做工，也無暇理會他。後來，替他洗澡拭背時，才發現突出一塊骨頭。母親驚慌不已，但又不敢告知長期臥病於松山療養院的丈夫，只好拿兩根竹竿，把他綑綁於竹床上，整天壓他仰臥，不許起來，企圖把那塊骨頭頂回去。可是，愈壓愈突起。

「記得當時我整天都在地上哭號。」鐵民說著，停了一會。「我爸爸臨終前，特把我叫去，命令我要把所有他的文稿統統燒燬，並且不准我們孩子當中有任何一人立志當作家。」

我靜聽著一家人都入睡了。

「但是，我不忍把父親的遺稿燒掉。而且，我還立志做一個作家，像父親那麼了不起的作家。張大哥，你看我是不是大逆不孝呢？」

「你一定可以成為作家，而且要勝過你父親。」我說。

沈靜了好久。鐵民翻了一個身，好像睡著了。

「鐵民。」我輕喚一聲。

「嗯。」他還沒睡著。

「這一生，」我一字字慢慢地說：「我如果要好好做一件事情的話，那就是要把你父親的遺稿全部整理出來。」

翌日，我用同一條包巾包了一包遺稿下山了。煙葉長得很高，可是我仍可看到一家老少站在屋後山腰向我揮手，直到很遠。

我沿路順訪斗六的南師好友葉時雄、張川吉、鍾克川等人。想打聽一下北港好友許錦亭的死亡眞相。可是沒人知道詳情。南師畢業後，許回北港國校教書，彼此很少聯繫。前年，母校校慶，我們相約返校探望各自的女友。他的女友A子與王清芬同班，都是應屆畢業生。四人相偕至虎頭埤一遊，湖光山色，談笑風生。別後一年，他和A子結婚了。有一次，他在某報副刊看到我的作品，來信稱讚一番。不久，便聽說他因暗中參與選舉而該候選人企圖包圍虎尾機場造反，被連累入獄了。我至感意外，一來，我從未聽過許錦亭談起政治之事；二來，該候選人的文章，我曾於『自由中國』雜誌讀過，是個有膽識的民主鬥士，難道會想武力造反嗎？我自己從不想參與實際政治運動，但適逢縣長選舉，上面便命令我們教員要在課堂上叮嚀孩子帶口信回家，無論如何要投票給連任兩屆的陳錫卿縣長，不得投給反黨反政府的石錫勳。不止如此，臨到投票前兩天，學校還特別放假，叫全體教職員兩人一組，下鄉勸導家長們務必投給國民黨提名的候選人。我們如此明目張膽地助選活動，都不犯「公務人員不得參與選舉活動」的條規，許錦亭卻因「暗中」助選而被捕，實在令我後悔我拚命下鄉宣揚國民黨的德政。

不久，又聽說許錦亭被釋放了。我好高興。可是丟了教職的他，只好騎摩托車到處賣非肥皂。不久，又聽說他騎機車被一輛車子撞死了！這是我生平第一個朋輩的死亡，時年二十四歲。

「可憐A子，年輕輕的，就要守寡養一個剛滿一歲的兒子。」朋友們無不嘆息這一對美男美女的死別。

農曆初三，我才回到家裏。大妹百合已生一子，二弟良弘就讀員農高三，三弟在板橋伍順車行做了一年學徒後再回來永農讀書，現已初三了；四弟良朋腦筋最好，就讀彰中初二。除了還在小學的玲妹和華妹之外，其餘都成半大人，看到我這個大學生的老大風塵僕僕歸來，爭相問我有無交女朋友，我笑曰：「保密。」

父親在農校的地位也隨著年資而略有提高的樣子。母親說：父親已升了訓育組長，可是仍看不到他的薪水袋，也不知道他加俸多少，家庭生活費十年如一日，被限得死死的。

難怪母親愈來愈憔悴，大年初三，還要坐在那一架老編機前，用雙手推動機頭，十年如一日的。深夜，我陪母親坐在大桌前，她邊數毛線衣的目數邊聽我講大學生活種種。桌上有一本「小組會議記錄簿」，我隨手翻一下下內容，才知道父親身為國民黨的小組長，很用心地摘錄一堆封面印有黨徽的小册子。他只抄一半就先去睡了。

過了寒假，重回校園，新鮮人的滋味也淡了，大家都較穩定了自己的脚步。我也開始每天課餘抄謄理和文稿。除了退稿之外，所有的初稿都寫在小學筆記簿的空白處，或初中油印講義的背面。印油透過紙張的背面，字跡密密麻麻。我一字字判讀之後，重抄於稿紙上。看他改了又改的原稿，我可想像他半躺於床上寫作的苦心；有時身體情況好些，他便坐在院中的木瓜樹下，腿上擱一塊木板，眺望連緜起伏的中央山脈或山下春耕的景圖，而一心準確的記下大地的脈動。

我入成大以來，為了減輕母親深夜編織毛線衣的負擔，便向教授們討了刻寫鋼版的工作。每寫一張蠟紙，可向出版組領二元。有時候寫到深夜肚子餓了，很想去巷口吃一碗魯麵，便努力多寫一張，才能吃得心安；若想再加個魯蛋，便再忍耐三十分鐘多抄寫一張。而現在，我還要多抄謄理和文稿，稿紙自己買，抄好了也得不到任何代價，但我覺得自己在做一項偉大工程而不知疲累。

爲了增加一點收入，我又接了母校南師的陳恒斌老師的作文批改。他是我南師時代繼錢倫寬老師之後影響我至深的國文老師。當年，他要我從事一項台灣民謠的田野調查工作，而我偷懶未做，但暗示了我一向被忽略的文學史料的蒐集方法。如今，南師改師專，教授們四處兼課，作文簿批改不完，便給了我賺外快的機會。有一次，我送回作文簿時，他講了一個眞實故事給我聽，看我能不能寫成小說。他說：他認識一對教員夫婦，男的教美術，女的教音樂，是人人羨慕的一對藝術教育家。可是沒有人知道他夫婦倆已好久不同床。男的醉心於美術，常把模特兒帶回家裏；女的爲了排除寂寞，整天往外跑，可是爲了面子，又不敢鬧出糾紛。如此生活下去，將不知演出什麼局面？

我把這故事揷入一個具有呆痴症的小孩，而我是那個小孩的級任老師，透過小孩的圖畫作品，我追尋這家庭病根所在，試圖解開困擾於藝術家心中對肉體美之嚮往與佔有的情結。終於寫成一篇「序幕」。投給聯副，竟然連載七天，創下我寫作歷程的最高記錄。而陳恒斌老師也讚許有加。

當我領了這筆稿費時，毫無猶豫地一口氣訂閱了三年的『文星』雜誌。因爲前此我所愛看的『自由中國』，自從登出「反攻無望論」之後，以雷震爲首的一羣民主人士企圖藉發行人胡適的聲援而組織反對黨，在宣佈組黨前夕，國民黨下手抓人，而『自由中國』雜誌被查封。正好前不久，發現書報攤上出現了一本標榜「生活的、文學的、藝術的」的綜合雜誌『文星』，主編是林海音的丈夫何凡先生，我一讀便覺頗合胃口，幾乎每期都站在書報攤邊看完它。後來出現了一個自稱殷海光教授門下生的李敖，他的筆如同一把雙刃的利劍，左砍右殺，劍光凜凜，不可一世。除了對胡適、殷海光略作保留之外，當下最負盛名的大牌「思想家」毛子水、沈剛伯、胡秋原、鄭學稼等人，幾乎都做了他的刀下鬼。

我不想、也無能力轉入外文系，而今後三年的死板板中文系課程，我雖樂意堅持讀下去，但是我也需要一扇敲開思想、呼吸自由空氣的門窗。因此自從訂閱了『文星』之後，每到月初，我便迫不及待地每天跑分信處四五趟，唯恐雜誌在信箱裏被偷走。

「序幕」一文的刊出，不僅帶給我今後三年的精神食糧，而且也讓我得到一個美夢。

那是林松源的來信。他說：「陳麗青已嫁給一個富商的兒子；她本來就是一個俗氣的女孩子，不值得你傷心。倒是有一位美貌無比、氣質非凡的新來女老師，她讀了『序幕』之後，頗爲感動。當然，我們平常都在談你的事，所以她也很想認識你。謹附一封她的自我介紹信，請你把握機會，及時進攻爲要。她的芳名叫邱秀霞。」云云。

秀霞？秀霞這名字好熟呀。哦，原來是我最近開始每天必讀的鍾肇政於聯副連載中的『魯冰花』的女主角。這個小說中的秀霞，愛上了一位因患肺疾而輟學返鄉擔任小學代用教員的師大美術系學生。在一個派系對立、思想頑固的小茶村，秀霞自我犧牲地全力扶持孤軍奮鬥的代用教員，去啓導一個低能學童的才智。秀霞就像茶園中的雜草魯冰花，被人埋於土中而肥沃了大地。

我很快地回了邱秀霞一封信，表示對「秀霞」的思慕之情。她也很快地又來了一信，果然情思盎然；並附來一幀近照，白衣黑裙，完全是茶村中的秀霞氣質。

從此，我忘了過着幸福生活的陳麗青，也忘了高不可攀的林秋江同學。天天讀着『魯冰花』，天天愛着「秀霞」。如痴如狂。

光陰如蝸牛，好不容易等到放暑假了。除了英文被當以外，其餘各科都列前茅的大一總成績，我衣錦還鄉的直入永靖國校辦公室。果然林松源陪着邱秀霞在邊彈鋼琴邊等我。歡愉的見面，無比的興奮，卻掩藏不住她心中的一絲不安。我們相約於數日後相會於河邊的茄苳樹下。

那天，我騎車經過她們的村落，來到大圳溝的大茄苳樹下。等了半天，不見伊人。膜拜樹頭下的小土地公廟，也無法如願。坐在樹根上，眺望河面，回想童年時代與弟弟們及鄰居好友詹啓宗天天來此游泳的樂趣；而現在正值鬼節，連牛童都不敢下水。竹葉落滿水面，隨碧波而起伏着。

事後，她託林松源捎來一信，說明她父親偷看了我給她的全部信件，大發雷霆，不准她出門一步。我痛苦得無法呆在家裏，便到彰化舅父家打工去了。

可是眞虧她有心，竟設法跑到彰化來找我，我陪她看了一場電影，便又匆匆送她回去。

舅父笑我說：「你們這種騰雲駕霧的戀愛，太虛幻了。」我聽了，心中很反感。他認爲世間只要有錢，便能買到任何愛情；所以他拚命賺錢，除了供給妻小豐衣足食外，同時還在外頭包養女人。我覺得這跟我所追求的美的世界，相距豈止十萬八千里？我覺得這次她來看我，而我能在電影院中跟她並坐一起，雖然我的肩胛只擦到她的衣服，只遠遠聞到她的髮香，但已足夠讓我陶醉至久，回味無窮。難道我還敢進一步破壞了她的美嗎？

可是不幸，這個美夢竟然在我上了大二上學期的時候遭致破滅了。

我不管她在怎樣的情況下報名參加了「中國小姐」的選美大會，她必定只穿了赤露的泳裝，任評審委員去量她胸部、腰部、臀部的尺寸；站在台上，任憑觀衆去透視她的內衣內褲！這樣的女人，哪裏是茶園中戴斗笠、包頭巾的秀霞呢？我發誓一定要忘記她。

七、台灣文藝（1962．9～1964．9）

南台灣的太陽特別大，從住宿處到文理學院，來回騎車雖僅十數分鐘，但也熱得令人受不了，我便買了一頂斗笠，晴天遮陽，雨天蔽雨，至爲方便。在此之前，我從未看過一個大學生戴斗笠上學，所以大家都拿好奇的眼光看我。說實在，當初我除了肯定斗笠的實用價值之外，在心理上，我有某種說不出來的意圖：好像要表示自己是獨來獨往的獨行俠，又好像要表示你們都看中文系土土的，我就土給你們看；又好像企圖引起別人注意我的存在，又好像要自我貶低身價來向台灣農民看齊。總之，我之戴斗笠，是因內心有一股衝動，而故意表現於外表的行為。沒想到過幾天，班上好友劉康義首先響應，也學我戴起斗笠來了；再過幾天，林博一也響應了；不久，班上男生大多戴來了。再過不久，也傳到本系的高年級，再而外文系，再而物理系、數學系……不出半年光景，便像傳染病似的傳遍全校了。直到我成大畢業，戴斗笠上學便成爲成大特有的校風了。這是我當初預料不到的事。也是我生平首次開創風氣而內心時時引以爲傲的事。

不過，我眞正用心企圖開創風氣的另一件事卻失敗了。

那是大二上學期的事。當我初步整理了鍾理和文稿之後，正巧透過交管系賴蛤蟆認識了成大青年寫作協會的會長，他雖是商學院學生，但得悉我是作家奔煬，便來要稿。他所主編的『成大青年』不過是一張報紙分成四個版面而已，我要求一個版面做爲「鍾理和紀念專刊」，而他雖不知鍾理和何許人，但基於我的信譽他便一口答應了。我暗中稱幸，心想一夜之間全校師生便可知道鍾理和是誰了。可是會長把稿子送去教官室審查時，當場就被刷下來了，不准刊登有關鍾理和的文章。我的策略全軍覆沒。這之後，我便暫把理和文稿束之高閣，重做長遠之計。

我的長遠之計的第一步便是勤學日語。自從第二次大戰中「志願」從軍去的叔叔，戰後一直旅居日本，斷絕音訊二十多年，最近才來信向家人報平安。得悉我在讀大學之後，更來信鼓勵我去日本留學，還寄來他當兵臨走之前到我家爲我和妹妹合照的一張變黃的小照片。這使我自南師時代的夢想更進一步具體化了。

日語是外文系開的第二外語，他系學生不得選修。因有外文系好友林英彥等人在聽課，我便混入其中旁聽。老師是一位略負盛名的神學院林教授。隨着上課次數之增加，我愈坐愈前面，發問愈來愈多。有一天，林教授突然覺得不對勁，問我哪一系？答曰中文系。「外系學生不准來上課！」林教授下令逐我出去。我識趣地走出教室，但頗不甘心地站在窗邊再聽了一會兒才走開。

全校學生，包括住在校區內的宿舍生在內，我敢打賭我是每天早上不是第一名便是第二名最早到校的人。不，嚴格來說是有三人在競賽。一個是胖婦人，她每晨固定在工學院路旁的一棵大白樺樹前，舉雙手猛拍樹皮，好像那棵樹欠了她一百萬似的，拍得樹皮留下了兩片烏黑油亮的痕迹。如果我老遠聽到啪啪聲，便認輸了。還有一個是理學院的白面書生，他固定在操場的中央來回走着高聲朗讀英文。而我，則必先去操場的一端，面對另一端的女生宿舍吊兩下單槓之後，才繞到文理學院的泮池旁邊，從右邊褲袋裏抽出「歷代文選」，高聲背誦一段，累了，就坐在池邊看一會晨霧中的蓮花；再從左邊褲袋裏抽出「日語讀本」，高聲朗讀。再過一會兒，便相繼有人出現，各佔一角，低聲朗讀英文。我知道大家猛啃英文，都想去美國淘金。而我只想去日本鍍銀而已。

直到衆人紛紛到校了，我才去第三餐廳吃早飯——稀米粥摻鹽巴。外加二十粒花生米或一塊豆腐乳。有錢的人都在校外搭伙，豆漿燒餅或豬肝粥。

我的早睡早起無法與薛死人、賴蛤蟆他倆的晚睡晚起的習慣配合，遂想自己租一間清靜的小閣樓。當然那得多付幾倍的房租，但我想該有變通的辦法。

於是找找找，找到東寧巷底，一家紅門洋房人家，開門的是一位中年主婦劉太太。我說：「我是南師畢業的，任教於小學三年，現讀成大中文系二年級。我願意當妳家小孩的家庭教師，不取分文，但需提供我住宿。」劉太太訝異不已，推說等丈夫回來再商量。我知道希望不大，道謝而去。

過了數週，某日，我騎車出校門。突有尖銳的女聲大喊：「張老師！張老師！」我回頭一看，路邊有人向我招手。原來，劉太太不知在此等我多久，那麼多學生進進出出，而她竟能認得出我，眞叫人感動。因此我住進劉家之後，便一心要教好她的長中初一的兒子劉欽明和小學五年級的女兒劉麗華。我與欽明睡一房，督視他的起居作息。這寶貝兒子好吃好動，七早八早就想睡覺。劉太太逼他每晚要讀到十點，我也不好反對。兩人同向書桌而坐，我稍沒注意，他就定坐入眠。眠時坐姿不改，有如禪師打坐。我既佩服又同情，心想他必從小訓練有素。偶而劉太太來查巡，我一聽樓下脚步聲，就趕快搖醒他；他卽時口中唸唸有詞。劉主人開布莊，常不歸。劉太太常爲兒子滋補，也順便補我。直到畢業，劉家視我如親人。

大二導師尉素秋教授，無子嗣，視台灣子弟如己出；尤其疼我有加。她也從林海音口中得悉我愛寫作。她教詩詞選，常陪學生郊遊，從大自然中開導我們詩詞靈感。

「歷代文選及習作」的王禮卿教授，治學嚴謹，上承八家之風，下緒桐城之筆。對我的習作，最不惜硃墨，加圈加點。眉批總評：「文如天馬行空」、「跌宕有致」、「氣韻非凡」等佳評如潮，且常題示「傳閱」。張某文才，旋踵傳遍中外。友儕劉康公最是崇拜，每篇皆能琅琅背誦，洵我知音者也。

某次習作，題曰「讀中文系之感想」。吾仿梁任公筆，大書特書曰：「承傳五千年文化，躍登世界四大古國，而今僅存者誰乎？中國也；獨樹東方文明，敎化沐浴四海，屹立不墜者誰乎？中國也。」中國，中國，我的文化古國，我膜拜您，我擁抱您！我搖首擺尾於長江、黃河之間，俯仰呑吐於天山、崑崙之際，渾然忘了民國幾年。王師大悅，評曰：「斯人也而有斯言也。壓卷之作！傳閱！」

當此時，突然鍾肇政來函道：「有位老作家，名叫吳濁流，計劃糾合北部文友，創辦『台灣文藝』，老弟你是成員之一，務請惠稿。」

我不知吳濁流何許人，但被視爲重要成員，何等光榮。我當然要寫，寫出傳世名篇。可是要寫什麼呢？小說嘛？小說要怎麼寫？故事怎麼編？散文嘛，我又能勝過明清散文家嗎？好久沒創作，熬了半天，寫不出數行，讀之，發覺字與字間老是會跑出之乎者也！

入秋之後，最愛去「億載金城」遊逛。我不好意思邀約女同學，便在黑板上寫着：「本週日上午八時圖書館前集合，目標億載金城。」班上經常自動來參加的有劉康公、楊日出、劉紀華、黃天聲、張澄子等人。一夥人騎自行車路經中正路，先至麵包店買中午吃的麵包，而後沿着運河旁邊的公路急馳，兩旁魚塭，一望天際，數艘漁船砰砰進出。先抵安平古堡，登樓眺望古街廢墟，淒涼之感，油然而生；或坐砲台，雖不知這些古砲是荷軍遺物還是鄭軍所有，抑或清朝所鑄，但四百年爭戰，皆成煙雲。

此去有兩路：一條通往海邊，一條通往億載金城。天熱時，夥友想玩水，便直抵海邊，把車子停放在松林裏，爭相跑過去纍纍的沙丘，奔向風沙與浪潮交融成一片迷濛的地平線。不管褲管濕到多高，女同學也撩起裙角，大夥兒享受着脚板下流沙被海水捲走的快感。玩累了，便坐在沙灘上，看漁夫們推着三角形麻袋網，來回交梭於白浪之間，有如農夫持耙犂田於隴畝。漁夫們都穿破衣褲，有的破得大半屁股都露出來。當他們舉着網走向沙灘中的漁缸時，女同學都不敢跟我們湊前去看。漁夫們用一隻白磁碗，小心翼翼地從麻布網的底端白布袋中，舀出一碗水，看看有無游動的黑點，有的話，便小心地倒進漁缸裏；沒有的話，便把那一碗水倒在沙地上，再去海中推網。那黑點有如針尖，不仔細看是看不出來的。漁夫說這是虱目魚苗，賣給漁塭一尾五毛錢，運氣好的話，一天可以捕數十尾。

海邊最殺風景的是常有全副武裝的哨兵來盤問。問我們有無携帶照相機，（第一次我不知情，着實招供，結果當場被抽出底片曝光，害我損失慘重。相機是借來的，幸未被沒收。）並警告我們下次不得再來。因此，其後我們再偷來幾次之後，便多半到億載金城去了。

其時，億載金城的情調尙不爲外人所知。我來此遊不計其數，但從未見過任何遊客或學生，除了本地少數居民之外。首先我們在路邊的渡口登上竹筏，船夫持長竿站於船尾，慢慢把竹筏逆流撐向河心，再順流滑向對岸的渡口；每次都準確地停着於固定點。付了來回渡費，登岸便是魚塭地帶。小徑曲折，野草及肩。涼風帶着魚腥味。平野中，有數棵高樹圍着城堡。護城河中游魚清晰可數。過石橋，便是拱形大城門，門上忘了是劉銘傳還是沈葆禎題了「億載金城」四大字。接着城門有方數十公尺的土堤。城門駁殘，土堤頹圮，掩沒於荒草中。登上城牆，台南市街遙遠渺小。我不知道金城的歷史，但看地勢便知此處是重要海防要塞，一面監視台灣海峽，一面控制府城咽喉。夕陽染紅海面，既感壯邁又感蒼涼。

有一次，林秋江突來參加億載金城之遊，令我興奮異常。那天，秋涼，她穿一件乳色羊毛衫，赫本型頭髮，站在竹筏尾，背後的粼粼金色波光，包圍着她的全身。我不禁唱出最近向劉太太學會的「愛染桂」。她問我歌詞是什麼意思。我說：「如花似玉，命運乖蹇；孩子是女人的生命……。」

歸途，路過安平墓地，水泥砌成的長圓形墳墓交錯重疊，我指示她看此地特有的風光，輕嘆一聲：人生短暫，知己難逢。

其實，最近較接近我的女同學倒是副班長劉紀華。她父親是萬年國大代表，但她毫無官場氣息。出身東北、講一口漂亮京調，適逢全校國語演講比賽，我鼓勵她參加，並自願負責爲她撰寫講稿及台風指導。她樂得整天張大帥長、張大帥短。

上台半小時前抽講題。她抽到的是：「大學生的使命」。我卽刻揮筆起草，大致內容如下：當今大學生只知郊遊、烤肉、派對、撞球、不知國難當頭，雪恥復國。上焉者汲汲鑽營，走後門而出洋鍍金；下焉者洋煙洋酒，沈迷於十里洋場中。需知大學生受國家栽培，當奮發覺醒，負起時代使命，如何負起時代使命呢？第一，明辨是非；第二，追求眞理；第三：效忠領袖；第四，報國救民。

我教劉紀華講到共匪暴政時，要咬牙切齒；講到領袖蔣總統時，要先立正而後微笑地抬頭做瞻仰狀；講到反攻大陸時，要握拳高擧。全文由緩而急，由悲而壯；到了最高潮時便要剎住，鞠躬下台。

果然她依我指示，吸住全場注意，終獲全校冠軍。她樂得直呼：張大帥棒！棒！

此篇演講稿中，我有一句點到爲止之言，就是「走後門而出洋鍍金」。心想，我這個小平民爲了赴日鍍銀，需要下多少功夫去準備五科的留學考試，而聽說蔣中正的孫子在建中被退學之後，便保送陸軍官校，在官校開槍打教官，便保送美國留學。還有一羣星將的兒子，高中未畢業，便說是天才學生而保送國外留學，或隨于斌主教的朝聖團一去不返。

林秋江最近也常於課後出現於禮堂後面的小甬道上，一個人靜靜地看書。這個甬道是我每天黃昏必到之處。被她佔領一端之後，我就不敢踱過去，只好在這一端來回背誦日文。有時禁不住會偷望她一下，不巧被她識破時，我便感到一陣臉燙。聽說她的哥哥姊姊們都在美國讀博士，因此我想她也在加緊準備托福考試吧。

台南護校的女友陳美津畢業後，進台南市立醫院服務。薛死人聽我說過去的一段情，便說要去台南醫院檢查身體。我在候診室等他，忽然他不知從哪兒帶來一位白衣天使。一看，那羞澀的嘴角上的那顆黑痣，和在澎湖海濱時一樣地向我微笑，她的白衣很合身，顯得比從前更豐滿成熟。她坦白告訴我，不久她就要去美國結婚了。

以後，我每次去逛民族路的夜市時，都會情不自禁地回頭凝望台南醫院和台南護校的樓房。

民族路的夜市很熱鬧。蛇肉店的女師傅用錐子把百步蛇的三角頭釘在木板上，在蛇頸上用刀割一圈，便把蛇皮像脫衣服似地從頭拉到尾。蛇身赤露，肌肉凜凜，全身曲捲起來；取出蛇胆，和酒吞下，最補眼力。店裏的客人在等着炒蛇肉絲。路邊的攤子有炒蝸牛肉的，有炒鱔魚麵的，有燒棺材板的，有賣鼎邊趖的。爐火熊熊，鍋聲碗聲請坐聲罩着整條街鬧熱滾滾。尤其九重塔的味道最叫人感到胃袋空空的。可是我的口袋裏也空空，只好看看小姐們蹲在路邊選購衣物。小姐們大多十七、八歲，一羣羣地不知從何處湧出來，看來都像白天在工廠上班的女工。她們毫無顧忌地在燈光下比胸罩的大小，拉三角褲鬆緊帶；蹲在路面也忘了把自己的裙角拉下來。攤販的年青夫婦忙得團團轉，一方面要應付三面包圍的顧客，一方面又要担心睡在水溝邊的孩子會不會滾下去，會不會被蚊子咬，便時時跑來用報紙在孩子身上搧幾下。

南師的女友王清芬回北門國校教書已好幾年了。她眞是神通廣大，每次來信都知道我最近在做什麼。有一次她說她在成大總圖書館前看到我，可是不敢叫我。從我南師畢業後，她的來信頻度沒有變，甚至信箋、信封的式樣都沒改，都是珍珠牌的雪白信紙，一寫便是密密麻麻的三、四張。而我的回信次數愈來愈少，內容愈寫愈短。我不知她變得怎樣了？她來信常常問起謝小姐最近怎麼樣。其實，我對謝同學毫無意思；這一點，王清芬的估計就錯誤了。

提起謝同學，我應做一個交代。那是大一下學期的事。作文課的張教授指定我（班長）要按期把作文簿收齊後送到他的辦公室。而我總要偷偷翻一下林秋江寫什麼。有一次，無意間翻到謝美花的「自剖」，駭然發現她最近喪母又喪父！謝美花長得與她的名字不大相襯，高高瘦瘦，乾乾黑黑，沈默寡言，因此我一向都沒去注意她。想不到她竟遭逢不幸，家境又苦，如果中途輟學，實在是我們沒盡到同窗之誼。我左思右想的結果，想到報上常登仁人善士救貧濟困的消息，便靈機一動，偷偷地把謝同學的作文簿抽出來，跑到中央日報台南分社。一位記者看了，頗爲感動，答應幫忙。不數日，果然登出一則不小的消息，也把提供消息的我登出來了。我覺得有點臉紅也有點得意。因爲我做了一件善事。不料，教官卽刻把我找去，訓我不該擅自對外發佈消息，校內有任何事情發生，都需交給訓導處處理。而謝美花也因見報而幾天不敢來上課。至此，我才知道自己做錯了一件事。我覺得很對不起她，但又不敢向她道歉，彼此見面也若陌生人。然而，我又天天偷看中央日報收了幾筆救濟金，心中稍感安慰。有一位遠在西德留學的陌生人，竟來信讚美我的義舉，並附了十馬克要我轉交。我硬着頭皮交給謝美花，並把西德地址抄給她，希望她回信交個朋友。謝女不語。後來她轉入外文系，便與中文系毫無相干的樣子了。

事隔兩年，上了大三，我已把「謝女事件」忘得一乾二淨了。因此，當詞選課堂上尉素秋教授介紹我們一班的某學長詞作至佳而突然病逝時，我又激動起來了。我向尉教授借抄了該學長的遺作，加上簡介、短評，題爲「夭折的天才詞人」。另外，勉強寫了一篇以大學生活爲背景的小說「朋友回去後」，一併寄給卽將創刊的『台灣文藝』，一來表示對詞人的悼念，二來向鍾肇政表示：我已浸淫在詩詞歌賦中而無法創作新文學了。

大約在民國五十三年（一九六四）春，『台灣文藝』誕生了。薄薄的一本，很不起眼；但拿在手裏，卻有一份甘美的感覺。發行人吳濁流先生還親自寫了一封信給我，讚賞夭折詞人的天分很高，要我今後多發掘這類題材。我看他的發刊詞，大意說：一場大病，死裏逃生，使他覺得餘生應該做點有意義的事，所以創刊這份雜誌。藉此鼓勵新人創作新文學，並重振台灣漢詩壇。云云。

我猜想吳濁流一定是個漢詩人。所以這本創刊號內容很雜亂，有小說、散文、隨筆、短評，又設「新詩」欄和「漢詩」欄；爲了節省紙張，一篇文章常常「轉入第×頁」又「轉入第×頁」。我卽刻回信建議他，應多注意編排上的技巧；並對他兼顧傳統與現代，新舊文學相輔相成的主張，頗爲贊同。想想當代台灣作家尙無此見，遂於信中譽他爲「台灣文藝復興之父」！

我知道他募款不易，而一本雜誌要維持長久，必須設法推銷出去，便每期要他寄二十本來。不料，同學的反應極爲冷淡，除了楊日公、劉康公訂購之外，無人問津。我只好免費借給大家看。並到校門口的幾家書店拜託讓我寄售。每次騎車路過書店時，都以祈禱的心情看看掛在店門口的那本『台灣文藝』有無售出；結果每期拿新雜誌去更換時，都原册數退回。有一次，班上女同學含慍帶羞地把雜誌退還給我，說是裏面有一篇鍾肇政的「溢洪道」，把性關係寫得太露骨了。其實，那篇是鍾肇政很唯美的把性與大地融合成一體的作品。

不久，吳社長自工業協會退休下來，他把全部退休金獻出來，設置了「台灣文學獎」。我有點心動，想寫一篇好作品來得獎，可是，始終未獲青睞。其中有一位評審委員鄭淸文窺察了小說中失戀的男主角是我，便來信安慰我重振旗鼓，並教我失眠之夜要數羊隻。

英文重修，承蒙教授垂憐，勉強給我過關。結束了大三課業，便於暑期至成功嶺受訓去了。

到革命搖籃的基地成功嶺報到的第一關便是全身脫光，讓醫官看看小鳥有無異狀。剃了光頭，穿上草色軍裝，第一天開始便數饅頭。聽說飯裏摻入黃色藥物，所以夜晚男子漢都翹不起來。

軍隊生活一個口令一個動作。從早起「切豆腐」到晚點就寢，沒有一刻鬆弛。但不知誰把革命軍歌的歌詞改寫成：「早上起床，迷迷糊糊，這是誰家的床鋪……不怕豆漿稀，只怕中午出特別操……擦槍，我沒精神……」

唱軍歌，我最認眞。但我旁邊的外省同志劉某卻從未開口哼過一聲。對這種不顧連隊榮譽的偷鷄摸狗者，眞想揍他一拳。有幾個外省隊友，老爸都是軍方要員，班長都另眼看待他們，而對蕃薯仔同胞卻特別苛酷。有一位高雄醫學院婦科生的陳某動作老是慢半拍，午睡時間常被揪出在炎天下做特別操。又不知何故，那羣外省隊友最愛奚落他、侮蔑他。他變得孤單又苦悶，只好找我訴苦。

也許是我的顴骨高聳、鼻樑隆起，戴上鋼盔而氣宇不凡，還是我的操練動作正確漂亮；總之，這羣狗黨都畏我三分而管我叫爲「德國兵」。某夜，我半懇求半警告地向上鋪的劉某說：「臭頭兵」陳某不得對他太過份。後來陳某就比較好過了。

整個成功嶺的學員兵不知分成幾團，團下有營，營下有連，一連三排，一排三班。排長多屬軍校畢業的年輕軍官，連長以上都是老軍官。班長則是清一色的台灣人，士校畢業或各部隊調來的精英，鍛鍊得全身銅身鐵骨。連長以下都要跟學員兵一起出操，唯有一位連輔導長優閒地晃來晃去，閒來無事就找人秘談。聽說沒入國民黨的都約談過，而被約談過的不敢不入黨；可是我暗自奇怪爲什麼從未約談我？難道每週一次的自強會上，我一再保證「反共必成、抗俄必勝」使他產生信心嗎？

軍營裏唯一輕鬆的時間是黃昏洗澡時，大夥兒光着屁股排在一長列的水龍頭下沖刷，偏巧這時刻就會出現一對母女，挑着木桶穿過營房走向厨房去挑殘飯殘湯。母女都戴斗笠、繫頭巾，看不到臉孔，但大家不約而同地呼嘯起來，高興得好像看到嫦娥降臨人間。連輔導長也不禁晃出來探看。

好不容易數了九十個饅頭的日子，總算三個月的基本訓練結束了。結訓前的壓軸戲是實彈射擊和演習。最後是結訓典禮。

聽說結訓典禮有高級長官要來閱兵，但不知高級到何程度。只見全軍營緊張得連樹木都不敢動。終於挨到了典禮開始，司令台上星將雲集，輪番訓話，意圖考驗全副武裝的大學兵能在太陽下挺立多久。昏沈中，結束訓話，閱兵開始。部隊分成兩邊相向，中間讓出一條路，所幸我排在靠路的前幾排，斜眼可看到數輛黑色轎車從部隊的尾端慢慢開過來。轎車兩側有一些穿卡祺中山裝的人跑來跑去。隨著口令的此起彼落，轎車漸近，才看到車上站着幾個人。

「敬禮！」

我們行持槍禮，頭轉四十五度行注目禮。第一輛站的是蔣總統（中正），戴帽披肩，臉色紅潤而滿面斑點，比每天報上登的相片看來心情沈重些。第二輛站的是蔣部長（經國），他臉帶笑容，好像很滿意我們從青年反共救國團時代就跟隨他到今天的國防部長時代，成爲忠誠的蔣總統子弟兵。第三輛站的是一個少年人，穿西裝，孩子臉，大約十六、七歲，眼鼻很像外國人。心想這必是總統的孫子無疑，只是不知是長孫蔣孝文還是次孫蔣孝武？但聽說蔣孝文中了國際梅毒，即將沒命，則今天來的必是蔣孝武。他長得實在很漂亮，跟他父親完全不同。後面跟着兩輛黑玻璃的轎車，沒有開頂蓋，不知誰坐在裏面。

「禮畢！」

頭擺正，正視前方，但我仍斜眼目送總統一家人開過部隊前頭，一轉彎，轎車便開足馬力，一陣噪音，五輛車子便一溜烟不見蹤影了。

司令台上星將們恢復呼吸，大地也鬆了一口氣。部隊解散了，紛紛返回營房準備大吃一頓總統犒賞的豐盛午飯。

今天，我才發現原來自己是蔣家的子弟兵！

八、戴上方帽（1964．10～1965．9）

成功嶺結訓歸來，大四開始。最感驚訝的是林秋江突然休學了。張澄子告訴我：她常於深夜起來敲響臉盆吵醒別人，被她父親帶回醫療了。我不知她的病因，只聽說她的男朋友在美國獲得博士學位之後，與別的女人結婚了。我於感傷之餘，寫了兩封信去安慰她，但皆石沈大海。

初秋。吳濁流突然來信說將隨台北工業協會會員南遊，希能一見。被我尊稱爲「台灣文藝復興之父」的吳濁流將出現眼前，令人雀躍不已。

我約了楊日出同學去台南車站迎接。果然從遊覽車走下來一位白髮紅顏的老者，一見面就握我的手，濃眉、慈祥的笑容，像小孩一般的快樂。

我和楊君陪吳老自成大校園走出郊外。一路上，他一再重複「老人們都不行了，台灣文學就看你們這一代了」。原來吳老是客家人，他努力用北京語與我們交談。生硬的發音，大致可以聽懂，唯有重要的「台灣文ㄒㄧㄠ」一句，我思索半天，才猛悟原來是「台灣文學」。

走着走着，不知不覺走到蔗田的牛車路上。坐在路邊小息片刻，夕陽正燃燒着乾燥的蔗葉末端，也燒到吳老的白髮、濃眉和紅臉。幾番勉勵之後，依依分手了，我始終沒有勇氣告訴他『台灣文藝』賣不出去的事。

大四下學期，我開始忙着畢業論文和準備留學考試。畢業論文題目選定了「莊子內七篇釋義」，是因爲讀了一年的『莊子』課程，覺得他的寓言非常有趣，深富人生哲理，不像孔、老那樣板着臉孔訓人。讀了「逍遙遊」，讓你覺得大鵬與麻雀一樣自由，巨人與矮子一樣平等；而且有用之用不一定勝於無用之用。我認爲中國文化開花於春秋，結果於戰國，以後的大一統時代，已無足觀者。至於中國文學之精粹，始於『詩經』與『楚辭』，而至『莊子』，可謂集哲學與文學之大成。於是我把莊先生眞傳的「內七篇」加以句解、新釋一番，洋洋洒洒抄了十萬多言。覺得我這部大著作只謄寫一部，未免太可惜，便以油印本每册三十元向同學徵求預約，結果售出十部。每部扉頁都印着：「謹以此册獻給母親」。這是我生平第一本手寫限定本的問世。

當時，我之所以厚臉皮向同學高價售出我的「著作」，是因爲新交了一位女朋友，需要零用錢之故。

昔日南師的導師于湧魁老師，常以他敎出的學生考上大學最多爲傲。每次我去造訪，便親自下厨做水餃請我，而不再恥笑台灣人是亡國奴了。于師母是屏東人，年輕嬌艷，視我如弟。于師認爲我已快完成學業，特爲我物色一位他的應屆畢業學生鄭詩華給我交友。鄭女大眼睛，豐滿略胖，活潑愛笑。我每週末穿着成大制服去南師女生宿舍帶她出來散步。最常去的是南師附近的法華寺與五妃廟；但法華寺的歷史淵源是什麼而五妃是什麼意思，我一概無知，只喜歡那兒的幽靜而已。

黃昏，過路人較多，兩人保持一段距離走着；天色愈暗，兩人愈走愈靠近。走累了，便坐在廟前的石階上，仰望星空。她只靜靜地聽我吹牛亂蓋。吹完了牛，就帶她去健康路口吃一碗牛肉麵。這樣額外的開銷，加上刻鋼板的時間又減少，使我不得不另謀生財之道了。

每次與鄭女分手回來後，我就失眠。整夜只覺下部硬硬脹脹而腦袋轟轟沉沉。每次與她相聚時間，她都好像在等我做什麼；而我什麼都不敢做。如此煎熬了兩個月後，某一週日白天，我約她來我的宿處，我告訴她劉太太全家人都上教堂去了。她放心地躺在榻榻米上，伸個懶腰。我正經地坐在床沿上，介紹書架上的書，一邊偷窺她白上衣的扣子之間有個縫隙，可看到一線腹皮；卡其裙下，伸出白皙的大腿。我終於耐不住衝動，側臥下，一如銀幕上看過的動作：先慢慢湊過臉去，她閉上眼睛；我把嘴唇壓到她的嘴唇上，她沒有反抗；只聽得牙齒碰牙齒，發出石頭碰撞聲。……一手輕撫她的肩胛，涼涼的；慢慢順摸下來，胸口起伏着……解開一隻扣子，魔掌壓頂，只壓到硬綁綁的乳罩。我全身僵硬，正要往下一個動作進行時，突然門被打開了。

「張老師！」是劉麗華小朋友。這孩子今天突然提前從教會回來。「我媽說明天考試，要我回來讀書。」

我倆不約而同地驚跳起來，直坐着，不知所措，但小鬼卻很大方地笑笑說：「張老師歹勢啦，我等一下再來讀書。」

我鬆了一口氣，感謝小鬼來解圍。因爲我的電影動作下一步不知怎麼演法，當然憑想像也可知其一二做法，但萬一眞的演到「蓬門今始爲君開」時，那我將怎麼辦？多年來的留學美夢呢？我不是要做一個偉人嗎？做偉人就不該結婚，何況我又是個發育不全的男人。何況鄭詩華雖令我如醉如痴，但在一連串的動作中，我彷彿覺得林秋江無助的眼神盯在我頭上。

大學裏最感無聊的課程是「三民主義」和「軍訓」。尤其「軍訓」的術科已集中在成功嶺受訓，所餘的學科便在大學裏上課。聽了四年的「國民革命軍」如何英勇作戰，建國、抗日、勦匪，一連串的光榮史蹟，不但沒有增加我對「國軍」的好感與信心，反使我懷疑節節勝利的「國軍」何以困居於寶島上？何以二十年未見反攻？軍訓教官又特別自卑，堂堂點名，不得打瞌睡，聽又聽不下去，只好在軍訓教材上胡亂寫字，用我知道的日語的罵人字眼，諸如「馬鹿野郎」、「畜生」、「吹法螺」（吹牛）、「付嘘」（謊言）、「阿呆」等，來宣洩我的無聊與苦悶。每堂課都塗塗寫寫，不知不覺整本軍訓課本都面目全非了。此事竟惹來了天大的災禍。

那是大四上學期期末考的最後一堂考試——軍訓學科考試。教官高興恩於發卷之前，命令所有學生將軍訓課本全部拿到前面講台上，以防看書作弊。我一時忘了自己的課本已見不得人，便隨便一放。

考試中，我低頭作答，不意抬頭一看，教官正在翻閱講台上的課本，我才想到我的課本萬一被查到，那可壞了。只好低頭邊寫邊禱告，額頭開始冒汗了。

挨過好長時間，已有同學交卷出去了。我想早些交卷，趕快把課本拿走。正要起立時，教官已盯住我了。手上拿的正是我的書，邊翻邊看我。書背有我的名字，我知道這下子慘了。他的臉色一陣青一陣白，我也坐得一陣冷汗一陣熱汗。

最後，我只好硬着頭皮走上前交卷。

「下課後，到教官室來！」該來的終於來了。教官冷冷地對我說。

我像一隻小羊似地走進教官室。

「這是什麼意思？」兩顆梅花的高興恩指着長長的一句日文問我。

「沒有什麼特別的意思。」我推拖不講。

「你照翻出來！」他有點氣了。

「有種的滾回去。」我忠實地翻譯出來。立刻指着旁邊一句「青雲之志」，補充說明道：「我的意思是說：男兒立志四方，衣錦還鄉……」

「你還敢強辯！」他猛摔了書。怒喝：「你回宿舍等候發落！不准遠離學校，通知你，你馬上就來！」

我想認罪，但又說不出口。默默而歸。整天不是躺在床上，便到學校探看情形：校園寂寂，人人回家過年，唯有我如遊魂。劉太太可能看出我的異狀，但我強作鎮靜無事的樣子。

恐懼、懊悔，黑天暗日的過了幾天，終於接到面談的通知。

高興恩是中文系的主任教官，過去對我這個老班長總是笑瞇瞇的，可是現在卻判若兩人，一副法官辦犯人的樣子，面告我：此事可大可小，姑念我平日忠貞愛國，無意犯錯，僅以「悔過書」交保，處分日後再議。

爲了保命，我寫了一份文情並茂的「悔過書」交去，得到離校返鄉的許可了。

從此，我不但不敢亂塗亂寫，而且也不敢隨便講話，因爲我深深感到中國人的笑面虎背後的「可大可小」的可怕做法！

試看這國家，雖有憲法保障人民的言論自由，但雷震一夥人說要組黨，卽刻被逮捕入獄；李敖在『文星』批判學閥，便被告到法庭；而法庭是私家開的店，欲加之罪，何患無辭？在這種家天下的帝王國度裏，豈能容得批判精神的存在？我還是忍氣吞聲，等以後有本事蹓到日本再說。

鳳凰花開，校園到處片片血紅。蟬聲噪耳。我赴台北參加留學考試歸來，便快畢業了。回顧大學四年生活，匆匆如夢，唯一值得驕傲的是得過一次「佛學獎學金」，只寫一篇報告，就領到新台幣一千元，買了一件禮物送給母親，算是報答多年養育之恩。

母親特地來參加我的畢業典禮。畢業生們都穿了黑色學士袍，戴了黑色方帽，在家長們及在校生的歡送下，繞校園一圈之後走進禮堂。台上的校長、教授們也都穿了黑袍，不同的是有的胸前多加了V字形的紅條或白條。

驪歌唱後，每人手持一個用圓筒裝好的畢業證書，三三五五在校園攝影留念。我陪着母親分別拜訪尉素秋、王禮卿、唐亦男、吳振芝等教授，感謝四年栽培；然後再到第三餐廳吃飯，順便向伙夫們致謝。這四年來，每餐飯我都到厨房去向他們要幾匙免費的肉湯或菜湯，而他們總是很親切地施捨給我澆飯吃。

和七年前父親來南師接我回去一樣，這回已無三輪車，而叫了一部計程車，載了滿車的書籍告辭了三年免費供我住宿的劉家。劉太太含淚送到巷口，依依而別。

鄭詩華已於數日前畢業返鄉了，所以沒有機會讓母親見一面，至爲可惜。火車上，母親告訴我家鄉人事已非：永靖國校校長劉江水已過世了，校醫胡萬立醫師也過世了；昔日年輕伙伴結婚的結婚，轉校的轉校；好友詹啓宗已當了王永慶工廠的主任了。邱秀霞也被保送師大美術系了。

回家沒幾天，留考公佈了，我終於如願中榜。同學們見報紛紛打來賀電，使我在離愁中享受友情的溫馨。

母親替我在鄉公所抽到的兵種是陸軍政務官，我卽時束裝北上，到台北外雙溪的財務學校報到。

爲期兩個月的政務訓練，天天上「三民主義」和「國民革命軍光榮史」。這期間，學校對面的山腰處，正在興建一座蔣中正親自指示的故宮博物館。中國宮殿式的屋頂，中國帝王式的拱門，令人錯覺回到清朝皇帝時代呢。

結訓那天，尉師叫我去休息幾天，順便替任卓宣先生抄稿。任公雖七十幾歲，但走路相當輕快，除了出去上課、演講之外，整天便關在書庫裏。書庫裏的藏書像個中型圖書館，中外文書滿架滿室。光線暗淡，桌上點枱燈。椅子後面有一張竹床，隨時可躺下來休息片刻。

他看書寫字，都要一手拿放大鏡照。尉師說有一年大水災，淹沒到屋裏，傢俱都流失，附近居民都逃走，唯有任公坐在書堆上，怕書被流失。消防隊用橡皮艇請他下來，他也不走，一直等到水潮退走。因此他決定把平房改建二樓，書庫設於二樓上，則可安心了。

我在尉師的書房抄寫。尉師的一架書顯得稀少單薄。通道有一個洗手台，香皀盒裏剩下幾片比指甲還大一點的不同顏色的香皀。我從未看過有人用香皀用到這麼單薄。

一向我總認爲搞三民主義的人，就像呼「反共抗俄」口號的人一樣，憑空起家、憑空做官。但我現在才發覺任公是眞正信仰三民主義的人。他以孫文的理想爲理想，日夜在設計建國的藍圖。他的文章非常平易近人，句句都中肯而言之有物；對中外各家思想都瞭如指掌。我一字字地抄寫他那歪歪扭扭的字跡，覺得自己應該好好効法他的治學精神。

晚飯是他唯一與家人相聚的時間。所謂家人，不過只有他的老妻尉師一人，其餘有的是過路的同鄉，有的是暫來投靠的反共義士或無家可歸的退伍軍人或者帕米爾書店的經理，所以經常有生面孔。任老只簡單地問問每個人的近況，交代我下一步工作，便囫圇吞了兩碗清茶淡飯，向大家說聲「慢吃」，就一個人上樓去了。

有一夜，尉師過來與我聊天。她說任先生以前以「葉青」的筆名替共產黨做過事。有一次被國民黨逮到，一夥人被抓到冰天雪地的刑場鎗斃，伙伴都中彈而死，唯有葉青子彈穿過心臟旁邊，一息尙存。後來被當地的農民從雪堆裏救回家去了。後來他被國民黨重用了，寫了好多批判共產黨的書，因此共黨恨他入骨，把他列入重大戰犯的第一人。其實共黨裏面也有好人，譬如周恩來，便是他在巴黎的同學，彼此很投合……。

我不知道尉師爲何要向我告白這段她丈夫的秘密？我剛把任卓宣先生尊崇爲「三民主義」的權威，是孫文先生的眞正信徒呢。但聽了這段告白，使我更加不解到底中國的政治是怎麼搞的？周匪恩來是任卓宣的要好朋友，而客廳掛的蔣中正肖像又是蔣中正親筆題贈給「任卓宣同志」，這麼說來蔣、周之間到底是敵是友？正如孫文的太太宋慶齡是共匪頭子，而宋慶齡的妹妹宋美齡是蔣中正的太太，然則孫、蔣之間的關係到底是什麼？蔣中正的長子是蔣經國，可是蔣經國的母親不是宋美齡而聽說是毛氏，此毛氏與毛澤東的毛氏又不知有何關係？總之，這些牽牽扯扯都不在「國民革命軍光榮史」裏交代個清楚，只在私下常聽到中國四大家族害慘了十億中國人。到底是怎麼回事呢？

可是我親眼看到尉師生活的簡樸，任公治學的認眞，我相信他倆夫妻是絕對的好人。只因他倆沒有子嗣，所以讓唯一的親人尉天驄去任意花大錢辦『筆滙』雜誌；也因沒有子嗣，才視我這個台灣孩子如同己出吧。

因爲我抽籤抽到財勤隊，而入隊服役日期在卽，所以匆匆南下，回家報告一聲，就又趕車南下。

一路上，我想起好久一段時間，都與文友失去聯絡，好像變成了文壇的逃兵一樣，突然感覺自己像個陌生人一樣。不知他們的近況如何？

前陣子聽說林海音因爲採刊了一幅「孤島老人」的詩作，被密告「譭謗領袖」而被解聘聯副主編，不知到底眞相如何？

不知是否林海音不在聯副，使得鍾肇政自『魯冰花』之後的長篇，都一連串載於中央日報副刊。他那幾個長篇都有穿燈籠褲的日本女子和戴斗笠的台灣女子，也都有八字鬍的日本人在欺壓台灣同胞，最後台胞抗日，迎接祖國勝利的結局，很適合於中副的路線。因此，他常得文學獎，而成爲台灣作家之代表人物。他多年的苦心總算沒有白費。感謝他每出一本書，必不忘簽署「良澤老弟存之」送我，而我讀了他兩三本台胞抗日小說之後，就分辨不出『濁流』與『江山萬里』或與『流雲』有何不同？不像『魯冰花』那般獨立而清晰的印象。

文心不知與鍾肇政發生什麼瓜葛，還是吳老得罪了他，突然宣布退出『台灣文藝』，從此便不見影踪。

幾年前，鄭淸茂在聯副譯載了原田康子的『輓歌』，我甚愛讀。後來印行單行本，頗爲暢銷，我因無錢購買，只好寫信去台大中文研究所向他揩油一本，但久無回音；再寫信給鍾老大，請他代我說情，果然很快就接到鄭淸茂從台大中研所寄給我的簽名書。之後，就聽說他赴美留學了。

其他諸人都很少在聯副登場了，只有兩三個月一期薄薄的『台灣文藝』帶來一些信息而已。不過，最感意外的是突然冒出個「葉石濤」這名字，不知何方神仙。最初他在『文星』發表了一篇長論「台灣的鄉土文學」，寫出了當年我在石門水庫的風雨中說不出的感覺，是我生平讀到的首篇台灣文學理論。最近他又在『台灣文藝』上，一連發表了數篇台灣作家作品論，精闢入理，深得我心。只是「葉石濤」這名字從未聽過，可能是個隱遁於山林而默默關心世間的飽學之士。我從他的論文中，得到一個最大的概念是：台灣四百年慘史！

過去我只知道我們都是炎黃子孫，我們有五千年文化。從不知我的祖先來台開墾，迄今四百年，都受外來殖民政權的壓榨！

雖然去年大伯父去世時，我從他的書齋裏發現了一本手寫的「族譜」，裏面記載開基祖從大陸饒平來台，娶某女爲妻，生幾房，各房又如何繁衍子孫。我只奇怪歷代各房娶來的女人，有的有姓有名，有的有姓無名，有的連姓名都沒有，只記「某女」（當時我懷疑可能是娶婢女爲妻妾，有辱門風，故隱其姓名；現在我才知道那些都是原住民的女人，已漢化的就有姓，未漢化的便無姓無名）。族譜首頁題有七言絕句一首，告誡子孫要勤儉持家，親愛精誠。當我讀到第三句開頭「開尙良道」時，猛然醒悟我的祖父叫「張開恭」，我的伯父叫「張尙喜」，我叫「張良澤」，顯然是每代人都使用此記句中之一字，以示輩份。我是「良」字輩，將來我的兒子便要取名「道」字輩，這麼重要的事情，爲什麼伯父不告訴我？難道父親也不知有這回事嗎？對照一下歷代祖先字輩，一字不爽；而「良」字爲第十七字，加上開基祖，我便是第十八代的子孫。每代平均以二十歲結婚生子計算，總計三百六十年，恰與葉石濤說的「台灣四百年慘史」不謀而合！遺憾的是族譜裏只記載人名而已，繳多少人頭稅、大佃租、小佃租等事項，一槪未記。但葉石濤根據各種資料，算出台灣農民四百年來根本沒吃飽過飯。……

想着想着，火車抵達高雄，再換車，直抵台灣南端的潮州站。提着大背包，走出車站，一輛吉普車在等我。感謝部隊的禮遇，坐上吉普車，急馳至郊外的第十八師團營房，逕至師團直屬的第二三六財勤隊報到。當天領了軍裝，肩上一條槓，官拜陸軍少尉營務官。時為民國五十四年（一九六五）九月，恰滿二十六歲。

九、蔣家子弟兵（1965．10～1966．11）

財勤隊的任務是負責全師的糧餉及儲金工作。共十個人。我負責文書工作。比我官階低的有兩位士官長和一位勤務兵。

勤務兵姓劉，隊裏管叫他「劉班長」。他的臉像猴子紅通通，兩眼圓小而深陷，鼻子扁平。個子瘦小，常把腰帶束得緊緊的，好像要把身體分離成兩截似的，整天提一瓶米酒晃來晃去；或坐在草地上，手裏握個電晶體收音機，湊在耳邊聽平劇。聽到打盹時，收音機也不會掉下去。吃飯時間一到，他必準時到大厨房提飯菜來。

所有的連隊都要在操場坐矮凳吃飯，只有我們可以在房間裏用膳。我們住在師部邊角上的獨立營房兼辦公室。隊員每日要造册報糧餉，同時在窗口接受軍中儲蓄金。

在我之前的歷任營務官都是同我一樣的預備軍官，大家幹完一年就走路，所以文書也懶得整理。我很看不慣這種雜亂無章，便翻箱倒櫃整頓一番。看到很多「機密」文書，內容不外「近月共匪頻頻調防大陸南岸，我軍當提高警覺」或「金馬砲戰期間，發現匪諜潛伏我方，今後必加強檢舉可疑人物」等，每張公文都有隊長批示「存查」。我把這些過期文書統統清除出來，交給隊長處理。以後三兩天來一封公文，我隨到隨辦，日子也過得輕鬆。

大概上校隊長很快地信賴了我的工作能力，便常派我一人去市內的國庫銀行領錢。我把帶來的公文交給銀行窗口，總經理馬上啓開大金庫；五、六個行員忙着把一袋袋裝好的鈔票抬到中型吉普車上，全體鞠躬送我上路。駕駛兵是年輕的台灣充員兵，載了滿車的鈔票，好像很英勇的樣子。我們財勤隊連一把手鎗也沒有，這一個月全師幾千人的生活費全在我手上，令人揑把冷汗。

鈔票運回隊上，各人卽刻忙着點鈔，然後裝進小布袋裏，連同名册，全體動員，分頭發放到每個連隊。卽使駐紮在僻遠地區的連隊，也要在一兩天內發放完畢。差不多呈報清册完了之後，接着就有人來存款了。軍中「有獎儲蓄」的利息特別優厚，而且每月對獎一次，儲蓄券的號碼抽中時，依其面額加倍償還，所以大家剛領了薪餉，便來窗口排隊了。

我看來存款的大多是老兵。每月兩百多元薪餉，除了買幾包軍用香煙外，便整數存進來。我們隊上的兩位士官長，便是最先買下自己的儲蓄券的。林士官長忠厚老實，面色青黃，不抽煙不喝酒，聽說已有了不少錢，問他有什麼計劃，他總是笑笑顧左右而言他。另一位陳士官長，一臉福相，利用隊上的殘飯，在營戶後面養小鷄；養大了就叫他的老婆帶回去賣，因此他可以全餉存放起來。他的運氣眞好，聽說只以兩萬元就買到了一位粗壯孔力的山地老婆，每天來大厨房挑米水回去餵豬。小兩口子合力生產，難怪他整天笑得像老母鷄。

全隊有三個台灣人，一個是新竹人鄭上尉，一個高雄人高中尉。兩人都是財勤學校畢業的正規財勤官，也是本隊的中堅份子，我們三人公然用台語交談，隊友並不爲怪。我每月三百元薪餉，外加辦理儲蓄的獎金，所以油水多多，每次上街，便不惜高價買回日文書刊。

除了我之外，隊上不存款的只有兩人。一個是劉班長，一個是阮副隊長。當然劉班長一個月一百多元，根本不夠他買酒。中校阮副隊長錢多，且他不像隊長要撫養家眷，單超一個，領了錢的頭幾天，幾乎天天上夜市吃狗肉，且每天醒來就香煙不離手，直到深夜，還可看到他的床位有隻螢火蟲在飛上飛下。他常取笑隊長何苦要養家小。他開心時，便買來一大堆滷菜來請客，但不開心時，便隨便摔東西，誰也不敢惹他。

假日，有家的回家，無家的也上街尋樂。通常都只剩下我躺在床上看書，副隊長沒錢時也常留在房裏踱來踱去，不知做什麼好的樣子。

「張營務官，你好用功呀。」這句話，他不知要講多少遍。

我不敢讓別人知道我準備一退伍就要留日。因恐有人刺眼而暗中報我一箭。如果我在軍中的安全資料有任何汚點，則一輩子別想出國。何況我很躭心以前高興恩教官不知有無在我的大學安全資料上記下一筆。因此，所有的日文書刊，我都用牛皮紙包裝起來。尤其副隊長那雙陰森森的鼠眼，令人怕怕的。

財勤隊是部隊裏的寵兒，不但不必參加升降旗點名，也不必操練。其實全部隊裏都有鎗無彈，除非有要員要來才忙着擦鎗和清掃之外，平時大家只等開飯，飯後睡個午覺，晚上就到交誼廳去看電視和下棋。每月一次的慶生宴，大魚大肉吃不完，加上勞軍團來跳大腿舞，日子過得像昇平樂世，一點也感覺不出「一年準備，二年反攻、三年……」的氣氛。

鍾肇政兄以前來函要我寄五篇已發表的作品給他編入『台灣省籍作家作品選集』。終於本年十月二十五日出版。主編鍾肇政於序言稱：台灣投歸祖國懷抱已滿二十年。二十年來台灣各項建設突飛猛進，尤於文教方面斐然有成。台灣土生土長的作家，已與祖國作家並駕齊驅。為了慶祝光榮的台灣光復二十週年，特編此集，以資紀念。云云。

我覺得鍾老大用心良苦。為了提高台灣作家的地位，他不惜阿諛奉承，多方奔走，才由文壇社出版發行。一套十卷，按年齡排列下來，第一卷是楊逵、吳濁流、陳火泉等人的合集；第二卷是鍾肇政的長篇小說『流雲』；第三卷是鄭清文、張良澤等六人的合集。第十卷是詩集。

每卷厚達三百多頁，十卷一套，收容了當今台灣作家的代表作品，這是台灣文學史上的創舉，鍾老大的功勞將永垂青史。

我被鍾老大高估，側身於第三卷，內心又高興又惶恐。因為我知道我再也寫不出作品，而徒佔虛名而已。但無論如何，雖是合集，亦是我人生的第一本書，不僅感謝鍾老大的愛惜之意，而且感激文壇社長穆中南勇於出版台灣人的書。

另外，鍾老大又同時編了一套『台灣省青年文學叢書』十卷，每人一卷，共選十位當代傑出的台灣青年作家，由幼獅書店出版，也做為台灣「光復」二十週年的獻禮。

鍾老大一手編了這兩套書，不但奠定了台灣作家的地位，也奠定了鍾老大之為台灣作家之老大的地位。光這兩點，就足夠功垂青史！

西線無戰爭的軍中，閒來無事，實在可以多寫東西，但不知何故，總是定不下心來。潮州鎮上的橋頭邊，有一位檳榔小姐，小巧玲瓏，點胭脂抹白粉，搭個小篷，坐在篷下的檳榔攤前包檳榔。我每次上街，必買幾塊錢，嚼得醉醺醺的，站在橋頭偷瞧她幾眼，裝着看橋下的水鴨。

三個月後，部隊移駐嘉義市郊的中埔。離市區至遠，懶得騎車上街，每晚都在營房裏翻象棋。我輸得最多，常掏腰包叫劉班長去福利社買豆腐干來請贏家吃。

劉班長從不開口向人家要東西。可是偶爾我會拉他到大營房門口的臭豆腐店去吃宵夜。過去我聞到臭豆腐味，便連想到三天沒洗的臭脚板；可是入伍以來，卻比大魚大肉更愛吃了。寒風吹過四野的甘蔗田，小店孤燈，油鍋冒煙，來一盤臭豆腐，一盤鷄脚滷菜，再給劉班長一杯米酒，便覺快樂無比。

我根本無意要探聽他的身世，可是他喝了幾口黃湯，就會自言自語起來：「他媽的，俺不是當兵來的。……俺在路上走路，挨了拉夫，抓到部隊裏來。……臭他娘的，俺扛不動步槍。……不放俺回去。拖到今天幾年了？……二十幾年了，俺娘不知還在否？……」

「好了，好了。劉班長，我敬你！」我學茶杯敬他，企圖制止他的鄉愁；同時也耽心別人聽到了，影響了我的安全紀錄。

「哈哈！張營務官，你人可不壞呀。」他不但不會掉淚，反而睜着紅眼而笑。笑時露出一排暴牙，有點像猩猩的臉。「令尊、令堂都還健在吧？」

他這句問候語，使我刮目相看。

冬夜，房間的縫隙吹進冷風，我把棉被蒙在頭上。偷偷轉開電晶體收音機（這是我用兩個月薪餉買的），把音量調到最低，想聽聽劉班長家鄉的信息。

「中央人民廣播電台，現在向台灣同胞廣播！」尖銳刺耳的女音，配着快調的進行曲。電波好像受到人爲的干擾或風速的影響，時起時落着。「……我英勇的人民解放軍，在偉大的毛主席領導之下，抓革命，促生產。……搞好十億人民的生活。……台灣人民要當家做主的日子快到了。……」又是一段進行曲。「……現在請××師××團××營的陳××少校注意收聽。這是你的家人寫給你的信。……自從你離開家鄉以後，我們都非常想念你。……」

我怕聽了太久，會被憲兵探測出有大陸電波傳到我的床位，所以趕快轉到別的電台。

「中央廣播電台，現在對大陸同胞廣播。」柔和的聲音，配上柔和的音樂。「……英明領袖蔣總統，領導國民革命。……一千兩百萬軍民，大家一條心，建設三民主義模範省。……蔣總統體恤大陸同胞生活於水深火熱之中，特於元旦之前，空飄食物及文告。……駕機起義來歸，米格十九型一架，給獎金黃金×百兩。……請你擺動兩翼，表示投奔自由。……」

深夜的電波網，原來忙着唱對台戲。一邊剛強，氣勢逼人；一邊柔和，以利誘人。

某夜，穿着厚夾克，與阮副隊長走了半小時夜路，走進一家狗肉店。我生平沒吃過狗肉，有點緊張。副隊長一再強調狗肉最補，可以耐寒，可以延年益壽。

「來，張營務官敬你！」他舉杯勸酒。「你辦事兒可蠻認眞的。」

我既受邀而來，也就順他的意陪他喝起來。

挾起一塊肉放進嘴裏一嚼，味道倒是意外的鮮美。用薑母燉得爛爛的，很合胃口。再挾起第二塊肉，一看，是一塊小足掌！小趾上附有爪甲。

我放下筷子。阮副隊長正低頭吐出一塊塊小骨頭。他的瘦黑的手指留着長長的指甲。

我狠狠地喝了幾口米酒，想起我小學時代的小白。

一瓶米酒已喝光。副隊長的眼球佈滿血絲，搖搖晃晃地跟在我後面走回來。我因覺寒冷，愈走愈快。寒星點點，蔗田颯颯。

走到長橋上，忽然聽見背後叫一聲：

「張營務官，再見了！」

回頭一看，有一個人影爬過橋欄杆，「撲通」一聲，人影不見了！

我趕緊跑上去，不見阮副隊長了！橋下有拍水聲。顯然是副隊長投水自殺了！

我急得探身往下望，只見深黑一片之中，發出激拍水聲的地方有些水光反射。忖度一下，水面距橋面甚高，跳下去碰到石頭必死無疑。於是趕快跑回河岸，朝着拍水聲跳下去，水位及胸。我半游半摸，摸到軟軟的一團，拚命拉回河岸。

所幸副隊長神智還清楚，嘔吐一陣之後，便能站立。此時，我才開始打抖，抖得牙齒相碰而不斷發出石子聲。明知危險已過，但反而感到恐懼和無助。

抓住副隊長的手臂，攀在我肩上，半拖半拉，一步步拖向營區。

「對不起呀。」副隊長微弱的聲音還帶有酒味，在我耳邊說。「張營務官，對不起呀。」

「副、副……隊、隊長……」我的牙齒抖得咬不出字。「你、你何必……」

久久，我才感覺到我從頭上濕到腳下，厚夾克特別重。副隊長全身也濕淋淋。兩人的衣服好像結冰似地，邊走邊發出硬綁綁的聲音。

漫長的夜路終於走到了。回到隊上，把人交給隊長。隊長怕我着涼，叫我趕快換衣服休息，並囑劉班長煮了一壺薑湯，給我和副隊長喝。副隊長哭了。我躲在被窩裏一直打抖不止。其他隊員好像都被吵醒了，但沒有一人出聲。

第二天，大家照常工作，好像沒有發生過任何事故。以後，隊長待我更好，視我如親人。副隊長的性情也變得平穩而寡言笑了。

翌年春天，部隊移駐澎湖西嶼。偏巧這裏是我的初戀之地，格外親切與懷念。營地還是老樣子，只是在光禿禿的山崗上，多出了兩、三座白色的大地球，和巨大的雷達。那一帶是別的部隊在駐防，看來很神秘的樣子。

我們的部隊除了師部留在西嶼島外，其餘都分散在很多的小島上。發餉時，必須乘小艇巡繞各島。有的島上沒有居民，只有簡陋的營房；也沒有大砲或地下構築，不知部隊駐防的目的何在？只見老兵在養鷄，充員兵在打魚，所以每到一處，都受到熱烈款待，吃最好的海鮮和土鷄肉。

假日，都到馬公街上閒逛。特產店賣着各色貝類的裝飾品及文石、珊瑚等本地特產。房屋和圍牆多用珊瑚礁砌造，用石灰塗塞縫隙。一團團牛糞貼在圍牆外側，曬乾掉下來之後，便是寶貴的燃料。這是在台灣本島從未看過的風光。

島上風砂特別大，所有女人們都用頭巾包紮得只剩兩眼。唯有冰果室的小姐，又大方又熱情，整個臉部都讓阿兵哥們看個痛快。

部隊開始發給「日用品購買點券」。每人每月領到一定的點券，到街上的聯勤商店，可以半價買到牙膏、牙刷、毛巾、香皂、手帕等日用品。阮副隊長和劉班長的點券都不用而送給我，我儲存大量的點券，準備退伍時買回去送給母親。

有人把點券賣給街上的商店。街上的雜貨店無法與國營商店競爭，生意冷清，不如買賣點券來得有利。

小美冰果室在公車站後面，店面小但阿兵哥常滿座。小美和她小妹很勤快，一個刨冰，一個端送，忙得裙角在阿兵哥膝前飛來飛去。小美沒有裝扮，健美活潑，一臉笑容，令人不忍走出冰果室。大家空着碗呆坐着，她也不改笑容。我有時坐到最後離席，目的是送她兩張點券。她在圍裙上擦乾了手，接過兩張小小薄薄的點券，小心地放進圍裙的口袋裏，送我出來，而後嫣然一笑。

有時，我會坐在海邊的岩石上看書。但書中浮現的是一個少年扶着一個穿泳裝的少女的背部，讓她平仰於水面，水面突出兩個小球……

有一天，在財勤隊上，有某一連隊的勤務兵送公文來。我接過公文，他遲疑地站着不走。

「請問……你是張良弘的哥哥嗎?」他不好意思地問我。

「是的。」我訝異地端詳他。

他個子瘦小，軍帽、軍服都顯得大了些。肩上掛着通信袋。

「我跟張良弘以前在救國團的暑期路工隊同在一起。」他說。我想起良弘有一年暑假應徵去開山路，賺了一些血汗錢。我倍感親切，招呼他坐下，看他胸前的名牌，寫着:「林佛兒」。

「你是不是常寫詩的林佛兒?」

「是的。」他含羞地點頭。清秀的白臉，泛起紅暈。

難得在軍中碰見文學同好，彼此談得很愉快。談話中，我才知道他出身貧寒的台南縣鹽村，早年喪父。目前正志願留營中。問他將來打算如何?他說:留營數年後，存點錢，退伍到台北，先在皇冠出版社邊打工邊寫作，而後要自己開一家出版社，專門出版台灣先輩作家們的書。

我聽了，表面上很讚佩他的雄心大志，但內心有點嘲笑這小詩人竟狂妄若此!雖然這種出版事業也是我的夢想，但我有自知之明，不致於狂妄得說出口來。

入伍以來，就聽說有「軍中樂園」，但始終沒有一睹廬山眞面目的機會。軍中，流傳着一句某將軍的名言:「什麼戀愛不戀愛，幾條精蟲在作怪。」想來頗覺神妙。尤其在這荒島上住久了，整天吸着海藻味的海風，身上總有蠢蠢欲動的感覺。每次隊上分儲蓄獎金時，隊長總要叮嚀劉班長說：「多吃些營養，別去樂園了。」劉班長拿了鈔票，偏着頭，呼呼地傻笑，一跛一拐地走出去。黃昏回來時，走路便不跛也不拐，而且臉上的皺紋也少幾條似的。

「劉班長，你回來時，別忘了先去衛生組打一針呀。」每當劉班長要出征時，高財務官就故意大開嗓門逗他。

「去你的！」劉班長笑得很天眞。

「林士官長，」我喜歡向他請教一些比較認眞的問題：「軍中樂園有什麼呢？」

「有猴子啦。」隊長插了嘴。他有時也愛開開玩笑。

「嗨，那種地方，你們年輕人去不得！」林士官長一臉認眞的樣子，也不想多說什麼。

「張營務官，那地方可眞有趣啦。」高財務官從床上坐起來，推推近視眼鏡，滿臉的青春痘都興奮起來。「我告訴你，那裏面隔成一間間的小房間。你先去窗口買票，看相片，指定房間號碼。當然比較漂亮的小姐的房間外面，已排長龍在等待了。有人等不及，就敲門大叫好了沒？快出來呀！」他又推推掉下來的眼鏡。

此時，已婚的鄭財務官便偷笑得禁不住嘻嘻出聲。另一位黑臉的上校趙財務官便不屑一聽的罵道：「狗屎的！張營務官，別聽他胡扯！」

「張營務官，」高財務官雖然在喚我，可是好像要說給趙財務官似的。大家都知道趙財務官是個守財奴。「告訴你，你可千萬別去漂亮小姐的房間。那些小姐已累得不能動彈了，赤條條地躺着，毫不理你，而且容易中獎。還不如找老的，又親切又保險，偶而也會有水……」

「狗屎的！別儘講髒話！」趙財務官翻起包公臉，不聽而走了。

「咯咯！」陳士官長笑得像老母鷄。

不翻象棋的晚上，常常這樣鬼扯到晚號吹響。唯有審核帳册的齊上校勤務官，任何話題都引不起他的興趣。每夜，他都在寫信，不是給女朋友信，便是寫到巴西給他的哥哥。聽說他準備退役後要申請移民去巴西。

不過，我是有點後悔直到我退伍時，我都沒去過軍中樂園開開眼界。我想我可能一輩子都無法「破功」了。

盛夏某日，在戰友們羨慕的目光中，我結束了一年的義務兵役，乘上定期到高雄載運蔬菜的登陸艇，依依不捨地告別了澎湖羣島。

背包裏裝滿了用點卷購買的日用品及母親最愛吃的小魷魚管。回到家裏，有兩封文件在等我。一封是在日本的叔叔寄來的近畿大學經營學部入學許可證；一封是行政院青年輔導委員會寄來的調查表，問我願意任教中學否？

我考慮日本大學的入學在明年四月，尚有半年多時間，不妨先去教點書，賺些路費，於是我回信給青輔會，塡寫了任教志願書。

家中弟妹都已長大長高了。大妹百合夫婦搬去秀水住了。良弘已畢業於員林高農，暫時在永靖玫瑰花園工作。良光就讀台中高農，每天通學回來，還要先去員林鳳梨罐頭工廠打工，深夜騎車到家。他說他可以一邊騎一邊睡覺。么弟良明已彰中高二，準備考大學甲組。百玲就讀員林家職，百華考上花壇初中一年級。

父親不忘娛樂，買來一部國際牌電視機。下午六點節目開始播放，便把電視機抬到玄關公開讓附近小孩子羣站在門外觀賞卡通影集。晚上，父母親都愛看連續劇，兩人比較少吵嘴了。

不數日，我又離家北上，到青輔會報到。青輔會馬科員親切地把我安排在桃園中學。校長面談時，我不敢坦陳只作半年打算，因此校長爲我安插了一間單身宿舍，要讓我安心長住下來。

桃中位於桃園郊外的小山上，環境優美。單身宿舍的同仁共同搭伙，很快就熟稔起來。有位教數學的徐姓青年，住我隔壁，待我熱情誠懇。飯後常和他到校園後面的山坡路散步。

有一回，他突然感嘆了一聲，說：「來生寧可當豬當狗，也不願意當中國人！」我嚇了一跳，這種話怎麼可能出自海軍中將之子的口？我不便接腔，只是心裏很佩服他說得出口。也許像他的身份說了沒事，而我說了可能又是「可大可小」。不過他這種人，我知道是不會告密的，也不怕被告密的。

一天，尉素秋老師來信說：她的侄兒尉天驄創辦了『文學季刊』。要我去見見一羣文友。我知道尉天驄在政大中文系學生時代就已辦『筆滙』雜誌，這本以政大及淡江文理學院的文士爲主幹的刊物，恰與台大外文系師生創辦的『現代文學』成爲當代學院派的兩大壁壘。

這兩本雜誌從我這個鄉下土包子看來，幾乎分辨不出高下。理論文章特別多，都在介紹歐美的文學思潮，或評介洋人作家與作品。文章中，常常夾雜橫排的英文，令我覺得高深莫測，而益感自卑。創作方面嘛，『筆滙』的陳映眞與『現代文學』的陳秀美都有鄉土味。唯陳映眞的作品差不多篇篇的結局都蒼白而死。其他作品大多數似乎都在模仿或解說「存在主義」哲學是什麼？

總之，受了這兩份頂尖知識份子所辦的刊物之影響，反共文學顯然已時興不起來了，代之而起的是滿口「現代派」或「存在主義」的西洋文學的複製品汜濫於文壇。

不論如何，他們都是我崇拜的偶像。至少由於他們的努力，尤其是領頭指揮的台大夏濟安教授、作家何欣與政大姚一葦教授，打破了暮氣沈沈的反共八股文壇，帶來了象徵台灣加工業開始起飛的新鮮文風。我雖然看不太懂內容，但偶而也會買一本來點綴書房，冲淡一下『台灣文藝』的土氣與寒酸。

這天，我來到任公館，一進大客廳，刹時驚動了四、五位客人。尉教授下樓來為我介紹道：

「這些都是與你年齡差不多的文學同志。」尉教授大概看出我的畏縮，便給我一個信心說是同年齡的同志。「你們好好談吧。我不干擾你們了。」尉教授好像對自己的兒子說罷，便上樓去了。

天驄親熱地拍我肩膀。我一一上前握手。

「陳映眞！」這名字我很熟。

「黃春明！」這名字也很熟。

「……………」

「劉武雄。」

我覺得這名字很陌生。握着他的手，覺得與剛才幾位的大手掌相反，他的手特別細又嫩，正如他弱弱的身材與弱弱的報名聲。

「他就是七等生！」尉天驄的大嗓門解除了我的疑惑。我想起以前常在聯副讀他的系列小品「黑眼珠與我」或『台灣文藝』上的「放生鼠」，總覺這個人像文字魔術師一樣地具有魔力。

我坐在最靠角落的沙發椅上。他們繼續剛才的話題。高談濶論起來。

我因爲中途插進來，所以聽不太懂他們談論的主題。從片段的理解中，我猜想他們是在討論某部西歐的電影。坐在中間的陳映眞翹起穿着長統皮靴的腿，一手挾着香煙，一手有力的斬釘截鐵，好像西部片裏的英雄。他的右手邊是尉天驄，左手邊是黃春明。三人並排而坐，同樣壯碩魁偉，同樣英俊瀟灑，同樣地營養豐富而力氣充沛。我彷佛看到當代文壇三巨匠的會談。其餘兩人偶而也插一兩句深沈的言語；而我完全只有聽講的份兒，不，連聽講的資格也沒有。因爲他們的語言中，常夾帶着我聽不懂的英文名詞。

「入——門印……入——門阿普……」黃春明談得口角起沫。他的嘴邊有顆黑痣，薄薄的嘴唇，炯炯的眼神，令人神往於他的表情。看他的兩手握圈在拉遠拉近，我猜想他是說電影中如何應用特寫鏡頭與遠景鏡頭吧。

尉天驄的聲音最渾厚，臉部表情也較呆痴。我看他當中文系教授最夠派頭，若寫小說則必一敗塗地。陳映眞的聲調，渾厚中帶有頓挫激昂，時時注意垂散下來的頭髮，一舉手一投足，都像電影明星那樣地漂亮。我想他是個有領袖慾的人才。

談話的結論是下期的『文學季刊』將如何安排重點文章。而我只表示我將努力向同學們推銷這本好雜誌，並當場索取了一疊訂閱單。

這回尉家的文友聚會，令我懷念起六年前的鍾家文友聚會。一個是純「國語」的高談濶論，一個是台語夾雜日語的閒話家常；一邊是跑在時代尖端的風雲兒，一邊是掙扎於時代夾縫中的雜草。不知道這些草根朋友近況如何？

叔叔來信說：近畿大學經營學部的入學許可證只是爲了出國手續必備的證件而已，到日本之後，再找自己喜歡的學校報考就好，所以最好於年底抵達日本，早作準備。

我根本無心教書。沒課時就往台北跑，辦理出國手續。關卡可多多，從鄉公所的戶籍課辦起，經過縣的後備軍人團管區，到台北的師管區、警備總部、教育部等，每一關都令人戰戰兢兢，且需等待好久。

十一月，總算從外交部拿到了留學護照。謝天謝地。趕快向桃中校長報告即將赴日事，校長大爲光火，說我瞞騙了他。我自知理屈，願將所領薪水奉還。後來他也心軟，放了我一馬，使我更加後悔不該貪小便宜。不過當初也想到萬一出國不成，我是願意長久任教下去的。

以桃中所得薪水購了一張船票和一簍青香蕉外，餘款送給母親。母親又加了些錢，去打了一隻印章金戒指。她說出遠門，萬一有急事，可把金戒子脫售。臨別前夜，母親一再叮嚀注意身體，不可太勉強。並從衣橱裏翻出一包東西來。

「阿澤，」媽低喚我。「有件東西要送你。」

解開繩子，一層帆布巾，一層牛皮紙，一層舊報紙，愈來愈小包，最後是一張紅紙。打開紅紙，裏面現出一張褪色的相片和一塊發霉之物。

母親輕輕拿起相片，有一角已風化而碎成粉末。如果用力一捏，整張都會化成烏有。我連同紙拿過來細看，相片上是一位年輕少婦抱着一個嬰兒。嬰兒在少婦光滑而均匀的臂彎裏安詳地仰望着少婦，而少婦也低頭含笑地望着嬰兒。

「這是我嗎？」我一看就知道這是母親年輕時代的形象，但那嬰兒會是我嗎？

「嗯。」母親得意地點頭。

「哦？這嬰兒……」我想讚美這嬰兒多可愛，多懂事的樣子，但沒說出來。「媽，妳年輕時多漂亮！那手臂很美呢。」

「現在老了。」我的讚美好像觸發了母親的感傷，她撥撥頭髮。我發現她的頭髮裏摻雜了不少銀絲。

「這是什麼？好像發霉了。」

「這塊東西嘛，說出來恐怕你會跳起來！」母親又恢復了得意狀。瞅瞅我，彷彿要我猜猜猜看。

「臭不臭？」我湊近鼻子聞了聞，一點兒也無臭味，只有收藏在衣櫥裏的樟腦味。那是灑上去的白粉而不是發霉。那塊小物體已相當乾燥而縮成一團。隱隱約約可看到一條紅線綁着。我一直搖頭，猜不出來。

「那是你的肚臍啦！」母親也不耐地說了。

「呵呵！這是我的肚臍！」

我跳起來，拿到燈下再瞧個仔細。興奮的一刹那，湧現了一連串的問題：母親如何保存這兩樣寶物？過去怎麼都不讓我知道？二十七年來，她有沒有打開過？……

等我稍稍鎮定下來之後，母親才敍述了她的婚姻經過：

當年父親畢業於屏東農校畜牧科後，有一次來彰化看他的後期同學陳春耀。發現陳春耀的姊姊很漂亮，就要他介紹認識。回去不久，就遣媒人來提親，而且三兩天就來一封信。

「其實，那時候我已和一個台中師範畢業後再赴日本內地讀書的男士通信已久。」母親停了停，說：「但是你老爸寫信勤快，字又寫得漂亮，終於被他打動了。而且那死媒人婆一天跑幾趟，說你阿公病重，務必要看他的兒子完婚才能安心回去。我想他老人家也蠻可憐。……」

就這樣，母親就嫁到張家來。三天後，祖父安心閉目。翌年，生了我，爲張家長孫。

「嬰兒滿月前就脫肚臍。媽把你的肚臍珍藏起來，不能給任何人看，以免你的才氣外漏。

滿月後，抱你回娘家給你阿嬤看。並到彰化最有名的照相館照了這張相片。路過觀音廟口，你阿嬤說這尊觀音佛祖眞靈，就抽了一籤，果然說你有臍（才）無褲（庫）。你有才氣，但不會庫存，媽耽心你會窮一輩子。」母親再抬頭看看明天就要出遠門的兒子，輕嘆了一聲：「你將來會名聲通四海，但是恐怕……」

「放心啦！我小心就是。」我想不出安慰母親的話。

夜很深。父親和弟妹仍在蚊帳裏睡得沒翻身。

我小心翼翼地用紅紙把兩件寶物包回去，挾進我的皮包裏。明天遠行的行李都綑好了。

母親在折疊剛才解開來的二十七年前的帆布巾、牛皮紙和舊報紙。我偷偷地看到她在偷偷地擦眼睛。

十、負笈東瀛（1966．11～1967．1）

當我上船的那一刻，我就決心不再回來了。

那天，基隆港口停泊了幾隻小型貨船，只見幾個工人在裝卸貨物，冷冷清清的。我訂座的那艘香蕉船，拖延了一天，到翌日中午才出航。汽笛有氣無力地鳴了一聲，我才猛悟我眞的要離鄉背井而去了。

以前在電影上看過大郵船將離港時，甲板上站滿了華貴的遊客，每人脖子上套着花圈，手上拉着彩帶；那彩帶好長好長，連到碼頭上的送行人手中。碼頭上擠滿了送行人，仰望數十公尺高的巨輪，在優美的音樂中，汽笛低沉而雄壯的嗚嗚，慢慢駛動，彩帶繽紛而落，萬人激動……。

可是，我現在站的甲板，高出碼頭兩公尺，船頭到船尾也不過十來公尺。沒有花圈，沒有音樂，沒有彩帶，只有三個送行人。

我可以清楚看到胖姨丈的臉上含笑，笑中又皺着眉頭，望望我又瞧瞧母親。母親站在姨丈背後，又在擦眼淚了。只有姨母最有浪漫氣質，打扮得特別漂亮，還特別準備了一條白手絹，站在最前端，讓我清楚地看到她在猛揮手絹。

三人愈來愈小。揮白手絹的手一直沒有放下來，只是愈揮愈慢，愈揮愈小，小到只剩一小白點的時候，我才猛一抬頭，望一望最後的台灣山河。

只見青山青海連青空，對我凝視而不動。

要不俯視船舷邊有浪花往後流動，實在不太感覺這隻香蕉船在前進。雖然馬達在努力奮勇鼓動，但在海風與風浪交織成的天籟聲中，馬達聲弱得像得了氣喘病而任風浪推來推去。

一位老船員來招呼我不要站在甲板上，以免被風浪刮落海中。

走進船艙，又暗又悶。我的小房間有一個小圓窗，可看到甲板，但看不到海。躺在小床上，床邊有一籠香蕉，一箱書籍，一箱衣物。

此去決心不再歸來，實在是因爲台灣的政治環境令人無法再忍受。

只要在台灣生活一天，便一天不能不呼叫騙人騙己的口號，扮演雙重人格的小丑。君不見一切行政，都有一套明的、一套暗的制度；一切行事都有三扇門，一個正門、一個側門、一個後門。上起總統、下至文武百官，都是他們的皇親國戚、裙帶關係；台灣人辛勤勞動，豢養萬年國代、立委、監委。這些人養尊處優，依附於疊床架屋的機構裏，構成一座虛無縹渺的宮殿；宮殿的主人又豢養一大羣走狗，四出監視小百姓的腦袋，並透過所有教育、傳播工具，整天整年都在散佈神權時代的神話。

我知道我若一輩子住在台灣，便一輩子都沒有一票的權利來選擇當我公僕的總統。然則我若願意出來當衆人的公僕，公開聲稱我要出來競選總統，豈不被人笑我是瘋子？不必公開聲稱，即使內心有此一念頭，便鐵定被那隻「可大可小」的恐怖黑手把我捕走。

我胆小，我怕死，所以才決心逃出「自由中國」，而寧可投奔「萬惡的日本鬼子」。想到此，我便不禁跳下床來，衝出船艙，再次站在船尾的甲板上，遠眺只見小山頭的故鄉。啊，故鄉的親人，我對不起你們；故鄉的山河，我多愛妳！如果可能的話，我願再投回妳的懷抱。最遺憾的是，我未曾撫摸過妳的全身，只有那一次橫越過妳的胸脯。……

那是大四寒假，班上討論畢業旅行的目的地時，我堅持要徒步橫越中橫公路。正好「救國團」也舉辦多季登山活動，我們便以該活動的一個梯次，單獨小隊活動。

一行二十多人，至霧社國校報到後，便各自背帶乾糧行裝，列隊向東征發。霧社櫻花還未落盡。

是時中部橫貫公路開通未久，處處有山崩，沿途還有退伍軍人在炸山拓路。有時走一整天，還在同一座山繞來繞去。趕完一天路程，便夜宿於「救國團」營地。

愈走愈深入山區，高山峻嶺，層巒叠起，烟霞籠罩，山色青紫，如入仙境。至大禹嶺，喜逢積雪，不禁雙手捧起雪球，大咬一口，凉透心窩。合歡山、奇萊峯遙遙相對，如二乳峯。所經之處，巨木叢林，數萬年未開之地，多少神秘寶藏。

尤其最後一段行程，來到太魯閣附近：斷崖絕壁，全是一大片大理石，白的、藍的、紅的大理石層，彎彎曲曲連綿不斷，好像仙女來玩澗水而遺忘了掛在山壁間的彩帶。

啊，如果我能再一次回到她身邊，一定要從她的耳根瘋狂地熱吻到她的脚跟，從基隆頭走到屏東尾，再登上她的最高乳峯玉山……

晚飯時間到了。船上第一餐飯，船長鄭重地穿了正式的船長服，招呼大家坐下。客人有兩對夫婦和我。客廳在船艙正中。

兩對夫婦住在我對面的房間，上船時彼此打過招呼之後，一直到現在才又看到他們。兩位先生是台灣某造船公司的工程師，此行短期赴日考察，順便帶妻子去觀光。船長說他是海軍退伍下來的，同船的船員們都是海軍退除役官兵。本船屬於招商局所有，定期航行於台日之間，去時載運香蕉，回時載運日本的工業產品爲主。

吃了豐盛的晚餐之後，各自回房休息。可是，我依然無法在獨房內安靜下來。便又走出船艙，來到船尾的甲板上。

不知幾時，海水已變成墨汁一般，又濃又黑。反而天空比較藍，繁星像小燈泡似地掛滿圓型的大音樂廳屋宇內，多麼富麗堂皇。

我獨自站在擺動的舞台上，隨着舞台的擺動，小燈光時而偏東、時而偏西。四周都是無數竄動的烏黑人頭，好像等得不耐煩似的。於是我抓住欄杆，迎風高歌——

太陽已向西山隱去
月亮快要昇起
在這寂靜的深夜裏

……

快來吧，我在船上等妳

我在船上等妳

我在船上等妳

掌聲如雷，萬頭竄動。我又唱了「啊蘇珊娜妳可別再哭了」。掌聲如雷，我又唱了「珊達露琪亞」。又唱了「愛染桂」。又唱了「青色山脈」和「相逢有樂町」。

音樂廳太大了，我已快嘶破喉嚨了。可是舞台上，只有我一人，我不唱又有誰唱呢？於是我再勉強唱了一支——

月色照在三線路

風吹微微

等待的人

那亦未來

心內真苦疑

想不出彼個人

啊——

怨嘆月亮

海風鹹鹹的。也許我的臉被海風吹太久了，好像有水珠淌到我的嘴角，感覺鹹鹹的。……不知夜已多深，那位好心的船員來勸我不要站在甲板上。我只好回房休息。

第二天早晨，生平第一次看到太陽從海面昇起。只見東方海面一片金黃和銀白，光耀刺眼。

從第二天的早飯起，五個客人便難得同時上桌用餐了，聽船長說那兩對夫婦從一上船便開始暈船了。每餐飯的人數愈來愈少，最後只剩我和船長對坐用餐。船長笑着勸我把他們四人份全部吃完，可是我實在撐不下滿桌的大魚大肉；尤其一個人一個大蘋果，叫我吃得開心極了。

過了三夜的第四天上午，看到遠處有船隻經過，好像看到老朋友一般地高興。定睛一看，海天之際，有不少船隻停泊着。中午便駛進神戶外港了。天氣突然變得很冷。

神戶港擠滿了大小船隻，繁忙地進進出出。我們的小船在外港等着。有一位日本海關人員上船來檢查，問了我一些有關護照的問題。我努力讀了多年的日文，一旦碰到實際場合，卻只能聽懂幾個單字而已。幸得那兩位船客幫我通譯，才無事過關。雖然我如此差勁的語言能力，但那位海關人員卻很和善地向我點頭說：「歡迎你來日本讀書，祝你成功。」

等船靠了岸，而我第一步踏上日本的國土時，已是霓虹燈滿目的夜晚時分了。

叔父和日本叔母不知來等了多久，看到我，高興地跑過來。把行李搬上小轎車後，便帶我到離碼頭不遠的一家百貨公司的男裝部去。當場叫我試穿了一套深黑色的西裝和一件鐵灰色大衣。叔母說很合身，便當場付了錢，叫店員在內裏繡了「張良澤　一九六六年十一月二十五日」。

叔母穿着和服，雖不是美人，但卻不停笑容地向我欠身致禮，道地的日本婦女之美德表露無遺。叔叔看我捨不得穿新買的西裝、大衣，便用台灣話說我穿得那麼難看，趕快換上新裝。

叔父長得與我父親臉孔很像，但看來又年輕又充滿活力。父親排行第三，他排行第五，兩人年齡大概相差五、六歲而已。

叔父一路開車，一路用台灣話不斷地問我家鄉的情況。他十八歲在彰化商校畢業前，因逃不了兵役，便志願「學徒出陣」，當了戰鬥機的裝備員，被調來日本內地訓練，還沒摸到飛機，日本便投降了。戰後迄今已二十一年了，從沒回過台灣，難怪他那麼愛用台灣話問我家鄉事。

不久，車子便抵達八尾的叔父家了。三個孩子看到台灣來的堂哥，並沒有我想像中的那般親熱，只用日本話「挨沙子」一下，便繼續看着電視的摔角節目。我趕緊從紙箱裏拿出一盒豬肉乾和一盒員林蜜餞。叔叔說他做夢都會夢見故鄉的蜜餞，可是他打開盒子遞給孩子們的時候，他們只好奇地嚐了一口就不想再吃了，只有叔叔一人連塞了好幾個進嘴裏。

叔父又打開另一盒肉乾，遞給孩子們。本來這肉乾是配飯的菜肴，沒想到三個孩子卻嚐了一口，覺得好吃，便一邊看電視一邊吃着玩，一下子便把一盒肉乾都吃光了。這種大塊的豬肉乾我從來沒吃過，當然自己也不好意思拿一塊來咬咬看。

叔母忙着泡茶、燒洗澡水、舖床被。孩子們看完電視，便上樓睡覺去了。老大森田良德，讀高三；老二森田良隆，讀初二；老么淑惠，讀小學五年級。他們跟我同屬「良」字輩，但已不姓「張」而改姓「森田」了。

叔父叫我處理了那一簍青香蕉之後，便帶我去看爲我準備好的單人臥房。他說爲了我要來留學，才去貸款買了這棟獨立庭院的日式木造房子。樓上是小孩的臥室，樓下是客廳、大臥房和一間小臥房。我便使用這間轉角處的小臥房。

臥房並不小，一張新彈簧床，床上舖了新墊被、毛氈、棉被。床邊有一架電視機。書桌下有一個小瓦斯熱器，天寒時可開火取暖。窗邊又立着書架，好讓我放書。這樣的環境設備，對我而言，有如天堂。叔父爲了我，不知花了多少心血和金錢。我感激得說不出話來。

然後叔父帶我去客廳看他準備好的一大叠相册。那是他離開家鄉以後的生活紀錄。翻開第一本的第一頁，他指着一張褪色的小照片說：「這是你和你妹妹百合的合照。另外一張已寄給你了。」

我仔細辨認那小男孩和小女孩，的確是我和妹妹小時候的影像。我想起他要遠行之前，特地來我家爲我們拍照的模糊記憶。

其他相片以祖父、祖母爲首，按各房長幼之序，排列下來；並附了一張名單，記載所有親族的生年月日，那是他近年來和他的兄弟們通信時打聽出來的結果。

和叔父興奮地交談到深夜，而他大概也暢快地說夠了台灣話，便叫我入浴就寢。

第二天一清早，正覺好睡，叔父便來敲門。

簡單吃了早點，就急急忙忙帶我出門。來到市場邊的一條小巷，盡頭便是叔叔的店。他向上推開鐵門，玻璃門上寫着「櫻莊」二字。店裏有五枱鋪了白巾的方桌。

叔叔教我開店以後的工作程序是：①燒開水，以備客人來時隨時泡茶。②蒸手巾。③洗桌巾及手巾。④添加暖氣爐的煤油。⑤清倒垃圾。然後帶我上去二樓。有十枱桌。工作要領除了上述五項之外，另外還要記錄每枱開始和結束的時間，然後按時收費。他說我要獨自負責樓上的全部工作，必要時並協助樓下人手之不足。

九點開始營業，一切已準備就緒。過了十點，客人尚未出現。叔叔邊抽烟邊在店裏踱來踱去；時而走到門口看看有無客人走來，時而重複問我家鄉事，時而交待我有空時還要擦玻璃窗，洗抽風機。

過了十一點，還沒有客人出現。叔叔邊吸烟，邊整理早報中所挾送的一大疊廣告紙，只要背面沒印刷的廣告紙，便切成數開，訂起來做雜記簿。

我想在我未來之前，他沒有對象交談，而每天重複着同樣的工作，一直重複了二十年。

「已拉夏矣麻西！」

近午時分，來了三位客人，叔叔趕緊趨前替他們掛外套；我就端茶、送手巾。因爲三缺一，所以叔叔要湊一脚。嘩啦嘩啦就搓起麻將牌來了。每局不管誰輸誰贏，店裡都要抽取一百圓點劵。叔叔不愧爲高手，五分鐘不到，就贏了一局四百圓。

不久，店員山本來上班了，頂替了叔叔的位子。於是叔叔退出來坐在櫃台邊，叫我沒事可看看報紙雜誌。窗邊擺了一大堆週刊雜誌，我隨手抽了一本，打開扉頁，便是一張豐乳女郎。我嚇了一跳，裝着沒看到，翻過次頁。

叔叔看到客人出現，便精神百倍，叫我趕快上樓。我站在樓梯口，學着叔叔的口吻，向上樓來的客人鞠躬大叫一聲：「已拉夏矣麻西！」

「已拉夏矣麻西！」

掛大衣、端茶、送手巾，忙了片刻，客人便坐定下來。然後在櫃台的記事簿上登記時間，並跑到樓下向叔叔報備道：「三號枱，一點四十五分開始！」

樓上的枱子一律包租制，我只要服侍茶水及吃喝就好了，不必下場湊一脚。站在櫃台邊，兩眼兼顧牌桌和樓梯口。看客人們打牌打得津津有味，可是我卻毫無興趣，便隨手抽出一本週刊雜誌，翻開扉頁，又是一張大脯乳動物！這回叔叔在樓下，我可安心的欣賞一下。仔細一翻，才知道這是一張折叠頁，打開全張，女郎從上身脫到下身。換一本別種雜誌，也是裸女；再換一本，也是。我才知道每種每期的週刊雜誌，都有一張彩色的裸女照，各個面貌不同，姿態不同，但胸部、肚臍、臀部、直到脚尖，都一樣的吸引人。來日本的第二天，我就看到如此不同的國情，感到無限驚奇。

想起數天之前還在台灣，要看一張裸女照片，談何容易。而麻將竟然是一種公開行業，在台灣也是不可想像的。

雖然這些照片都保留了最後一小局部，但已足夠令我忘了早上只吃了兩片烤麵包而挨到下午的飢餓了。

到了兩點多，客人已坐了三枱。另一個店員中野也出勤了，樓下正好滿二枱，人手多出來了，叔叔便抽空帶我到市場裏的來來軒料理店吃一碗中華拉麵。他教我客人要吃飯時，把菜單記下來，送到這家料理店來注文；並把我介紹給店主。

機關行號於五點半下班以後，客人紛紛進來。樓上客人有的要結束，有的要上座。我又要計算時間、收帳，又要招呼新客人，一時手忙脚亂。叔叔趕緊上來支援。他手快眼快，換桌巾，擦牌，掃地，轉眼之間，局面便穩定下來。

入夜以後，客人變動很少，只是有的要吃飯，有的要喝酒，而他們講的日語，我大半聽不懂，只好拼命賠禮賠笑道：「素米馬癬。」並請他們寫在紙條上，我才知道他們要喝特級清酒還是咖哩飯還是日本粉條。

有些人看我不通日語，大概知道我是留學生來打工，便投以親善的眼光；有些人大概看我傻傻，以爲我是白痴，便大聲使喚我。

把來來軒送來的飯菜一一端到客人身邊的小几上，讓他們邊打牌邊吃。我又肚子餓了。

晚上十點以後，只剩二枱，四週寂靜，只有節奏的搓牌聲、出牌聲，然後叫了「碰」之後的騷擾聲和哄笑聲，不斷反覆而已。

雜誌的圖片差不多都翻過了。看看文章內容，很多看不懂的外來語，便無興趣閱讀。叔叔時時上來查巡，問我肚子餓了沒？我說不餓。

深夜十二時營業結束，客人全回去了。叔叔教我如何擦牌、換桌巾、刷地板、掃厠所。一切都準備好，明天一開店便可使用。兩個店員按時先下班。叔叔核對了帳，便關店門，拉下鐵門上鎖。街上黑漆漆，只有叔叔和我縮着脖子急急回家。

過兩條街便到家，正好午夜一時。家人都睡得沉沉的。叔叔叫我入浴要進水缸泡暖身子才能消除疲勞。可是我打開蓋子，一股汗臭味衝鼻，水面浮着一層油膩，還有幾根毛髮；一家人都泡過的一缸水，我實在不敢入浴，但自來水又冰冷，只好硬着頭皮浸下去。

叔叔端出叔母備好的一人一盤冷菜，並開了一瓶啤酒。

「辛苦你了。第一天就叫你做工。」叔叔舉杯勸酒。

「沒什麼，我本來就覺悟來日本做苦工的。」

也許餓過了頭，此刻我反而沒有食慾。叔叔低頭猛扒飯，我看到他天頂的頭髮已快禿光，但不失年輕活力的樣子。

他向我道了晚安，獨自留在厨房邊喝啤酒邊看報看電視。

我回房間，轉開瓦斯爐，打開電視機。已午夜二時了，電視還在播放，而且又那麼多台，實非台灣所能比的。我藏進被窩裏，看「勇士們」影集。全部日語配音，配得絲毫不差，好像那些德軍、美兵都講日語似的。

因爲玻璃窗外再關了一扇「雨扉」，所以不知外面已天亮了。覺正好睡，叔叔又來敲門了。叔叔叫我今起每天中午來店裡開始工作。而上午的工作便是利用昨夜的洗澡水冲洗廁所和浴室，並且用自來水管冲刷室外的窗戶。叔叔照常每天上午九點去開店。

我拉着橡皮管，拿刷子邊冲水邊刷窗戶。叔母在室內曬棉被，吸地板。透過玻璃窗，看到我努力在冲刷，便笑着向我欠身致禮。她穿着日常和服，脚套着白色「足袋」，在室內忙上忙下。

近午，叔母炒了一盤炒飯給我吃，以冰牛奶和熱茶代替菜湯。

「良澤桑，」她站到我面前，雙手垂叉於兩腿之間，深深鞠了一躬，第一次叫了我名字，說：「主人叫你做那麼多事情，實感抱歉。」

「叔母……」突然我想起前天在神戶見面時，叔叔要我叫她大姊即可。「大姊，這是我份內的工作，請勿介意。」

吃過飯，便按時去店裏，直到晚上一點才回來。

漸漸地，我對工作較能駕輕就熟了。語言的能力也漸增進。原來此地屬於大阪方言區，與東京的國語出入頗大。樓下客人多是遊手好閒的人，也有地痞流氓之類，所以講話粗暴而方音特重；但樓上客人較爲紳士，有的是市公所的職員，有的是會社社員或大學生，四人以上結伴而來，幾乎都是固定的牌友。所以樓上的工作，沒有什麼技巧，只要親切服務，予人好感就好。

因此我隨時留意對客人察顏觀色，煙灰缸快滿了，卽刻換個乾淨的；客人口乾了，不用他開口，我便主動奉茶；有人口銜香烟而忘了點火，我就上前替他點火。

但我唯一感到躭心的是恐怕被叫去頂替。有一次，有個客人說要拉肚子，便叫我去接手，我不得不頂替坐下來。六隻眼睛望着我，在等我出牌，我只知道一萬、二萬、三萬，四圈、五圈、六圈，或七條、八條、九條按順序排列而已，如果不能湊成三個一組的，便可不要。對方耐心地等我排列組合之後，叫我趕快出牌。但我故意拖延時間，等他從厠所出來，可是等了好久還不出來，我的額頭熱汗不斷冒出。我邊揩汗邊裝着思索的樣子，然後老練地捏着一張不成一組的牌子，在桌上拍着拍着；那要命還不出來，三個人瞪眼屏息等我翻牌。實在不能再拖延下去了，只好把那張牌打出去，誰知對方正在等那張牌，被他「碰」了。那客人正好趕出來，知道我打輸了，對我猛搖頭。此刻我才猛然醒悟：他以爲我是方城好手，可替他贏一局，或至少剛才我在旁邊走來走去，也該看到對方的牌局。天曉得我對麻將不但不感興趣，而且深惡痛絕。

客人只看到我的滿臉笑容和親切的服務，便愈來愈多新面孔，每天錢箱的鈔票愈來愈多了。

一個月後，叔叔拿了帳簿給我看。他說我來了之後，樓上的收入直線上升，這個月的樓上總收入額爲一百五十萬圓，創下二十年來的最高紀錄，而且比樓下三個人工作總得還多。我心裏一算，平均每天我替叔叔賺了五萬圓，折合新台幣六千元，已超出台灣一個公務員的一個月所得。乖乖，在日本賺一天就等於台灣賺一個月！

叔叔說爲了我要來日本，向銀行貸款了數千萬圓買了一棟房子；又爲了帶我出遊，分期付款買了一部車子。所以目前的收入情況，只夠按月償還本息而已。現在我完全了解叔叔這二十年來，孤軍奮鬥的苦況，我更加決心替他分憂分勞。

其實，我一點也不怕勞動，只是受不了肚子老是空空的。叔叔說廚房有什麼東西，都可隨便我吃，但廚房裏不是有日本叔母在，便是有日本堂弟在看電視，我怎敢擅自翻東西來吃。只有每天晚上和叔叔吃過飯後，我才敢拿個蘋果到寢室裏邊看電視邊咬。可是連續吃了一個月後，看到蘋果就怕了。

叔叔說本來每月有一天的公休日，但現在生意正好，休假太可惜，所以等過年之後，才要放假帶我去京都一遊。

離台前，尉師交託我替任卓宣的刊物『中國地方自治』寫點通訊稿。我寫了幾篇「由日本看祖國」之後，覺得戰勝國的祖國比起戰敗國的日本，無論各方面都落後十萬八千里，便懶得再寫了。

元旦那天，客人爆滿，叔母帶小女兒淑惠來店裏拜年。母女都穿了大紅花的衣服，頭上插了串串搖珠，打扮得華麗鮮艷，在烟霧瀰漫的麻將場中，使我感受到在異國第一次迎接元旦的新鮮感。

客人要點菜，我急忙跑下樓梯，衝向來來軒。忽然發覺天空飄下輕輕的、棉棉的雪花，我佇足伸手，仰望青空，讓雪花落在我的臉上、手臂上、衣服上。

啊！生平第一次看到飄雪。

十一、異國情（1967．2～1968．8）

京都飄着細雪。

金閣寺座落在古色古香的京城郊外，石階兩側長滿厚厚的青苔；矮矮的松樹都頂着棉花一般的雪團，微風一吹，便整團掉落地面。走進庭園，有一池塘，青碧無比。小小的金閣寺，立於池中。屋頂中央有一隻金鷄獨立。門扉緊閉，全身金色，與池中的倒影相連。

遊客很少，兩三個少女穿着和服，脖子上圍着白毛領，依着池邊的欄干而凝望水面。要沒有撐着花傘，我會以爲雪團也積在她們肩上。

四週靜寂無聲，只有水亭傳來有節奏的清脆聲。走近一看，從石縫間流出來的水流進一枝會上下擺動的竹筒；竹筒的一端積滿了水之後，便受重力的作用而下墜，碰到底下的石頭，發出清脆的碰撞聲，同時把水倒出來，變輕的這一端因受另一端重力影響，便翹回去，又發出一聲清脆的碰撞聲；然後又承接水流，週而復始。

我被這一個簡單而富有詩意的裝置吸引了好久，不但那聲音劃破靜寂而帶給人更靜寂的感覺，而且那一上一下的動作，好像一位修鍊百年的禪師，諦觀着宇宙萬物。

叔叔急急催我站這個角度，那個角度，把金寺碧水攝入我的背後。然後趕着時間，開車送我到京都大學。

京都大學校門面對大馬路的交叉口，馬路中央有軌電車來往着。電車只有兩三節車廂，行駛頗慢，每次停開都有鐘聲叮叮噹噹，帶給這古都另一番古趣。

在台灣看慣了巍峨的大學校門，心想這座舉世聞名的大學，其建築物必雄偉壯觀。不料走到校門口，誰會留意到那矮石墩上寫着：「京都大學」四個小毛筆字。

先到「留學生課」索取一份報名簡章，碰巧問到了一位姓林的台灣留學生。林生已考入該校中國文學科碩士班，聞知我也要報考同科，便熱心帶我去見日本當代漢學大師吉川幸次郎教授。

吉川教授的研究室在古舊的木造「文學棟」。走進先生的研究室，但見書籍亂堆滿室，連客人的座位都沒有。室內正中有一筒煤炭爐，爐邊一張床，床上也堆滿線裝書。

吉川先生看來年壯體健，毫無文弱書生之感。適值他的退休演講，忙着進進出出，所以我們不便多攪，便告辭而歸。

歸來時，在京都車站前食堂吃飯，正好隔壁有一家書店，我便進去瀏覽一下。無意中，在書架上看到一本書名『金閣寺』。作者三島由紀夫，不知何許人，從未在台灣聽說過。姑且買一本回去看看他如何描述我今天所觀賞的金閣寺。

一九六七年二月，各大學的大學院（研究所）開始報名。聽林生說要考入京都大學的碩士班，至少要當一至二年的研究生（旁聽生），而且英文考試甚難。算算我今年二十九歲，讀到碩士畢業已三十出頭，何況英文又最令我頭痛。正在猶豫之際，忽然看到報紙的出版廣告有一本『中國小說史』，便去書店買一本來看！

以前在成大時，從未開過「小說史」這類課程，甚至把小說看成旁門左道而不登「學術」殿堂。去京都之後，我也留意到京都學派重鎮的吉川教授的學問方向與台灣的中文系「傳統」相彷彿。但看『中國小說史』的解說，得知作者增田涉先生是東京學派的大師，現任教於大阪市立大學；其學問新鮮、活潑而富於平民精神。兩者相較，我選擇後者。

打聽了增田教授的住址，我携帶了幾篇以前在台灣發表過的小說，冒昧地獨自往訪。增田先生一頭散亂的灰髮，笑起來像個老天眞。也許是我的愚勇感動了他，他說今年正從大阪市大退休，轉任關西大學執教，如果有意跟隨他，不妨報考關大。

我毫無考慮地備妥證件報了名。三月，櫻花盛開，我順利地考進關大中國文學研究所。原來，本校迎接了增田教授才創設了中研所，所以我才佔了便宜，與另外兩位日本同學成爲首屆的碩士班正式生。同時，我也寫了一封信給近畿大學，感謝發給我入學許可證，並說明因爲志趣關係，願意放棄「經營科」的入學機會。我殷殷寫這封信的用意，是怕斷絕了後人來日本的一條路；因爲日本各大學願意發給台灣學生的「入學許可證」的機會愈來愈少了。

叔叔替我繳了私立大學的昂貴學費，我在店裏的工作更加賣勁。因爲整天都用冰冷水洗洗刷刷，久而久之，手掌開始裂口，裂口碰到水又痛又裂。又因刷洗煤油爐，煤煙滲入裂口，像滿掌的刺墨，怎麼洗也洗不掉。

樓上客人經常爆滿，收入直線上升。叔叔每週給我二千圓，做爲通學車資及中餐費。

四月開學後，我每早七時出門，換三次列車，九時到校正好趕上第一堂課。下午三時離校，五時抵八尾車站，提着書包直往店裏工作，午夜一時才回到家。因爲我要上學，所以叔母也每天到店裏工作。

三個同學正好每人專攻一門，我搞中國文學，後藤君搞中國文化，木村君搞中國哲學。我的指導教授爲增田涉先生。除了共同科目之外，小說史的專門科目只有我一人選修，但同時來聽課的還有另一位助教上野惠司先生。上野先生與我同年，今年剛畢業大阪市大碩士班，與增田先生同時任職關大。因此師生三人，經常相處在一起。

在台灣上課已經習慣了抄筆記、背講義的教育方式；可是在日本上課，老師們從不抄黑板，完全用口述，偶而在黑板上寫幾個字而已，做不做筆記完全自由。

增田先生每次上課，只叫我唸幾段『小說史』，然後便叫我煮咖啡，他邊喝咖啡邊猛吸煙，煙霧朝着我猛噴過來；東南西北亂扯一起，忽然談到某本書或某個作者，便叫我取下書架上第幾排第幾本書，隨便翻翻，又談到另一件事情上，話題毫無頭緒。此刻上野先生便回助教室工作，而我覺得談了一天，筆記簿仍然空白，心中有點焦躁起來。

倒是課後在助教室裏，開始和上野先生合譯魯迅的『中國小說的歷史變遷』，每天譯一小段，覺得日文有點進步，而且對中國小說史有較深刻的印象，是唯一感到最大的安慰。

其他共同科目都在教室裏上課，人數較多，又有暖氣，每堂課我只能勉強聽進一些，大部分時間都在打盹。心想跑老遠路程來上課，應該有所得，但坐定不久，睡虫就爬出來；咬牙切齒地睜開眼睛，終又垂頭下去。

在故鄉，我每晨聞鷄起讀；在異鄉，沒有鷄鳴，只有送報生的自行車刹車聲，聞聲卽起，空腹趕車。車上人擠人，抓住吊環，頭擱臂彎，很快就入眠。五月，櫻花已萎謝，昨夜下了雨，花瓣貼在柏油路面，好像黑布上的印花。來到校門口，一陣涼風吹來，把樹上僅餘的櫻花一下子全部吹落，花瓣紛飛，飄來飄去慢慢着地。我竚足觀賞，忽然覺得無力走進學校上課，便返身走向車站；可是走了十數步，心想專程一趟路來到校門口，又不甘心空手而歸，便又折回去；可是回到校門口，又感到全身無力，一進教室必定打盹，與其在教室打盹，不如回家睡個飽，於是又返身走向車站。

列車搖晃到大阪站，換乘環城線。心想這麼早回去，叔叔還是會叫我去店裏工作。於是我中途下車，走向大阪市立圖書館。

圖書館在公園裏面。走進公園，但見一大片紅的、白的、黃的康乃馨花。少婦推着嬰兒車在花間散步，情侶相偎在一起，老人坐在長椅上享受日光。我在閱覽室裏睡了一場大覺。

自從我買了『金閣寺』以後，在店裏的工作時間較易打發了。我不必乾眼瞪着麻將牌，只要客人靜坐下來，我便從架子上取下書，站着讀（服務生不准坐下來），然後逐句翻譯在紙條上，遇有生字便卽刻翻字典。有時一句話要譯成貼切的中文，往往要反覆思索很久，我便擱下書本，在牌桌之間巡迴，一邊倒煙灰、送茶水，一邊口中唸着那句難譯的話。

叔叔常常上來巡視，知道我在看書，只是笑笑而已，並沒有禁止我在工作中不得分心。但每次聽到他的脚步聲，我就趕快把書收起來，總覺自己不該在工作場中看自己的書。因此，在精神緊張的狀況下，每天斷斷續續的譯一小段而已。

深夜回家睡前，便把今天的紙條文字抄寫在稿紙上。每天至少可得百字左右。遇有眞正譯不出的文句，便只好等到第二天帶到學校請教上野先生，絕不輕易放過，以求徹底磨鍊自己的日文。

暑假，叔叔買了隔壁的小店舖。深夜營業完後，木匠來動工，我和叔叔當助手，把樓上的牆壁打通，和隔壁樓上相連，四周壁板換新，增放了五張麻將桌，房間煥然一新。時已清晨五時。數小時後，便又照常營業。

我一個人的工作量增加到十五枱，但每天翻譯的稿子不但沒減少，反而增快速度到二百字左右。

叔叔爲了慰勞我的辛勞，開車帶我去伊勢海岸渡假一天。沒想到日本的夏天也和台灣的夏天一樣炎熱。車子疾馳於優美的海岸公路，兩旁叢林茂盛，透過枝葉，可看到碧藍的天空和碧藍的海水，那海水激起白浪拍打着沙灘。眺望着，眺望着，我想起台南的安平海邊……。

鄭詩華前陣子來信，並附了一張紅帖子。我只感到頭昏眼花，無法讀完她秀麗的字跡和婉切的文句。我應該衷心祝福她幸福美滿，可是我卻無法回她片言隻字。此刻她正渡着甜美的新婚生活，她豐圓的乳房，細嫩的小腹，白皙的大腿，正在顫抖地接受海浪般的擁抱和熱吻吧！

還有住在北門海邊的王清芬，斷絕音訊已久，我雖沒有告訴她來日之事，但我敢斷定她一定仔細尋找留日考試的及格名單。

還有林秋江，她已成大畢業而回宜蘭任教了。我來日本之前，同學們特地爲我在陽明山公園舉行了壯行會，不料林秋江也來參加。那天，她穿了一套緊身的洋裝，病後的她更顯得楚楚依人。餐會中，她沉靜地坐在角落看我，視線含情脈脈。我想約她單獨到花園走走，可是那麼多的男女同學，大家都那麼熱情地招呼我，使我不忍單獨離去。盛會散後，尉素秋教授又好意邀我去台北植物園夜遊。那夜，尉教授陪我坐在荷塘邊，荷葉在燈光照射下，好像撒了金粉一般地閃閃發亮；荷花都縮起來，但荷香卻飄散於微風中。我想着林秋江，正如荷花一般地羞澀而畏縮地吐着芳香。

對了，回去後，我該寫封信給林秋江，試探一下她的心意。

旅途中，叔叔帶我走在印着「觀光案內」的名勝古蹟。有一處「芭蕉草堂」，是日本中世詩人芭蕉於行吟途中，曾投宿於此的草屋。小小草屋，竟被日本政府列入「國有文化財」；而且後人在他走過的小徑上立一塊小石頭，石頭上刻一首詩人在此地吟作的詩句。如此簡陋而樸素的紀念方式，無意中導引遊客走進中世時代的古雅詩境。

我想起在台灣從未看過如此紀念前人的方式，有的只是到處誇大宣傳的「反共抗俄」的大標語，和十字路口中不可一世的大銅像，和每個鄉鎮都有的虛張聲勢的中山堂或中正堂。

歸途經過熊本南方紀念館，那是南方先生死後，族人把寓所捐贈給市政府的紀念館。裏面陳列南方先生的個人藏書、手稿、信札等文物。我不知南方先生做何學問，但看他的著作，有生物、礦物、民俗等多種，令人敬佩前人爲學之廣且深。在交遊的書札中，我偶然發現有孫文的英文信和香港大學時代的筆記簿，全用英文寫得飛舞漂亮。我看不懂內容，但筆記簿上的評分都是「A」和「Good」。我從小不知被灌輸了幾千萬遍的「偉大的國父」，但第一次感受到他比我偉大的，是今天偶然目睹到的這幾本筆記簿。要不是孫文在海外流浪期間，寄宿於日本友人南方先生之宅而留下這些陳跡，則孫文的一生眞被國民黨官寃枉了。

回到家裏，來不及提筆寫信給林秋江，便被叫去店裏淸掃冷氣機。

秋季學期開始，增田先生的話題常常提到魯迅。在台灣，我只知道魯迅是個「傾共作家」，其作品有『阿Q正傳』，但從未讀過。

增田先生說：他於東京帝大畢業後，赴上海訪租界地內的內山書店老板內山完造。當其時，魯迅正從廣州逃難到上海，寄住於日本人經營的公寓，每天下午定時來內山書店與老板談文論藝。經內山完造的介紹，魯迅願意招收他爲門弟。於是每天定時去二樓的魯迅家讀書。窗簾緊閉，魯迅面對他逐字講解『中國小說史略』：他用心筆記，便成了日後日文版的『中國小說史』，魯迅的學生妻子許廣平正懷着大肚子，除了招呼賓主之外，便坐在搖椅上邊打毛線衣，邊聽魯迅講課。夫婦都很警戒樓下的動靜。偷窺窗外，樓下馬路上總有可疑人物在監視。

增田先生又說：當時，一面有國民黨懸賞千金買他的頭，一面有共產黨在排擠他，他只得與妻子閉門於樓上看書寫字，唯一的去處是販賣日本書籍的內山書店，而唯一的好友便是日本文人內山完造。魯迅嘴上蓄一撮鬍子，滿臉清瘦多皺紋，整天穿布包鞋、長棉襖，煙不離口。講話溫和，待人忠厚，完全是鄉下長者之風；但嫉惡如仇，絕不鄉愿妥協，所以是一個典型的中國讀書人；他代表了眞正中國人的良知。

經過增田先生的推薦，我開始向他借了幾本中文版的魯迅文集回去看。一讀之下，我便愛上了他的小說。「阿Q正傳」及「狂人日記」的兩篇成名作，我倒不覺怎樣；倒是「孔乙己」、「故鄉」、「社戲」諸短篇，令人回味無窮，堪稱絕品。

我隨即寫了一篇「論魯迅小說的結構與意境」呈給增田先生做爲年末報告，得到增田先生的佳評。

論文中我想特別強調魯迅對台灣文學的影響，尤其鍾理和的「故鄉」完全是魯迅的「故鄉」之延伸。可惜我從台灣帶來的書籍全是『辭海』、『中國文化史』、『中國文學史』、『中國哲學史』之類的中文系用書，這些書籍在日本多如牛毛；而想找一本台灣作家的作品，卻如登天之難。因此，我只好咬牙切齒地放棄這一段精闢之見。

印象中，鍾理和分成四個故事來描述第二次大戰後，故鄉美濃的破敗景象及人心的丕變；而魯迅只借一個故事來描述辛亥革命後，故鄉紹興的破敗景象及人心的丕變。內容、場景各異，但手法、造境卻如出一轍。

雖然鍾理和在日記之中，一再引用魯迅的話來表白自己的心境，但要是我沒來日本讀魯迅的作品，豈能知道台灣前一輩作家的世界？

比如鍾理和於肺疾之後，仍不得不搖筆「吶喊」，愈喊愈感文學的無力，便於日記中，恨恨地寫道：「我很贊成魯迅說要拋棄筆桿，拿起刀斧痛快揮砍。」

現在我讀了魯迅的雜文集，才知道魯迅幼年喪父，眼看貧窮的中國人生不起病，便決心來日本仙台醫專讀醫。可是有一次，在醫專的解剖學課堂上，日本教授放映日俄戰爭的記錄影片：有幾個被懷疑爲俄國間諜的中國人，被日本憲兵綁去砍頭示衆；而那群看熱鬧的觀衆都是體格高壯的中國人！中國人看到自己的同胞被異族辱殺，竟如看戲一般的興奮，使坐在日本老師之前的魯迅感到異常羞辱與憤慨。這使他猛悟：中國人的病不在身軀，而在心理。所以他便拋棄醫學，來東京讀文學，旋即回國，從事文學創作，企圖透過文學來醫治中國人的心病。最初用小說的形式來開藥方，後來發現小說的藥效太慢，便改用雜文的形式。又發現雜文也無效，只有用刀斧把三十歲以上的中國人統統砍死，才能拯救中國的下一代。當然這是魯迅看到中國人已積重難返的氣語，其實他至死仍是一個反侵略、反強權、求平等、追自由的人道主義者。

相隔三十年的鍾理和，雖沒有讀過醫專，但他倆走在文學道上的心路歷程，豈非不謀而合？只是一個生在中國死在中國，一個生在台灣死在台灣而已。

楓葉變紅的時節，大阪市內的百貨大樓都有巨大的書展廣告。心想大概也是跟台灣一樣的廉價清售存貨的書展。不料增田先生帶我去逛了一下阪急百貨大樓八樓的秋季大書展，始知其文化氣氛不可同日而語。孤本、珍本、絕版本、作者簽名本、豆本（超小型本）、私家藏版等等，琳琅滿目。每本書拿到手上，不必看內容，光是那訴之於觸覺、視覺的古樸感，與陳年書香訴之於嗅覺的年代感，怎不令人心中喜愛萬分？當然它的售價都是三、四個零以上的，我只有摸摸的份而已。

增田先生慢慢地巡視過一書架又一書架，我緊跟他身邊，他似乎忘了自己有心臟病，嘴巴微啓，我可聽出他半從鼻孔、半從嘴巴呼吸的渾濁聲；而他犀利的目光，一掃便知他所需要的書在哪兒。

我看到一個玻璃櫥裏，陳列着作家的原稿與信札。即使一份十數張的塗塗改改的原稿，其售價都要令我數好幾次的個、十、百、千、萬、十萬、……。連一張鬼畫符的明信片，也都比書價還高昂。

增田先生選了幾本，又到石頭部門去選了一個孩子頭大的石頭，在付帳處打開皮包，毫無吝嗇地掏出數張萬圓大鈔。他愛書的心情我可以理解，但他買了那個黑質白紋的石頭有啥用呢？在台灣這種石頭多得沒人要，而拿到百貨公司一擺，便身價百倍，眞不可思議。

後來，我在先生的一篇雜文中，才知道他以「玩物喪志」自況。他說：大凡「正人君子」都是走大道，做大學問；可是他是「玩物喪志」的人：愛看雜書，做「雜學」；愛篆刻，搞「彫虫小技」；愛抱石頭入浴，邊刷石頭邊欣賞石頭中的大千世界。

有一次，先生閒聊道：「魯迅就是走小道的人。小道上的一草、一木、一石都令他無限喜悅。」

過去，孔孟聖賢教導我要走大道，因此我一向煙酒不沾。可是，這一年來，在研究室裏被增田先生用煙噴多了，我竟也學起抽煙來。當然我捨不得花錢買香煙，都是麻將店裏的客人忘了帶回去的零星的香煙。我愈抽煙癮愈大，但無法像增田先生一枝接着一枝。

第二學年開學後，大學院新來了一位女職員，上野先生介紹她給我，說：「這位是中川小姐，協助處理院務。有事可找她幫忙。」

我恭敬地向她行禮，心想日本女人都是必恭必敬地兩掌交叠於兩腿之間，深深彎腰九十度爲禮；我正期待她這種回禮時，不意她卻挺身直背，兩膝並攏而彎下去，同時臉頰微微一偏，大眼珠笑咪咪地：「請張桑多指教。」

此後，我很少缺課。即使再愛睏，走到校門便有精神，希望早點到上野先生的助教室去，聽到她一聲愉快的「奧哈喲哥在伊馬斯」。

有一天趁上野先生不在，我壯膽問了她的住址，她很大方地寫了地址給我，並告訴我那是她租賃的女單身宿舍。我如獲至寶，每天在店裏工作時，便很少翻譯『金閣寺』，而多在心裏與她對話。對於全用日語，講到很貼切的句子，便急忙抄在紙條上，積了三、四天，便把它整理成一封長信，郵寄到她的宿舍。

她也很快就回信。我邊看店邊背誦她的文句，然後我又在心中與她對談或獨白。這一春，過得眞快。

到了五月間，車站前的地攤便擺出各式各樣的小盆花。我選了一盆粉紅色的小碎花，按信上的地圖，找到她的宿舍，不料她叫了一位女同事來作陪，使我感到有點失望。

每次叔叔拿信給我，知道是中川小姐的來信，最初都叫我帶點小禮物去學校送給她；但後來，我從學校回來的時間愈來愈遲，便有點不高興。尤其到了夏天，經常等她下班後送她一段路，再急忙趕車回來，一路跑得臉色青白而頭昏腦脹，叔叔便大聲罵我不要迷醉女色。

我知道我不該忘了讀書和工作，但是我實在克制不了自己不去想她。叔叔每週給我的固定零用錢，我捨不得買書、捨不得吃中飯，而寧可買花、買小禮物送她，或偶而請她看一場昂貴的電影。長此下去，我眞有點覺得不該如此花費辛苦賺來的金錢。而且趕時間工作的壓力，眞叫人身心疲憊不堪。

於是，一個仲夏之夜，我下定決心邀請她吃飯、看電影，而後到大阪城夜遊。

每天坐環城線上下學，都可看到幾層重疊的尖形屋頂的白城，矗立於一片叢林之中；過了叢林便是第二次大戰被美軍炸成廢墟的兵工廠。遠看白城，覺得秀氣優美；走過護城河來到城腳，看到城牆的每塊大石頭都有幾公尺寬，才知道當時豐臣秀吉的大魄力。二樓以上的白牆都有四個角落照射上來的燈光，整座城樓便浮現於夜空中。

這夜，中川小姐穿了一套白底黑珠的洋衫，和她圓大而突出的眼珠很相配。來到城下的草叢間，虫聲吱吱喳喳，兩人沉默地走過草地。我努力思索着話題，只恨過去心中的獨白，現在卻因考慮回店裡工作的時間太晚而想不出半句來。走進叢林間，卻聽到吱吱喳喳的人語聲，仔細一看，卻有四隻脚重叠在一起而露出草叢外，我差點兒踩到他們的脚。再走兩步，還是有人在一堆草叢間悉悉索索。原來每堆叢林差不多都有人鑽進裏面，甚至一堆叢林裏從不同角度鑽進幾對的也有。眞沒想到大阪城下竟有如此奇觀！

中川小姐很鎮定地跟我走完叢林，繞到路邊的石椅上，兩人沉默地坐着。對面的路燈吸引了千萬隻飛蛾。紫色的燈頭罩着鐵線網，飛蛾觸到它便發出火花而同時發出「吱」的一聲觸電聲。

「今天這部電影的女主角很漂亮呀。」我打破沉寂，重提下午看的『給妳最高的幸福』這法國影片。

「我喜歡她。」中川小姐回笑一下。

我知道她在幫助我尋找話題。我聞到她的髮香，但心裏想到此刻客人進出最頻繁，叔叔一人要跑上跑下，心中一定罵我怎麼還不回來。

繁星滿空，閃得我眼花。

我猛然側身，湊近她的臉，吻了她的嘴。她沒有動靜。我又伸掌壓了一下她的胸部，她站起來說：「我要回去。」

「我送你回去。」我也站起來。

「不必了，我自己回去。」

她頭也不回地走開了。

我急急跑回車站，趕回八尾。

十二、返鄉（1968．9～1970．5）

台灣親友中，最常來信的是鍾肇政兄。他每次來信都鼓勵我不可放棄創作。可是，我實在寫不出東西來。我告訴他：我正在翻譯『金閣寺』，譯完之後，會寄給他過目。

想起離開桃園中學之前，鍾老大聞說我將赴日「深造」，即刻召集「台灣文藝」的同仁於桃園鎮上的鄭清文家裏歡宴餞行。吳濁老已成爲這羣文友的中心人物，鍾老大爲輔佐之臣，對我這個晚輩愛護有加。李喬出道未久，初次見面，但覺其赤子之心，似乎要承擔全世界的痛苦。黃春明騎摩托車趕來，滿頭大汗，令我感動，可是不知他與吳老爭論什麼，不久就離席而去。

故鄉文友都在期待我什麼，可是我能報答他們什麼嗎？

『金閣寺』的翻譯漸入佳境。一個口吃的少年和尙，一個內翻足的少年，一個全身肥肉的大和尙，環繞着金閣寺，展開美與慾的衝突。……

過去在台灣，我只讀過幾篇中文翻譯的夏目漱石、國木田獨步、森鷗外的小說而已，都覺淡淡無奇。如今第一次細讀戰後崛起的三島文學，每句話都令我回味再三，覺得心理刻劃之深，遠非台灣作家或中國作家所能企及。

我開始留意報章雜誌有關三島由紀夫的報導。他光頭，長臉，大眼睛，胸肌發達，像個健美先生。他是個劍道家、舞台演員、音樂指揮，駕駛噴射軍刀機，……這樣多彩多姿的生活，即使歐美作家也很少有吧。尤其他以私人之資，招考了一批大學精英，穿了華麗的軍服，組成世界上最小的軍隊，自任司令官定期舉行閱兵典禮。這種行動看來像玩家家酒，但三島戴着軍帽行軍禮的雄姿，和他從帽沿下射出的目光，嚴肅得叫人不敢以家家酒的眼光來冒瀆他。

有一張照片，是三島赤裸着身子，在一張大白布前，揮着大毛筆，寫了「行動」兩個大字。他瞪眼、皺眉，注視這兩個大字。好像在告訴我：除了行動之外，一切都是假的。

他的「行動哲學」，觸發了我過去牢記在心的一句名言：「坐而言，不如起而行。」

增田先生不知何故，送了我一本『南瀛紀事』，只說他多買了一本，所以送給我而已。這本線裝書是明治時代的日本漢學家所著，石版印刷，相當珍貴的樣子。翻了一下內容，才知道「南瀛」就是台灣；而本書記敘鄭成功的一生。過去我只知道鄭成功是民族英雄，他的老爸鄭芝龍是民族大漢奸。現在我才知道鄭成功是生在日本，幼名「大木」，母親是日本人！

於大二時，指導我們小組研究「李鴻章對俄外交」的吳振芝教授來信說：成大文學院遷入新校區，環境優美，有羅馬式建築物，希望我畢業後返校任教。我高興得即刻翻譯了一篇增田師的論文寄給她。不久於一九六八年底，吳師把它發表於『大陸雜誌』，頓時使我有側身於學術界之感。於是，我努力物色一些短小精闢的中國文學論著來翻譯，把內容較為輕鬆的寄給中央日報，把較爲嚴肅的寄給『大陸雜誌』，果然每投必中，增益信心不少。

這陣子，我心神穩定多了。中川小姐很少在學校碰到她了。上野先生看到我都是笑嘻嘻的，大概不知道我有過這段不可告人之事。他熱心地交涉到一家專賣中國關係書籍的大安書店，願意免費連載我與上野先生合譯的魯迅之『中國小說的歷史變遷』於該書店發行的『大安』雜誌上。我因怕回台灣以後被警總抓到把柄，所以化名爲「河上清」。河上肇是我崇敬的良心學者，爲了反對日帝侵略而長期入獄，故我取其「河上」；「清」則暗示「澤」字。此文於一九六九年元月起連載一年，這又增益我信心不少。

去年一度的苦熬，總算被我熬出頭來了。沒想到那麼難擠進去的『自由談』雜誌，竟然也於這年初開始連載「鍾肇政、張良澤合譯」的『金閣寺』了。

鍾老大信中說明我的譯文錯誤不少，他都替我修改了；爲了替我打出知名度，所以他願掛名合譯者；其所得稿費將按月直接由雜誌社寄給我母親。

我感激得對自己發誓：這一輩子我一定要做好他的「小老弟」！

三島由紀夫兩次被提名角逐諾貝爾文學獎，但兩次都落選，結果今年他的老師川端康成得獎，成爲日本第一個諾貝爾文學獎得主。我可想像台灣報章一定又大炒特炒川端文學。可是我讀了他的『古都』、『伊豆的舞娘』、『雪國』，都覺得他的「平淡之美」最難翻譯；倒是三島的「奇詭之美」，較易引人入勝，所以我決定繼續翻譯他的第二部傑作『假面的告白』。

在這前後，我也翻譯過農民作家深澤七郎的『楢山節考』及頹美派大師佐藤春夫的作品。

我的目的是在吸取各家各派的寫作技巧，以充實自己的文學素養；因爲我發覺翻譯是最好的讀書方法。至於譯文寄回台灣而得以發表，那是額外的收穫。

另一方面，尉素秋老師來信鼓勵我，她可能繼施之勉老先生之後，當上中文系主任，屆時要借重我的力量，改革本系自創系以來在施老的領導之下造成的沉沉暮氣。這使我返台任教的機會大大增加了。

平地起了一聲雷。日本各大報以特大號刊頭發表中共核子彈試爆成功。一夜之間，中共好像已躋身核彈強國。我不禁興奮起來，慶幸中國終於翻身了，洗刷了鴉片戰爭以來的國恥。

我開始閱覽助教室裏的『人民日報』、『中央日報』、『紅旗』等書報。只覺『中央日報』數十年如一日，犬子結婚於美國、猴國代老死於台灣的婚喪廣告一大堆，剩下一點版面刊登「美國對我友誼不變、共匪好戰草菅人命」等爛了再爛的新聞。反觀『人民日報』：「抓革命、促生產；反帝國、反極權！」何等氣魄，何等威風。毛澤東一再讚揚魯迅是最有骨氣的中國人，如今，魯迅如果看到六億中國人都硬起脊樑，該何等高興。

當我肉體、精神都能振奮起來的當兒，不謀而合的，中國大陸上的成千上萬的小孩子們也都振奮起來。『紅旗』雜誌常常刊登十二、三歲的小孩子成羣結隊，帶着背包，舉着紅旗，翻山越嶺，來到北京謁見親愛的毛主席。毛主席賜給他們「紅衛兵」的腕章，林彪帶頭高舉紅皮書『毛語錄』。於是全中國的小孩都變成了紅衛兵；全中國無論男女老幼都拿着『毛語錄』。蘇修佔領珍寶島，人民解放軍胸佩毛澤東徽章，騎着駿馬趕走了蘇修的坦克車。紅衛兵在毛澤東的「和尚打傘」的激勵之下，揪出特權階級，鬥臭鬥垮封建遺毒；江青大跳紅毛舞；外交官揮起斧頭砍殺列強。土法鍊鋼，人民公社大收成。東方一片紅，睡獅大怒吼！

中國火花很快就跳到日本來。東京的大學生開始罷課，頭戴白色鋼盔，臉蒙毛巾，佔領學校，趕走教授，自主上課，讀馬克斯和毛語錄。示威的學生愈來愈多，大家手臂扣手臂，呼擁到街上來，日本警察用消防車的水龍頭噴洒他們，學生們拿石頭擲警隊，翻倒警車。每天報上都以滿篇新聞登刊水龍頭與石頭的街戰的照片。

鬧得最猛烈的東京大學，學生佔領了一百年歷史的鐘樓，把創校以來的文件從鐘樓上扔出來。文學院長不屈服，被學生軟禁；文部省及警方要求校長答應讓警察進入校區解決問題，但校長及文學院長都不答應讓軍警介入學府，堅持學府尊嚴。學生向校方提出大學改革、反對日美安保條約中的要求。他們要自己做主人，管理自己的大學，管理自己的國家。有些便衣警察混入學生羣中，被學生發現而打得頭破血流。

此時，三島由紀夫忽然出現於東大安田大講堂，穿一條窄褲和短袖運動衫，站在講台上，全身肌肉陵陵，面向一羣變得乖乖的造反學生說：「我早就向東大造反了，迄今我沒有向東大領出畢業證書；你們有種，就不要東大的文憑！」

警方大軍包圍東大校外，不敢踏入校土一步。只好開來直昇機，從上空投下催淚彈。學生們在鐘樓屋頂上拿石頭擲直昇機；擲不到直昇機，改用彈弓打。大鐵鳥無動於衷。乘學生混亂之際，醫護隊衝進教室，把文學院長用擔架抬出來。

戰火很快向南北蔓延。蔓延到大阪來，關大學生因爲學校要把一棟木造房子拆掉，建造樓房，便也戴起鋼盔，繞着老房子邊跑邊叫「反對！反對」，越跑人愈多，前頭有人擎着一面大紅旗，紅旗上寫着「全學連共鬥」；另有一人肩掛擴聲機，大嚷大叫像連珠炮，我聽不清楚他叫什麼，只聽得「反對學費加價，自主管理」。不幾天，學生們佔領了學校，只見到處大字報，地面上或牆上用油漆寫了「解放區」三個大字。有些教授要進教室上課，被學生架出來說：「你那講了幾年的老講義我們聽膩了。」

有些教授的研究室被學生們打破門，書籍被亂丟於走廊。增田先生的研究室完好無缺。他利用這「解放」期間去遊中國了。回來後，他告訴我們：日本是二十歲前後的青年在造反，中國是十來歲的小孩在造反。中國的小孩向日本老教授說：「貴國在美帝佔領下，人民不能翻身。我們一定要替貴國趕走美帝，解放日本人民。」增田先生笑着說：「中國的小孩子非常可愛。」唯一令增田先生感到遺憾的是在這場文化大革命中，他們把魯迅畫成握拳怒目的大革命家的形象。

叔叔給我的零用錢逐漸升到每週五千圓。午餐我都吃最便宜的咖哩飯或拉麵，每天只花兩三百圓，扣除車資，每週可剩二千圓左右。於是我強迫自己每週至少要買兩三本書。

因爲考慮將來回台任教大學，一定在中文系教中國文學，所以舉凡有關中國文學的著作，看到便買。又想在業餘翻譯日本文學，像鍾肇政一樣賺取稿費，所以看到喜愛的日本作品，也毫無吝嗇地買下來。不到一年，我的書架上已排滿了書，雖然無暇閱讀，但覺心中滿足快慰。

最初由上野先生帶我去大阪市區的每家舊書店逛逛，後來我便自己認得路了。舊書店裏的書，除了珍貴版本之外，通常都比新書便宜，而且有一種書香令人陶醉，所以每週末下午逛舊書店便成爲我唯一的享樂。

有一次，空着肚子，逛了半天舊書店，回到麻將店工作時，已疲累不堪，跑上樓梯時，竟然兩腿發軟，而撲倒下去，站不起來，勉強用兩手爬上二樓。

在找書時，我也留意到要找台灣資料，可是始終沒買到一本。意外地，我發現了一套三巨册的『台灣文化志』，作者伊能嘉矩，不知何許人，是最近影印出版的，原始出版於昭和初年。翻閱一下目次，有台灣地名考、蕃人的分布、漢人的移民、西班牙人的統治、荷蘭人的統治、鄭成功的統治、清朝的統治、日本的統治、文教制度、風俗民情，條目詳舉。這些故鄉的事情，我全然陌生。尤其讀了前面幾頁，我才知道早年葡萄牙人航行台灣海峽，發現這個海上綠島時，不禁叫一聲：「啊，Formosa（美麗之島）！」從此在世界地圖上，台灣以「福爾摩莎」之名而聞名於世。

啊，福爾摩莎，美麗之島，我的故鄉，我太對不起妳，因爲我對妳知道得太少了。

我撫摸着這三本又厚又重的文化遺產，對作者伊能嘉矩先生油然生敬。積了三個月的工資，我拜託上野先生上班時，順路替我買來這部書。這是我生平第一次以高價購入的書籍，從此它像神明似地被我供奉於書桌上最顯著的地位。

叔叔又購入毗隣的一家小店面，又通宵把樓上打通，增設五張牌桌。然後帶我去登呂溫泉地旅行一天。泡完溫泉，磅了一下體重，只剩五十公斤。

每當我拖着疲憊的身軀，從店裏回到獨室時，腦中就會浮現出『金閣寺』中的靈肉之美，而感到骨頭都會鬆散開來。

……腰佩軍刀的軍官走進金閣寺的茶亭，摘下軍帽放在榻榻米上，端正地跪着。一會兒，從紙扉的房裏走出一位穿紅色和服的少婦，無聲地滑到軍官面前，跪下來，面對面。時間凝固於兩人之間。

少婦解開領口，紅衣從肩上滑到腰間，露出石膏像一般的上身。軍官一絲不動的正視着。少婦一手端着茶碗，一手擠壓自己的乳房，乳水一絲一絲地滴進碗裏。滴進碗裏的時候，激起一些泡沫似的。而後把茶碗轉了兩圈，放在軍官的膝前。

軍官雙手合掌捧起茶碗，仰頭一飲而盡。……

我不願再像那口吃的少年一樣拼命把美抑壓於心中，而寧可像那內翻足的少年一樣，一顛一跛地以行動去觸摸美。

當我投書給「每日新聞」的讀者服務欄，願意免費教授中文時，內心便默默期待有奇蹟出現。可是數日之後，唯一來應徵的是一位又乾又瘦的女大學生。姓鈴木。我實在沒有多大興緻教她中文，但至少有一個正當理由每週有一天遲去店裏兩個小時。

我和鈴木約定每星期日上午十時至十二時去她家裏教中文。她家在市內的一條小巷內，父母在市場賣魚，所以整天沒人在家。只有鈴木小姐和我坐在矮桌邊讀書。時值冬天，矮桌下附着一個高熱燈球，桌面下罩着一床棉被，脚伸進裏面，溫呼呼的。溫呼呼的脚碰到對方的脚，我便敏感地抽回。也許日本人已習慣於榻榻米生活，桌下的脚碰脚似乎不當一回事。每次我坐得腿麻而不得不伸出腿時，她的脚板便擋着我而不動。有一次，我試着不退卻，看她有何反應，不料她卻用拇指搔我的脚底而桌面上的讀書毫無異狀。

一個月後，兩人都鑽進桌底下，生平第一次觸到小金閣寺！內翻足的小和尚還沒走進寺門，便嚇得癱軟不起。她扶起小和尚呵護着、撫摸着。瞬時，天昡地轉，雷電奔馳於荒野。走出木屋，看一眼最後的小假山與盆　。鈴木小姐沒有送我出來，可能知道我不會再來了。趕回店裏工作，不時低頭審視拉鏈有無掉開，奇異客人爲什麼老是注視我的下身。並沒有濕透過來呀，難道大家都看出我走路有什麼異狀嗎？還是嗅到什麼味道？

直到我回家躺在床上，我才竊竊自喜：雖然我沒有把足球射入球門，但我的腿還是健全的，我可以做一個健全的男運動員。

這一天是一九六九年三月某日。我虛歲三十一，實歲三十。

這時，我已修滿了碩士兩年的學分。尉、吳兩師突然沒有很積極叫我回去的樣子。而我也覺得這樣混了兩年就回去有點不甘心，根本都沒學到東西。所以想在日本找個教職，一邊好好讀書。但增田先生說外國人要在大學兼幾個鐘頭課都很困難，何況鐘點費很便宜，足夠車資而已。他建議我再吃一年苦，好好寫一篇碩士論文。

四月，進入第三學年，同時學校後面有一座小山——千里山上，開始有堆土機及卡車隊在大動工。車聲吵得全校都不安寧，加上「日美安保反對鬥爭」進入高潮，上課的日子時斷時續。看看那座千里山，說小也不小，叢林茂密。聽說要把整座山剷平，明年要在此地舉行戰後日本第一次萬國博覽會，眞令人不可相信果眞有愚公移山的可能。

儘管外在世界是如此的喧囂熱鬧，可是我的內心卻愈來愈孤單。尤其在着手翻譯『假面的告白』之後，我常內省自己也戴着假面具。這個面具戴久了，便以爲是自己的眞面目，或者有意無意地欺瞞自己。

早上擠電車的時候，鐵路公司雇用高頭大馬的學生穿了公司制服，把客人的屁股推入車廂才能關上車門。車廂裏像罐頭裏的沙丁魚，一條擠一條，有的面貼面，有的背貼面。我環顧四周，有的閉目養神，有的茫然若有所思。我的鼻孔被前面的女人的長髮刺得癢癢的，而且香水味很重；我提着書包的手被壓到她富有彈力的臀部上，隨著車身的搖晃，我手背的尖突的節骨在上面劃來劃去。可惜看不到她的臉，我很想知道她的感覺。

停車時，車門一開，人羣衝出。播音員大聲嘶叫：「請站在車門兩旁的人〝張開大一點〞，好讓下車的旅客先下車。……」

那一句無造作的日語「張開大一點」，便無端地刺激了我的感官，使我想像到多重門扉的神秘機關。我在春陽的和光中，懶懶地游出車站，而感覺下身沉甸甸地，且因走路的摩擦而感到一陣陣的快感。

……那少年凝視着擊中雙手被綑綁於樹幹的受刑人，一枝箭射進他全身裎裸的腹部；腹部凹陷，一條血絲流過肚皮。少年凝思那幅畫，一手握着自己的東西猛搓着，一陣酩酊，醒來一看，桌面上、書本上、墨水瓶都濺了一滴滴的乳白液，慢慢往下流……。

當我抱腹坐下時，稿紙上、墨水瓶上，濺滿了一滴滴的乳白液，像無數的眼睛在向我嘲笑。

像吃了鴉片一樣，一旦酩酊之後，便想再試。那短暫的酩酊，可以令我忘卻疲勞、家愁、國恨。每週一次，後來三天一次，最後每天一次，愈陷愈深，不能自拔。

我聽說那乳白液是全身營養的精華，它成爲人體骨格中的骨髓。而我竟在異國浪費我的骨髓。別說他日學成歸國、衣錦還鄉，以報父母養育之恩，以做弟妹的好楷模；說不定如此下去，我會變成一個走不動的廢物，甚至變得一身骨架而被抬回故鄉。那時，母親將多傷心。啊，母親，我對不起您。我不該踐踏您給我的生命。媽，您爲什麼這樣地看着我，……

我終於屈膝下跪，跪向書架上掛着的母親肖像。

上野先生不聲不響地結了婚，數天之後，他才帶我回家見新娘子。新娘子小巧玲瓏，待我很親熱。使我更加羨慕一個安定、美滿、恩愛的小家庭。

有一天，增田先生帶一本古書來給我看。樸素的封面印着『世界弱小民族文學選』。印象中，好像魯迅在東京的時候，就曾和他弟弟周作人計劃翻譯、出版這類的書，甚至也設計好了封面。後來不知何故未能實現，而由魯迅的學生胡風完成此書。增田先生告訴我：胡風對魯迅崇敬有加，本書也是魯迅指導他編譯的。

我約略翻了一下目次，此書收集的弱小民族文學主要以東歐爲多，我心想怎麼沒有亞洲國家呢？忽然看到目次的最後，竟然出現了一行字：「楊逵（台灣）」！篇名是「送報伕」。楊逵是誰呢？我從來沒聽說過。再看排在台灣之前的，竟是「朝鮮」。

台灣排最末，小於朝鮮，可見台灣是世界弱小民族中的最弱小者！我知道「祖國」的魯迅先生絕無輕視台灣之意。相反的，只因他同情弱小民族，所以殿末的最弱小者必然是魯迅最爲同情的。他同情台灣同胞在日帝統治之下痛苦呻吟，他讚揚楊逵寫出抗日文學的「送報伕」。

增田先生在抽着煙，喝着咖啡，靜靜地等我翻閱之後把書送還給他。他沒講一句話，我也沒講一句話。

過去我講過太多的大話：我是炎黃子孫！我是五千年文化的繼承者！我是偉大的中華民族！

現在，我聽到魯迅在安慰我：弱小的台灣人，不要傷心，你該站在弱小的一邊，爲弱小的同胞爭一口氣。

於是，我急急把『假面的告白』譯完寄給鍾老大。不久，他來信說交給「幼獅文藝」等待發表。同時，我打算今夏回台，交涉明年畢業後回台任教的事。事前，我寫了一封長信給林秋江，試探一下她的心意。不料，她竟很快回信，表示歡迎我回去看她。

這時，增田先生又告訴我：他的朋友尾崎秀樹出版了一本「文學的傷痕」，內中主要評論日據時代的台灣文學。我即刻去書店買來一讀，才知道在日據時代除了楊逵之外，還有好多位了不起的台灣作家，吳濁流也是其中一人。可是我怎麼沒聽吳濁老提起過呢？他那本『亞細亞的孤兒』竟然被視爲台灣文學的經典之作，我怎麼一向忽略了它呢？自從『台灣文藝』創刊以來，他沒有一期遺漏地寄到我手中，無論我到軍中，到日本，都在鼓勵我往前創作，而不叫我回頭看過去。我來日本之後，始知日本人對自己文化遺產的珍視與對文獻的愛惜，如今看到尾崎秀樹對台灣文獻如數家珍，這更叫我急着回去，趕快繼續整理鍾理和遺稿並找尋其他文獻。

七月，叔叔買了機票和大包小包的禮物，讓我回台探親。

弟妹們都來台北機場接我，三弟的未婚妻阿吟小姐也到了。我卸下行李，第二天就去羅東林秋江家，她父母殷切款待我：林秋江變得肥胖而滿臉青春痘。約定一週後來台北買戒指訂婚。在林家宿二夜，出台北，赴中和訪尉師，請求明年回台工作。

一週後，林秋江來台北，買了戒指，和弟妹們同赴羅東訂婚。而後我就南下回永靖老家。離別兩年半，故鄉景物依舊，只是父母白髮增多。母親躭心我冒然訂婚，但知道拗不過我的倔強性格，也知道來不及反對了。只問我道：「你眞的愛她嗎？」我毅然回答：「是的，我已愛她好多年了。」

爲了辦理再出國手續，我又來回奔跑於團管區、警察局、警備總部之間，不知南北來回了多少趟，花盡了所有我帶回來的旅費和兩個月的假期。其間，我只去龍潭拜謝鍾老大一次；其餘親友都未去拜訪，甚至我的未婚妻都無心情帶她旅遊。想到再出國那麼麻煩，我就後悔不該回來。

當我乘上飛機再出國門時，很想再一次發誓永不回來，但我知道我明年非回來不可了。返日後未幾，即接吳濁老來信稱：他聞說我回來又匆匆走了，正好我走後不久，他打電話給我三弟，得知班機時間，即趕計程車到機場，可惜飛機已起飛，不能見我一面。我讀着吳老的信，痛悔良久。

最後半年多的時間，我猛工作，猛買書，準備寫一篇近代中日文學比較的碩士論文。每天熬到天將亮時，也不覺疲憊。

我的書桌上，多了一個小相框，相框裏裝了一張我拿戒指套入林秋江無名指的訂婚照片。她穿着一件翠色發亮的綢料長衣，臉上泛着稚氣的微笑。

一九六九年十二月，『金閣寺』單行本由台北晚蟬書店發行。只因鍾老大來信說：有位輔大畢業的小姐，頗具文化理想，獨力開創出版事業。我便答應以三千元賣斷版權。接到我生平第一本單行本（雖具名鍾肇政合譯，但幾乎都是出自我譯筆），就像看到自己的兒女，摸來摸去，愛不忍捨。封面有金閣寺的素描，單調樸素；封底印着鍾與我的照片與簡介。我的照片是叔叔替我在金閣寺池邊拍的；簡介曰：「張良澤，台灣彰化縣人，一九二九年九月生，現就讀日本關西大學……。」眞糊塗，把我的年齡多算十歲，校對者該打屁股。

我今年三十一歲，很多的人生經驗都發生在這一年。如果以最保守的六十歲終點來算，我正走到中間點。我要好好珍惜剩餘的一半，不論創作、翻譯、編著什麼的，如果我能一年出版一本書，則此生留下三十本著作，也該不虛此生了。

日本大學沒有制服，連畢業典禮都沒有方帽、學士服，所以大學院的學位頒贈典禮顯得冷冷清清。

一九七〇年三月某日，我拿了「修士證書」，到事務處去道個別，沒看到中川小姐。而後獨自在校園走了一圈，心想再也沒機會來到此地，便覺得一草一木都有點依依。晚上，上野夫婦宴請我，上野太太並畫了一張小孩子捕螢火虫的「色紙」送我紀念。

叔叔叫我等博覽會開幕以後再回台，我便全心在店裏工作。正好南師同學許兄來訪，是我來日以後首次與朋友的相聚。他從東京轉來大阪大學，並準備赴美留學手續。於是暫時租屋於我附近。他拿了兩本『台灣青年』借我看，並說在東京的台灣留學生每月都會收到免費贈閱。我一看內容，始知這是「台灣獨立聯盟」的機關刊物。我奇怪我來日三年多，怎麼「台獨」都不理我？甚至「中共」或「國民黨」都不寄點刊物來拉攏我。也許是關大只有我一個台灣學生或只參加一次「關西地區中華民國留日同學會」的新生歡迎會的緣故，致使沒人注意到我的存在。此次，我看了『台灣青年』才知道果眞有「台獨」的組織。這使我想起在我抵日後的翌年，蔣經國首次來日本訪問，報上刊登他一下機場，便受到台灣留學生的示威鏡頭。聽說蔣經國以默認日本收回琉球羣島爲條件，要求日本政府遣回「台獨份子」。果然琉球獨立運動或琉球歸還中國的運動便趨下坡，不久日本政府便順利達成收回戰後一直被美軍佔領的琉球羣島之協定。緊接着幾乎報上都天天刊登日本政府強制遣送「台獨份子」的消息：有的在機上咬舌，有的跳船游回神戶港，有很多人被遣回台灣之後行蹤不明。日本輿論大譁，都指責日本政府措施有失人道。

印象最深的是有一個人被日警強拉上機，那人咬舌大呼「台灣獨立萬歲！」另有一人衝進機場，幫他掙脫日警。在飛機登機口，上邊拉手，下邊拉腿，而中間那個人血流滿胸。各報都以頭條新聞刊登這搶人的鏡頭。我看得熱血沸騰。可憐的台灣人，如此任人割宰已不知幾十年、幾百年了！

如今，看了『台灣青年』，使我敬佩他們的勇氣不已。翻閱一下主事人員，只有一位「王育德」的名字曾聽增田先生提過。印象中，他是唯一拿到東大文學博士的台灣人，也是唯一研究台灣語言學的學者；可是我未曾留意看過他的論著。我從未想到他竟是一位台灣獨立運動的主將。

深夜，和許兄促膝長談故鄉前途，談來談去，只覺願望是願望，現實還是現實，最後總是長吁短嘆而無可奈何。想起蔣中正不知當了幾任總統，法律都是他們自家製的。大家期待他死後會有什麼轉機，但看蔣經國一路上升，誰不知他要世襲總統；而「反攻大陸」仍是不變的國策，中共方面由毛澤東、江青領導的文化大革命已近尾聲，無產階級專政一把抓在「反蘇修、反美帝」的大目標下，「解放台灣」仍是不變的國策。兩邊看似矛盾，其實都以一個「中國」自居。台灣人豈不又成了「亞細亞的孤兒」?

許兄不知從何打聽來大阪市立體育館有「亞洲杯」排球比賽。台灣隊裏有南師校友詹清泉，我們便去觀戰。台灣代表隊大多以師大體育系學生爲主，其中主將詹清泉與許兄同爲南師愛班好友，他看到我們來加油，特別高興。

台灣隊球衣前面印有「國旗」，背後印有「中華民國」。看台上有一羣「華僑」的樣子，揮着一面大「國旗」,爭相呼叫:「中華隊加油!中華隊加油!」可是台灣隊被對方打得落花流水，我看到那面大「國旗」耀武揚威地揮來揮去，覺得很不自在。別的國民都沒有揮國旗，爲什麼只有「華僑」特別愛國?可是當我看到台灣隊贏了球而着實很高興時，我差點兒也叫出「中華隊加油!」

四月，大阪萬國博覽會開幕了。叔叔開車帶我和許兄去參觀。美國館、蘇聯館前排列長龍，東南亞各國館及「中華民國」館最容易進去。各國展出文物、土產，並介紹風土。可惜我在「中華民國」館，聞不到故鄉風土，有的只是宮廷器物而已。

母親來信叫我回台以前，務必去東京一遊，以免白來日本一趟。但旅費太貴，終捨不得去。叔叔帶我去遊伊豆半島、富士五湖、能登半島。每看到優美風景，便覺未婚妻不能與我同享，至爲遺憾。我們每週一信往返，甜情蜜意。

叔叔拿了一包錢給我，叫我自行購買回國禮物，我首先買了三條珍珠項鍊，準備送給三位我最敬仰的女人:母親、尉素秋老師和協助丈夫安心寫作的鍾肇政夫人。

青輔會的「海外學人服務中心」寄來表格，我填寫了歸國任教志願。

正此時，消息傳來蔣經國赴美訪問，被一個台灣留學生鎗擊未中。不知是誰，吃了老虎膽，竟敢要小蔣的命。雖未中，但此人必成歷史人物，只是他被警方逮住，後果必甚堪虞。

許兄幫我綑書，叫我不要帶大陸出版的書，以免自找麻煩；但我相信學術的中立性，何況又是中國文學的論著，應當借鏡參考。唯有兩大册日本出版的畫報『中國百年來的動盪』，圖片珍貴，封面是毛澤東的彩色放大相片，我覺得他是中國現代史上的第一偉人，所以我故意要帶回去給國民黨人看看。許兄勸我少惹麻煩，但我不信國民黨敢怎樣。三年多，我竟然買了二十箱書，沒有別的東西。許兄說人家回去時，都是電視機、電冰箱、收音機、衣物、藥品等物，帶回去轉賣，可撈一筆錢。他當然知道我志之所在，所以很賣勁地替我扛書，運往神戶港。

行前，往訪增田涉先生，師母歡宴餞別。拿一色紙請先生贈言，先生揮毫題了魯迅當年贈別他的話：「橫眉冷對千夫指，俯首甘爲孺子牛。」

先生耽心我回去能否找到工作。我告訴他：現在我倒不耽心工作問題，只要我的書能安全過關，則當礦夫也好，有空就看書。其實，我已寫信給東吳任教的好友劉兆祐，問他基隆老家有無熟識的礦場，我願去當一年的礦夫，而後再任教職。

向增田先生答謝這三年來的教導，他送我到玄關。我俯身穿鞋，突感鼻塞，忍不住衝出門外，爆出哭聲。我甚覺失態，拔腿就跑，跑到車站淚未乾。此時感覺這三年來，增田先生只默默的引導我一條路，他從未告訴我這條路在哪裏、怎麼走，而如今當我要離開他時，我恍悟到一條路已在眼前出現。我沒有別的選擇，也沒有遲疑，我將一步一步走下去，直到倒下去再也爬不起來爲止。

剛才那突來的一陣熱淚，其實是接受信仰的洗禮。我哭得很快樂，至少增田先生是我受洗的見證人。

一九七〇年五月，許兄和我同在一條貨船上，遙望南方而前進。

十三、處變不驚（1970．5～1972．8）

到了行政院青輔會報到後，再到教育部領取「學人歸國服務旅費補助」。那官員看了我的報到單後，奇異地問我：「你怎麼去日本讀中國文學呢？」我無言以對。

許兄勸我不要帶回來的書，果然全被沒收，由警備總部開了一張收據給我。

劉兆祐兄看我瘦弱不堪，勸我放棄當礦夫的念頭。

尉素秋老師說，成大校長接獲警總通知，說我携帶匪書進口，不敢聘我，且系裏教授們都因我是留日的台灣人，而羣起反對。於是尉師把我介紹給士林高中邵校長，邵校長非常開明，即刻下發聘書給我。一方面，尉老師以系主任的權限，特別增設「新文藝寫作」課程，給我當兼任講師。

是時，正值各界討論中文系課程問題，認爲台灣各大學的中文系課程太過於老朽、陳腐，不合乎時代潮流，應該多增新科目。而全島率先增設「新文藝寫作」的，便是成大中文系。但我尚未到任，已有老朽教授開始造謠張良澤是共匪同路人。

六月，與林秋江於台北法院公證結婚，除雙方父母和我的弟妹們之外，證婚人尉素秋代表女方，吳濁流代表男方，來賓只有鍾肇政一人而已。結婚之夜，即感美夢幻滅，從此走上一跛三顛的人生艱途。

返國以來，最感詫異的是到處牆上的標語都已不見「反共抗俄」，而改爲「反攻大陸」了。爲什麼改了？是否國策改變了？誰也不知道。民間只謠傳透過蔣經國的蘇聯太太之關係，蘇聯派遣密使來接頭。不論這謠傳是否官方有意散播，其用意都在警告美國：國民黨手中握有一張王牌。

儘管大街小巷都懸掛大紅布，上面寫著：「莊敬自強、處變不驚」；儘管報上天天都大字聲明：「美國重申對我友誼不變」。但大家心裏有數，中共進入聯合國是遲早之事。

我被派任高一忠班導師，並教高一國文。這年底，聯合國將表決中共入會之前，班上學生已有五人自動退學，舉家遷往美國、加拿大去了。

高一國文並不好教，我常常於課後回到辦公室查字典，才發現有些捲舌音弄錯，慚愧得額頭出汗。坐在對角的曹永洋，便笑我又在冒汗了。不久，「又在冒汗了」這句話便成爲辦公室裏打哈哈的一句趣話。

士中同事們大多是年輕人，愛打乒乓球，相處甚洽。尤其認識曹永洋，眞感愉快。彼此早就知道名字，一見如故。他既博學又謙虛，常翻譯外國名人傳記或外國名著於『文季』等雜誌上。此公笑口常開，但有一次在公開場合，大怒批評校長處分學生不當。我永遠記得他那次面孔發青，怒火從眼鏡後面噴射出來的大義凜然之狀。

每兩週爲了上成大的四堂課，便需南下一趟，宿招待所一夜，次日上完課，卽刻趕車北上。

成大第一堂上課，我就印發魯迅的作品「故鄉」爲講義，強調要講「中國新文學」非從魯迅講起不可。我如此大胆作爲，其目的有三：第一，要試探當局查禁大陸文學的程度如何；第二，要衝破學生牢固不破的觀念，誘發他們求知慾；第三，採取「聲東擊西」戰略，我的最終目的在於講授台灣文學。

除了學生們連魯迅或周樹人的名字都不知道而令我大感意外之外，果然都照我的預計發展下去。

首先，我分發的講義及上課的發言，很快就被密送到「安全室」。尉主任婉轉地面諭我不要再講授左翼文學。我心中暗喜，我已達到我的目的：我旣不能講大陸文學，那只好講台灣文學。

於是，我接着介紹葉榮鐘的兩本散文集『半路出家集』和『小屋大車集』。因爲他的文章幽默諷刺，表面歌功頌德，但骨裏卻不那麼回事，聰明人自知其意；而且文章通暢洗鍊，較少地方色彩，可避嫌疑。結果學生讀來不知其味，唯有一位旁聽的洋學生羅博特，對葉氏特感興趣，頻問葉氏之事。

其實葉榮鐘的事，我也毫無所知。只因我歸國之初，曾持增田先生之名片拜訪台大黃得時教授，請借台灣文獻。黃教授說他的藏書都被洪水淹掉了，沒剩幾本。但開了一張書單給我，叫我先看自立晚報出版、葉榮鐘執筆的『台灣民族運動史』。我去書店找不到這本書，倒意外地發現了他的兩本散文集。從文中，我約略知道他是鹿港人，受到林獻堂栽培，任職於銀行界，如是而已。

大約這個時候，仙人掌出版社出版了一本黃春明的小說集『兒子的大玩偶』。流落街頭，沒人問津。但我指定此書爲教材，叫學生細細品味，並強調黃春明必然是留名於台灣文學史上的作家。話中，我故意不用「中國文學史上」，而用「台灣文學史上」既無一人抗議，亦無一人同意。

在介紹黃春明的多采多姿的生活體驗時，我順便介紹了我所熟悉的三島由紀夫。我說：三島由紀夫不會死在床上，他可能會由於某種行動而壯烈死去。同時，我心裏也想到黃春明生性衝動，正義感強烈，也可能遭遇不測。

此事太巧合了。不久，報上竟登出頭條新聞曰：「日本作家三島由紀夫主張恢復軍國主義，鼓動軍變不成而切腹自殺」！根據報載：三島率領他的學生兵團衝入自衛隊某基地，佔領司令室，先在陽台上向自衛隊員呼籲起義修憲，恢復國軍地位，使日本重整軍備，成爲軍事大國。自衛隊員無動於衷，只看他身着華麗軍裝，頭綁白帶，揮拳嘶喊而已。三島演說完畢，入司令室內，正襟危坐，拔出長刀切腹之後，由他的第一弟子砍落三島之頭；接着該第一弟子坐下切腹，換由第二弟子砍第一弟子之頭；接着該第二弟子坐下切腹……如是砍至第四人時，憲警破門而入，制止了悲劇的續演。

這種令人慘不忍睹的行動，震驚了全世界。大家想看他的作品，但台灣只有一本去年出版的「鍾肇政・張良澤合譯」的『金閣寺』而已，樂得晚蟬書店連夜再版、三版……。我到士林街上的書報攤看到好銷的情況，眞後悔以三千元賣斷了版權。

消息傳出後的第二天，有一家叫「晨鐘出版社」的郭經理和白社長兩位年輕人來找我，只因他們聽說我有另一部譯作『假面的告白』擺在幼獅文藝社已久，他們願意替我取回出版，不賣斷，每版付酬五千元。我想這就比較合理，便當場簽了約。

一九七〇年十二月，我的第二本單行本『假面的告白』便誕生了。這回由我單獨具名。

這陣子，我一夜之間，儼然成了「三島文學專家」了。首先，「台大論壇社」邀我和鍾肇政去演講。我生平第一次公開演講，非常怯場。我旨在說明：三島只是藉着武士道精神、軍國主義，去完遂他意識中的美的假象而已。但我又舉不出例證，只是我多年讀譯他的作品得到的直覺而已。我相信我的直覺是正確的，事後也常證明我的直覺是正確的；但我演繹不出理路來。

接着，有淡江文理學院、輔仁大學、清華大學的學生社團相繼邀請鍾老大和我去演講。幸虧鍾老大老練學豐，彌補了我的缺失。

北部學生活潑可愛，每場演講完後，都會問長問短，甚至日後還到我家來繼續討論，令人喜愛。有一位輔大哲學系學生叫方湧，受三島感動至深，決心出版大型刊物來紀念他。他來向我借去所有我從日本帶回來的三島圖片及書刊，答應出版後必定璧還。結果，他眞的出版了兩本大型畫報『喜悅』，但始終沒還給我書。使我痛心至久，發誓不再借書給人。

我因租屋於北投公館路，遂不期而然地與三位作家遇上。一位是住在公館路盡頭的陳恒嘉，他與我二弟良弘同期畢業於員林農校後，力爭上游，一邊任教小學，一邊勤奮寫作。離他家不遠便住着黃春明，他騎一部大機車，忙着廣告公司的工作。偶而聽他談起將計劃製作兒童電視節目及拍攝紀錄影片，都覺得此人渾身衝勁，滿腦智慧。陳恒嘉常被他當面評得一無是處，我聽得有點難受；其他被黃春明酷評的人，的確令人覺得差黃春明多多。

經過他兩人的介紹，我得識了住在公館路中段的隱地（柯青華）。他畢業於政工幹校，服役軍旅，編輯軍中文藝刊物『青溪』。他家的客廳滿牆斜格書架，其色調高尙，分類條理，一看卽知愛書人。他打算明年退伍後要開一家出版社。問我『青溪』內容如何改進？我建議他增闢兩個專欄，一個是台灣作家介紹附年譜，一個是名著節譯。他卽請我執筆，我便寫了一篇「鄭清文評介附年表」和節譯了『金閣寺』，爲軍中文藝刊物帶來新貌。

原先與林秋江擇新居的時候，因任職士林高中的緣故，便來士林郊外找房子。沿着大馬路，聞着荷香，無意之間便來到北投鎭上。過了市場，便是一條河。沿河而走便是公館路。走不遠，左側有小丘，小丘上有新屋出租，就這樣訂下來了。

住下之後，才知道市場這一帶叫舊北投；過了市場的山坡便叫新北投。新北投酒家林立，鶯鶯紛飛。無論白天要下山來買菜，或夜間到溫泉旅館去出差，走路太遠，坐計程車又太近，這種不近不遠的山坡路，不知何時何人最先想出用大型摩托車來接送，的確方便又迅速。這便是台灣各地所未曾聽過的三十六行之外又一行的「限時專送」。只因它的機車與郵局的「限時專送」機車一樣大型，且時效也一樣快，故名之也說不定。由於白天羣鶯出動較少，所以機車隊都下山來集中於市場門口，排長隊等着老弱婦孺來乘坐，無論遠近一律五元。我每從台南回來，累得走不動，便搭「限時專送」。跨坐於又長又厚的坐墊上，雙手扳住前面肌肉豐厚的肩膀，聞着帶汗臭的男性氣味；想像羣鶯們都是短裙開叉，側坐於後，雙手摟抱男腰，側臉貼於背上。這些沉默、體壯的騎士們，可眞有點令人羨慕。

自從國府號召「海外學人歸國服務，啓用青年才俊」之後，難免人人多少幻覺自己是「青年才俊」，而抱着某種期待。行政院副院長蔣經國也表示他這句話不是空言，遂於春節於中央黨部舉行「歸國學人聯歡會」，我亦應邀參加。

交誼廳裏站滿西裝畢挺的學人，一看大家一派洋風，我就自覺矮了半截，便儘量躲到角落。一陣掌聲，蔣經國於數個便衣人員的保護之下出現。我曾聽說以前蔣中正接見有功人員，一同拍攝紀念照的時候，有一個人因過度緊張而冒汗，不意伸手去掏手帕，便衣人員以爲他要掏鎗，便一鎗把他射死。所以當蔣經國進來之後，我便一動也不敢動。誰知蔣經國實在親切，走向每個人握手問好；當他走到我面前而伸手過來時，我遲疑了一下才伸手出去。他的手掌就和他的肥臉一樣，嫩嫩的、細細的。一場聯誼會，前後不過二十分鐘就完了。而我的才俊夢也完了。

數日之後，我接到一張和蔣先生握手的照片，兩人面帶笑容，緊緊握着手，好像我是個國賓似的。三弟看了說：「若把這張相片放大掛於店面，則稅吏都不敢來查稅。」可惜我不是做生意的。

又過了不久，我接到青輔會第一組的劉專員來信約談。劉專員身體高大，也是留美歸來的。他告訴我：本會梅可望秘書長是他警官學校時代的校長，命他專責主持擴大「海外學人回國服務中心」。他希望有一個留日的碩士來幹專員。我想既然當不成大學專任講師，而永遠幹高中教員也覺得怪怪的，揀個編制外的「專員」做做，雖然待遇較差，但也可滿足一下虛名，並了解「政府」內部的實際情況，便答應了。

一九七一年七月一日，辭職士林高中，任職「行政院青年輔導委員會」專員。同年三十一日，長男道功出生。

「海外學人回國服務中心」設於青島東路十號之青輔會的二樓。主任專員劉先生之下，有我和政大碩士墨兩位專員，以及二位夜校女生的長期僱員，共五人，要承辦分佈於全球的「中華民國」留學生歸國服務業務。

二樓最深一間的辦公室是李煥主任委員的，隔壁是梅可望秘書長的，中間是會議室。李、梅每天很早就來批公事，下午大半外出，進出都要經過我們的辦公室。兩人從不進來巡視一下，甚至連看都不看一眼。

墨專員與我對坐於窗邊，他整天托着下巴，呆痴地望着窗外，臉胖而帶痲子，使我想起初中時代的英文老師。指間夾着原子筆，從這一指間轉到第二指間，而後在紙上點一下，反覆不斷。如是，他一天的工作成果便是點滿一張白報紙。有時口中唸唸有詞，耐不下就罵道：

「他媽的，自己都找不到好差事兒，還要幫誰的忙？張專員，你幹嘛那麼認眞？」

兩位小姐一個白胖大眼，一個苗條愛俏；兩個都同樣三八。整天打電話給同學或男友，扯來扯去不外電影、化粧、衣飾。從她們的胡扯中，我得悉兩人都是將軍的女兒。教她們整理檔案，愈整理愈亂；一天只送幾回公文到樓下，或從樓下帶公文上來而已。實在看不慣她倆佔用公家電話，我忍不住訓了她倆一頓；但過了不久又老毛病不改；於是在會報會議上，我提議會裏要制止電話私用。大概她倆受到上方的警告，便常跑去樓下混時間，索性連公文都不送了。

本中心未獨立之前，由第一組兼辦，檔案亂七八糟。要求回國的資料愈積愈多，我便申請了許多檔案櫃、檔案夾，把辦過的文件分類歸檔，未辦的文件隨到隨辦。我了解急欲歸國的人，求職心切；有了適當的工作機會，海外學人都樂於回國服務。

有的人等不及安排工作，就先回來了。以前我退伍回來，得到馬專員親熱協助，現在他仍在第一組負責職訓工作，所以我知道一個接觸人民的政府機關人員，應有怎樣的態度。對於每個求助於本中心的人，我都比我自己的事情更急切，一心要替他們解決困難。

可是青輔會是服務機關，而不是權力機構，只能根據學人塡寫的申請表、文憑、著作等資料向各大學及學術研究機構推介。而各機構答應要採用的，都已由個人接洽妥當，再透過本會形式上推薦一下，當事者較爲名正言順而已。而本會也樂於順水人情，每月可向上級滙報輔導歸國就業的成果不惡。

劉主任專員幾乎把推介工作都推到我身上來。換言之，分佈於全球的學人想回來就業的，都要我經手。慢慢的，我可以比較出來哪地區、哪大學的水平較高，哪樣的人是憑實力的、哪樣的人是憑靠山的，我大致可判斷不差。劉主任專員坐在門口的小隔間，他的工作是修訂我所擬的文稿，批閱之後，就送到第一組的直屬上司楊組長，再送秘書長批准就交文書組打字發文。發文之後，原稿歸還原來承辦人。我看每位上司都很盡責的修改我的文稿；尤其李煥主任委員，他又兼職救國團中央黨部的高官，但每天早上比誰都早上班。我的文稿有較重要者，他必改得面目全非。

調任青輔會之後，成大兼課仍然兩週一次。很奇怪的，這一班的學生氣質與去年那一班完全不同。阿西、蘇永利、張恒豪、許素蘭、張德本等多人，皆具文學細胞，彼此心靈很能溝通。這些人於去年我到任不久，就常私下來找我談文學；我鼓勵他們辦班刊，他們說辦就辦。甚至在未開學之前，使結伴來北投我家說要舉辦山地文物採訪。大家鑑於台灣山胞人口漸流入平地，加之當局不斷建造產業道路，大量砍伐山林，移居退伍軍人於山地，表面上繁榮了山村經濟，其實不但破壞了自然水土，而且污染了山胞心靈。多少山胞姑娘十三、四歲，就被賣到平地城市的私娼寮。

最近聽說還要開鑿南部橫貫公路，眞要把台灣橫切成「柔腸寸斷」，則僅存的山胞處女將被破壞無遺。

我們決定組成「山地文物採訪隊」，在預定開鑿的路線，找尋並紀錄一些東西。只因入山手續煩雜，只好向台南市救國團申請做為「暑期救國團戰鬥訓練」的一項活動。此時，救國團尚無「山地訪問」這項活動，但終批准了。其實，我們只從「救國團」得到一面小旗幟，上面印着綠色文字和徽章；此外一切經費、計劃、活動都由我們自理。

一九七一年八月，我們一行十人（女生二人），由花蓮縣瑞穗開始登山，約一週，抵秀姑巒山下的八通關附近。

中途經過了幾個小山村，都是被當局遷移集中的新村，木造平房，規格統一，有些家庭已有電風扇或收音機；而且每村落都有小學校。我們最後一晚住在四週被高山圍住的一個小部落的小學校裏。學校只有兩間教室，離部落尚有一段路。抵達時，已黃昏，村人紛紛路過小學校而歸去。有的婦女肩荷農具，趕兩三隻羊；有的父親帶着小孩，肩荷火鎗，背着網袋，網袋裏有一隻被打死的小山豬，頭部露在外面。所有的過路人都以好奇的眼光投向我們。

是夜，部落裏的一位公所派駐人員前來接頭。我們請他當翻譯，帶我們到長老家裏。長老家裏聚集了十來個人。我準備好了錄音機，請他們唱歌，他們卻默不作聲。那位公所人員說：「沒有酒，他們是唱不出來的。一定要喝得大醉，才會隨興唱歌。」聽了這話，我才恍然大悟我們對山胞的風俗毫無了解就冒然進山。

想要請他們說故事，但看大家在闇淡的一盞油燈之下，顯得無聊的樣子，便只好告辭。

翌日起，我們便按戶分送一小包食鹽和兩塊肥皂，然後進行訪問。部落裏不是老弱便是婦孺。用竹編的茅屋，屋內一角有竹編的床，床上有油黑的衣服之類；另一角擺有簡單的炊具。外側屋簷下，掛着幾具山豬的頭骨。每家大同小異，分辨不出貧富。

小孩子能講簡單的中國話，但多害羞，這使我感到意外；然而令我感到更意外的是，幾乎所有的大人都會講幾句日本話。算算日本人離開台灣已近三十年，而他們的「國語」教育竟然深入到這深山且影響迄今，不得不嘆服日本帝國的厲害。有一對老夫妻臉上有刺墨，兩人都滿臉皺紋，皺得沒地方再皺的樣子；日語講得挺好，還很健康硬朗。我問他倆的年齡，兩人都搖頭說不知道。

向每家探尋有無從前留下來的東西，如「蕃刀」「蕃布」或器具。他們說日本人常來搜購，都被他們買走了。我說我們沒有錢，但有心保留祖先們的文物；我還說我的相機照是彩色膠片，我替大家照了之後，一定送給各位。

此時台灣攝影膠片才由黑白進入彩色的時代，我的彩色膠片都是日本帶回來的，冲洗也都寄給日本的叔叔冲洗的。當然山胞們還未曾看過彩色照片。他們很好奇地讓我拍攝，且因接受了我們的食鹽和肥皂，便儘量找出一點舊器物送給我們，甚至有人送我們水晶石。

山中唯一的青年是殘障者。他孤零零地坐在門口的石頭上，看到我們去訪問，非常高興地勉強站起來。他的臉上長滿大豆般的肉瘤；他說他的腰部以下已酸痛十多年了，請求我們給他設法醫治。我答應回去以後，向政府陳情救濟醫療。

我們爬上面向八通關的山嶺，於草叢中不意發現了一門大砲。砲身半埋於地下，已生銹腐蝕不堪，但可辨認出鑄造於「大清咸豐」的字跡。砲口對着八通關隘口的玉山。不知是清帝用來「理蕃」的，或是用來對付日帝侵台的？這樣有歷史價值的文物任風吹雨打，我與學生們都至感痛惜。但想若要搬到平地，只有叫直昇機吊走。想來想去，只好拍下紀錄而已。

每個人都背負比來時更重的行囊，結束布農族的採訪工作，循小徑東發。途中，遇一條瀑布從山間直瀉而下，澗水清澄無比。四周無一人，彷如仙境。衆隊員無不佇足嘆賞。我下令在此休息片刻。兩位女生脫鞋下去，在遠處的淺水中走動；其餘男生紛紛脫下外衣褲，只着內褲而下水。我神往於至潔至美的大自然之中，不禁覺得內褲也是多餘的，便情不自禁地變得赤條條，浸入聖水之中，洗卻身心汚穢。兩三個男生大概看我與大自然合而爲一而很舒適的樣子，便也脫掉內褲，同浴水中，反而大家變得坦蕩蕩的。

返校後，隊員們分頭找文獻解說，編印中文系刊的『布農族文物專輯』，終於三數個月後，在成大學生活動中心舉辦了「布農族文物展」，展出我們携帶回來的破織布機、破火鎗、破器皿種種。由於這羣狂狷之士，頗有天分，經他們佈置整理，會場中又播放錄音回來的幾隻單調的山胞歌曲，掛上我拍攝的彩色照片，倒有幾分藝術氣息。爲宣揚這次中文系的創舉，特請尉素秋主任陪倪超校長來剪綵。

這次有聲有色的活動，改變了成大人對中文系的看法，也奠下了日後中文系改革的先聲。

當忙完了展覽之後，我才想起答應山胞的兩件事情都沒有辦。但隨之一想：那個殘障的青年大概會由村公所想辦法送他就醫吧；而那些讓我照相的人，大概也忘了這件事了吧。何況我又不知道他們的地址和姓名，叫我怎麼寄去呢？

其實，這是我欺騙自己的想法。從此我一直耿耿於懷而無法眞的忘掉它。其實，我心裏也明白一開始我就存心欺騙他們，因爲我明知自己做不到的事情而竟然答應人家。

我爲了防止山胞的純潔心靈被平地的「文明」所汚染而去採訪，沒想到我竟率先帶着平地的「文明」去汚染了他們的純潔心靈。這件事，在成功而光榮的展出後，無時不在啃蝕着我的心。

可是我的表面生活卻大有進展。尉主任說倪超校長對我印象頗佳，明年度的專任講師大有希望。同時，青輔會的長官們也頗信賴我；楊組長常直接交代我任務。有一次楊組長傳述李煥的口信道：「那個張專員相當能幹，可是他穿白運動鞋上班有碍觀瞻。」但我仍平頭白布鞋而不改。我要證實一件事情：台灣人子弟雖出身貧寒，但辦事絕不輸高官子弟或國民黨員。全會裏沒有人不知道我的幹勁；但安全室人員從未勸我入黨，彼此心裏好像在對看什麼。

我很淸楚那些有靠山背景的「學人」不必我效勞，所以我特別留意苦學有志的人。有一次，我看到「陳玉璽」的申請表，驚訝萬分。此人無疑是我在日本就聽說的「反政府分子」，當他留美歸國後，卽被判重刑，日本輿論界曾聲援他。如今他被提前釋放，找到青輔會來，我卽請他坐下用茶。

「陳先生回國多年了，一直沒做事嗎？」我指着空白的「職業」欄，佯裝不知的樣子說。

「沒有。我生了一場大病。」他小聲說道。

我知道他是一個有勇氣、有良知的書生，想盡全力爲他找工作，遂同時發文給十數個機構。結果沒有一處願意接受。我再呈報專案處理，可是上級沒做任何表示，遂不了了之。

過去，我爲台中一位發瘋回國的數學博士報請專案處理，李煥卽刻指示我携帶慰問金親自探訪。

總之，公文只是表面文章，實際上只要李煥的一通電話、一張簽署的名片，或「專案處理」的指示，可謂無處不通、無事不成。可是爲何獨對陳玉璽置之不理呢？我感到有一層「內部作業」是我看不到的。

每次開會報，我們報告工作的進度和困難點，梅可望歸結要領，最後李煥下個指示，便可快速結案。只覺梅、李配搭甚洽，英明果斷。曾聽說李煥是蔣經國的右手，王昇是蔣經國的左手，則梅可望堪稱李煥的左右手而無愧。

然而，卽使像李煥那麼得力的右手，一聽蔣經國要來視察，也緊張得下令我們早做準備。而治安人員三兩天就拿探測器來探測一次；那個探測器掛在胸前，有一個電錶，前頭像一根吸塵器，聽聽每個房間的牆壁和地板，看有無埋藏炸彈之類的武器。最後一次，還牽了一匹狼犬來嗅每個房間。我心裏感到很不是滋味；不知李煥在房間裏做何感想？

大約準備了一個月的會報資料，李煥只花半個小時就向蔣院長報告完畢，接着蔣院長簡短的訓示便大功告成，大家都鬆了一口氣。

成大學生的習作多像高中生的作文，我常花一番心力把它們剪輯成篇，發表於中華日報副刊，因此該副刊主編蔡文甫對我頗示友好。有一回，台灣電視公司的「藝文沙龍」節目要播放作家的寫作經驗談，蔡文甫邀我和另外兩位作家共四人接受訪問。事先，節目主持人陳女士擬定幾個問題，要我們擬好文稿送審。然後相約至某咖啡廳排練一遍，並提醒我們談話時要面對鏡頭，不可吸烟，不可翹腿。演習完後，翌日就去台灣電視台錄影，五人並坐一排，最右邊的陳女士像考試官一樣地一個一個問問題，而四個作家像小學生似地一一對答如流。

到了播映的那一天，下午四點，我下樓去餐廳打開電視機一看，只覺得自己像個木偶人，任人擺佈而已。生平第一次上電視，就感到電視節目之作假，無聊至極。

自從季辛吉突然出現於北京之後，日本田中角榮首相便急起直追，宣佈與「共匪」建交，這簡直要了中華民國的老命。蔣中正重彈「漢賊不兩立」的老調，全國上下依樣畫葫蘆。此時一位留日歸來的外省教官譚某因常來青輔會打聽給他的工作安排，便自告奮勇要組成「留日同學會」向日本大使館抗議。經楊組長向上級請示後，便授權譚某採取行動。譚某硬把我拉去，共拉了五個人，在「抗議書」上簽署，便成了「中華民國留日同學會代表」，浩浩蕩蕩向日本大使館進軍。館內有各界代表排隊等着，電視記者、新聞記者拚命拍攝，以便表示全國人民堅決擁護蔣總統對日抗議的熱烈情況。輪到我們五人站在日本大使面前，由政大副教授把抗議書當面朗讀一遍，而後遞給大使，大使向我們深深鞠了一禮，我們也向他深深鞠了一躬，便算大功告成。我感到自己又扮演了一次木偶人。

有一位很有名氣的作家叫尹雪曼，忽然說要見我。我找到仁愛路離總統府不遠的二樓辦公室。尹雪曼熱情地把我引進隔壁一間辦公室，一位年輕英俊的秘書自稱是調查局調來的。

我提起調查局裏的一個熟人，他說是他的好友，於是大家一下子就變成自家人似地暢談起來。他說這個地方是蔣孝武的辦公室，他對文教方面非常關心，希望多結識一些年輕的文教界朋友。於是兩人又把我引進最裏面的辦公室。蔣孝武見我們進來，即刻站起來跟我握手。他戴着淡墨色的眼鏡，腰束寬皮帶，一副太保的樣子，但很關心地問了我一些工作方面的問題，希望我隨時與他保持聯絡。我看他個性豪爽且帶江湖氣，便說有困難必來請教。

回到尹雪曼辦公室，這兒有幾位名字很熟的退伍軍人作家，他們在此編輯退除役官兵輔導委員會的刊物，並發行一本巨型文藝刊物『中華文藝』。尹要我向青輔會建議每期訂購若干本贈送歸國學人。我說可以一試。談話中，那位調查局秘書插了一句話，說：「所有機關首長都要常來見蔣孝武先生，調查局長甚至每個月都要來報告一次。唯獨你們青輔會的李煥從不來走動。」

言下之意，好像青輔會不買太子爺的帳。我唯唯答應一定設法購買『中華文藝』。告辭出來，回頭一望這棟門面不大的出版社，覺得裏面潛藏着一條小龍，正在積極伸張龍爪，準備有朝一日要昇天登上龍位。

我明知自己不會再來攀龍，但不妨一試李煥的心意，便向楊組長呈報訂購『中華文藝』之事，並說明這是蔣太子的意思，結果沒有下文。這使我對青輔會另眼看待。

當局決定舉辦「第一屆國家建設研究會」，號召海外學人返國提供國是建言，由青輔會主辦，教育部及救國團協辦。這項重大任務又落到我頭上了。從聯絡各部會召開籌備會議開始，幾乎都由楊組長命令我跑腿。擬章程、策劃議程，發公函等，全由我一人執筆兼跑印刷廠。不分晝夜忙了幾個月，由上級決定邀請名單後，即找來一位從未跑過腿的救國團交際組長，由他專程坐飛機去美國分送機票。此交際組長年紀甚輕，戴金邊眼鏡，阿飛型頭髮擦油擦到滿面油光。

當我跑印刷廠印名册時，只覺這次邀請的「學人」很多是碩士或博士課程肄業，心想我平日作業中多的是Ph. D，怎不邀請大魚回來，而光請小魚和蝦米呢？儘管如此，遇有深夜回國報到的，我一樣跑到台北機場迎接送到安排好的大飯店。

大會、分組討論、綜合建議，都由我一手記錄、整理、校對、印刷，最後呈報蔣經國及各部會。在這一連串的作業中，我才知道這次應邀回來的不是「反共愛國聯盟」的成員，便是黨政軍高級幹部的子弟。而少數有良知的學人之發言，都被删改了記錄。

當初被李煥的一句「只要對國家有益的事，雖千萬元也在所不惜；但若無裨益，雖一毛錢也不許浪費」所感動而決心犧牲到底的我，至此才恍然大悟：這不過是拿民脂民膏來做大拜拜，酬賞一下大官員的子弟而已。

不過，在這次的大鬧劇中，我特別留意到被邀請回來的台灣人所扮演的角色，他們大致可分下列幾種類型：

一、洋洋得意型——胸佩學人大名，周旋於由各大學挑選前來服務的漂亮女生之間，走路有風，談吐多夾雜外語。這類人要不是他的「台灣國語」露出馬脚，則幾乎與大多外省「學人」無異。

二、巴結奉承型——此類可以陳×鵬爲代表。周旋於大官之間，爭取發言機會，歌功頌德一大篇，肉麻當認眞；短短兩週期間，便建立內外良好關係。分組召集人有他，大會主席團有他，電視、報紙也有他。

三、偷鷄摸狗型——既然回來吃拜拜，又怕人家知道，掩掩藏藏，不敢發言又不敢缺席。最能代表大多台灣人貪便宜又怕事的心理。

四、忠實踏實型——以一位教育學博士（忘其名）爲代表。他不分黨國，就事論事，提出對台灣教育的改革意見，不唱高調，溫和中道。然此類台灣學者並不多見。

五、用心良苦型——這次一百五十個學人之中，我發現了唯一的眞正台灣人。他不知臨時在何處拿了一張厚紙板，畫了圖表，在大會上說明台灣話的重要性，要求「政府」採取多種語言政策。後來我帶領文教組參觀學校時，他不知何故主動來接近我，用台灣話與我交談；我告訴他我也是南師畢業的，晚他幾期而已。他對我更加親切，好像我是他唯一的知音者。因此，他的形象深烙我心中，我永遠記得他是夏威夷大學語言學教授鄭良偉！

全部議程完畢之後，我帶了一隊學人遊覽中部橫貫公路回來，便算完成了任務了。歸途中，有一位留德的法學博士在車上拿麥克風高唱台灣民謠，矮胖的身軀，唱得全身激動亢奮。使我這兩個多月的辛勞得到不少安慰。

大拜拜的善後處理，是把蔣院長室下來的指示分項辦理，公文抄送各部會，便算完了。

我被記功一次。緊接着年度終了，李煥調任中央黨部組織工作會主任，遺缺由潘振球遞補。尉師也告訴我成大專任已確定，我卽向新到任的潘振球辭職。潘挽留我再任一年，一年後各大學任我選擇，他保證給我專任副教授。我辭意甚堅，但答應做到成大開學前日，而且明年第二屆「國建會」我一定回來幫忙以報愛惜之恩。

是年八月底，我為青輔會編印了一本精美的「海外學人回國服務手册」。三十一日深夜，我還去台北機場貴賓出口處，舉着一塊T字型的木板，木板上寫着：「歡迎×××學人回國服務」。睡意正濃，但我佇立不動，等着延遲兩個小時的班機抵達國門。

那塊木板是我到任青輔會之後，親自設計訂做的，除了我，沒有人願意舉着它在衆人面前出洋相。

十四、鄉土文學（1972．9～1974．8）

一九七二年九月一日，我的三十四歲生日。我赴任成大中文系專任講師。

事先，尉師已告訴我成大唯一的要求是要我入黨，我也答應了。因此，我去校長室接受聘書時，已塡妥了一份入黨申請書。倪超校長要我站在「國父」遺像下面，面向着他舉右手宣誓。我跟着他唸：「本人張良澤，服膺中國國民黨領導，信仰三民主義。……入黨之後，誓必遵從最高領袖之指示，並嚴守黨規黨章，倘有違規，願受處分。入黨人姓名張良澤，介紹人尉素秋，監誓人倪超。」

我邊唸邊想，我從小學就被灌輸愛國愛黨教育了；如今爲了達到目的，竟不得不做生平第一次的舉手宣誓儀式。然而我既然舉手宣誓，就不該違背自己的良心，好好做個黨員，看看能不能救國民黨於水深火熱之中。

尉師爲我安排了中二日間部及中一夜間部的「新文藝寫作」之外，另分配了礦冶系、水利系的兩班「大一國文」。還爲了多讓我賺幾個鐘點費，更協調外文系給我在工學院及商學院夜間部各開一班「日文」。於是我爲了講授三種課程，每天早上都比工友老蔡還早到學校。老蔡還沒開門之前，我便在文學院大樓前散步。這座戰前屬於日本帝國台灣軍第二團司令部的羅馬式圓柱建築物，現已成為成大第二校區。文學院便在這新校區的正面第一棟。我的辦公室窗口正對走廊的大圓柱，走廊外面便是人造假山的成功湖。

講師室裏排了六張講師位子，只有我整天坐在這兒，老蔡特地搬來一座書櫥供我專用。隔壁是助教室，有胡、楊兩位助教協助系務。再隔壁是主任室，尉主任南北兩頭跑。臨時有事而主任不在時，兩位助教或老蔡便過來與我商量。其他副教授及教授的上課時數很少，平時不見人影，只有一位唐亦男老師很熱心地協助系務。

不知那幾個狂狷學生怎樣宣傳，我的「新文藝」課堂上，常有一些工學院的學生來旁聽，有的是「成大青年社」的成員，有的是「西克馬社」的人。這些外系兵團的文學素養及思想境界反而比本系學生高出多多。有一回，我指定楊青矗的『在室男』為教材，很多人誤以為那是「在教室裏的男孩子」的故事。以後上課，我發現很多女生都把封面包裝起來，一問之下，始知她們都不敢公然把這本書擺在書架上。

我一再向學生們強調：藝術的三要素是「眞」「善」「美」；而文學尤以「眞」為首要條件。你們寫起文章，都在一味堆砌美詞麗句，以為自己感情很眞摯，其實那是一種幼稚無知、不夠成熟的虛情假意罷了。眞實的東西，絕不存在夢幻裏，也不存在於一廂情願的「眞摯」裏。做為一個文學家，應該眼觀大千世界，心照宇宙萬物，從中擷取永恒不變的「眞理」，同時正視千變萬化的「現實」。兼顧了「眞理」與「現實」，便是文學的「眞」。試問你們生活於現實世界中，但可曾知道你家小弟成長過程的心理變化？可曾留意到你家隔壁一個女工的生活？

甚至連你自己都不敢正視自己而拚命地僞裝、包裝起來，這樣虛僞的人怎能寫出感動自己的作品呢？自己都感動不了，怎能叫讀者感動呢？

我常把學生帶到校園裏的大榕樹下，大家圍坐一圈，很誠懇地誘導他們注視脚下所踩的泥土，走上健康的文學大道。漸漸地，他們把『在室男』的封套取掉了。

提起作家楊青矗，以前名不見經傳，聽說在我留日期間，以「在室男」一文發表於中國時報「人間」副刊而引起爭議，一砲而竄紅文壇。我於回國後，被吳老任命爲「吳濁流文學獎評審委員」，於吳宅參加一九七〇年度評審會議時，小說組的巫永福、鍾肇政、鄭清文、林鐘隆、李喬和我等人投票結果，選出楊青矗的「升」爲正獎。翌年春，假北市某國校禮堂舉行頒獎典禮。楊青矗來領獎，我和他第一次見面，但兩人一握手便感心通心了。他看來就知道是個道地的工人，而且帶點愚痴的樣子，誰會想像他能寫小說。

那次頒獎典禮還有幾位來賓給我深刻印象。黃得時用台語唱唐詩，氣勢雄壯而韻味十足。陳秀喜打扮得華貴漂亮，親熱地遞給我一張印有「笠詩刊社長」的名片；她那稍微扁平的鼻子顯得很可愛。胖胖的林衡道問我在日本研究什麼，我說研究魯迅；他聽了，臉色一變，說：「你萬萬不能公開講這句話。」稍後，吳濁流提醒我說：『你不必跟林先生講那樣的話。」

我在課堂上，儘量提起『台灣文藝』的作家羣及其活動，以便讓學生聽熟了之後，進而一一閱讀其作品。

十月，笠詩刊同仁年會擬在南部召開。我便交涉借用文學院會議室，供他們開會使用。

我召集學生們來服務，同時旁聽人們的議論。當天有陳秀喜、林亨泰、陳千武、何瑞雄等人發言，討論詩的本質及詩的語言問題。學生們不但上了很充實的一課，而且也知道了現代詩不是紀弦、瘂弦、余光中等人的專利。

翌日，正值連續數天的假期。我急著想回永靖老家看看好久不見的道功。他已會叫爸爸了，一定也很想念我。於是清晨五點許，我騎上偉士牌機車出發。機車後面載了一大包新摘的蕃麥。開出台南市街，沿縱貫公路疾馳。霧很濃，農家都還在睡夢中，一片安祥的田園景色，我心暢神怡，邊哼着輕快歌曲邊開足馬力，享受清風的吹拂。

來到隆田附近，公路一大轉彎，突然迎面衝來一輛大卡車，我驚叫一聲，便不省人事。醒來後，才發現自己滾在馬路邊，機車翻倒在老遠的地方，引擎還未熄火。我覺得臉上涼涼的，摸了一下，才知道臉上流了好多血。想站起來，但覺昏昏沉沉。我勉強鎭靜着，爬到一棵路樹下，背靠樹頭而坐着，等待過路人來救援。

計程車、卡車開過時，我揮手示意，但叫不出聲音。可是沒有一輛車子停下來。我不禁恐慌起來。一會兒，有人騎機車迎面而來，他看到路邊的機車又看到我，把車速減下來。我揮手向他示意，他看了看我，現出無可奈何的樣子，又駛過去了。一直等到兩個騎自行車的青年拿着釣魚竿，看到我，卽下車扶起我；另一個站在路心攔車子，很快就把我護送到台南醫院。一個青年留下來處理機車。

從急救室被推到病房，我的神智都很清楚。醫生說只有頭部擦傷和輕微的腦震盪而已。

那兩位農村青年一直令我感恩不已。

成大學生輪番來看我，愈輪人數愈多，有的送花，有的送水果。每來一羣，就令我暗自掉淚一番。母親也趕來看護我。多年失去聯絡的王清芬不知從何打聽到消息，突然打電話到病房裏來。

出院後，即去隆田拜謝那兩位青年。這年頭好心人愈來愈少；尤其車禍事件，誰都不敢輕易救人，以免反被誣告爲肇禍者，而惹得一身痲煩。

兩年來，我不斷鼓吹各班發行油印班刊，先從各班鼓起文風，再整合全體力量，改造系風。

當我出院之後，察覺時機已成熟，便召集精英份子張德本、張恒豪、許素蘭、陳雀華、蘇永利、張淑貞、李登華、李燕玲等人，商議發行全由學生會自主發行的『中文系報』月刊。經由尉主任全力支持，終於一九七二年十一月十日發刊了全國各大學首創的『中文系報』。半張報紙大小，分四版面，從第一版的系內新聞，到第四版的文藝副刊，痲雀雖小，五臟俱全。

同時，藉此機會，我個人拿出一點經費，成立了『鍾理和研究會』，歡迎全校學生自由參加。此研究會的主要活動是配合「新文藝寫作」的選修學生，每年往訪美濃鍾家一次，實地踏尋鍾理和小說的背景，直接與鍾平妹、鍾鐵民交換意見；而且徵選了數位願意義務替我抄寫鍾理和遺稿的人。

此項研究會出奇地收到好效果，不出一個月，便有多人交出採訪稿和研究鍾理和的心得。

於是，翌月『中文系報』第二期，便刊出了「鍾理和研究專輯」，達成了我學生時代的心願。以後陸續收到的稿子，我便寄給吳老刊登於『台灣文藝』。

多年來，中文系學生鬱積於心中的自卑、不滿，似乎找到了發洩的出口，日夜有學生找我談話。其中有一位夜間部女生，名叫王麗華，穿黑衣裙，戴近視眼鏡，才華出衆，主編班刊，甚關心我出院後的健康情形，並自願照顧我離婚後的獨子。數月後，便於台南大飯店舉行了數十桌學生大宴會的婚禮。

打鐵趁熱。蘇永利等人提議創設文學獎，尉主任便授命我全權處理。一九七三年元月，我便指導學生會成立「鳳凰樹文學獎」章程，並開始徵求作品。尉主任則向校友募款，成立文學獎基金，每年以其利息充作獎金。

五月某日，由系內師生十人擔任評審委員，於玻璃屋教室公開評審，校內愛好文藝的學生皆來聽評。小說、詩、散文、評論等四組正副得獎人順利產生，尉主任當場頒獎，第一屆「鳳凰樹文學獎」終於誕生，是爲全國各大學之先聲。

在我的各項文藝活動中，與我配合得最好而成爲我的得力助手的有張德本、張恒豪、蘇永利、許素蘭等四人。張德本擅寫詩，蘇永利擅寫小說，許素蘭擅寫散文，而張恒豪則樣樣專精，尤擅於寫評論和編輯、設計工作。於是，在尉主任的大魄力支援下，一不做、二不休，緊接着創辦了中文系刊的『文心』。把原有的系刊『學林』改爲年刊，刊載師生的學術論文；而『文心』則純屬學生刊物，以新文藝創作爲主，容納『中文系報』登載不下的文藝作品及有關「鳳凰樹文學獎」的得獎作品、評審記錄等文章。任命張恒豪主編，於一九七三年六月創刊。至此，我在中文系內想做的整套計劃便告完成，也爲尉主任的中文系改造計劃鋪好了路。此後，便是如何充實和運作而已。

尉師知道我與學生愈接近，則必然與教授們距離愈遠，終必遭受衆嫉干擾，所以在國民黨小組改選時，她就竭力推舉我。於是，我以黨齡一年多的資淺黨員，竟然當上了國民黨南市知識青年黨部第×小組組長。

我的小組都是本系副教授以下到助教的黨員，我原以爲小組可以發生很大作用，不料小組長的工作只是指定每月一次小組會議的主席和記錄而已。而每次開會，都由知青黨部「孔先生」辦公室指示議題，還附有參考資料。大家一仍慣例，把參考資料推給記錄人去抄幾段，各人簽名表示出席，把瓜子、水果、餅乾吃完就散會了。

本小組每月按時開一次茶會還算不錯了；另一組中文系的老年組或外文系、歷史系，聽說一年難得開一次小組會呢。此時，我已知道自己所入的黨是毫無希望的了。

某夜，王麗華哭哭泣泣地說有幾個工學院的學生半夜被吉甫車載走就不放回來了。那些學生有的是「西克馬」社的，有的是「成大青年」社的，多半去年都曾來聽過我的文藝課的學生。當中有一位是王麗華的遠房親戚，他們家人只收到一個通知說：該生正於某機關接受調查，家人不得張揚出去，云云。家人焦急得四處打聽，也不知兒子的下落。我感到那隻黑手已漸漸伸到我身邊來了。

然而，我的活動並不因此而受影響。我仍然放膽地把全系的文藝活動擴大為全校的活動。比如我的文藝課時間，經常邀請校外作家來現身說法，叫學生張貼海報，歡迎他系學生自由聽講。黃春明的演講最為動聽，而且最近遠景出版社出版了他的兩本小說集『兒子的大玩偶』和『鑼』，過去不賣座的書突然暢銷起來，敲響了台灣文壇，一時各大學都風行「黃春明熱」。但黃春明說各大學請他去演講，他都拒絕，唯有張某人才請得動他，因為他感激數年前張某人住在北投時，有一次深夜他得急性盲腸炎，張某人護送他到台北馬偕醫院開刀，渡過難關。此事我已忘得一乾二淨，如今在學生面前誇獎我一番，頗感榮幸。不過學生對他的發問，黃春明都不做正面回答，只覺他的談話一如作品的寫作技巧，叫人各自思索判斷。

記得有個學生問他：「請問先生，您的作品是不是叫台灣鄉土文學?」黃春明便把太陽眼鏡推到頭頂上說：「我不知道什麼叫台灣鄉土文學，我只知道我寫的是我身邊的微小人物。我和他們擁抱在一起，溶合成一體。所以有時候他們還沒哭之前，我已先哭了。」學生都被他真摯的表情感動得鴉雀無聲。我想這是很好的機會教育，便向學生們補充說明道：「像黃先生這樣鍾愛自己的鄉土，關心社會，疼愛自己的同胞，而他的作品也不外表現這份愛心而已。所以，他的作品是非常可貴的台灣鄉土文學。」這話是我在三年前第一次介紹黃春明作品時就說過了。不料，話才講完，黃春明便尖叫起來：「你不能這樣輕易地把人家的作品這樣劃分歸類呀！」學生啞然望望我又望望黃。

提起這個「台灣鄉土文學」的名稱，的確是我有意識要推動台灣文學以來就已困擾我的一個癥結。在校外，我第一次公開演講「台灣文學」是在一九七三年的暑假。

那時，大專聯合招生考試後，各大學中文系教員都得到台大統一閱卷。由於台大外文系發行的『中外文學』雜誌與台大中文系關係密切，便利用這一年一度的全國中文系教師的大聚會，以台大中文系主辦、『中外文學』協辦的形式，舉辦三天的『暑期文學研究會』。由各校推舉一人演講，成大推我代表，講題爲「鍾理和的文學觀」。會前大家議論紛紜，有人耐不住跑來問我：鍾理和是哪朝代的人？

輪到我演講那天，會場裏差不多都坐滿了。本研究討論會規定研究生以上才有資格聽講，我看有不少年輕人來聽，心甚喜之；加上我摸了鍾理和文學多年，還沒有專家產生，所以我可以放膽地自由發揮。

一開頭我就說：「鍾理和不是唐朝人，也不是明朝人，而是當代我最敬仰的台灣鄉土文學作家。」這句話卽刻引起小小的騷動。我知道年輕聽衆一下子就聽出我有意捉弄一下所謂中國文學的專家們。不過爲了怕第一次太刺激他們，我用「鄉土」兩字修飾「台灣文學」這個名稱。

我詳細地介紹鍾理和的生平事蹟，並舉作品來對照他每個時期的思想。然後我歸結到他在松山療養院所寫的遺書爲他文學境界的分水嶺，也是他的思想的轉捩點。前期富於社會改造的熱情，後期入於造化之境。

當我唸着鍾理和遺書時，一片沈寂，只聽得有人在啜泣。當我講到他的晚年，大兒子因營養不良而摔成駝背，二兒子因無錢打一針而眼看他肺炎而死去時，突然有一位女聽衆掩面哭泣地衝出教室。

這場演講更加奠定我研究台灣文學的信心。演講中，有一位素不相識的台大講師自動替我擦黑板，會後，他邀我和台大助教柯兄去他家吃飯。他叫齊益壽，是專搞陶淵明的，最近去英國劍橋研究回來，正覺自己過去的研究與社會脫節，如今聽到我的演講，他願從頭開始研讀台灣現代文學，希望今後多保持聯繫云云。

由於這場演講的成功，不久，「台大論壇社」又舉辦一系列的講座，邀我和尉天驄聯席演講「台灣鄉土文學」。尉天驄本來是鼓吹現代派、存在主義之類的文學思潮的大將，但他主編的『文季』較早就發表王禎和的「嫁粧一牛車」及黃春明的「鑼」、「兩個油漆匠」等作品，對於鼓勵台灣文學實質功不可沒。後來『中外文學』也登刊此類作品，且有台大外文系教授顏元叔發表了一篇論文「台灣小說中的日本經驗」，在理論方面，後者的貢獻也不小，至少給了我不少勇氣。由於這兩刊物的對陣，尉天驄常有意無意地抨擊對方的布爾喬維亞作風。

我知道在一種文學運動正當興起之時，不宜製造分裂，一切以和爲貴。可是，我想以顏元叔的背景，他可以直言「台灣文學」而不諱；而我這個土生土長的台灣人，如果直言「台灣文學」，恐怕會惹來麻煩。所以我無論撰文或演說，除了稱爲「台灣鄉土文學」之外，也說「中國文學的正統文學」或「中國文學中的台灣文學」等等。

這場論壇社的演講，我特地請吳濁流先生來捧場，不料事後吳濁老斥責我道：「台灣文學就台灣文學，幹嘛拖泥帶水地什麼鄉土啦、正統啦。若不能說台灣二字，那麼台灣省也不可以說啦，台灣大學也不可說啦。」我知道這句話的前半句是對我而發，後半段則是對警總開砲的。事實上，他創辦『台灣文藝』時，警總找他談話，他就是堅持用「台灣」二字，而不肯改用什麼「中國文藝」或「亞洲文藝」。他曾自豪地對我說：「我老了，還怕死嗎？如果『台灣省』改了名稱，我就改雜誌名稱。結果警總也拿我沒法。」

雖然有點令吳老不滿意的地方，可是經由這兩場台大的演講，接着在『中外文學』、『文季』、『中華日報』、『書評書目』等處，我一連串發表了有關鍾理和的論文，似乎已確定了鍾理和在台灣文學史上的地位，同時，我蓄意鼓吹的「台灣鄉土文學」似乎也掀起了一股浪潮。

另一方面，我在成大教了兩班工學院的大一國文。課文都是經典文章，無法講得生動。但對我個人修辭鍊句的訓練裨益甚大。偶而也會有學生找我談台灣文學，這樣的學生都比文科學生的思想更前進、更尖銳。我甚喜愛之。希望有朝一日能用上他們。

兩班日文課，選修學生特別多。我常教唱日本歌曲，大家唱得津津有味。大學裏有體育課而沒有音樂課。我的日語課似乎可補大學音樂教育之不足。

教了一年的日文，自己摸出了一套教學方法，於是編了一本小冊子，拿到成大校門口的一家出版社毛遂自薦。這家興業圖書公司專出理工科的洋文書，但因爲我以出版我的另一本文集爲交換條件而不取分文版稅，所以在一九七三年度開學的九月，很快地出版了我編的『大學初級日文讀本』。雪白的封面、燙金字的小冊子，定價二十元，未免高了些。

接着十一月中，該出版社如約出版了我譯著的學術論文集『學問的世界』。此書內容大多是我留學時代以來就發表在『大陸雜誌』、『中央日報』、『成功思潮』的長短論文。主要原作者有增田涉、吉川幸次郎、小川環樹等日本第一流的中國文學專家或漢學家。特請張恒豪設計封面以資紀念。果然他以黃綠兩色的潑墨畫法，於宣紙上渲染成一個神奧的世界，令人非常喜愛。我以出版此書做爲我留日三年半的紀念碑，同時也感謝增田先生的教導，所以我放了兩張彩色相片於書前的扉頁。一張是我畢業典禮後在關大校門口照的，一張是我去向增田先生辭行時，在門口替增田先生拍的。我穿着剛抵日本時叔叔買給我的黑色西裝，增田先生穿的是和服。

當這本書印好要裝訂時，我又請求老闆讓我多放一張照相鑄版的扉頁，那就是增田先生臨別題贈的一句話：「橫眉冷對千夫指，俯首甘爲孺子牛」。但我又怕警總識破這句話原出魯迅之口，而禁止此書發行，所以只要求五十本插入此頁而打折賣給我個人，以便分贈師友。這一切煩雜的手續，老闆答應了。他是上海人，個子瘦小，頭上因癬疤而只剩幾根頭髮。我很感謝他。

這短短兩年內，我工作的成果相當豐碩，可是我的「政府」最不爭氣。既吃鱉了「釣魚台事件」，又被逐出聯合國，又爆出「台大哲學系事件」，又鬧了「成大學生逮捕事件」等。政府威信掃地，神話暴露無遺，國民不知去從，遂令憂國憂民的讀書人不得不重新正視自己脚下所踩的泥土。

這時期，代表知識人言論的是『大學雜誌』。他們大膽舉辦「國是座談會」，發表愛鄉愛土的言論。尤以張俊宏、許信良、林義雄等人合著的『台灣社會力分析』，可謂民間學術界首次對台灣社會的科學調查。他們進而主張「海洋中國」和「大陸中國」的兩個中國論，認爲台灣做爲海洋中國而獨立於大陸中國，則台灣如鑽石，大陸如石頭，石頭再大也碓不破鑽石。張俊宏可謂七〇年代之後，尋求台灣獨立之道的島內先覺者。

有一天，我接到『大學雜誌』社長陳少廷來函，邀我一談。我不知他竟住在成大附近，一找就找到了。二樓上，擺滿了中、英文書。他有點福相，額頭光滑，口銜煙斗，一派洋學士的樣子。他說他是專攻政治學的，但鑑於文學是民族靈魂的表徵，且最近大家已開始重新挖掘台灣前行代作家給予定位，所以想編著一本「台灣新文學史」的著作。他問我可否提供一些資料給他。我答應盡力幫忙。

不久，某副教授善意地轉告我，調查局台南站已知道我去拜訪陳少廷之事，勸我少去看「問題人物」。我眞懷疑是否有人在陳家對面監視着。

我如約提供給陳的資料只限於我已發表過的數篇而已。至於文獻史料方面，我捨不得提供給別人，一來我也有撰寫「台灣文學史」的構想；二來資料得來不易，實捨不得輕易示人。

關於「台灣文學史」的構想，是因我在整理鍾理和遺稿中，發覺一些有關連的作家，使我想起由這些關連作家追尋下去，一個個連串起來，不就是一部台灣文學史嗎？但是最重要的文獻資料不知從何處着手？當然首先要去尋訪現存的老作家。於是，在一次「吳濁流文學獎」評審會時，我透露了這個計劃，鄭清文卽答應帶我去見龍瑛宗先生。他說龍先生和他一樣服務於銀行界，彼此交往甚密，且是日據時期相當活躍的台灣作家，必有不少資料保存着。

鄭清文是熱心人，很快地約了龍先生，便帶我去拜訪他。龍先生本名劉榮宗，於戰前以「植有木瓜樹的小鎭」一作入選改造社徵文次席，爲台灣作家登上內地中央文壇的第二人。我滿懷希望見了他，他說因爲最近搬到這所新居，扔掉不少東西；而搬來的書籍尙未整理，等明年退休之後，要好好整理，屆時再通知我來借取資料。我不願空手而歸，便問他在日據時期的一些文學活動。諸如得獎及參加「大東亞文學者會議」的經過種種，他都輕描淡寫地似不願多提往事一般。我緊追不捨地問：「我曾讀過尾崎秀樹的『文學的傷痕』一書，書中提到劉先生是一位台灣文學史上很重要的作家，但他又提到您在大東亞文學者會議上的發言，似有失民族的立場，而斲傷了文學生命。請問那場發言的眞正內容如何？」

他遲疑了一下，一樣低微的聲音說：「那次是西川滿推荐我參加的，一到會場，他已替我擬好了講稿，只好照他的文稿唸一遍。」他瘦小的臉蛋望了望我，說：「你知道那時代，我們不發言也不行的。」

和鄭清文一同告辭出來，在樓梯口的垃圾桶邊有一箱不要的書刊，我問劉先生可否要走，他說可以。我就翻找一遍，找了幾本日本文學書，算是沒有空手而回。

自從我回國以來，第一次拜訪黃得時教授，第二次拜訪龍瑛宗先生，都覺得對方似乎很有保留，我檢討其理由不外有二：一則對我了解不多，怕我另有意圖；二則我自己所知不多，無法引起他們的談話興趣。因此，今後我努力的方向應該先自行蒐尋資料，充實自己的預備知識，同時我應拿出成果，證明我的動機純然爲了尊重前人的心血，保存並發揚台灣作家的精神。

於是我叫許素蘭等助手加快抄寫鍾理和遺稿。一方面我利用寒暑假期間北上，在光華商場和牯嶺街的舊書店拚命蒐購文獻資料。

牯嶺街的舊書攤歷史頗久，趙天儀爲我介紹道：這一帶原是日本人的住宅區，日本投降時，被遣送返國的日本人被限定每人只能携帶兩包手提行李，於是日人把家具、書畫、古董等物擺於路邊拋售。原先驕傲的日本殖民者，至此變成低聲下氣的可憐虫。他們回國後，台灣人接收他們的攤位，遂成了今天的古書街。前幾年市政府整頓市容，在松江路的陸橋下，增設了一百家左右的小商店，總稱光華商場，把牯嶺街的攤位集中遷於此商場，所以牯嶺街只剩下有店舖的一、二十家舊書店而已。

我於青輔會任職期間，遷住於八德路的三弟家，每天上班必路過松江路交叉口的光華商場。但因工作繁忙，無暇找書。搬到台南之後才有餘裕找書、買書。牯嶺街的書較珍貴，價錢高出光華商場十倍以上。但在光華商場窗不通風的地窖中，要找出一本戰前的台灣資料，都要找得快暈倒。台南也有一家老店叫金萬字，偶而也有好書，價格最便宜。無論南北舊書店，這兩年來看我認眞專購日本資料，以爲我在做轉手生意，大賺日本人的錢，便不斷把書價提高。

如此辛苦找來的資料，他人要借去，不費吹灰之力即可編出書來，我實在不忍又不甘，將心比心，若自戰前就辛辛苦苦收藏下來的珍貴書，我豈可輕易開口向人借閱。

這兩年來，除了黃春明之外，我還請了朱西寧來演講。朱西寧是當前外省作家中最有表現台灣鄉土味的作家之一，也算是較愛台灣泥土的良心人。有一次，他由成大寫作協會主辦、中文系協辦的形式，在大禮堂演講。畢竟是名牌作家，吸引了不少觀衆。以前我們未見過面，當我回國後不久，突然接到他的來信，要把我的短篇「生存的條件」選入『中國現代文學大系』中，問我同意否？我雖不喜歡這樣的書名，但佩服於他讀到我的作品，也佩服於他找到我在北投的住址，更佩服於他事先徵求原作者同意的中國人少有的作風，因此我即刻簽名同意。他於演講後，特來找我談一陣，我覺得他要是生長在台灣，必定是個了不起的台灣作家。

前年，三島熱潮的時候，我也陪鍾肇政南下來成大演講三島文學。那是我兼任講師時期唯一請校外人士來演講的一次。當專任講師之後，有尉主任的全力支持，我計劃要把大學與社會打成一片，而演講活動只是其中之一環而已，我還有很多構想，要一步一步付之實現。

今春，「吳濁流文學獎」在湖口龍山寺舉行頒獎典禮，吳老要我報告小說組的評審經過。我順便發抒了個人的感想：總的來講，戰後台灣小說還不及戰前的成就，期待新人迎頭趕上前行代作家。我在講話中，注意到前排坐着一位長者，手持拐杖，邊聽邊點頭。會後我趨前請教，始知他叫王詩琅。我說日後可以請教台灣史的問題嗎？他很謙虛地說：「阮老伙子無路用啦。今仔日看恁少年家。有閒來厝坐坐。」

今日頒獎典禮，也舉行「吳濁流文學碑」的落成儀式。碑後刻有吳老自題的一首詩，和吳濁流文學基金管理委員名單。主任委員爲鍾肇政，其餘委員大致與評審委員相同。我亦榮鐫於其下。正面大字是黃靈芝所書。黃深居陽明山，不食人間煙火，故色白而清癯。書如其人，骨氣傲然。種蘭花，做和歌，寫沒有故事的小說，精通多國語，不落寰塵而精曉民俗，偶而下山來參加吳濁流文學獎評審。『台灣文藝』的同仁中，黃靈芝是一枝獨特的靈芝草。

林海音創辦的『純文學』雜誌，也在這時期開始偶而登刊王拓等人的台灣文學作品，即連白先勇發行的『文學雜誌』偶也刊登施家姊妹的鹿港故事。

出版界有「遠景」、「遠行」、「遠流」這三家一體的新興出版社，彷如一匹野馬，刊登大幅廣告，所出未必全是台灣文學書，但封面設計富於鄉土味，且印刷精美，引發了社會的讀書風氣。

另一方面，我爲了家計，光靠薪水是不夠買書的，何況第二個孩子又要出生，所以我又編了一本厚厚的『最新日文綜合讀本』，交由台南中正路規模較大的大行出版社出版。我除了要求較高的版稅之外，還要求出版我的一本文學論集，但此論集則不收分文報酬。「大行」的老闆也是上海人，精於算盤，但也海派作風，看在介紹人、參考書大王的陳國政老師面上，一口答應了我的要求。只是這家出版社也是專出理工科書籍的，對於文史書完全外行，所以全權交給我自行處理，經費由他支付就是。

於是從排字廠、印刷廠、鑄版廠、彩色印刷廠，到最後的裝訂廠，每個作業程序都不同一個廠家，我都親自去監督。封面仍請張恒豪設計，這次他用黑墨大膽勾了幾筆，勾出了一個痛苦男人的臉部表情。書名爲『倒在血泊裏的筆耕者』，是我的第一本文學評論集。內容可分三部分：一爲台灣作家作品論，以鍾理和爲主；一爲三島文學論；一爲學生習作評介。這算是我回國以來四年間心血的結晶。扉頁第一面印鍾理和遺像，第二面印鍾平妹年輕時代的相片，第三面印三島軍裝的半身彩色相片，第四面印三島赤身揮毫寫着「行動」兩個大字的相片。書名是引用陳火泉先生紀念鍾理和的一句話。一九七四年七月一日出版。

同年七月三十日長女誕生，命名「亭亭」。而我將滿三十五歲。

十五、前輩作家（1974．9～1975．9）

成大中文系的文藝活動已推展到可以進行下一個計劃時，頑固派的猛烈反對開始明顯地針對尉主任、唐教授和我。尤其對我的人身攻擊，由「共匪同路人」而變爲「台獨份子」。我承認我內心裏多麼渴望「自由、民主、平等」的生活。而基於我多年來的觀察思考，斷定中國共產黨和中國國民黨的體質完全一樣，都無法做到「人民當家作主」的地步；甚至我斷定只要在中國文化的大熔爐裏，絕對無法超脫封建的帝王思想。因此，若要追求自由、民主、平等之道，唯有脫離中國人的政治圈，甚至擺脫中國文化，才是最根本的解決方法。

可是，這些想法，都無法和朋友們討論；即使朋友當中有此想法，彼此也只能以默契感應而已。也因此，雖然我的「台獨」帽子滿天飛，而當局也查尋不出我有參加任何組織或團體，除了我是國民黨黨員之外。

台南有位兒科醫師趙剛，自動捐款資助「鳳凰樹文學獎」。他去年於純文學社出版『滾滾遼河』長篇小說，暢銷十數版，是一本根據親身體驗寫成的抗日愛國小說。他自認爲「以生命寫詩」，所以一生僅能寫出這部史詩而已。我爲了報答他的雅意，於一九七四年底請他來做一場現身說法。從此在作家稀少的台南市，彼此交往過密，我家兩個孩子感冒咳嗽啦，都由他免費治療。他出身東北，豪爽明朗，故雖幹過諜報工作的外省人，我亦對他無何提防。他每次看到我時，都哈哈大笑地說：「張教授你要保養好身體呀，不要變成倒在血泊裏的筆耕者。」

楊青矗在高雄也創辦了「文皇出版社」，出版他自己的『在室男』、『在室女』之外，也想出些日本暢銷書。我看他白天去石油公司上班，晚上幫太太做洋裁，還要經營出版社，忙得團團轉。經常騎一部破摩托車來台南收放書，便順便來看我。我替他翻譯了一本富士正晴著的『中國的隱者』，於一九七五年二月出版。內容談春秋戰國至魏晉南北朝時代，居亂世而退隱山林的狂狷故事。正好我在夜間部三年級增闢「中國小說選」課程，對於『世說新語』頗爲喜好，故譯得很順暢。我不拿任何報酬，期望楊青矗的出版事業就像「遠景」或「林白出版社」那樣一帆風順。

在軍中曾來找過我的林佛兒，沒想到他眞的創辦了「林白出版社」，也發行了『龍族詩刊』。他果然要實踐他的理想，便去找吳濁老，首先出版他的『無花果』，旋因內容涉及「二・二八事件」，即被禁刊，接着再出版他的『泥濘』，銷路不佳。林佛兒便改出各種知識叢書，經營順利，兼營房地產，等他來台南找我第二次見面時，他已發福禿頂，一副大老闆的樣子。他在我書架上發現一本日文版『家庭醫藥百科』，堅持要拿去出版，便塞了一百元新台幣給我。

東海大學一位女生來信，佩服我對前輩作家的挖掘，希望我去台中一趟，她要介紹給我一位很重要的老作家。我立刻應約前往。來到東海大學對面一條小徑，她連蹦帶跳地跑在前頭，草花盛開，小河潺潺。小徑路口立一木柱，上書「東海花園」。

四周田園，林中有一間磚屋。繞到正門，屋前有一大棚架，滿架垂開着紫藤花。在陰涼的紫藤花下，一位瘦瘦的老人半躺在藤椅上，看到我們如約來到，即綻出童稚的笑容，站起來招呼我們，並向屋內呼喚他的孫女沏茶來。

東海女生（恕我忘了她的芳名）告訴我，有一天她在這一帶散步時，發現一位老人在蒔花；以後她只看到老人和他的孫女之外，沒有別人在此生活。不禁對老人孤獨的生活至感同情，便自告奮勇要幫他工作。老人很高興，便教她剪枝、施肥等工作。來買花的人並不多，所以不必種太多。空閒時間，她就陪老人在花棚下看書。孫女讀小學，每天放學回來便煮飯給阿公吃；早上上學之前，一定要陪阿公跑幾圈田野。後來，她才知道老人原來是日據時代很有名氣的作家，戰前、戰後都被關過，最後從綠島回來之後不久，妻子病死，兒子離散，不得已與孫女相依爲命。

東海女生希望我替他整理文集出版，我當然求之不得。我今天會決心走上這條路，是因爲楊逵這個名字被擺在『世界弱小民族文學選』給我很大的衝擊。最近又讀到林載爵發表在『文季』上一篇論文「台灣文學中的抗議精神和容忍精神」，以楊逵代表抗議精神，以鍾理和代表容忍精神；而且『幼獅文藝』又重載了楊逵的成名作「送報伕」，我才知道他尚活於世間。如今我見到了夢寐以求的老前輩，豈不令人興奮不已。

他談了很多往事：小時候聽父兄口述「噍吧哖事件」日軍殘殺台胞的情形，稍長家園又被製糖會社強迫徵收，便種下抗日的意念。留日歸來後，便直接參加農民運動，南奔北跑，鼓吹農民對抗資本主義之壓榨。農民運動被迫解散之後，只好以筆桿爲武器，從事文學創作，深得賴和先生賞識，常發表作品於『台灣新民報』。以「送報伕」得獎於日本文壇後，創辦『台灣新文學』雜誌，專事文學抗日工作。爲了養雜誌，他不得不租地種花，花圃命名爲「首陽花園」。又患肺疾，貧病交迫之際，幸得一位日本警官之資助渡過難關。該日本警官因此而被迫遣回國內，遣送前卻服毒自殺，留下遺書囑咐楊逵將其遺體葬於楊家祖墳之旁，並贈送所有藏書。楊逵抗日，總計被關十一次，其中一次是在新婚前夜，新娘葉陶也是農民運動的女健將，故雙雙被捕。

戰後，楊逵又辦報，適逢國共內戰，楊逵發表一篇短文題爲「和平宣言」，勸解國共雙方應攜手共建祖國。結果被捕入獄，所有藏書被沒收。

我聽他靜靜述說這些往事，內心激動不已，問他有沒有人替他整理這些珍貴體驗。他說有一位日本學生名叫河原功和台大一位研究生名叫林瑞明，兩人常來找他，也錄了音，以後會整理出來。我聽了，較爲放心。我又問他作品有無散佚？他說河原功已幫他找到大部份，台北幾個名氣作家都來影印了所有作品，說要替他出版文集，結果都無影無蹤，只重刊了一篇擅自刪略的「送報伕」而已。

我說我願意拿去台南一試，但不敢肯定成功與否？如果我掛名負責編輯，不知楊先生同意否？如果有人肯出版，楊先生要求多少版稅呢？

楊先生大概看出我辦事不馬虎的樣子，便高興地說道：「一切由張先生做主，只要有人肯出書就行。何況出版我的書，說不定還會帶給他麻煩呢。」

東海女生幫我對照、登記文件，即刻帶去東海大學影印。辭行之前，我考慮了一下，向老人問道：「日本帝國那麼嚴酷，您為什麼那麼不怕死呢？」

楊老開懷笑道：「我也是怕死的。只是日本帝國再嚴酷，它也要依法辦罪，因為它是法治國家。所以我們要演說、寫文章，只要翻查一下『台灣六法全書』，便可算出自己可能被關幾天，結果只會少不會多的。大致來說，以演說、寫文章攻擊帝國政府，最重是坐牢二十九天。所以台灣話有句口頭禪『拘留二九工』，就是說，了不起你關我二十九天好了。」楊老停了一下，臉上一沈，接着說：「不過，回到祖國懷抱之後，情況就不同了。它有憲法，也有六法，但怎麼算就莫宰羊了。我寫那篇『和平宣言』，總共不過五、六百字，結果關我十五年，平均一字關十天，這可能是全世界最高的稿費。」

正好老人的孫女回來，很有禮貌地對我打了招呼，就向阿公嬌滴滴地問長問短。我趕忙向楊老和楊小妹告辭。走出草花盛開、河水潺潺的小徑，來到東海大學校門前的公共汽車牌下等車，我的心情複雜得忘了向東海女生道謝。呆站了一會兒，她說我不是順便要逛一下書店嗎？她說她還不知道台中有幾家舊書店，希望我帶她一逛。經她一提，我才想起我信中原先的計劃，便與她乘車進台中市。

回台南後，一方面想把所獲至寶趕快整理出版，一方面又要進行第三屆「鳳凰樹文學獎」評審事宜，忙得喘不過氣來。

文學獎評審委員會規定每年聘請評審者；第一屆、第二屆因要節省經費，所以只聘請系內師生當委員。結果因爲系內無高手，引不起聽者多大興趣，便決定自第三屆起，增聘校外人士當委員。於是我率領主辦同學，當面向南師專的趙雲、龔榮宗老師及南商的丁樹楠老師致送聘書，並得到他們的欣諾之後，便南下左營，探訪葉石濤家。

我仰慕葉石濤已久，但未曾見過面。從左營車站出來，就可看到半屏山前的兩座寺塔立於湖中，湖邊種植椰子樹；湖面廣闊無邊。但覺有這種湖光山色，難怪石濤神仙不願出遊塵世。再過一段路的左邊，有一座古城門，土墻已破壞成土堆，但城門形狀尚存；對門的路中央有一口古井，井口半封閉。愈看這龍形地勢，愈覺此地有一條大龍伏臥，實也無怪。再走不久，便到街道。依門牌號碼，樓下是自行車店，上二樓，推門而入，果然臥龍只着內衣在電風扇前悠閒看書如神仙。

葉公蓄短髮，圓臉圓身，看來比想像中年輕多了。他已知道我們的來意，便豪爽地一口答應。兩位學生等不及評鑑會上聽他商議，就緊追不捨地問了一大堆。葉公對答，如推門見月。談完話，葉公就帶我們去見他的小龍——一位左營高中的國文老師彭瑞金。不久前，我才接到鍾肇政來信推介他的得意門生彭君，見面一談，果然有明日文評大將之風。

左營任務完成，我們再到高雄師範學院敦請中文系黃主任及葉教授。兩位先生也都引以爲榮，欣然接受。

佈局就緒，鑼鼓一響，學生都來聽講。評審先生不失南部一時之選，皆能言善道，品頭論足，褒貶兼顧。尤以葉公強調文學的社會性、鄉土性、永恒性種種，等於做了我的證言人，內心感激萬分。有時評者意見相左，各抒己見，啓發了學生從各種角度鑑賞文學的可能。整整一天，評者熱烈，聽者不累。達到預期效果，尉主任欣然大悅，吩咐我不必緊縮經費，該請吃飯就吃飯，該付交通費就付。

「鳳凰樹文學獎」至此已成了本系的一大行事，也成了他系學生羡慕的對象，甚至後來還波及到社會，影響到其他大專院校試圖模仿。

中國的政治強人接連死去。蔣中正死了，周恩來也死了，毛澤東也死了。老蔣死了，小蔣（經國）繼位，已成定局，但有人推測異母兄弟的蔣緯國會爭位，或說黨國元老不服小蔣，或說軍人會發動政變。然而我堅決相信蔣家世襲是不變的鐵則，只是戲法人人會變而已。所以連日連月，三家電視台都在演蔣家的戲，演得忠臣孽子信誓旦旦，徒叫忠厚鄉人一把鼻涕一把淚。「政府」下令全國公職人員及學生都要帶孝一個月，由各機關統籌製定黑腕布。一天，我的桌上也靜靜地放着一條黑腕布，布下壓着一張通知單。我不看內容，便輕輕地把它推下桌子，正巧連布帶紙掉進桌下的字紙簍裏。數天之後，又見黑布與通知單靜靜地放在我桌上，我又輕輕推下，正巧又掉進字紙簍裏。以後黑布就不見了。全國上下都帶黑布於袖口或領口而吃喝玩樂打麻將，獨我潔白而憂民憂國。

這學期的新文藝課，有感於偉大作家都要嚐嚐鐵窗滋味，便交涉台南監獄讓大學生參觀。是日，我率領日夜間部學生一百多人，排長隊一個一個地走進門禁森嚴的小側門，循環繞看輻射狀建築的牢房、餐廳、厨房、工作房。此時犯人們都集中於工作房做木工或藤工。最後我們聚集於禮堂聽監獄長致辭。監獄長說犯人吃得好，有康樂，工作有工資，點數高的可提前假釋。最後他說：「時值國殤之際，全國上下都哀慟如喪父母。但今天貴校來參觀的人，有的忘了帶孝，實屬不該。希望回去以後，即刻帶起來才好。」聽了這話，有些學生偷瞄了站在隊伍右前方的我。我佯裝不知。

文學獎忙完的同時，我也編好了楊逵文稿。重要作品大多已由他自己或前人譯成中文，我只對照一下原文有無出入，並譯了兩篇補充進去；還有一部分作品是戰後在火燒島用中文寫成的，我不動隻字。

大行出版社因我編的日文課本銷路不惡，且看我辦事負責，因此，我把楊逵文稿送去的時候，老闆一口答應，如法泡製，全權交給我處理。

因爲本書命名爲『鵝媽媽出嫁』，爲了設計封面，我親自去各書店找尋圖片。平時鵝的圖片俯拾即是，一旦需用時，卻急得令我花了兩天才找到一張滿意的圖片——一隻公鵝雄立着，一隻母鵝嬌蹲着。扉頁印了幾幀我上回拍攝的楊老照片，有一張是我和楊老手搭肩的合照，表示編者和作者瞻肝相照。由張恒豪解說圖片，照例由我跑印刷廠，直到最後裝訂成册，於一九七五年五月出版。

我在書背上標明「台灣鄉土文學叢刊」，表示我將一系列編出台灣史無前例的巨大構想。爲了酬謝大行老闆支持我的構想，也爲了讓此構想長久持續下去，所以我不取分文編輯費用，但視原作者的經濟情形，我要爭取版稅。老闆得知楊老生活情況，頗表同情，遂請楊老南下，當面給了第一版的版稅一萬元，由我立證，雙方在合約書上蓋章。

大行依例贈我二十本書，但我不敢送人，因恐萬一店面的書全被警總沒收，則至少我也保存二十本。不料書出不久，我不但沒有被警總調問，反而接到各方友人來信稱讚。原來幾乎所有文壇人士都收到楊老寄出的贈書。

我知道大行的分銷網都是理工系統的，老闆也不寄望於此書，但看各界反應那麼好，我就請大行趕快發行到各大小書店。

大約這時候，一位美濃出身、任教於台南一中的國文老師陳國政，因爲他是國文參考書編者大王，故事先得到情報說：新年度的標準國文課本將大幅改編，我編的『鵝媽媽出嫁』中，有一篇被選入初三課本裏面。我於興奮之餘，心想有誰在暗中提拔台灣作家呢？自從「祖國」統治台灣迄今，從小學到大學的國語文課本中，除了連雅堂的一篇「台灣通史序」之外，我想不出有第二個台灣人的作品被列入教材中。形勢比人強，也許國民黨被逼得不能不開始「台灣化」了。就像找幾個聽話的台灣人來點綴行政院副院長、內政部長、台北市長一樣，課本裏面也要找幾篇「愛國」的台灣作品來點綴吧。

我想起前年台大爆出「哲學系事件」，代理系主任趙天儀是『台灣文藝』及『笠詩刊』的同仁，被掛了紅色的罪名而失業了一兩年，後來又把他復職於國立編譯館，也許他產生了影響力，而力荐楊逵作品入選國文課本也說不定。除了他之外，我想不出第二人。

六月，國立編譯館編印的全國標準本初中課本裏，果然出現了楊逵的作品「壓不扁的玫瑰花」和黃春明作品「魚」。「壓」文選自我編的書，原題為「春光關不住」，是楊逵在火燒島時代的作品。我高興得還來不及寫信給楊逵時，突然楊逵滿頭大汗地跑到學校來找我。

「張先生，你看看，這不是賣身契嗎？大行出版社明明在剝削我。」楊老先生元氣十足地衝着我說。

我接過他所謂的賣身契一看，就是我以前立證的合約書。我突如掉入霧谷中。倒了茶，請楊老鎮定下來之後，他才慢慢敍述原委。

他說這陣子，常有台北的出版社來找他，希望出版他的作品，但他說重要作品都已收進『鵝』書中，其餘都是日文作品。台北的出版人問他拿了多少錢？訂了怎樣的合同？他皆一一實告之。結果大家都告訴他，這是吃人的條文，完全是不平等條約。

「張先生，你看。」他指着劃有紅線的條文說：「第一版出版時，由甲方致送乙方定價的百分之十為稿酬。這不是太尅人嗎？」

「但是我們已同意而且蓋了章呀。」我說。

「當初我只信賴他，所以也沒細讀條文。他就是利用我們不懂條文來剝削我們的。」

我想這件事情，最好讓雙方直接談判，我不宜偏袒任何一方。便帶他去大行出版社。

老闆聽了他的話，便說明道：「這合約書是市面上販賣的現成文書，這些條文都是一般出版常規。版稅訂百分之十，也是一般行情。您的書訂價四十元，印二千本，我們付了您一萬元，已超過數目了。不過，看張教授那麼敬愛您，我多付一點，也算對老作家的一點敬意。」

楊老聽聽，好像氣也消了，便回台中去了。可是沒幾天，楊老又來信說，他的作品既被選入國文課本，大家都說他的書必甚暢銷，怎麼到現在還不給第二版的錢呢？

我問大行有無再版？大行說第一版書還有一半堆在倉庫裏呢，甚至各地書店還有退書的呢。我如實回告楊老，楊老又屢次來信，我有點不耐煩，便把信交由大行直接處理。

最後楊老說台北有法律專家要替他告狀，說大行欺詐作家。這可把大行惹火了，便把我叫去，說：「張教授，我們的關係很好，您相信我，我相信您。但是碰上楊先生這種人，再暢銷的書我也不幹，何況我連第一版都賣不掉呢。我看張教授也不勝其煩，您的理想恐怕也不必再做下去了。楊先生要怎麼告，由他去，這事與您無關，您也不必再管了。」

我知道十個商人九個詐，書商也不例外。就我過去的經驗，賣斷也是那樣的錢，抽版稅也是那樣的錢。明明印着「再版」，書商也不會主動匯來版稅，何況他又可以永遠「第一版」。所以，在無任何法律保障下，我們只好相信書商的良心。大行老闆也是上海人，我對上海商人是沒有信心的，但就我觀察比較之下，大行老闆還算是最海派的。

楊老先生忘了初衷而變得如此計較，我冷靜分析其原因不外如下：（一）生活貧困；（二）出版界的惡行使他毫無信賴感；（三）無產階級的受害意識；（四）受到台北書商的慫恿。

而其中最主要的導火線是第四項原因。我心中暗罵那些台北書商，爲什麼不讓楊老安心讀書寫作，而偏要干擾他變得焦躁憂慮？若因此事而令楊老氣死，豈非罪加我身？

我正想不出如何安慰楊老的當兒，又接到他來信，說：「大家都說你替我編這本書，名利兼收。大行一定勾結了你……」我無法看完他的信，本想把這封信撕成粉碎，但隨即一想，這封信可能是我收藏楊老最後也是最珍貴的一張史料，便沒看完就把它收藏起來。

可是後來我還是按捺不住，把事情前因後果告訴了袁壽規，他一聽就破口大罵：「幹伊娘，台北那一羣狗黨！」於是第二次楊老南下時，我便請袁兄替我出面，以免我會爆發出來。從此，我就不想再見楊老了。

楊老第三次來台南的時候，是由一位自稱蔡姓的醫師打電話來約我出去的。我應邀到長樂街的瑞洋醫院，一看醫院規模很大，病人很多在候診，但蔡醫師放下工作，請我進書房和楊老面談。蔡醫師說：他看了這本書能出版重見天日，對我很佩服。他是楊老南一中時代的後輩，與楊老交往數十年。今日看他面上，再陪楊老去大行一趟，償還版稅和書款，把版權買回來。以後由何家出版，概由楊老自己決定。

蔡醫師一臉和善，書房藏書滿架。我直覺他是明理人，便應命陪楊老去大行，交涉成功，銀貨兩訖，三個人都鬆了一口氣。

送楊老到車站，目送瘦小而穿布鞋的背影爬上公路局汽車時，我差點兒掉下眼淚。

在忙着處理「楊逵版稅事件」的當中，我還請吳濁流來系裏演講。講題爲「回顧日據時代的台灣文壇——談文學的反抗」。

吳濁流的演講顯得很笨拙，中文發音南腔北調，不知道他是講客家話還是山地話。話中老是反覆提到「ㄨㄣˊ ㄒㄧㄠˇ ㄅㄨˊ ㄒㄧˇ ㄆㄛ ㄇㄚ ㄆㄧˇ ㄉㄜ」。我知道這是一句很重要的話，但學生們像鴨子聽雷似的。我絞盡腦汁，考慮了半天，才想通了意思，便上前在黑板上寫道：「文學不是拍馬屁的。」學生們不禁「啊」了一聲。

他講日據時代的台灣作家如何不怕坐牢，不畏特高監視，一定要寫出台灣人的心聲。現今的讀書人都變成了閹鷄，啼都啼不出來。因此他寄望我的學生當中有司晨的公鷄。老人講老實話，沒有黃春明的熱情流露，也沒有朱西寧的趣味橫溢，因此顯得很冷場。可是我相信幾個有心人是句句牢記在心的。

楊逵的不愉快事件反而帶給我一個好機運，那位蔡瑞洋醫師三不五時就打個電話來，約我出去吃中飯；有時讓我在他的書房裏自由閱讀他的藏書。他雖然五十出頭，但看來才四十幾歲的樣子。因爲他是胸腔及呼吸器官的名醫，故全島遠近皆來求醫，使得他不得不一天平均要診療二百多人。雖然是個忙人，但文化教養之廣及與文化人交往之深，實令我訝異不已。他說影響他最深的是他的長兄。長兄畢業於台南師範，從小就指導他看思想性的書刊；戰前反日本帝國，與楊逵結爲好友；戰後由愛中國而反國民黨，遂於「二•二八事件」時，不幸遇難。他本人亦逃亡山中，事件平息後才出來自首得以保命。

蔡醫師在關仔嶺有一座別墅。女詩人陳秀喜爲了和蔡醫師做鄰居，也在對角買了一棟，迢迢從台北遷居於「笠園」。於是大約每週末，蔡醫師的賓士轎車就來接我去關仔嶺渡假。每次路過佳里，就順便把吳新榮夫人帶走。加上蔡夫人，男女老少共五人，暢談天南地北。每次我都故意發問，誘發他們談些難忘的經驗。

陳姑媽——一些年輕晚輩都如此稱呼——只畢業於公學校，但其日文程度不差於日本作家。她的日文現代詩、俳句、和歌等作品經常在日本的詩誌上發表。幾年前，第一次去日本參加世界詩人大會時，日本詩人們特地為她舉辦一場「陳秀喜來日紀念會」，會上獻給她一百本精美印刷的日文詩集「陳秀喜詩集」，使她感動得變成淚人兒。日本元老詩人山口大學先生當面稱讚她的日語精湛，她回答「這是被殖民者的悲哀」，九十歲的山口先生當場正襟危坐，向她俯首謝罪。之後，她又去韓國、美國參加歷屆詩人大會。英、美出版的世界詩人名典裏，介紹台灣詩人的唯有她一人。去年在淡水海水浴場因救小孩而自沉的多才多藝青年作家李雙澤把陳姑媽的「美麗島」一詩譜成歌曲，在台北演唱時，全場聽衆起立致敬。留學德國的淡江文理學院詩人梁景峯教授在台北鼓吹大學校園歌曲，其中最受歡迎的便是「美麗島」和「我知道」；我即時在台南呼應，帶學生去關仔嶺笠園，圍着陳姑媽高歌「美麗島」；偶而也請她來文學院榕園樹下和學生談詩。

吳英良女士是吳新榮先生的繼室。在最困苦的戰爭末期替「亡妻記」的主人承擔起大家庭擔子；戰後接着「二・二八事件」，吳新榮被捕入獄，家人恐懼，便把所有藏書、文稿、剪報等，扔進爐灶裏連燒三天三夜。最後只剩吳先生三十年間沒有間斷的日記，夫人再也扔不進去灶口，便用玻璃袋包裝起來，埋入地下。直到先生被釋放回來且任職台南縣文獻會時，才從地下挖起，已潮濕腐爛了一部份。她常陪先生下鄉採訪故老遺物，登山涉水，渡了一段美好的日子，可惜先生心臟病突發而遽世，留下一羣幼子給她養育。所幸前妻之子女皆長大而有成就，今年南圖退伍回來，便與其兄南河合力擴充「新生醫院」。

本來我是不知道「吳新榮」這名字的。以前住在東門圓環邊的大宅邸主人黃天橫，由其侄兒黃靈芝介紹之後，黃天橫先生給了我幾本他早期編刊的『台南文化』和吳新榮主編的『南瀛文獻』。在此之前，我只關心「文學」，而不關心「文獻」，可是看了這些文獻雜誌之後，才知道戰後的台灣文獻學家原來於戰前大多是文學家，尤其吳新榮更是一位台灣文學史上頗爲重要的日據時代的作家。

蔡瑞洋醫師和吳新榮夫婦是老朋友。蔡醫師第一次帶我去瑣琅山房時，我看那堆破爛的吳新榮日記，便認定這是台灣文化的珍貴遺產，遂請求吳夫人讓我帶回整理。但她不敢做主，要等三子吳南圖退役回來才能答應。

有時，蔡醫師帶我們去探訪昔日鐵窗的學友們。每回路過台中，他便送一包錢給楊逵，原來蔡醫師自早就按月接濟楊老而不爲外人所知。

台中有位張先生，早年抗日投奔國民黨，他在黨內地位高於現副總統謝東閔。由於做人太正直，如今和老妻住於小公寓，領救濟金渡日。

北斗有位鍾先生，高壯英俊，是當年「二・二八事件」時保護台中市民免被國民黨慘殺的「二七部隊」的部隊長。他被關了十七年出來，未改好漢本色。

西螺有位廖先生，高高瘦瘦，是一位漂亮的老紳士，滿臉和氣慈祥，誰也看不出他是被關了二十五年的「思想犯」。早年他留日時，因看到資本主義的腐敗，便對社會主義理想充滿憧憬。有時看到台灣女同胞在日本街頭賣笑，便購買船票叫她回故鄉。「二·二八」時，他躲藏於附近蔗田，村人假裝下田工作，偷送食物給他。最後被密探知道，國民黨派大軍包圍村莊，威脅要放火燒燬全村，他不得已出來自首。

入獄後，村人協助其妻及週歲之獨子。不久，其妻病亡，村人領養其子。二十五年後，出獄歸來，其子已成年而始識父親。廖先生念妻情深，掘其墳，拾其骨裝於金斗罐，置於床頭，每夜必從罐中取出妻骨而吻……

我聽到這裏，已感悲切如刀割。想起同樣西螺人的廖文毅，在海外掛「台灣民主國大統領」的美名，終而投降歸來做「曾文水庫管理處副主任委員」。廖統領若知廉恥，應跳入曾文溪以謝罪於鄉人。

賓士轎車開往日月潭，路經斗六，必順便拜訪藏書家鄭先生。鄭先生為日據時期斗六町長之子，自幼長於書香之家，從小便愛買書，如今三代之書皆藏於「梅園」，鮮為外人所知。謁談之下，始知鄭先生之次子為我成大時代之學長，現任教於日本大學。鄭學長彬彬斯文，有如父風，但從未聽說有此寶庫。

每本藏書都是珍貴的台灣文化遺產，我只敢摸摸，不敢開口借回影印。蔡醫師知道我的心意，便向老友鄭先生說：

「這位張先生是很難得的晚輩，他對台灣文化的蒐集熱忱，我從未看過像他這樣的人。他每月的薪水光付書錢和影印費就去掉大半。如果您能借他回去影印，對他的研究幫助很大。我保證一定……」

「哈哈，沒問題。」修長身材的鄭先生，講話、行動都慢條斯理，但笑起來卻很爽朗輕快。「看你需要什麼書，儘管借去，只要你登記一下書名即可。」

我一口氣借走了戰前所有文藝雜誌：張星健的『台灣文藝』，西川滿的『文藝台灣』，楊逵的『台灣新文學』，張文環的『台灣文學』，皇民奉公會的『台灣文藝』等。這些雜誌除了被禁的幾期之外，全無缺號。

車子來到「日月潭大飯店」，便看到矮矮胖胖而禿頂擦得油亮的張文環先生。他從銀行界退休下來，辜家財團便延攬他來此當總經理。他早年於東京結合王白淵、巫永福等人成立「台灣藝術研究會」，發行『福爾摩莎』雜誌，是內地台灣人的唯一文藝刊物。張文環於神田開一家咖啡館，與日本妻子合力經營，以維持雜誌經費，並以此為據點糾合同志共謀殖民地出路。後被特高偵破，捕的捕、逃的逃，雜誌只出了三期。張文環在獄中，看到一個朝鮮人被刑罰，全身脫得光光，伏在地上，皮鞭末梢繞鐵絲。日警故意拉他的六、七歲女兒在旁觀看。皮鞭一抽，全身便從地上彈起；女兒哭喚父親，但父親默不作聲。

張文環述說道：「當時恨不得鞭打的是我。」

我認爲戰前台灣小說家的兩大巨匠是張文環和呂赫若。我一再追問他的文學活動，可是他都避而不談，而儘談些男女趣聞，談得很開心。談到緊要處，便壓低聲音，瞪大眼睛；聽者也跟着他緊張；而後他就拍了一下桌子，嘖嘖不已，引得哄堂大笑。

每次見面時，我都故意帶些資料來給他看。比如他自己主編的『台灣文學』，或有他作品的『風月報』、『台灣新文學』、『台灣藝術』等。每次他看到自己的文章時，表面上好像不屑一顧的樣子，其實我觀察出他的眼神是既懷念又寂寞。

蔡醫師一再向他推介我是如何難得的青年，而他似乎也覺得該對我有個交代，便把我從客房叫去他的書房，說了隱藏在他內心的話：

「我知道你很想知道台灣文壇的事。的確，我也知道不少；可是自從「二・二八」之後，我已發誓折筆不寫東西，也絕口不談文學。因爲我所有的文學朋友都在那事件時慘遭殺害。你當然也知道呂赫若逃入草山，被毒蛇咬死了。留下我沒死，但我每天都在做噩夢。你帶來的一些資料，我以前什麼書都有，可是我逃亡於埔里時，家人把書都燒得精光。我個人得失都無所謂，但我不能不替已死的朋友們做點什麼。所以想在餘年完成三部曲，從日據末期寫起，到「二・二八」爲止。我不但要替朋友們報寃，也要爲台灣人雪恥。第一部定名爲『爬在地上的人』，已交由日本某出版社排版中；第二部名爲『望得見燈火的小鎭』，正在寫大綱；第三部還沒定名，可能是『心仇血恨』這類名稱吧。尤其第三部，我要讓所有的二・二八殉難者復活起來。……」

他愈講愈激動，失去了他往日的笑容，而變得很莊嚴、有點可怕的臉。

我得到了最滿意的解答——三部曲在進行中。以他的才華和經驗寫出來，無疑將是台灣文學史上劃時代的作品。

到了這個階段，我總算慢慢摸著台灣文學的核心部位了。

此時，我正滿三十六歲。

十六、死裡逃生（1975・9～1977・1）

大行老闆勸我多編些日文課本或編些中學國文參考書，他願高價付酬。我卻不甘心於我的「台灣鄉土文學叢刊」只有『鵝媽媽出嫁』一本而已。

『鵝』書是我的一塊試金石，大致我已試出安全線到哪裏。於是我就寫信給吳濁老說第二本「台灣鄉土文學叢刊」便是他的。他欣然答應，並全權委託我處理版權問題。

於是我仔細重讀過去他贈送給我的著書，有『亞細亞的孤兒』、『瘡疤集』上下卷、『吳濁流自選集』上下卷等。我發覺他的一生除了小學教員時代抗議督學侮辱女同事而丟掉烏紗帽之外，他好像永遠躲在歷史的隙縫裏偷窺社會的形形色色；正如他躲在特高的監視之下，寫幾張稿紙就塞進木炭籠裏一樣。也因此，無論戰前戰後，他都沒有「拘留二九工」的遭遇。所以，我在本書的序言中提道：楊逵是創造歷史的人，他投身歷史的洪流中，企圖做中流砥柱；吳濁流是記錄歷史的人，他隱藏於歷史的隙縫中，冷觀社會形形色色。

書中有一篇「泥沼中的金鯉魚」係描寫汚濁社會中的一個女人的奮鬥；正象徵出汚泥而不染的作者，故以此篇名爲書名『泥沼中的金鯉魚』，於一九七五年九月出版。第一版的版稅五千元，吳老全部買了自己的書。

最感意外的是從來沒有交往的中央日報副刊主編突然來信，約我撰寫台灣文學論文一篇，以慶祝台灣「光復」三十週年。雖然楊逵對我的誤會令我相當憤懣，但就事論事，他在台灣文學史上確立了一個楷模，所以，我就藉此機會，大大宣揚楊逵的抗日愛國精神，題爲「不屈的文學魂」。果然於一九七五年十月二十五日見報，連載四天。距離我第一次在中副發表的散文「榮譽袋」已十六年矣。

不過，中副主編也非簡單，他一筆勾掉了我的第一句話，而這句話是我這篇長文唯一要傳達的眞心話：「孔子說：三十而立。台灣光復正入而立之年，正如一個人不必依賴父母而能完全自立起來一樣。」

鍾鐵民近年來在文壇上的地位已將逼近鄭清文。兩人不但風格相近，而且都不多產。平均每年只發表一兩篇精品而已。鐵民於就讀師大夜間部時，寄宿於林海音家，五年間已磨鍊出一枝銳利的筆。畢業後，任教於美濃高中，弟妹們也都長大四出工作，生活大有改善，但平妹依然每日養猪。我每年講完鍾理和文學之後，必定帶學生們以朝聖的心情，探訪鍾理和故居。

學生們看到典型的台灣人之母親，對她默默的奉獻，無不油然起敬。看到方塊木板，下望山崗下的煙田、煙樓，想像着鍾理和坐在木瓜樹下寫稿的情景。走下屋後的磨刀河，巨石嶙峋，上流兩山挾岸，我向學生們解說鍾平妹怎樣從山上連翻帶滾地扛一條木材爬過河床。鍾鐵民從石縫間摸出一隻蝦米，說：「小時候我們在這兒抓魚蝦，不用買菜。」男女學生們不禁赤足下河撩水。

我把鍾理和短篇小說選出一部份,列入「台灣鄉土文學叢刊」第三卷,以我最喜歡的「故鄉」爲書名,請美濃高中美術老師李畫家畫了一張美濃風景的淡彩做封面,於一九七六年二月出版。我叫鍾鐵民來簽約,取得八千元版稅。

書出來不久,有一天,突然有兩位青年開一部新轎車到中文系來找我。手上拿了一本「故鄉」,自我介紹之後,始知他們的來歷。原來一位是「遠景出版社」的老闆叫沈登恩,另一位是王總經理。兩位都年輕得像二十來歲的樣子,可是做事卻很有魄力。他們說:這次到台南,看到我編的文學叢刊很欣賞,聽說我收集了鍾理和的齊全資料,問我有何計劃。我說我的夢想是把重要的台灣作家一個個挖掘出來,出版個人全集。我以爲他倆聽了這話會大笑出來,不料沈登恩卻認眞地說:「好吧,請你先整理鍾理和全集給我們出版,不論多少卷,希望讓我們實現你的夢想。」

王經理接着說:「遠景出版的書,一定是好書,請張教授相信我們。我們一向很敬仰您,您的心血不會白費。」

談話不過半小時,就決定了第一套全集八卷,賣斷五年,每卷一萬元,出版時直接向遺族付清,編者不取分文。合同由我立證,雙方直接換約。

算算我做的這個夢,前後已十七年了。鍾理和地下有知,應該高興我將實現這個十七年前的諾言。

日夜趕編，兩個月後，全稿交齊，就等校稿寄來。說實在的，沒有看到校稿，還不敢相信夢會成眞。

我常想：走進文學藝術的人可分三等級。第一等人是創作，第二等人是評論，第三等人是整理。我原先立志做第一等人，但愈走愈下坡，此去看來只能做第三等人。

最近不知何故，常有一種預感，感覺自己會突然死去。心中有點凄然，便想編一本自己的創作集，一來告別我的第一等人時代的青春，二來塡補自己空虛的人生。於是，把以前發表過的創作剪貼集中選出二十篇；再叫父親把家裏的相簿寄來，從我滿月在母親懷中的照片開始，選出代表我每階段生長過程的，直到結束創作的成大畢業相片爲止，選了十幾張，附印於扉頁，命名爲『生存的條件』，列入「台灣鄉土文學叢刊」第四種，於一九七六年七月出版。書前代序「致奔煬」，向自己告別。

吳南圖於今年春服滿了軍醫官役，退伍還鄉不久，即邀我一談。他與我同年，看我誠心誠意要整理他父親的資料，便答應讓我携回全部日記。

這些逃過「二•二八」大難的日記，頁數旣零亂，字跡又模糊。我以極低微的代價請來一位夜間部駝背的學生（忘其姓名。一年後患肺炎遽逝，令我痛失助手。）來幫我整理。一頁頁連接起來，打上頁碼，影印二份，裝訂成册，計四十卷。我自己保留一套，原件璧還吳家。歷時三個月。

佳里舊名蕭壠，故吳新榮書房命名爲「琑琅山房」。佳里國中有位年輕教員叫蕭郎，有一天和在台北經營出版社的北門詩人黃進蓮來找我，說要借佳里國中校舍舉辦文藝營，問我有何意見。我說我全力支持。於是他們積極進行籌備，藉北門鄉先輩吳三連的自立晚報廣為宣傳，邀集南北作家住宿於南鯤鯓廟的廟堂。白天於佳里國中禮堂舉辦三天的「第一屆鹽分地帶文藝營」，此乃戰後首次民間自辦的文藝講習會。時一九七六年七月中旬也。

我請南圖兄弟將其先父全部遺稿陳列於該校閱覽室，以供學員參觀。

開幕後，第一節課，我受邀主講：「吳新榮與鹽分地帶」。我說：在日據時代，吳新榮自東京返台定居於佳里後，即號召佳里、北門、將軍、麻豆一帶的知識青年數十人，組成「青風會」，以推動地方文藝活動。當時他開業很忙，但有文藝朋友一來，即時放下聽診器，與朋友談文論藝。南北文友聞風紛紛來訪，琑琅山房遂成羣英集聚之地。台灣文藝作家協會成立於台中時，他負責佳里支部；以後不論張文環的『台灣文學』、楊逵的『台灣新文學』、池田敏雄的『民俗台灣』，都由吳新榮負責南部文稿，甚至特闢「鹽分地帶專輯」，由英姿風發的「青風會」成員執筆。因此「鹽分地帶」一詞遂不脛而走，形成台灣文學中重要的一環。「鹽分地帶」顧名思義是不毛之地，可是它表現在文學中的是樸質、剛強、叛逆的性格，因此也最能代表殖民地文學中獨樹一幟的台灣文學特質。

戰後，「青風會」成員年老凋零，但新起的一代如楊青矗、黃進蓮、蕭郎、林佛兒等人，無不承繼先人遺風，各展文才於南北文壇。如今有當地的初中生、高中生，甚至南部地區的大學生齊聚一堂，瞻仰先人遺風，追念先人遺德，此不獨發揚地方文學之光，也是台灣文學復興之機運。

我講後，繼由楊逵與吳濁流先後上台見證自己與鹽分地帶之密切關係。楊逵出生新化，也是鹽分地帶人，後移居台中，隨時與吳新榮保持聯絡。吳濁流於戰後創辦『台灣文藝』，即請吳新榮擔任撰稿人及「台灣文學獎」評審委員。總之，這不毛之地鹽分地帶卻在台灣文學中綻放了奇葩。

鹽分地帶文藝營閉會後，我就匆忙北上。每年暑假，我都要去台北找書。原先吃住在三弟良光家；他夫婦倆多年來辛苦經營影印機之販賣，已稍有賺錢，但我這個做大哥的也不能老是伸手向他們要錢，何況他們人手不足，我豈能視而不見？於是我白天幫公司工作，晚上才去找書，久而久之，公司按件計酬給我，而我也較心安理得。

我的工作從送紙張、炭粉、零件開始，慢慢摸熟商場要領之後，便也做推銷機器的生意，還兼管公司人事。

我騎着機車，大後架上綑一部影印機，重數十公斤，一邊看地圖，一邊找地址。大太陽從頭上烤下來，柏油路面的暑氣從褲管內蒸上來。整條台北市街都是煤烟，碰到紅燈，即刻像堵住洪水似地積了一大羣機車、計程車、公共汽車、軍用卡車等大小車輛，屁股急促地冒煙，準備綠燈一亮就要衝鋒陷陣；有的耐不住紅燈亮太久，緊按喇叭，促催綠燈趕快亮過來。

看店面的性質，我就可判斷會不會買影印機。卽使已購用影印機，我也可以憑三寸不爛之舌，說服業主賣舊機而換新機。有時爲了多家在競爭，我也甘願以成本賣出，而取得日後長期消耗品及修理之專利。

一般推銷員都是提着〇〇七手提箱，紳士打扮，挨家訪問，把說明書一放就走。我卻不然。我一身工人打扮，不由分說就把機器抬進店裏，現場表演，免費替他影印數張；業主有點不好意思，我就索性把機器放一天讓他儘量使用。以後他就會主動打電話來，要我送一部全新的機器。

我這種肉搏戰，當然很吃力。但爲了賺人家的錢，沒有電梯的五樓，我也要硬扛上去。

今年暑假初抵台北，就接獲耕莘文教院來電，邀我去向文藝營的學員演講台灣文學。我思索了兩天，準備好好講一段戰後台灣文學的發展史。臨到演講那天中午，剛下樓來，不意看到公寓的廣庭之中，擺着一台手拉車，車上堆滿一綑綑的舊報紙、厚紙板、破布等。我聽到一個小孩的沙啞哭聲從手拉車中傳出來。我仔細環繞車子一看，有個小女孩被擠在車子的一角，大太陽把她晒得滿臉烏黑，兩隻小黑手抓住鐵欄杆，哭得死去活來。我舉目掃視一下公寓走廊，有一位退伍軍人模樣的瘦老人在垃圾箱裏揀拾破布舊紙；而每天睡在公寓車庫的長期雇用的公共清掃夫（也是位退伍老兵）幫他打綑着。

我因時間快到，摸摸口袋也沒幾個錢，便猛力踩動機車，調頭就走。

那場演講，我自己不知在講什麼；學員們都楞楞地望着我，似乎很失望地說：一個號稱台灣文學研究專家的學者，怎麼講得這麼糟？

那退伍老兵父女的形象，一直浮現在我眼前，我無心做生意，想着這多年來，我在鼓吹台灣文學時，顯然遺漏了一羣比台灣人更不幸的人們。

我有點消沈，晃進仁愛路的一家貿易公司，門面雖小，裏面卻很寬廣，堆滿了新書，幾個員工在分類、登記着。我覺得很奇怪，明明是貿易公司，怎麼在賣書？

我一邊說明機器，一邊留意到底是賣什麼書？好像都是有關台灣的書。對這種書我已訓練出一種本能；我走向屋角的一堆書，很準確地一眼就瞄出「大行出版社、台灣鄉土文學叢刊」、『倒在血泊裏的筆耕者、張良澤著』。

我問員工說：「你們這些書要賣到哪裏？」

「美國。」

「美國？」我驚叫了一聲。

那人奇異地看了我一眼，好像說你這個推銷員怎麼對書那麼有興趣？

「美國也有人買這種書嗎？」

「我們代理美國的三所大學，長期蒐購新出版物。」他補充說明道：「只要內容關於台灣的，他們都要。全台灣的出版物我們都不會遺漏。」

爲了讚賞他們找書的功夫，我指着壓在底下的幾本書說：「這些是我編著的。」

他更詫異地看看我遞給他的名片：「來成企業有限公司外務員張良澤。」

有一天在光華商場的舊書店挨家找書時，有一位老闆看到我來，即刻取出兩箱書，說是昨天才從外面收回來的好料。我蹲下來，一本本拿出來，果然都是台灣資料。但有些我已有，故分成兩邊放好。我已學乖了，在台灣的舊書店買書時，絕不能露出愛不忍捨的樣子。故意表示我要買這一堆，問了價錢；然後裝着不想買而順便一問另一堆的價錢。結果我以較低價格買了我眞正想要的後者。

我腰酸腿痲地站起來，忽覺旁邊站着一個人，滿臉堆起笑紋，指着地上一堆書說：「你不選了嗎？」

「嗯。」我直覺此人愛書比我更切，但他不知在旁等了多久。要是換了我，一定會蹲下來搶着看。光憑這一點，我就知道此人道行遠在我之上。

我裝着再一遍查點我要的書，一邊看他選什麼樣的書。他卻不甚熱心於選自己的書，反而熱心地爲我殺價道：「老闆，伊那些書你喊價太高了。好書都在這堆呀。」

果然我剛才的表演都被他看在眼裏。老闆果然因他的話再減價了一些。

我心滿意足地抱着書走出光華商場。他跟着出來。問我要不要喝杯木瓜牛奶。於是兩人就坐在商場側門外的冰果店，各叫了一大杯木瓜牛奶。

「你是不是叫張良澤？」他笑咪咪地問。

「你怎麼知道？」我強作鎭靜，好像不當一回事。

「我看過你書上的照片。」他很得意的樣子。「我叫劉峯松。哪天歡迎你來看我的書。」

他說他是員林人，與我算是小同鄉。員林農校畢業後，自修法律，通過高考，現服務於台北法院少年監護所。他說他每天都騎自行車在台北近郊巡訪在家監護的少年們的生活，工作完成後就順便逛逛各地舊書攤。常為了沒錢買書，就把小孩子的儲蓄筒割開來。

「你知道那些犯罪的少年們，不是因為家裏太窮就是太富了。有一次我去基隆訪問一個少年，他父親是個拾破爛的退伍軍人。家裏就在海邊的石縫間，用報紙糊成擋風的牆壁。眞難想像他們是怎麼生活的？」

劉與我同年，身材略矮，氣色紅潤而身體結實。孩子臉，看來比我年輕許多。我問他養生之道。他說他每天早上六點一定去游泳池游泳一個小時，無論天寒下雨，沒有一日缺課。我眞不敢相信竟有這般毅力超人的人。

「要想做事的人，一定要先鍛鍊好身體。」他瞧瞧我。「我看你要多注意身體。」

數日後，我應邀去他家看藏書。家在監獄附近的宿舍。他太太畢業於師大音樂系，現於國中教音樂，看到我這個書狂來了，並沒有很高興的樣子。兩個男孩子卻斯斯文文的。還有一個學生在替劉兄抄抄寫寫。劉兄說這個學生家境淸貧，暑假便叫他來做一點抄寫工作。

他沒有我想像的那麼多書，全是中文的台灣史書。他說他看不懂日文，而且日文書較貴，所以只買中文的。他用肥皂木箱疊起來做書架，釘一根釘子固定起來，既節省又方便，倒是好主意。

他說他可以替我找書，只要把錢交給他，並指定所要的書，他就可以替我找出來。我有點半信半疑，正好最近我竭力去尋找一本早年啓發我愛上台灣文學的鍾肇政初期小說『魯冰花』，始終找不到，正恨那個借書不還的友人。就把這本書的大小形狀約略向劉兄說明之後，他說這類書可能在古亭區牯嶺街的舊書店有。馬上帶我去找。我憑我的特殊感覺，一本一本掃視之後，失望地走出來。

「是這一本嗎？」他在我尋過的書架上抽下一本書。這本書掉了封面，用一張厚紙板釘成封皮。看內文首頁，果然是十五年前的絕版書『魯冰花』！

我在心底暗中叫了他一聲：「書神！」從此便打算請他做爲我的分身，平日我在台南找書，台北就交給他。他說這是他最感快樂的事，唯一條件就是凡由他經手之書，都要蓋上「松齋」的藏書印；我當然也樂意收藏他的印記。

有一天，吳濁老來電話說有要事跟我商量。原來他構想已久的「台灣文藝資料館」乘我在台北期間要付諸實現。他已擬好向各界徵求資料的公開信，我稍稍潤色後就付印寄出。並約定下週日他要帶我去新埔老家實地測量，以便訂製木質書架。他說那棟鄉下祖房最近才辦妥手續，由他繼承。

關渡有一家電子工廠已決定要買我的機器，我趕緊從倉庫裏出貨。奇怪，今早起來胸口就隱隱作痛，現在一個人要搬貨都覺全身無力。叫小弟幫我抬到機車後架，綑好了，滿頭冒冷汗。

士林、北投這一帶我生活了一年，每次駛過這段路，我都會很眷戀地東張西望；但今天只覺胸口一直發痛，機車稍一震動，便像一根針刺進胸肺。騎太慢，又怕重心不穩而滑倒。

通過士林街道，大馬路往北一直去就是北投，中途有一條新造的漂亮大馬路接於左側，上回來表演機器，疾馳這條筆直寬敞又兩側立着摩登路燈的新路，就像飛行在田園中間，眞是心曠神怡。可惜，今天我已不能再享受了。眞想休息一下，不，就在這望得見淡水河口的小茅屋裏，讓我休息幾天該多好。

過了田園地帶，便是電子工業地帶，地勢略高，可望得見淡水河，河邊還有幾家農村或漁村的小茅屋；過了山崗繞過去便是淡水鎭了。關渡就在這山崗之下。我駛進這家新建的電子工廠。

把機車停在大樓走廊，辦公室就在三樓。工廠未動工，故不見員工。我找不到人家幫忙，只好自己抬上去。在樓梯口，我每爬一階，就要停一下，把肩上的機器靠在牆壁，冷汗不斷從額邊滲出。

爬一階，停一下，吐幾口氣，但不敢用力吸氣；一吸氣就像肺腑會裂開似的。

我咬緊牙根，總算讓我爬到三樓了。推門進去，想要把機器放下來。卻發覺我不能彎腰俯身，直直地站着。老闆和經理坐在沙發椅上楞楞地望着我。

我叫不出聲音，只用左手指着肩背上的機器。兩人趕忙過來，替我抬下機器。我手扶着桌子，只覺全身從脚底涼起，涼到頭頂時，但覺房屋闇暗起來，暗暗……

當我稍微淸醒時，頭痛如絞。看到二弟、三弟、阿吟的臉孔，才意識到自己沒有死，心裏高興一下，但胸口又猛然劇痛一下，我便掉進夜空中，好多星星從兩旁飛過，我愈沉愈深，很涼快舒服的感覺；我知道這一去就不回了，但我多不甘心呀。我還有很多工作沒做呀。至少我還要見一面爸爸、媽媽呀。媽……媽……

醒來時，媽果然在身邊，一邊替我擦汗，一邊叫我不要動。我發覺鼻口罩着輸氧氣的口罩，氣管連到床邊的一座大圓筒。

母親摸着我的手，說：「可憐的兒子，你昏迷了兩天，現在沒問題了。你弟妹們來守你兩天兩夜，我都叫他們回去休息了。麗華明後天會趕來。」

翌日，護士卸下我的口罩，把氧氣筒推到屋角，吩咐母親道：「若感吸吸困難，隨時罩上口罩就行。」

年輕的醫師和護士一天來巡迴幾次。從醫師的口述中，我得知大致情形是這樣的：

當我倒下時，電子廠老闆（恕我忘了救命恩人的大名，外省人，姓涂，年約三十五，穿花格西裝，好像從外國回來不久的樣子。）即叫來一部計程車，直接送到榮民總醫院急救。所幸從關渡到榮總，不過十數分鐘車程，又無紅綠燈，否則，只要被一個紅燈擋住就來不及了。而且榮民血庫充足，若在別處發生，恐束手無策了。

經理緊急電話通知三弟，與我同時抵達，即在紅紙上簽署，送到急救室。醫師先通管把積血抽出，然後切開胸部到背部，正好切了身體的半圈，把胸部斷裂的動脈接好。共輸血五千cc。

「佳在你阿嬤替你求天公，你平時也做眞多好事。每回你有大難，攏得到貴人。以後你得卡小心嘿，身體顧卡好嘿。」母親說得眼眶紅紅。

電子廠老闆與經理提一籠水果來看我，說明機器的錢已付淸了。母親頻頻稱謝，而我說不出對他倆的感恩之情。

吳老冒着大汗出現了，一件短袖白衫由內濕到外。母親經我介紹後，就讓位給吳老坐在床邊，吳老笑開紅鼻頭、紅臉頰，說：

「我打電話給你弟弟，要叫你來商量書櫃的事。你老弟最初不肯直講你的遭難，我一再追問，才告訴我你躺在這裏。我來時，攔住一部計程車，是紅色車子，一看車門，寫着〃幸福〃兩字，我就知道你一定不會死。」

他喘了一口氣，想了一下，用日本話說：「張君！人生的路子很長，要慢慢跑，萬萬急不得。像我這老頭子，還要跑十年、二十年呢，何況你還年輕，幹嘛那麼急？」

他回去以後，我一直望着放在案几上的一盒包裝得很漂亮的葡萄，又大又青翠，一個個透明得可看到裏面的核子。

不知誰在傳消息，士林高中的邵校長以及舊日男女同事相繼來看我；北投的隱地他們也來了。大家都勸我做事勿操之過急，留得青山在，不怕沒柴燒。不知爲什麼，我每看到親人故友來探訪，就會流淚不止。

王麗華來和母親輪番看護，我自覺體力恢復得很快。沒幾天，已可把床頭轉高起來而半躺了。當護士把氧氣筒推出去之後，我知道我已安全了。

我叫王麗華打電話問遠景，鍾理和的稿子排版好了沒？如果校稿出來了，即刻送到醫院來。果然沈登恩很快就親自送校稿來了，但叮嚀我不必急，出版日期可以延期。

大概入院一週以後，我就半躺在床上校對了。我想起鍾理和也半躺在床上寫稿，不同的是我躺在最新設備的個人病室裏。

喉嚨有痰咳不出來，很難過。王麗華細心照料我，每天按醫師的吩咐，叫我張開嘴巴吸水蒸氣。弟妹們輪流煮補品來。我的胃口大開，精神大好，看稿的速度很快。

約兩週後，我就能起來走動。麗華扶我起來慢慢挪步，挪出走廊，一看隔壁的門牌寫着「太平間」，不禁打了一陣寒噤。

住滿一個月，醫生囑咐出院，並說最好轉入台南陸軍總醫院再調養一段時期。

張恒豪聞訊趕來，正好幫忙出院南移。他說數週之前才和我一起去圓山大飯店參加台大主辦的「第一屆國際比較文學會議」，眞有人生叵測之感。我想起那兩天會議如坐針氈，大家都用英文發表論文，分科討論也用英文發言，我看大家笑時，我也笑笑；心裏很難過。

吳南圖聽說我轉入台南陸軍總院，卽請他在總院服務的朋友特別照料我。蔡醫師夫婦也常來探望。成大師生又為而我驚動一次。吳璵主任叮嚀好好休息，課業已請呂興昌講師等人代課。

鍾鐵民趕來時，全集八卷的二校已畢。三校由出版社負責。我穿了一件麗華買來的日式睡袍，撐着拐杖，和鐵民坐在病房外的大榕樹下。鐵民說：「張大哥，看您這樣子，就像我父親。」

我怔了一下，問：「怎麼說？」

「印象中，我父親從台北回來時，胸部扁得像蒼蠅的翅膀，走路輕飄飄的，就像您這個樣子。」

我突然想起一件事，興奮道：「鐵民，我們應該把你父親的一生拍成電影。我來扮演他的晚年，一定可以演得很傳神，因爲我知道他在想什麼，在愛什麼。」

彼此沈默了片刻，好像這話說得很認眞，其實也知道只是說說而已。

鐵民又說，吳濁老於上月患了感冒，原先不以爲意，可是拖了幾天，引起併發症，情況突然惡化，住進醫院裏。我立刻打電話叫良光去醫院探尋詳情。數日後，良光回信道，吳老病情嚴重，滴水不進，全憑點滴打針。我雖然很憂心，但想吳老身體硬朗，個性倔強不屈，病魔必拿他沒辦法。

算算他患病的日數，則他初患感冒時，豈不是他來榮總看我之後嗎？啊，對了，那天他冒着大太陽，全身汗水濕透，沒能換衣擦拭，陪我聊了一陣，又坐車回去，必定就此着涼了。難怪他回去之後，沒再打電話給良光問我的情況。

當我的傷口完全合癒，體力也恢復了一半，正準備近日中出院時，蔡醫師夫婦來訪，笑談了一陣之後，他說：「我說了，你也不必難過。吳濁流先生過世了。」

我忍不住掩面哭出來。同時，心中決定爲他做件事情。

住院期間，道功由母親帶回永靖，亭亭由麗華父母照料。麗華父親每天託人到安平海邊捕四脚跳仔，以兩計錢，燉來給我吃。他自己赤脚走路，久年神經痛，都未曾進過這麼珍貴的補品。與我同住於開元路的袁壽規，舉凡跑腿的事都由他包辦，他好像被我派上用場而特別得意的樣子。

台南陸總的照料亦滿一個月，出院回家，兩個孩子也送回來。看到我，都不認識了。

不幾天，收到遠景寄來大包裹，打開一看，內有二十套『鍾理和全集』，每集八卷。封面設計令人喜愛，那幅疲憊、沈思的勞動者畫像，很能表現那時代的苦悶。不知這位畫家吳耀忠是何許人？這是一九七六年十一月某日之事。感謝遠景的大魄力，出了台灣新文學史上第一部的個人全集。

在我每天撐着拐杖上課的日子裏，台北『愛書人』雜誌派了一位女記者鄭小姐專程南下來探訪我。在「比較文學會議」上，我們已見過一面，這次她看到全集出版，替我高興至極的樣子。她回去之後，沒有把採訪稿寄來給我看，就在『愛書人』第四十幾期發表了一篇「台灣文學之父—張良澤專訪」。使我臉上發熱了老半天。

十二月底，東京池田敏雄先生戰後首次來台，不知聽誰說我在整理台灣文化，來台南便最先來看我。他說他此行首要之務便是掃吳新榮之墓，不料在我辦公室先看到了我整理好了的吳新榮日記，驚嘆冥冥之中，老友已在等他。

池田先生說，昭和十九年他被徵調當二等兵，有一次他生重病被送來台南陸軍醫院，好友吳新榮聞訊即刻前來探望，兩人相見，忘了病情，而為日軍即將戰敗而互相暗喜。池田先生叫我查一下昭和二十年某月的日記。我一查果然有此一條。三十年前的記憶還那麼準確地留在他腦中，令我眞不可思議。

池田先生要我陪他先去拜會一下東門的黃天橫。然後去市場買了一包肉圓和一瓶黃酒，便搭車直往將軍鄉。抵將軍，飛砂滾滾，兩旁蔗田，不見天日。計程車駛不進蔗田間的小路，只有下來走。走進深處，一小片平野，數堆大小墳墓，便是吳家祖墳。吳新榮之墓排於前，墓碑最高最新。池田先生趨前，把自己戴着的斗笠取下來戴在老友頭上，並摸摸老友的臉說：「新榮兄，我回來看你了，三十年沒見面，好想念呀。」說完，就和老友相擁良久。我站在後面，忘了拍照，只一直擦眼淚而已。

池田先生打開黃酒，各放一隻酒杯於前面，斟了酒，便與老友對飮起來。說：「你最愛吃的台南肉圓我給你買來了。記得嗎？每次我來台南，你就帶我去吃這家的肉圓。來來，黃酒你最愛喝，乾杯！」他一再向老友倒酒，已溢出來，流了滿地石基。四周蔗園，望不見人家，風砂吹得蔗葉翻來翻去。我坐得遠遠的，儘量不去干擾他倆的忘年之交談。

從墓地回來，才去拜會吳夫人及其子。吳夫人見到故人來，驚叫起來，以爲在做夢。吳南圖說要紀念父親的逝世十週年，請池田叔叔從日本寄一些他父親最喜愛的「和紙」來。

然後回到台南，蔡醫生約定後日大家同聚於日月潭。

後日，池田先生坐其妻妹夫婦的車子，由北入日月潭，吳夫人、陳秀喜、蔡醫生和我由南入日月潭，下午五時許雙方同時抵達。

主人張文環正接到東京的出版社寄來他的新著『爬在地上的人』，又迎接四方八面來到的老友，快活得走路都比平時更使用脚尖的力量，而且本來就有點像孫悟空的臉，這時更突出尖尖的嘴唇。

大家坐在會客室裏正談得開心時，池田的妹夫走近鋼琴，彈起了台灣小調。大家不意中斷了話題，跟着琴聲，哼唱起來，一曲又一曲，越唱越興奮。

「諸位好友，」突然池田先生站了起來，制止了大家的歌聲。「請你們看看我這條領帶。這條領帶是誰送我的？大槪你們也猜不出來。這是幾年前，文環兄戰後第一次來東京時送我的。」

大家把目光轉移到文環臉上。他想了一下，才記起道：「對了，這是我特地選給他的。」

「諸位好友，」池田先生好像有什麼重大事情要宣佈的樣子。「今天我要把這條領帶轉贈給張君。因爲他是台灣文學的繼承人！」

我還來不及思索的刹那，池田先生就把我叫起來：「張君，這條領帶是代表前輩們的文學精神，希望你珍惜它。文環兄，你不反對吧？」

大家鼓着掌，池田先生把藍色碎花的領帶解下來，交給我。我雙手接過來，一下子，覺得全身熱呼呼的，只能低頭行禮而說不出半句話來。

這是一九七七年年初的事。我的人生又邁出一步新的開始。

十七、筆鄉書屋（1977.2～1977.9）

池田敏雄先生早年自台北師範學校畢業後，任敎於艋舺公學校三年級，發現班上女學生黃鳳姿小朋友特具文才，其作文都取材於台灣民間習俗而描寫生動活潑，便把它介紹於日孝書房的西川滿先生。時西川滿已是一位台灣文壇的新領袖，驚覺黃女之異才，便不斷把她的作品發表於『媽祖』、『台灣風土記』、『文藝台灣』等雜誌上。師友兩人培植黃女不遺餘力，直到她畢業於台北第三女學校，共出版了『七爺八爺』、『七娘媽生』、『台灣的少女』三本散文集，成爲台灣文學史上最年幼的作家。終戰，黃鳳姿排除家庭反對，毅然與池田先生結婚，傳爲美談。除了培植黃鳳姿之外，池田先生對台灣文化的最大貢獻是在總督府推行皇民化運動中，他爲了保有台灣傳統文化，便說動台北帝大人類學家金關丈夫敎授出面領導全台民俗學家創辦『民俗台灣』雜誌，而實際編輯跑腿工作多由池田負責。此雜誌發行到池田當兵爲止，不但是台灣有史以來的第一份民俗學雜誌，也是迄今內外學界公認的高水準雜誌。戰後台灣文獻界的學者很少不是從這搖籃培植出來的。

此次池田來台，聞說我手上借來齊全的台灣的文藝雜誌，便介紹台北一位專門出版期刊影印的出版商姓莊的來找我，說要出版一套『台灣新文學雜誌』。前此，也有一位台北貿易商人姓李，由楊逵介紹南來找蔡醫師要借鄭家珍藏的雜誌，蔡醫師便吩咐我全部轉借給他。我不敢違命，便全部借給李，後來李如約送還了。但這次姓莊的，我看不可靠，便推說等我影印完歸還後，再向鄭先生本人借出，我不願經手。等到我全部影印完畢，正等着蔡醫師帶我去還書時，莊得到池田先生的介紹信，前訪鄭先生而得到鄭先生的字條，來向我取書。我只好遵主人之命，把全部約七十册的雜誌交給莊。我預感到這些國寶一旦交到莊手裏，必無歸還之日。莊當場言明明年出版時，必贈送我五套，贈送書主十套。結果五年後，我在東京中文書店看到白封面精裝的『台灣新文學雜誌』三十卷，由莊的公司和東京某家中文書店合作發行。我知道贈送五套的空頭支票是不會兌現的，便自己買了一套。某日，遇到鄭學長，他說屢次向莊催還皆無回音，其父已知無望而頗惋惜。我說書已出版了，只好自己去買一套保存吧。他連連搖頭說連書出來都沒有通知他。

『台灣文藝』出了「吳濁流紀念專輯」之後，便結束了吳濁流時代。同仁們開會商討存續問題，有人說：『台灣文藝』要死不活拖了十二年，趁此機會宣告結束，也不致於太難看。我却堅持要把吳老的精神延續下來，大家出錢一年辦一本也好。鍾肇政即一口承擔下來，並決心要把季刊改爲雙月刊，擴大版面，增加篇幅，打入市場。

由鍾肇政一人多方奔走，請巫永福當了發行人，遂於三月推出革新第一號，果然篇幅增加三倍，氣象一新，『台灣文藝』正象徵台灣文學的成長，進入了開花期。

這數年來，『台灣文藝』跳出一匹黑馬，正名洪醒夫，是大家矚目的新起之秀。他擅於佈局和刻劃人物，故能醞釀出獨特的氣氛，使讀者憑視覺就可聞到台灣的古老習俗。可惜缺少了一點什麼東西，使得歷屆評審委員常爲他的作品而頭痛，致使兩屆都落在正獎邊緣的第一佳作。

可是洪醒夫全不在意這些。三月，李喬帶他來台南看我，第一次見面我就直覺這小子的成就必然可觀，其潛力超過上一代的黃春明。我很高興見到後生小子，即刻在我所指導的中文系課外活動的「創作研習會」安排了他的一場演講。他的寫作技巧論和爲人的敦厚感，留給我們深刻的印象。果然後來他同時得到「時報文學獎」和「聯合報小說獎」的兩個大獎的第二，衆人驚訝文壇巨星誕生。

吳南圖兄弟非常敬愛其先父，正好醫院也安定了，便請我編輯紀念文集，以紀念其父吳新榮先生逝世十周年。

吳新榮先生自東京醫專時代起，就開始創刊各種同仁雜誌，發表詩歌、散文不少。畢業後，於東京五反田無產階級醫院奉仕一年，歸台與毛雪芬女士結婚，即懸壺濟世。毛夫人產三男二女，至第六胎時，腹內出血致死。吳新榮於哀痛之餘，撰「亡妻記」上下篇，登於台灣文學史上最高水準之文學雜誌——張文環主編之『台灣文學』，轟動一時。至晚年，自輯半生文字，自費限本出版『震瀛隨想錄』二百冊。先生欣喜生平第一本作品集誕生，親筆題字，郵寄各方好友。未料，好友們於收到贈書同時，亦接到先生訃聞。時三月廿七日，恰與毛夫人謝世同月同日。

我與其家族聯合具名發函給先生生前友好，請撰文追念。冠以先生之號，書名爲『震瀛追思錄』。另以先生自撰傳記『此時此地』易名爲『震瀛回憶錄』。再輯先生連載於『南瀛文獻』的鄉土採訪記及民俗調查論文等，冠題爲『震瀛採訪錄』。以上三書皆仿先生手訂之『震瀛隨想錄』之裝璜，另加先生第五子吳夏統之內封面圖，由先生餘緒之琑琅山房私家出版，各印二百冊。全部精裝精印，花費南河、南圖兄弟一大筆經費。一九七七年三月發行。

十週年忌日，吳家邀集內外親友於七股海鮮店聚餐，每人獲得一套『震瀛三錄』，無不感念至深。我前後費時一年完成了日記之整理及此三錄，吳家已視我如家人了。是日，兄弟姊妹大團圓，大姊朱里夫婦正從新加坡歸來，看她圓臉美貌的中年婦女，使我想起『亡妻記』中那個新喪母的公學校一年級的小女生，體貼父親的辛勞，獨自低頭縫補制服的扣子，使得站在背後的父親不禁淚盈目眶。事隔三十五年，那位小女孩已成相夫教子的賢妻良母了。

聚餐後，衆人齊到將軍鄉吳家墳地拜祀。毛雪芬之墓依偎於夫墓之旁，其墓碑由吳新榮親筆題字。衆人靜默環立，祭告故人子女有成，遺室安泰。而後衆人排列於墳前，攝影師站好架勢，衆人凝望前面鏡頭時，突然我家三歲小女亭亭掙脫了我的手，奔向對面祖墳前供祭的水果盤。我心一急，隨之奔出行列想要抓她回來，可是背後又有一人喝止了我。回頭一看，張文環先生怒目向我制止。此時亭亭已抱起一個橘子自個兒走開了。衆人爆出笑聲，而張文環笑得口最開。

新文藝課程每年必遊之地，除了鍾理和故居之外，便是北門鄉。大約五年前，我爲了讓學生們了解鹽民生活的貧苦，並了解台灣民間信仰習俗種種，便帶領學生乘坐興南客運到鹽分地帶的北門鄉，請王清芬當嚮導解說曬鹽的過程。鹽民引海水入鹽田之後，便讓太陽曬掉一部分水分，而後用扒子把結晶於水底的粗鹽扒成小山。一望無垠的方塊鹽田地區，不見一棵草木，只見田中一堆堆雪白的小山。鹽民們一擔擔挑到製鹽廠，由公家經營的製鹽廠以廉價收購，經漂白後製成精鹽。

走過路面有白鹽凝固的大馬路，有一片大廣場，停放着許多遊覽車和大卡車。遙遠可望見一座大廟宇，那便是南台灣香火最鼎盛的南鯤鯓廟。此廟供奉五尊天神，每年三月間是五神出巡時節，各地善男信女携扶老幼，從全島各地來進香。童乩跳在神轎前，沙魚劍酌力砍在背上，噴上符水，血漬染到褲腰。車鼓隊、宋江陣、牛犂歌交織穿梭於人羣之間。帶着鹹味的海風捲起香煙和金紙灰，飄到高空，飄過廣場矗立着的兩杜大旗竿。這兒沒有北港沿街燃放整鼎鞭炮的盛況，但整個風景顯得粗曠而蒼涼。

學生們看完了鹽田和廟祭，王清芬說還有時間，便帶我們去參觀烏脚病醫院。以前我曾於報上讀過有關烏脚病的報導，但覺離我遙遠而無切膚之感。如今走進這所海堤附近的烏脚病診療所，便看到玻璃罐裏泡着大大小小被切除下來的烏黑手掌和烏黑的脚掌，學生們與我都不覺驚叫起來。

這所診療所緊鄰着一間長老教會的小教堂。王清芬說教會的王牧師是一位外科醫生，兼任診療所的主任。他的半生都奉獻在這裏，甚至連他的妻子、女兒都在這裏仕奉當義工。我帶領學生們向王醫師致敬，並請他簡單說明這所診療所的成立經過。他說：

大約二十年前，台南神學院的一位英國人傳教師來北門鄉考察，他帶領這位英國人去看鹽民生活的貧苦。走過鹽田中的一間草寮時，遠遠就聽到一婦人的哀號聲。循着聲音，走進草寮，惡臭撲鼻。仔細一看，床上烏黑的棉被底下躺着一位老婦人。傳教師把棉被掀開一看，一條烏黑、腐爛的腿上，爬着無數蛆虫！傳教師道：「如果上帝存在的話，就存在於這裏。」說着，就把老婦人抱起來，送到北門教會，親自替她醫療。後來發現這沿海地區，患這種脚病的有不少人，便囑咐他成立診療所。傳教師回英國募款，並呼籲各教會重視這種全世界所未見的怪病。

這怪病沒有學名，姑且稱作「烏脚病」，延請英、美專家來鑑定，迄今找不出病根。一般的看法是認爲台灣沿海居民多飲用井水，而水中含砷過多，杜塞了血管末稍，所以從手脚的尖端開始發黑。有一種是發黑之後，便乾枯像枯枝一樣，叫做「乾性烏脚病」；有一種是發黑之後，便腐爛發臭，叫做「濕性烏脚病」。可是經過追蹤調查後，發現患者分佈甚廣，即連一生都生活在阿里山上的人也有這種病例，只是患者多集中於雲林、台南沿海地區而已。

最後，王醫師說，還有一點不可思議的是，在日據時期未曾發現有此病例，而於台灣「光復」十多年後，才不斷發生。

這五年來，我每年都帶着不同年次的學生來探訪烏脚病人。這些在溫室裏長大的大學生們走進病房，一聽到每個角落傳來「平安」的呼聲，一看到每張病床上都有一張求助的臉朝向這邊時，學生們都裹足不前，不知怎麼辦。我便教學生把帶來的水果，分送到每個床位，同時與病人聊聊家常，安慰他們好好養病。學生們開始時很生疏，但談了一個多小時，有的拿手帕和病人一起拭淚，有的摸摸病人被鋸掉一半的兩腿。我巡迴各床，大多是熟面孔，只是切除的部分愈來愈多，切到手脚合起來只剩三根指頭，最可憐的是有的兩腿鋸到大腿上，再鋸一次就鋸到屁股了。

陳幹事說，出院的少，入院的多，上下樓房都滿了，因此較輕微的只好叫他們每週來治療一次。事實上，這種病是無法根治。

每次來到這裏，只增加我對文學的無力感。我表面上示範性的表演給學生們看如何接近病人，如何同情他們的遭遇；其實，我內心裏只感到一片空虛無力。我知道這種病傷害血管和神經，其痛無比；但陳幹事已訓練他們在客人面前要含笑道「平安」，客人走時要「讚美主」。可是我知道，當我們走出小小診療所的大門時，病房裏便恢復了一片呻吟、哭號的海。而學生們帶着沈重的心情，搭上興南客運，漸漸進入繁華的市區便漸漸拋棄包袱。等到下週交出一篇「烏脚病院訪問記」之後，學生們便又開始忙着郊遊烤肉了。

這診療所住的大半是老人，唯一一個小女孩林小朋友，我認識她時才六歲。門齒缺牙的六歲小女孩，照理還在母親身邊撒嬌呢，可是她卻一個人從台北新莊被送來住院。其後，我每年來一次，她就少幾跟脚趾和手指。可是她缺牙的小臉兒卻愈來愈開心，甚至愈俏皮，因為疼她的阿公、阿嬤太多了。她用兩個脚跟走路，一蹦一跳；有時跳到厨房，去和一位裝着義肢的伯伯談心，有時跳到工作房，去看嬸嬸們織草蓆。

去年，林小妹進了北門小學一年級，我想了解她讀書、生活的詳情，便向陳幹事請求讓我住院兩天。

我睡在林小妹的床下，陳幹事命令她不要跟我玩，要做自己該做的事。果然林小妹只怕陳叔叔一人，安份地做自己的事，而不敢多理睬我。我手上一枝筆，每時每刻都不放過她的行動，甚至連她睡覺的表情都記錄下來。翌晨起來盥洗，水冰冷，鄰床的阿嬸叫她用溫水瓶裏的熱水。一個人先去吃早飯，義肢伯伯等她下來才舀一碗熱呼呼的菜湯給她。上樓背書包，向醒來的阿公、阿嬤說再見。

級任老師是一位麻豆美人林老師。她答應讓我當一天的小學生。林小妹用左手的三根指頭寫字，已能寫好自己的名字。音樂課時，沒想到林老師竟教小孩子唱台灣民謠。邊唱邊舞着：「點仔膠，粘着脚，叫阿爸，買猪脚……。」林小妹唯一的困難是要舉一脚起來把粘住脚底的柏油去掉時，無法站穩而已。體育課的踢球，她可踢得比我又快又準確。

放學回家，林小妹就在教會或診療所內遊玩，自己辦家家酒，不再出大門一步。晚上洗澡時由阿嬤替她擦背。

我縣密地記下了林小妹二十四小時的生活，題爲「林小妹的一天」，附了十多幀彩色相片，寄給中國時報人間副刊。該副刊主編是文化學院畢業的詩人，讀了我的稿子，極感動，來信說一定要登。數月後，說積稿太多，快要輪到我的了。再過數月，「人間」副刊闢出專欄「現實的邊緣」，登了別人的稿子，也附了彩色照片。從此，平均兩三週就一篇長稿。我想大概我寫的現實太殘酷了，詩人有點顧忌，等警總稍微習慣於無關痛癢的現實之後，才要獻出我的大作也說不一定。就這樣再等了幾個月，我已等得不耐煩了，便於北上時，順便到報社去，當面取回我的稿子。詩人名叫高信疆，首次見面，長得高高又白白胖胖，一看就知是非常滿足於現實的人。他只禮貌地向我致歉，把我的稿子壓了一年。他且自誇「現實的邊緣」專欄推出後，如何受到廣大讀者的推崇；而一句不提我的大作為何不登，也不願表示一下我的稿子激發了他構思出「現實的邊緣」這個叫座的專欄。

我把這篇稿子隻字不改寄給最近改變風格的『夏潮』雜誌。主編蘇小姐不愧是個有膽識的新女性，卽刻於一九七七年六月號上登出來，可惜把原稿刪略近半。

有個名字叫王健壯的青年，創辦了『仙人掌』雜誌，別出心裁，與衆不同。每期訂一主題，不登主題之外的文章。封面所印主題比雜誌名顯眼，是介於雜誌與單行本之間的產物。外面用一層玻璃紙包裝起來，買來的人像打開「總統牌」香煙一樣把黃色紙帶撕開後，玻璃紙袋便斷了兩截。因為這種珍貴的密封，使得愛看書而沒錢買書的人無法站在書店翻閱，而花錢買來的書又捨不得打開包裝。

某日，王健壯突然來信說一九七七年四月『仙人掌』第二期要出刊「文學與鄉土專輯」，邀我撰稿。我左思右想，寫理論性的文章，一來非我所長，二來容易招惹是非，於是便寫了一篇抒情性的小品文，描寫鄉土之情使我自然而然地愛上鄉土文學。記得開頭我這樣寫着——

小學時候，每天早晨提着鹹草籃的書包，赤脚上學。途中，走過一片墓地。墓地是一片青翠的草原，草上結了一小片一小片的蜘蛛網，網上串着小珍珠；晨光普照大地，小珍珠閃閃發光。遠遠望去，整片草原像罩着一層串珠寶的薄紗。我赤著脚，踩過上面，脚底涼涼的，好舒服。………

這篇文章登出不久，突接美國『世界日報』來信，要求轉載於該報。以前我從未聽過什麼『世界日報』，管他虎或豹，要宣揚我的作品，當然欣然答應。由此也可看出『仙人掌』雜誌頗受矚目的樣子。

不知高雄醫學院的學生從哪兒聽到我的消息，有位身材壯壯的陳永興騎機車來找我，他說他是高醫最大學生社團的負責人，要我去演講台灣醫生與台灣社會之關係。我看陳君目光有神，聲音宏亮，一言卽知他非泛泛之輩，便答應前往。

是日下午六時如約前往高醫大教室，不見一人，桌上、地下散落着演講宣傳單。那宣傳單上有我的名字，時間、地點也無差誤，但爲什麼沒人來呢？正狐疑之際，陳永興氣冲冲地跑過來，他說幾天前貼出海報之後，卽被教官無理取締，後來改用小傳單散發全校，教官強行制止今晚的演講，不得已叫同學們都回去了。只留下幾個朋友在會客室裏想跟我見面。我贊同他的處置，不要爲了小事情而鬧大，以免無謂的犧牲。我便去會客室與五、六位熱心學生座談。他們都至表歉意和憤怒，但我極力安慰他們，尤其我看陳永興是很行動派的人，我只期待這種有心人要大器晚成，不要中途被斲傷。在座有位看來較爲老成的人。他說他是鄭穗影，任教於高雄中學，邀我會後去他家一坐。於是陳永興帶我去解剖室參觀一下之後，鄭穗影便用大摩托車載我去他的家。

他太太經營小小的童裝店，一看便知道是個能讓丈夫安心教書、全心愛文學的賢惠妻子。鄭穗影拙於言辭，但熱情滿腔，從他口中得知高雄有一羣年輕狂熱的詩人，不管北部文壇有沒有重視他們，他們只努力於生活中寫詩。

我因要趕夜車回台南，無法與他深談，也無暇見見他的詩友。當他送我去車站而陪我等車時，我覺得自己很愧對高雄地區默默耕耘的青年朋友。

不久，高雄海專一位年輕女老師來信邀我去演講，她說她負責學生課外活動，代表學生們邀請我去。我心想高醫都不准我講了，海專怎不知風聲呢？姑且前往一試，卻順利舉行。會後，我問女老師台灣話怎麼講得那麼好，她說她是江蘇人，在台灣出生、長大，當然會講台灣話。我深受感動，回來後寫了一封激情的長信給她，而她只寄來與學生合照的相片和禮貌上的謝詞而已。

這陣子我好像變成了演講專家，趙醫師邀我去台南扶輪社，母校南師學生代表也來邀我回校演講。我的演講沒有什麼高深學問，只是對準對象，對社會人士，我就多講一些社會經驗；對在校學生，我便多談一些學生經驗。而我的話題不外繞着台灣文學，企圖引導對方關心、了解台灣文學而已。去年，尉主任退休後，系內派系傾軋，學校便從師大借調了吳教授來當代理主任。吳主任大致遵循尉主任的路線，所以對我特別關照。可是當我去台南神學院演講後不幾天，吳主任便找我去談話。他說我在神學院的演講，當局很注意，希望我以後不要跟神學院的人來往。並叫我不可參加他們在海外辦的夏令營活動。我說我根本沒有聽說夏令營之事，也沒有受到邀請參加。我當然知道我的公開演講都有人領車馬費，所以我儘量強調台灣是三民主義模範省，台灣文學即是三民主義文學的模範文學。

吳三連一手培植的吳豐山，升任『自立晚報』總編輯後，不知是否我對他們的鄉先輩吳新榮的宣揚有功還是什麼緣故，有一天來信邀我北上一談。過去雖與他無交往，但讀他的專欄，深佩此人敢言能言，搔人癢處而不撕破臉皮，因此對上對下都有個交待。

他要給我一小塊自立副刊的專欄，寫文學、時事短評皆可。他說我在『大學雜誌』寫的短評很精彩，希望我每週給他一篇。我得此良機，表面上遲疑思索了一陣子，他便說只要不評到蔣家之事，其餘皆可暢所欲言；我就客套地答應試試看。

另外，他要我推薦一人擔任文化欄的撰稿。我毫無遲疑地推荐了東吳大學中文系主任劉兆祐教授。此人讀北師時，我在南師，彼此因文學而通信、認識，以後一直保持聯繫，友情益篤。後來劉兄專攻國學有成，成爲續大陸學者之後的第一代目錄學權威。去年九月，他聘我爲東吳大學中文系夜間部兼任講師，讓我有機會接觸北部勤學的工讀生。除此，爲了我的去處安危種種，老是令他牽掛太多。所以我竭力推荐給吳豐山，以圖對劉兄報知遇之恩。可是後來他兩人沒談攏，而我的「鳳凰樹專欄」於一九七七年五月起每週見報一次。筆名取「鐵英」，以紀念鍾鐵民之大妹鍾鐵英即將結婚。

今年「鳳凰樹文學獎」已進入第五屆了。尉教授將其退休金捐贈一萬元，同學們精神百倍。除了原有的新文學的小說、詩、散文、評論四組之外，另增古典文學類。王麗華的新詩「台南府城」最爲傑出，一時傳誦於校園。

每隔一兩個月，劉峯松就會寄一箱書來。每次打開書箱都有新的喜悅。他在每本書上蓋着「松齋」的藏書印，而且附有總價表，表上註明開價多少、實價多少、存餘多少。這樣用心替我找書，而且找來的書沒有一本我不珍愛的；生平遇此「書神」，何等幸運。

可是儘管「書神」用心替我節省，我還是要向弟妹伸手要錢。正好張德本、王明河等人當兵回來任教於台南市內的中學，而許素蘭也一直找不到固定的工作，於是我召集張、王、許三人與我各出資金一萬元，於成大、南一中學生必經之地的青年路火車平交道附近租了一間小店面，開了一家古書店。

四人自己動手粉刷牆壁，做書架，而後我自己寫了一塊大招牌，命名爲「筆鄉書屋」。堂堂於一九七七年八月開張。

古書的來源我已很清楚，除了有人主動拿來賣之外，主要是靠我們到鄉下的中盤收破爛處去翻找。挑着擔子在街上收破爛的小盤，我們給他較高的價錢請他把書刊轉售給我們；到了中盤處，破爛堆積如山，他們故意在風吹雨打較易腐爛的山上往下挖，裏面有未腐爛的書本，便以公斤計價買回來整理。我和張德本有空就騎機車到台南縣、高雄縣、屏東縣下的中盤處去挖寶。大盤處書籍更多，但他們不賺小錢。我們像狗嗅到好吃的東西一樣，在山腰處手脚並用猛挖下去，有時也抓到豬屎狗糞，弄得全身又髒又臭。

我開此店的目的有三：告訴成大學生們職業無貴賤，即使最低賤的工作大學講師也照幹，此一也；防止民間文化財產被溶成紙漿，並以最低價格蒐集自己所要的資料，此二也；畢業生拋售不用的書刊，在校生可廉價購得，互通有無，嘉惠學子，此三也。

果然每次上破爛山都可找到我要的資料。有一次我找到一疊數本清末民初的小學課本，使我靈機一動，大量蒐購了戰前台灣發行的中國語課本和戰後台灣小學的「國語」課本。寫了三篇圖文並茂的長文。適值王健壯因『仙人掌』的不凡表現，被中國時報挖去當副刊主編。承他來信約稿，便將此三篇寄給他，很快便見報。過去在舊書店最不值錢的古老課本一下子被搶購一空。不久，教育廳發佈一條新聞，徵求民間提供戰後小學國語課本，以資收藏。

我那三篇論文得到的結論是：一、日據初期有些台灣人心向「祖國」，偷偷學習中國語並有著書；太平洋戰爭後，日帝爲了南侵，鼓勵台灣人學習中文，並於各級職校設有中文課程。二、戰爭結束時，國府並無準備接收台灣後所需的「國語」課本，而台灣人教師只好拿清末民初的大陸課本當教材，以台語唸「人，人有二手，一手五指，兩手十指。……」兩年後，台灣省教育廳才編出課本，第一課：「你是中國人，我是中國人，我們大家都是中國人。」

我不知美國的課本有沒有「你是美國人，我是美國人，我們大家都是美國人」？印度的課本有沒有「你是印度人，我是印度人，我們大家都是印度人」？可見「你是中國人，我是中國人」的言外之意，必有「他不是中國人」的因素存在。

不知是誰點起的火花，文壇上火藥味漸濃。有人說文學要關心貧苦大衆，反映社會的黑暗面；有人說文學要激發民心士氣，反映社會的光明面。有人說作家要注視自己脚下所踩的鄉土；有人說作家要瞻仰父祖所來自的廣大祖國。「寫實主義」、「社會寫實主義」、「理想主義」、「三民主義」交戰在一起，最後陳映眞、尉天聰等進步派乾脆喊出「工農兵文學」口號來。不知是誰把這次論戰命名爲「鄉土文學論戰」。

鄉土文學論戰各說各話，有一位名詩人余光中從香港要返台北參加官方舉辦的「第二次全國文藝座談」之前，發表了「狼來了」一文，明示鄉土派主張工農兵文學，與共匪隔海對唱。火花終於引燃了，雙方短兵交接，拚個你死我活。

其實余光中這話也不無道理。我也感覺到所謂「鄉土派」陣營裏，眞正認同台灣爲自己唯一鄉土的人佔少數。大陸人固不用講，台灣人當中也有不少人視台灣爲小鄉土，而視大陸爲大鄉土；是故台灣鄉土文學終歸是中國鄉土文學的一小部份而已。將來台灣勢必回歸「祖國」，文學亦然。這派人爲了反對國民黨，不惜一廂情願地討好中共，從鄉土文學進而現實主義論，再進而工農兵文學論。至此地步，不論是「鄉土派」也好，「反共派」也好，他們的終極目標都是「偉大的中國文學」。正派台灣鄉土派人士，固然不齒與「反共派」爲伍，但與「鄉土派」亦同床異夢。

我不知道國民黨以前在大陸的實際施政，但自從我爲了解日據時期的台灣文學進而探討日帝治台的手段之後，我發覺國民黨統治台灣完全是模仿日帝之殖民統治。除了把「總督府」

改爲「總統府」之外，毫無新意，甚至有過而無不及。以前五十年間換了二十個總督；如今三十多年，只換了一個兒子當總統。以前爲了文學報國而召開了「大東亞文學者會議」，現在爲了文學復國而召開了「全國文藝座談」。參加成員爲反共御用作家、文藝官、各大學中文系主任及傳聲筒的各報副刊主編，議場內全體一致攻擊「鄉土派」；而「鄉土派」於北門鄉召開「第二屆南鯤鯓文藝營」以對抗。

最後，「全國文藝座談」閉幕典禮時，請來總攬軍中思想和全國諜報的王昇將軍做了調人，宣佈：台灣鄉土文學值得發揚，但要是歸宗偉大的中國鄉土。至此，雙方便鳴金收兵了。而正派台灣文學者無喜亦無憂，仍然默默耕耘自己的鄉土而已。

當舞台上好戲正上演時，我覺得若要演好戲，除了要有好演員之外，還要有好劇本。目前鄉土派的人雖英勇善戰，但不能一天到晚老是演楊逵、鍾理和。人人愛上舞台亮相，而我卻忙着在幕後編劇本。——『吳濁流作品集』全六卷終於一九七七年九月，由遠行出版社出版。只差「無花果」及遺作「台灣連翹」和舊詩詞沒有收進去，所以不能稱做「全集」，但已幾近「全集」了。

此書出版前夕，美國政要頻頻訪問中共，台灣變成大國之間談判桌上的籌碼，台灣人民永遠任人擺來擺去。吳濁老地下有知，必又哀嘆「亞細亞的孤兒」之悲運。

鍾肇政、鄭清文、李喬陪我去新埔。吳家祖厝後面有小丘，吳老獨睡於小丘上。草叢中猶見去年新土。我跪於小墓碑前，心裏唸道：吳老，我如約來看您了。當我在醫院裏聽到您的噩耗時，我就決心在您的週年忌時獻上最好的供品。現在我把您畢生心血結晶的六卷著作編印完成，我特地吩咐沈登恩把裝訂好的第一套書寄給我，我要把它獻給您。

三位友人幫我點火，書頁慢慢曲捲、變黑、成灰。吳老花了很長時間才把自己的書讀完。告別吳老，回祖厝小坐。正廳右廂房原是吳老計劃的資料館，才放了第一個書櫥就停工了。鍾老大已接辦『台灣文藝』，這擔子已夠他受了，看來這空房只好歸還他兄弟處理了。

作品集第三卷『波茨坦科長』收集了描寫戰後國民黨「接收」台灣的腐敗情況的短篇小說。我斷定此卷必定被禁，所以我特別交待出版社先給我留下幾十本來。果然不出幾天，我接到警備總部寄來的公文副本。受文者有：遠行出版社、張良澤、全國各公私立圖書館、全國書報店。宗旨說明：本書作者歪曲事實，嘩衆取寵，動搖國本。故飭令出版社收回該書，不得發行。

十八、山雨欲來（1977．10～1978．12）

「筆鄉書屋」進來的舊書，都由我一本本擦拭、整修、標價之後，由王、許分類上架。四人輪流看店，許素蘭負責帳簿。每月所賺，正好付房租，而四個人都沒拿工資。

一個細雨霏霏的日子，我穿着短褲頭，坐在矮凳子上擦拭書本的當兒，有一個女人拖着一雙木屐，提着一把男用黑雨傘走進店裏，約略看了一下書架之後，便問我說：

「借問一下，這附近有沒有住一位成大中文系講師，名叫張良澤的？」

我怔了一下。掃了一眼她的穿着，完全是一副鄉下土土的年輕婦女。怎麼她要找張某人呢？我考慮了一下道：

「聽說他每天一早就上班，妳不妨到中文系找他比較快。」

第二天早上，這婦女走進辦公室問：

「請問張良澤先生來了沒有？」

我抬頭一笑，說：「我就是。」

她看看我，想了一下說：「你不是昨天那古書店的老闆嗎？」

她驚叫之後便大笑起來。她說她叫王淑英，剛從美國回來探親。臨走前，有旅居美國的台灣友人託她帶一筆款回來，要轉贈給我。

「爲什麼？」我甚不解。

「他們認爲你的工作很重要，又很辛苦。只是一點意思，請你收下。」她從皮包裏取出一小疊新台幣。她堅持不說贈款人姓名。我只好收下，心中感激萬分。她說她只回來數天，馬上要回美國，繼續學業。

我印象最深的是，她拿錢給我時，我看到她的手很粗糙。

在這之前，我曾收到三次從美國寄來的信息。一次是許兄自日轉美之後，音訊斷隔。最近突然來信說他已取得藥劑學博士學位，此刻正留校做研究員；該校圖書館藏書甚豐，設有亞太地區分館；我的幾本編著已在美國略有傳聞，希望我寄一套完整的著作給他，他一定轉贈圖書館。我高興極了，即刻找一套我所有譯、著、編的書寄去。每本都簽了名字。

另一次是有一位陌生人連續寄來一份叫『台語新報』的單張報紙。全部用漢字和羅馬字併用的台語印刷，裏面有一篇短文介紹我。我嚇了一跳，這份報紙顯然在鼓吹台灣人意識，萬一被查到，豈不冤枉？因此我只簡單回信致謝而已。

第三次是一位姓鄭的人，滙來五十元美金，贊助我再版吳新榮的『震瀛三卷』。我寄了一套給他。

總之，最近我已感覺到旅美同鄉已開始在注目我了。一方面我覺得很安慰，一方面我想儘量迴避海外關係，以免被套上「與海外台獨份子掛勾」的罪名，而影響我的長遠工作。

事實上，很明顯的威脅已漸漸逼近了。從前年開始，我的聘書已改為一年一聘了。這是全國國立大學所沒有的現象，意思是說「留校查看」。最近尉素秋老師返系兼課，我才知道事情的經過是這樣的：

每年要發聘書之前，校內外的「安全」單位（其實是最不安全的單位）便送一大疊我的「思想有問題」資料給校長，要求校長停聘我。校長便召集教務長、訓導長、各學院長為我而開「最高層會議」。出席的賴教務長是台南人，很同情我，但不敢發言；唯一敢發言反對停聘的是文學院高院長。高院長是從師大三民主義研究所借調來的，我不知其名，也從未上二樓去找過他。他每天早晨很早到校，必經我的辦公室走廊。其間只有一次，他輕敲了我的門，說：「張先生你每天都很早來呀。年輕人多用功是對的。我不打擾你了。」說罷就上二樓去了。高院長在會議席上堅持道：「全文學院最用功讀書、教學最認眞的是張良澤。如果學校要解聘他，請先解聘我。」校長不得已，才一年又一年地拖下來。但今年，高院長已抵擋不住衆議，便於七月提出辭呈回師大去了。

我聞說如此，感動異常，深慶中國讀書人精神尙存於今世。然則估計情勢，我遲早非走路不可，不如早做準備，一走了之。於是，寫了一信給日本友人上野惠司兄，只說我想再去日本進修一兩年，順便蒐集資料。自從返台以來，我每出一本書就寄給他，他也知道我在台灣專搞台灣文學。我那一套珍貴的『魯迅全集』，他已替我保管七年了。

一九七七年十一月，有縣市長、鄉鎮長、省議員等統一選舉。每逢選舉，國民黨當局便又一次宣佈「公正、公平、公開」的把戲。只有白痴才會相信這鬼話。可是台灣的白痴愈來愈少了。全台很多精英份子都出來競選了。連成大前任訓導長丁作韶一天到晚在台上訓我們要忠黨愛國的老黨員，也宣佈脫黨出來競選。

台南有一位姓蘇的和一位姓蔡的聯袂火攻「顧面桶」（國民黨），每場政見發表會，都是人擠人，而國民黨提名的候選人以銀彈攻勢，由鄰里長按戶送禮，雇請「拍手」隊，已成公開的秘密。黨外候選人每講一句話，台下就歡聲雷動；講完走出會場，人山人海就跟着移動。爲了要趕場而走不出來，有些人便主動出來開路，築成人牆，讓候選人的車子開過去。而後大家就跟着車子跑，再趕到另一個會場。如此滾人球，愈滾愈大，把大街小巷的人們都滾走了。

自從蔣老總統來台，至蔣幼總統上台，我從沒有看過有這麼多群衆「熱烈擁護」過。開票那夜，人們集中於各開票所，等着一箱箱開唱票。可是箱子愈開愈慢，看得大家眼珠都快掉下來。忽然傳說某個開票所果然停電了，正要換箱時，被選民當場砍掉一隻手。夜愈來愈深，箱愈開愈慢，人們愈來愈興奮。忽然又傳說市郊已被裝甲車包圍了。

夜愈來愈深，箱愈開愈慢，人們愈來愈興奮。忽然又傳說桃園中壢的選民把警車翻倒了，也把警察局砸了！

忽然，箱子愈開愈快！電燈明亮，人們心情漸開。直到宣佈蘇、蔡等黨外大勝，人們如醉如狂。然後警察來趕大家回去睡覺。

翌日，我趕緊買報來看，整張報紙翻來翻去都看不到中壢有事。第三天，再買各報來找，好不容易才找到蒼蠅屎般的小條消息，說：中壢有不幸事件。幾十年來，我已被訓練成一種看報的本能反應：標題愈大的愈沒用，標題愈小的愈重要。所以，我知道中壢的不幸事件非同小可。聽說那事件的導演是許信良，他不但自己當選桃園縣長，而且救了台南的蘇南成，當選了台南市長。

一九七八年二月，忽聞台灣文學老將張文環因心臟病而遽逝，享年七十。前陣子他頻頻叫我去日月潭大飯店渡假，備有個人房間給我寫作。我一直忙着南北奔跑，心想先編完其他人的文集，吸收了足夠知識之後，才要登上最高峯的張文環文學。不料前輩們都不稍等候，令我焦急頓足。

在台中的告別式上，南北文壇前輩齊聚一堂，很多人或改行或隱名沒行的都突然冒了出來。我無暇在靈前慟哭，忙着記錄悼詞、輓聯、輓電等。

筆鄉書屋已容不下舊書，便遷到神學院隔隣的新舖。我和張德本兩家合租樓上各一房，厨房共用。家住台北的張恆豪和得過鳳凰樹新詩獎、小說獎、散文獎的中文系才子陳國城經常來店裏談文論藝，無形中成了校園之外的文藝沙龍。這些年輕人雄心勃勃，想要獨樹一幟，便大家集資創辦了季刊文藝雜誌，由張恆豪揮毫定名爲『前衛』，於一九七八年五月四日文藝節出版創刊號。

他們要我翻譯一篇吉川幸次郎寫的「中國文學中的希望與絕望」，譯稿送到印刷廠排字時，安全單位就通告主編，要刪除我譯文中的一大段文字。我很驚訝特務無處不監視，連印刷廠都有人潛伏，我只好叫學生刪掉那一段，但要留下空白，註明「本段奉命刪除」，以便對原作者交代。

創刊號出版之後，反應不惡。劉紹銘來訪，一口氣訂閱三份。

第二期主題定為「Formosa的明天」，介紹戰前作品，以龍瑛宗為主。張恆豪前往說明主旨，龍瑛宗即刻影印了一份發表於『改造』雜誌的得獎作品「植有木瓜樹的小鎮」。此作是繼楊逵、呂赫若之後得到日本中央文壇認定的台灣人作品。三篇皆以懸賞小說而入選第二名，正巧這三次都無第一名作品。足見連左派的日本文評家都捨不得給殖民地人第一獎，遑論右派文人呢！

龍瑛宗特別吩咐張恆豪，這篇四十五年前的得意作品指定由張良澤翻譯。想起六、七年前去拜訪老作家們的時候，大家都噤若寒蟬，現在竟然指名我來做，足見老先生們都有所悟了。

『前衛』的命名我沒有參與其事。要是我，寧可取名『筆鄉』，以免遭忌。其實內容也都相當持重、保守，毫無前衛性可言。可是監視的線民已開始包圍發行處的「筆鄉書屋」了。很明顯的一些牛頭馬面的陌生人，裝着要買書，在書架上約略找了一下，便問有無高價的禁書；有時也問有無私賣黃色書刊。

偵察了長久時日，都找不出我們的破綻，便要硬手段。有一天，管區的警官帶了四個牛頭馬面的人，氣勢冲冲地衝進店裏。那台灣人警官仗威道：「有人密告你們偷賣共匪的宣傳品，現在要進行搜查。你們不要走開。」四個大漢子便開始到處翻尋。我不怕他們翻，只怕他們暗藏贓物，令你栽贓，這是他們慣用的手法。所以我一直盯着他們有沒有從身上掏出東西來。果然他們也不敢做手脚；找不到可疑之書，便要上樓去。我擋在樓梯口，問他們有沒有法院的搜索票？若沒有，則樓上的私房不准侵犯。他們自知理屈，便說要去法院申請，即刻就來。於是五人騎機車呼嘯而去了。

誰不知道法院也是他們開的，拿一張搜索票還不簡單。可是等了很久都沒來，大概想少跑一趟寃枉路吧。

鳳凰樹文學獎愈辦愈生色，經費也較充裕，邀請的評審委員擴大到師大、台大、淡江、中興各大學的年輕講師。他們都很讚賞這種獨樹一旗的學院獎，便紛紛有意模仿創設。

有一位師大歷史系畢業的新銳作家，筆名宋澤萊，透過張恆豪送來一篇長稿叫我提供意見。早前他以本名廖偉竣發表了中篇小說「紅樓舊事」於『中外文學』。我發覺此人潛力雄厚，打聽出來才知是師大四年級學生。我即於文藝課上介紹此作，說他必熟讀了我早年翻譯的兩本三島由紀夫作品，因而我也躭心他有意做台灣的三島由紀夫。後來他改名宋澤萊，風格一改，完全是屬於他自己的東西，我便深信他必然成爲新生代第一人。

一九七八年八月中，我意外地接到上野兄寄來了一張日本國立筑波大學的聘書，聘我爲該校的外國人教師。這下子，我爲全力辦理出國手續，無暇看宋澤萊的稿，便請他交給鄭清文看。後來不知他有無與鄭清文聯絡上，但不久，他發表了「打牛楠村」，震撼了文壇，果不出我所料。

我向成大申請「出國講學，留職停薪一年」的辦法。但校方說根據不明文規定，講師沒有資格出國講學，非副教授以上不可。我只好請上野兄再寄一張赴日研究的證件，便以出國進修的辦法，開始南北奔跑，辦理手續。

以前在吳濁流文學獎典禮上見過一面的王詩琅先生，聽說最近腿病惡化，行走已有困難。本來我有意整理楊逵全集，但聽說他已和台北的出版社洽談中，那我就放心了。我該快馬加鞭，先做即將凋謝的人，免得老是週年忌、十年忌紀念出版。

天大熱，走進萬華小巷中，臭尿味撲鼻。王宅是台灣式的小平房。王詩琅聽我來到，勉強從床上爬起來移身到床前的椅子上坐下來。我已於信中說明此行專程北上是要借出他的所有著作，以便編輯他的全集。因此他已準備好一袋袋。在桌邊有一書櫥，書房至小。他說他的藏書都放在天花板上的半樓，自從腳病以後，就沒有上去整理過。我很想看看他的藏書，但他好像無意讓我上去的樣子。他送給我在省文獻會出版的台灣史著作和幾本多出來的『台灣省通志』。我請他簽名紀念。他拿着放大鏡低頭寫字，鼻子幾乎要碰到桌面，而整排搖動的牙齒好像要掉下來，使他不斷咯咯地咬住它。好不容易才寫了兩行歪歪斜斜而大小相差很多的字。

我翻了一下紙袋裏的剪報，有很多似曾相識的童話。那套色的插圖，有少年水手的冒險，有海龍娶女的場面，生動活潑。而且那種自由奔放的編排方式，顯然都是我小時候看過的書。那紙張粗質而發黃，一看即知年代已久遠。

「這是不是『學友』的文章？」我問。我看那筆名有「錦江」等多種。

「是呀。」他追懷青春似地說：「戰後我沒工作，又喜歡兒童文學，所以主編了『良友』、『學友』雜誌好多年，從創刊到終刊。」

天呀，我生平第一次愛讀的書，竟是眼前這位老人的傑作。且我生平第一次的投稿「矮爺和柳爺」竟然音訊消失於他的手中。當時天天在躭心編者是否看得懂我的題目，天天在想望那插圖是否會畫青面的矮爺和紅面的柳爺。那是小學五年級的事，迄今已二十五年了。繞了四分之一世紀，才繞了一圈，回到我原點。

現在約略可知王詩琅於日據時期鼓吹無政府主義，組織「黑色青年聯盟」，鼓動工人罷工而被捕；出獄後，赴廣州，任日文報社之記者。戰後返台，主編『學友』『良友』雜誌。後入台北文獻委員會，再入台灣省文獻委員會，以至退休。

先生畢生最大的貢獻當在於主持『台灣省通志稿』之龐大史業。全稿約五十卷完成於一九六〇年左右，其後再增刪成定稿『台灣省通志』約百卷。評者多認爲「志稿」較可貴，學術性較高。

帶回王詩琅資料，晚上一邊看店一邊影印整理。整個外界好像爲了「中壢事件」的審判和年底又一次的大選而沸騰的樣子。

吳三連鄉先輩於戰後創辦『自立晚報』，並以紡織業大發財，形成龐大之「北門財團」。不知是受到中國時報與聯合報的刺激，還是受到故鄉晚輩的鼓勵，一九七八年十月，他一口氣拿出一筆大錢創設了「吳三連文藝獎」，每年頒獎給文學類與藝術類各一名，獎金新台幣各得二十萬元，這是台灣有史以來的最高獎金。由吳三連一手培植的吳豐山担任評審召集人。承他器重，請我當了第一屆「吳三連文學獎」的評審委員。我由吳三連的台灣精神推測，評審委員當中至少台灣人也該佔有半數。不料到了評審日，專程北上出席時，始知台灣人只有我一個。

事先主辦單位已將本屆應徵作品寄給各委員做初步的淘汰。我審查了五個人的作品，其中有楊青矗一人，比起其他四位，稍嫌份量單薄，技巧亦略見粗拙，但此獎非中山文藝獎，亦非教育部文藝獎，那些反共愛國的小說或歌功頌德的文學，實不宜玷辱吳三連之名；何況中時與聯合自創獎以來，都錄取了鄉土性強烈的台灣作家。台灣文壇應該歸還於取材自台灣鄉土的台灣文學，這是天經地義的事，只是它被政治操縱而拖延了三十多年而已。

在決選的議席上，我堅持給楊青矗的『在室男』，理由是這次應徵作品中，此作品最富於台灣鄉土性而符合吳三連獎之精神。但其餘十位委員都一致推崇陳若曦最近風行於港台的『尹縣長』。我可以理解十位外省委員看到陳若曦描寫的他們的鄉土，必定比他們寄居的台灣鄉土更爲親切而受感動。如果吳三連創設的是「中國文學獎」，則我毫不遲疑地贊成『尹縣長』。問題是吳三連用自己的名字立獎，但於章程中又無明確劃分中國文學或台灣文學，而我又不便擅做主張說吳三連是屬於台灣的。因此，我只能反問道：「陳若曦是否歸化美籍？如果是美國人的話，也可以獲得本獎嗎？」主席說：「根據資料，她是雙重國籍。鑑於中央研究院院士、國大代表、立法委員等機關都有不少雙重國籍的人士，所以陳女士無礙規定。」我又問：「她既然擁有中華民國的國籍，則中華民國的國民進出於中共匪區，又寫匪區的事情，是否有悖國法？」主席說：「她以美國人身份進入匪區，我們無法干涉。何況她寫的是共匪的暴政，我們應該鼓勵她。」

其實，只要吳豐山在自立晚報一天，楊青矗的得獎是遲早之事。我只想趁第一屆衆人矚目之際，替本獎確立台灣文學之性格，並藉此機會觸及一些敏感問題，讓大家知道台灣問題矛盾重重，不止政治、經濟、軍事而已，即連小小的文學獎也脫離不了「國本」上的矛盾。

可惜召集人說評審委員會名單及評審過程一概不對外發表，只公佈得獎人姓名而已。最後投票表決結果，楊青矗被淘汰，陳若曦和反共作家姜貴同票獲得第一屆吳三連文學獎，各得新台幣十萬元。我心想陳若曦不會爲這十萬元冒險回來的。

會後，吳三連親自宴請評審委員於大飯店。我久仰其名，如今始見其人。我很慶幸被排坐於主人左側，看他滿臉黑斑的八十五歲老人，想到這次評審委員的人選，我就知道他之所以在國民黨政權之下，由政界入財界皆能一帆風順的理由。

那是張文環告別式之後，蔡瑞洋醫師交託給我的工作。撇開私人情誼不談，以張文環在台灣文學史上的地位而言，在戰前的作家羣中，他的文學造詣可能是最高頂峯了，何況他的交友又廣，趁一些好友還在世，蔡醫師便要我向各界邀稿，把故人的事蹟傳之後世。經過數月的通信、採訪、資料調查，於一九七八年十月，由蔡醫師出資，由追悼委員會出版了精裝本『張文環先生追思錄』。爲了這本追思錄的出版，黃得時教授特地南下來看我，並帶來了三期『福爾摩莎』雜誌借給我。這是早年張文環在日本號召同志發行的文藝刊物，雖僅發行三期，但對島內文壇的影響至鉅，它的藝術性和思想性兼具的技法，刺激並提高了島內作家的水平。我於日本返國第一次見黃敎授時，他說他的書全被洪水淹沒；第二次在張文環的告別式見面時，他鼓勵我編集張文環全集；這次他又帶來國寶借我，使我感到異常榮幸。便將三本雜誌攝成圖片，收入追思錄中，註明由他提供資料；並帶他去佳里，拜祭一下吳新榮墓和會見吳夫人等。

同時，高雄有一家出版社名叫德馨室出版社，名不見經傳，但有一天派了年輕的詩人編輯來找我，問我手頭上有無現成的全集資料。正好遠行出版社因王詩琅的文章多屬史論類，無意出版，我便把它交給德馨室。德馨室的年輕老闆很豪爽，照我的要求，以每卷一萬元的稿酬計算，寄了十一萬元給王詩琅。王詩琅的獨子在當兵，老夫妻靠退休金生活，得此鉅款當可解決一時之困難。爲此，我很感激德馨室。可是我爲了出國手續不順利，實無心把全集原稿細心分類、調整，和做人名索引，就叫出版社趕快付梓，打算於初校時再做調整。

不久，王詩琅來信說：在台北醫院入院中的葉榮鐘先生曾向他提起我的名字，要我有空北上會葉先生一面。這位『台灣民族運動史』的執筆人，對我的台灣人意識之增強，影響頗大；同時我認爲台灣文學史上，他的中文隨筆當數第一。被這位我所崇敬的大思想家、大文豪提到名字，我是何等榮幸呀。可是我實在分身乏術，只期望他能病癒出院，不久我就可到台中採訪他。

十一月，葉榮鐘先生去世了。爲什麼這幾年來晚輩們開始發覺他們的重要性而要着手研究、發揚他們的時候，就一個個地凋零呢？正好王淑英又從美國回來，我便帶她去台中葉宅靈前一拜，順便採訪遺孀葉女士。王淑英說葉先生女兒葉芸芸在美國，是她的好友。既如此，則故人遺稿必傳給女兒整理，我不便開口，只問遺族有關故人生前一些軼事。其中印象最深的是戰前作家們常提起一句名言：「放膽文章拼命酒」，我原以爲這句話是楊逵講的，但葉先生二公子說這句話是他父親創造的。我覺得光創造這句話就可名垂不朽，因爲短短數字便表現戰前台灣作家的精神而無遺。何況葉榮鐘的著作又有好多本。於是我建議鍾肇政，應該在『台灣文藝』上出刊葉榮鍾紀念專輯，鍾老大也表贊成。

正在我忙得焦頭爛額之際，蔡醫師說有位客人要見我。我即騎機車過去。進客廳一看，一位珠光煥發的貴婦人坐於正中，我上前一禮。婦人嫣然回禮：「你對台灣文學的貢獻，我們都很敬佩。」

經蔡醫師介紹，始知她就是辜碧霞女士，辜女士是辜家二媳婦，丈夫早逝，她撫養孤子長大，現在是辜家財團的經理，日月潭大飯店也是他們的關係企業之一。只因辜女士從小愛好文學，崇拜張文環，兩人交往至密。張文環晚年能在日月潭畔逍遙自在，也是辜女士的特意安排。

辜女士守寡後，頗受辜家翁姑之壓力，遂將封建大家庭的黑暗參入自己的經驗，寫成長篇小說「媳婦」，於昭和十八年發行，成台灣新文學史上的第一本女作家的長篇小說。蔡醫師正向她褒獎我如何苦心蒐集資料，我便露一手給她看，說：「辜女士的長篇小說『媳婦』，我手上有一本。」

「眞的？那早已絕版的了。那本書剛出版就被辜家收購一空拿去燒掉了，連我自己都沒有呢。」她沉思了一下，說：「那本書也是張文環先生鼓勵我寫的。」

她問我那本書可不可以割愛，我表示再高的代價都不讓售。因爲那是「書神」替我找來的珍貴禮物。辜女士臨走時，拿出一個玉鐲說：「你編輯張文環追思錄，太辛苦了，這個送你太太吧。」我接受致謝。我以前聽說戰後呂赫若辦地下報紙，其印刷廠資金全由辜女士提供，因此她也被捕入獄；而呂赫若逃亡草山終被毒蛇咬死。此事我想日後找個機會向她本人求證。

過數日，蔡醫師又叫我去見一位很重要的人物。我又騎機車趕到。是一位白髮蒼蒼而個子矮小的和善老人。原來他是久聞其名的台大考古系主任宋教授。旁邊坐着一位年輕女士，宋教授給我介紹他的助教連小姐。我因對考古學一竅不通，所以也不知談什麼好。所幸宋教授很會找話題，東拉西扯也蠻融洽，加上蔡夫人做的海鮮料理特別豐盛，賓主盡歡。飯後小坐，他突然於衆人面前，像考官似地考我一個問題：「你看過一個日本人寫的『陳夫人』嗎？

你認爲他寫得怎麼樣?」

所幸我有這本書,以前在舊書攤找到時曾約略翻閱一下。於是,我就絞盡腦汁,回憶道:「這本書的內容好像是描寫日據時期,一個台灣人去內地讀書,愛上了一個日本女子,結婚回台後,在鄭家這個大家庭中,日本媳婦的特殊處境。不過,最主要的是透過一個日本女子看台灣舊家庭的習俗和台灣社會的種種現象。」

「對,你答對了。這本書最重要的是處理當年日、台之間的婚姻問題。」宋教授得意地猛抽着烟:「你的台灣文學及格了。」

我鬆了一口氣。但心中有些納悶:他爲什麼對這本書特感興趣?他說他是客家人,則爲什麼今晚都沒問我吳濁流、鍾理和、鍾肇政這些台灣文學中最傑出的客家人作家?也許他慣用日本話,所以談些日本作家較爲暢順吧。

不料,他的高足連小姐也許看出我寂寞的心境,便客氣地問了一下鍾理和家人現在怎樣。這使我回家之後,即刻寄了一套『鍾理和全集』給她。我看出這對師生感情很好,連小姐沉默寡言,靜靜地欣賞她的老師高談濶論中帶着女性化的動作和笑聲。有這樣的高足,實在令人羨慕,難怪宋教授雖老,但充滿開心而得意的微笑。

當晚我想像着他倆帶着一羣學生做田野工作的樂趣。最近報上常刊載台大考古系又在東部挖掘到什麼長濱文化啦、黑陶文化啦,仰韶文化啦。而每挖掘一次,便又證明台灣地理原先連接大陸,台灣最早的原住民是由大陸移入台灣的,上古文化是中國文化的延續。只要報上出現考古消息，無不強調這樣的結論，使我錯覺好像他們是在中國大陸做考古工作。所以多年以來，我對這種文化八股毫無興趣，也不想去了解它的眞義。甚至認爲他們多挖一次，就給國民黨多一次的宣傳機會，則不如不挖好。記得還有一位衞聚賢教授，在南美挖到一片唐瓷，便在報上大肆渲染說紀元前多少年，中國就發現了美洲大陸。言下之意，好像美洲大陸是中國的固有領土似的。

由於宋教授是台大客家人教授，使我連想起吳濁老於創辦『台灣文藝』之初，曾向我訴苦道：他把全部退休金拿出來辦刊物，培植新秀。爲了長久維持下去，他不時提着包袱，到處募款。他想當年的好友很多人在台大當教授，必定很支持他的文化事業，便去台大走動。不料老友們看到『台灣文藝』的「台灣」二字，便怕得連雜誌都不敢要，更遑論要他們拿錢贊助。吳老每提起此事，便咬牙切齒道：連台灣最高學府的教授都這樣，台灣怎會不變成文化沙漠呢？

年底有「國大代表」、「立法委員」遞補選舉。我一向認爲在國民黨政權之下的選舉不過是一種遊戲而已，可是每到台北辦理出國手續，就感覺那兒的政治空氣非常緊張。以前在『大學雜誌』的那一隊精英分子於一九七五年八月出來辦了一份『台灣政論』，雖然只出四期就被禁刊，但其膽識超過二十年前的『自由中國』，眞正爲台灣的前途而憂國的言論，留下深遠的影響。後來於一九七七年九月，又創辦『這一代』，繼續衝破國民黨的言論鐵刺網。我有點躭心這樣發展下去，勢必遭遇第二次的『自由中國』事件。

以前專搞婦女問題的呂秀蓮，又赴美進修一年，最近回來後，意外地像變了另一個人一樣，不談婦女而專談台灣史，寫了一本『台灣的過去與未來』，痛述台灣三百年迄今的哀史。此書一出版就被禁，她更進一步宣佈將於年底出來競選國大代表。

『台灣政論』雖曇花一現，但四期雜誌不斷在民間再版擴散，而黃信介、康寧祥、張俊宏、林義雄、姚嘉文之名，儼然已成爲英雄人物。很早以前我在吳濁流家裏見過陳鼓應、張俊宏一面；陳鼓應軟中帶硬，張俊宏冷靜而嚴峻。其餘諸人我都陌生。

楊青矗來訪，他說他的工人小說已影響到立法院，立法委員已稍爲工人着想，但進度緩慢，所以他要出來競選工人團體的立法委員，改善工人生活。他沒錢做競選活動，我介紹了幾位強烈黨外意識的成大及神學院學生做他的義工。陳鼓應夫婦來台南，我陪他倆去看美濃鍾理和故居。回程的車上，他說他要關心大衆，決心出來競選。劉峯松不再替我找書了，他說長期晨泳鍛鍊身體的目的，是爲了準備坐牢，所以他要出來競選。他說只要有選舉，他就出馬，目的在教育民衆而已。我說這恐怕只剖小孩子的錢筒是不夠的。他笑說到時候自然有陌生人開車來當宣傳車，自然有人送米來給義工吃。他又帶我去員林見年輕鬥士張春男，去北斗見黨外老將黃順興。

這些我周邊的人，我都不知道過去他們與國民黨戰了幾回合。我只記得從小學六年級開始就有選舉這回事。那時我們都會唱陳錫卿的台語競選歌：「地方自治，初初實施，縣長由咱來選舉……」印有他的照片的宣傳單聽說貼在豬圈可以避免豬瘟，所以我們緊追在他的宣傳車後面，爭搶滿街飛舞的小傳單。他的對手是石錫勳，這傻瓜每次都出來跟陳錫卿拼，可是他沒有宣傳歌，所以屢選屢敗。直到我長大離鄉，彰化縣長都由陳錫卿包辦。後來陳錫卿不能再連任了，便當了民政廳長；而石錫勳因雷震案被捕了。直到最近我知道一點台灣史之後，才知道他是日據時期的文化協會主幹。當我知道仰慕他的時候，他已病逝了。

聽說有一位年輕女記者名叫陳婉眞，因發覺蔣經國的「十大建設」都在浪費民脂民膏，而又不能在報上實話實講，便憤而辭職，宣佈年底要出來競選，以揭發獨裁政府的貪汚行爲。

我熟識的、不熟識的一些鬥士都準備投身於歷史的洪流中，力挽狂瀾於太平洋的孤島上。而我卻想逃開一場勢必來臨的大災難，匆忙地來回於南北之間，只爲了拿到一本赴日的護照。只因我知道以少數個人的力量是無法改變現況的。但沒有少數個人的犧牲，又怎麼喚起民衆呢？可是喚起民衆又有別的方法，像我這種怕死的人，還是站在自己的崗位上，做長遠的文化工作吧。這麼一想，自己便較安心了。

鍾肇政於龍潭國校退休後，被延攬去當民衆日報的副刊主編，『台灣文藝』同仁總算登陸了一塊陣地。他雄心勃勃地準備大幹一場。有一天，陳映眞專程南下，約了南部文友召開座談會。他說他要一系列發表訪問稿於民衆日報上，我便猜想這可能是鍾老大出的主意。前年陳映眞出獄時，沒人敢用他的稿；鍾老大登用他的第一篇作品「夜行貨車」於『台灣文藝』。鍾老大時常稱讚他的才華出衆；而這次鄉土文學論戰中，陳也儼然以鄉土派領袖自居。所以這次座談會，表面上非常和諧。

陳映眞說他一定會藏好錄音帶，絕不會叫人發現，希望我們暢所欲言。談話內容是台灣文學的過去和未來。對於過去的不少台灣作家心向祖國，彼此看法沒有多大出入，但談到未來發展，則各懷心機。儘管他保證錄音帶的安全，我還是少談爲妙。大概葉石濤看出談不出個結論來也不好收場，便靈機一動地說道：

「我們的文學所關心的是民族、民生、民權，所以是道地的三民主義文學啦。」

「對，我們不僅要提倡工農兵文學，也要提倡三民主義文學。」陳認眞地說。

「我們要以三民主義文學統一中國文學。」我笑着說。

陳映眞回去之後，我們鬆了一口氣。大夥兒去美濃找鍾鐵民。正好德馨室出版社老闆主編的『大高雄』雜誌委託王麗華寫一篇「葉石濤訪問」稿，大家順便聽聽他的經歷。

他在台南二中（現在的台南一中）時代就酷愛文學。有一次，『文藝台灣』的西川滿來台南公會堂演講，他去聽講，完後在門口等西川出來時，他便行禮自我介紹。西川對這位文學青年印象頗深。翌年，葉畢業時，西川就叫他去當編輯助理。這期間，葉認識了許多投稿的日本作家和台灣作家。他自己也寫了兩篇發表於『文藝台灣』，時年十九歲，成爲台灣作家羣中的最後一個日文作家。翌年，台灣「光復」，他回台南任教於台南一中。正好學長王育德自東大歸來任教於同校，兩人交往更加密切。兩人志同道合，在南部推展演劇，啓發民衆。未幾，「二・二八事件」爆發，王育德的阿兄王育霖任新竹地方法院推事，由於揭發外省人縣長的貪污，於事件中被謀殺。王育德逃往香港，轉赴日本。葉石濤被捕入獄。出獄後失業一段時期，其後獲准任高雄縣橋頭小學教員迄今。

「光復」到「二・二八」之間，他以前在『文藝台灣』認識的文壇先輩龍瑛宗担任中華日報副刊主編，副刊一半爲日文，一半爲中文，許多南部作家從日文轉到中文的過程中，在此園地發表作品。葉和王都以各種筆名發表許多創作和評論。我想這時期的中華副刊一定很精彩，也是戰後台灣文學的首次開花期，可惜我這一代以下的人都未曾看過。我請求葉老把它整理發表出來，做爲台灣文學史的文獻。他說那時期的副刊他還保存了一些，日後可以整理出來。

參加笠山夜談的還有鍾肇政的大兒子鍾延豪和鐵民的學生吳錦發。吳錦發已畢業於中興大學社會系，他對電影導演很有興趣，現於李行手下當助理；又受鍾理和全集的影響，立志當作家，且已有幾篇作品經過鐵民修改後，發表於『台灣文藝』上。我看他全身幹勁，滿腦理想，將來必有大爲。

鍾延豪卻出奇的沉默寡言，靜靜聽人講話又像在想什麼。這孩子小時候我常看他，現在退伍回來尚無工作。聽說高中以後，就愛打架，甚至也揍過教官。鍾老大爲這個老大操心不已，叫他來南部和前輩們接觸學好。可是我看這個子高大健壯的孩子，一心想做大鵬鳥的樣子；我們這幾個中老前輩可能只是小麻雀而已。

這夜，大夥兒住在朝元寺裏。這兒有鍾理和的牌位。翌日，吃了尼姑們做的素菜之後，在磨刀河的小吊橋附近徜徉半天；中午，鍾媽媽又宰了土鷄，做了客家菜請大家。每次我來這裏，都感覺到比回到自己的家還舒服。所以前陣子我曾寫了一篇短文「我愛美濃」發表於中國時報副刊。有一位美濃的陌生人來信要我退休以後到他家住，他願提供一小塊土地讓我晴耕雨讀。後來我一想，與其我一人獨耕，不如召集難兄難弟一起合耕，共同生活，分担寫作，做成一個自食其力的作家村。這天，我把這構想說了，大家都很贊同。鐵民說笠山後面的六龜山還未開闢，山地很便宜，大家湊錢可買下一兩甲地。大家愈談愈認眞，興趣愈濃厚。可是談到現實問題時，大家都無法拋棄現職來入山墾地。可是又不甘心拋棄這個夢想，正感茫然之際，鐵民提了一案說：

「就這樣吧，我家還有一分半田，我供出田地讓你們造個草寮，你們假日就來這兒渡假。」

這一提案使我連想起以前我曾建議鐵民買幾個橱櫃擺在屋裏，把理和手稿陳列出來，好讓我每年帶學生來時方便解說。可是鐵民說屋裏太窄，而且土角厝的濕氣很重，不宜陳列。如今，既然鐵民願意供出土地，則不妨向社會人士募款，建造一棟二樓房子，樓下做陳列室兼做台灣文學資料館，樓上做會議室兼做臥房，供學生、遊客來往，酌收餐宿費，以維持開銷。遊客來此，既可親近理和文學，又可順遊蝴蝶谷。豈非一舉數得？

「我們就決定建造『鍾理和紀念館』吧。」我做了一個結論。

於是以今天在場的葉老、彭瑞金、鐵民和我爲發起人，擬請鍾肇政爲召集人，再加上『台灣文藝』同仁和熱心的社會人士，組成籌建委員，大家分頭募款。並決議發起文稿由彭瑞金草擬。

選舉熱潮已展開。聽說從火燒島回來了一位好漢名叫施明德，成了黨外幕後的策劃人，凝聚了全島的黨外力量，從北到南聯袂舉辦茶話會，籌措選舉資金。到了公開競選期間能言善道的黨外人士所到之處，無不跟隨數萬羣衆。

我因尚未拿到護照，不敢在茶話會中拋頭露面；但政見發表會可以舉行之後，我就從北到南偷偷跟着跑，把各地親友拉出來聽演講。過去這些親友和我一樣患政治冷感症；但只要聽過一場演講之後，便恍如大夢初醒，競相傳告：台灣是咱祖先的故土，不通乎阿共來吞食，也不通乎顧面桶（國民黨）加咱出賣，咱有權利決定咱自己的運命。

母親是典型的台灣人母親，只希望兒子少管閒事；「日頭赤炎炎，遂人顧生命」是她常告誡我的話。可是經我再三懇求，母親才答應去聽一場劉峯松的政見發表，結果當場感動得老淚滿面。台北有一位家財萬貫的吝嗇親友，被我拉去看台大校門對面陳鼓應、陳婉眞聯合辦事處的「民主牆」，便當場掏了數千元塞給鼓應的兒子；以後，只要看到黨外宣傳車經過，他便把捆好的鈔票往車上一扔。

楊青矗愈幹愈勇。原先我們只希望他去碰碰現實政治，碰到釘子之後再回到文學陣營裏來。可是他發覺聽他演講的聽衆比讀他作品的讀者熱情千百倍，更使他決定爲社會大衆而赴湯蹈火。我們幾個南部文友一則以喜，一則以憂。

所有的電視、報紙還在繼續欺騙人民，大事宣傳國民黨提名的候選人如何受到歡迎，而小字報導黨外人士的動態，甚至故意歪曲事實，破壞黨外人士的形象。正此之際，聯副主編瘂弦卻來信要我一系列介紹戰前的台灣作家及作品。我知道詩人瘂弦是王昇將軍的門生，聯合報也是王的嫡系傳聲筒。本來除了自立晚報之外，我早已不看任何報紙的；但在大家熱衷於政治之際，我來做點文學工作也無妨，便答應下來了。首先我介紹並翻譯了龍瑛宗作品，以配合『前衛』第二期的刊出。接着第二篇便介紹吳新榮的「亡妻記」前篇「逝去的青春」。我以前編輯吳新榮的「三錄」時，只採用前人翻譯的中文稿；這次我直接從原文細細品味，細細翻譯，細細想像時，常常淚水湧出而不能自已。因爲吳新榮的經驗中有我重疊部分。此文刊出時，意外的附了一幅某畫家的插圖，畫得生動而恰到好處。一時收到幾位讀者的來信和吳家兄弟的讚譽。連我母親也都讀得掉淚。

一九七八年十二月二十二日，我終於拿到護照，即刻送到台北交流協會簽證。等簽證的四天之中，我整理了「鳳凰樹專欄」給遠景出版社；撰寫「葉榮鐘作品概述」寄給鍾肇政；準備「亡妻記」後篇的原文。二十六日取得出境證之後，去青輔會見舊同事，那同事低聲告訴我：「昨夜小蔣接到美國官方正式通知，說將於元旦正式與中共建交！」我嚇了一跳，怎麼可能呢？早上報紙明明還以頭條新聞登刊中美友誼不變呀，怎麼會來得這麼快呢？

可是晚報果然出現「美匪宣佈建交，與虎謀皮將自食惡果」的特大號字，又說：「政府爲創新時局，決將中央公職選舉無限期延期」。這令我氣得搥腑搥袋。美國口口聲聲民主自由，其實骨子裏還是與國民黨勾結而榨取台灣利益；中共口口聲聲民主解放、人民當家作主，其實骨子裏還不是希望國民黨繼續壓迫台灣人民？所以這兩個超級大國就在這個國民黨即將崩潰的前夕，趕快伸出援手，扶它一把。可憐台灣人在合法的鬥爭下，再三天可旗開得勝，而後乘勝追擊的緊要關頭，卻又一次被出賣了。非法也走不通，合法也走不通，台灣人眞的只有死路一條嗎？

我氣憤難平地躺在床上，久久不能入眠。突然電話鈴響。

「喂，張良澤嗎？你趕快找個地方躲起來！壽規剛被叫去約談了！」是袁太太急促的聲音。

一會兒，電話鈴又響了。

「張老師，剛剛有安全單位來找你。袁太太叫你趕快躲起來。袁敎授被約談了，成大和神學院的五、六個學生也被叫去了。他們正在到處找你呀。保重！」是筆鄉書屋打來的電話。

我即刻帶了最簡單的行李，乘車換了一處我從未住宿過的親友家。託人不惜高價購買最速離開台北的機票。劉峯松託人傳來口信說：黨外聯合陣線堅持繼續競選活動，不管投票與否。

二十八日晨，昏睡中，聽得康寧祥的宣傳車由遠而近。從樓上的百葉窗縫隙下望，但見康站在車上，向寥落的路人揮手。我以爲這鐵漢一早就出來繼續競選，哪知細聽那宣傳車的擴聲機叫着：「康寧祥擁護政府決策，自動停止競選，請大家精誠團結……」

天呀，這傢伙到昨天爲止還在叫嚷要跟國民黨拼到底呢！

我一整天不敢出門，用電話聯絡機票，終於有票了。但購票時還要把護照和出境證送去對照，我又躭心這最後一關。結果意外地過關了。

一九七八年十二月二十九日上午九時，西北航空公司的飛機從台北機場起飛。我從窗口偷偷下望。飛了大約半小時，心想也該飛出國境了，才舒了一口氣，拿出「亡妻記」的原文影印，攤開稿紙，寫下題目：「亡妻記——回憶前塵」。

十九、傳播台灣文學（1979・1～1980・4）

筑波學園都市是日本政府構想二十一世紀的科學、文化中心的人工都市，建設十年，已大致完成，筑波大學就在這都市的中心，周圍分佈四十幾個獨立的研究機構，集中了全日本第一流的頭腦。

筑波大學也是日本政府第一所實驗性的國立大學。它不分學院，而分學羣，共有五個學羣。學羣之下分學類。打破過去的文理工商醫農的分類方法，而以學問的方法分類之。比如應用數學與中國文學同屬一個學羣，而理論數學則與中國語學同屬一個學羣。我原先不知詳情，以爲筑大叫我來教中國文學或台灣文學；來到之後，才知道把我分派於外國語中心，擔任中國語教學。外國語中心是獨立於學羣之外而負責全校語言教育的單位，設備堪稱全國第一。可是我討厭用機器把人教成機器人，而喜歡用歌唱、會話、朗讀、造句練習來培養學生的中文能力。

到任不久，上野兄一家人就去北京外語學院任職兩年。聽說他住的是賓館，薪水高出鄧小平好幾倍。本校因爲標榜國際性的大學，所以延聘外國人先生最多，約有三十名。根據文部省的規定，公立大學聘用外人一律稱爲「外國人教師」，而不予教授、副教授之職位；但薪水卻高出於日本人教授一些。雖然我們沒有參加任何教授會議、行政會議的權利，但反而落得一身輕鬆，一週教八個鐘點之外，完全幹自己愛幹的事。

因爲全國的外人教師都是一年一聘，所以我不敢大意把家眷帶來。一個人住在學校附近的森林裏的獨立平房，每朝被鳥聲吵醒，覺得很愜意；但不到個把月，就夜夜想念寄放在故鄉的孩子而不能入眠。

學校教中文的先生除了我之外，尙有四個日本先生。當中有一位王育德的弟子名叫樋口靖，是全日本研究台語的兩位日本學者之一。可是校園寬敞，每人的研究室又分散各處，所以彼此很少聯絡。圖書館雖大，但台灣資料很少。雖說是學園都市，但三兩步就是一家拉麵店，而找不到一家古書店，因此教完書之後，眞不知到哪兒去。

所幸聽說藝術學羣也有一位來自台灣的名畫家廖修平和我一樣在此當外國人教師。我便主動往訪。我早就知道他是一名國際聞名的版畫家，一直旅居海外而常於國內報紙出現大名，因此我只聞其名不見其作品。走進他的工作室，就聞到濃重的鹽酸味。他個子高高，一身鄉下土氣。他很親熱地伸手歡迎我，我看到他龜裂而脫皮的手，好像快要腐爛的樣子。他說他快要結束一年的教學，於三月回台開畫展，四月就回紐約居所。房子裏擺設了好幾幅好像最近的作品，都用銀線畫成格子，然後畫上櫻桃、楓葉、茶壺等，着色鮮明而單調。他說他的版畫是在鋅版上用鹽酸腐蝕再套色的，製作困難；而這種格子的畫風，是他最近獨創的。我欣賞了一下，的確有其獨特的風格，但嗅不到鄉愁。他說他現在担任「中華民國筑大同學會」

的顧問，他走後，要我接任，以便照顧台灣學生。我不置可否。

想到一個人孤孤單單地回到宿舍後，黑漆漆的林中只有獨對電視機的恐懼感，便儘量在學校抄抄寫寫，拖延回去的時間。一月的夜空特別寒冷，起伏的田野、樹林像用黑紙和灰紙間揷剪貼起來的圖畫。今夜我走在田間小路，仰望正前方那顆最明亮的星星，那必定是蔡瑞洋醫師無疑。

今天接到陳秀喜女士的來信，說蔡醫師突然心臟病發作，倒在關仔嶺別墅，毫無痛苦地安眠了。算來已是五天前的事，那麼他已該昇天化成星星來到了日本上空才對。蔡醫師，您特別在我離鄉之前，到我的故鄉永靖來看我，並送我路費。當時您拿錢給我的時候，手發抖得很厲害。其實半年前，我已發覺您的手開始發抖。您說那是高血壓所致。我想您自己是個名醫，您的症狀我不便多問。我知道您投資的事業一連串被您所信賴的友人所欺騙，使您氣憤不已；加上您特具有的美的感情帶給您額外的苦惱，因此外表看來儘管年壯有力的樣子，可是從您失神的眼眸、急促的呼吸和發抖的雙手，我已感觸到您心力虛弱到極點。爲了轉移您的注意力，我極力要求您寫您的回憶錄。

以前我看過您早年以「旅人」的筆名發表在醫學雜誌上的隨筆，那是您用日文創作再託人譯成中文的。您原本就有敏銳的感覺、豐富的感情，加上後天的學養和見識，使得您的隨筆不輸任何中外名家。可是連載數期之後，便因自己開業而中斷了您的文筆，因此雖然在事業上頗爲成功，但在文學上反而失落了。我勸您用日文寫作，我負責譯成中文。分成「醫學與人生」、「童年生活回憶」、「日據時期的台北醫專生活」、「戰後初期的台灣社會」等幾個主題，想到什麼就寫什麼，等全稿完成之後，再來連接、剪裁。您一向最信賴我，因此答應每週去關仔嶺休假兩天，即時動筆。之後，每次見面，我便催問您寫了幾張稿紙，結果您的進度雖慢，但總有收穫。我心想將來集印成日文單行本，便可能成為接受日本教育的台灣知識人最後一代的紀念碑。再年輕一代的人就無法寫出如此優美的日文了。將來在我的台灣文學中，我就以蔡瑞洋為分水嶺，最為恰當不過。可是您卻破壞了我的計劃，完成不到三分之一，就急急拋棄人世。您為我能到日本教書，為台灣文學尋求新的出路而高興萬分，並說以後隨時可來看我；可是您竟第一次失信於我，怎能不叫我痛恨？……

我佇足於黑漆的田野中，仰望正前方那顆閃亮的寒星，讓淚泉任意地湧出，直到乾涸。

下雪的二月，天理大學的塚本教授迢迢專程來訪，令我感激至極。當年我在中央副刊發表了楊逵論文之後，最大的迴響是來自兩位外國教授。一位是韓國成均館大學的中文系教授金哲洙，他只是好奇來認識我一下而已，似乎無意要深研台灣文學。另一位是正在文化學院講學的塚本照和教授。他來台南向我索取資料，並說他來陽明山已兩年，從不知有台灣文學；他覺得今後有責任把戰前受日帝壓迫的台灣作家發揚光大，以補償日本人的罪孽。他的態度非常誠懇，我便緊急召集南部文友為他舉行座談會，讓他認識葉石濤、鍾鐵民、楊青矗、彭瑞金、張恆豪、張德本等作家，他表示在返日前夕發現了這條大道，是他旅台兩年的最大收穫。從此我不斷與他保持聯絡，凡有出版，不忘寄一套給他。

這回他來住在我的林間小屋，整整談了兩天。他原先是研究唐代小說的，後來也教中國現代文學，可是文革之後的作品已不足觀，正苦於沒有出路的當兒，他發現了台灣文學的寶庫，這幾年來他不斷蒐集、研究，已有相當成果。算年紀、資歷，他足夠當我的老師，可是他說他才起步，要我「指導」他。這麼謙虛、誠懇的學者，我是生平第一次碰到的。

我想到日本各大學教中國現代文學的先生們，必然或多或少都有與他同樣的苦惱，炒來炒去還是魯迅、巴金，以後的政治文學、工農兵文學，眞正會喜歡的必極少數。則台灣文學不妨乘虛而入，卽使做爲中國文學的一支流也好，只要有機會讓他們瞭解，一定會感興趣的。可是要怎樣讓他們接觸呢？翻譯本根本不用說，連中文書店都買不到台灣的書，而要透過個人關係，也相當有限。所以我一來日本時，內心就有一個構想：組織一個台灣文學研究會，我在背後提供資料，請一位在學術界較有份量的人出面主持。我認爲唯有塚木先生一人最妥當。

於是我把這個構想當面提出，請他登高一呼。他考慮久久，才愼重地答應了。

春假，我第一次上東京。筑波位於東京北七十公里的地方，距離不遠，但交通頗不方便，換兩次車到東京市區花了兩個多小時。打電話到西川滿家，自我介紹了一下，沈濁而無精打采的聲音說：「好吧，你來吧。」

我坐計程車找到阿佐谷的天后會。女佣人領我上樓，一個白長髮、短白鬍的老人半躺在沙發椅上等我。我從手提包裏拿出一本厚厚的原稿，往他前面的桌上一放，問道：

「西川先生，您還記得這本原稿嗎？」

他猛然坐直，翻開首頁，仔細盯住那幾行字：「早稻田大學佛文科卒論。藍波研究。西川先滿著。」突然他猛向屋內叫他老妻出來。

「妳看，妳看，這不是妳的筆跡嗎？」

有點瘦弱的妻子戴上眼鏡，和肥胖的丈夫兩人的頭擠在一起，一頁頁的翻看下去。久久，丈夫抬起頭來，盯住我說：

「這是我的畢業論文。畢業之前，我們結了婚，我正趕寫畢業論文，新娘子在旁邊抄寫。一共抄寫兩本，一本交給學校，一本留做結婚紀念。這一本便是我倆的新婚紀念品。你到底從哪兒得到的呢？」

我慢慢地道出一段原委。

兩年前的暑假，我在台北打工。我的朋友劉書神突於古書店發現兩大箱珍本書，有的是您的著作，有的是別人送給您的簽名書。劉通知我去看，果然是罕見珍寶。問其價，每箱台幣五萬元，不零售，不減價。限兩天之內不來買，則將賣給別人。劉與我苦思兩天，結果他標了會，我向三弟媳偷借了五萬元，兩人合購了這兩箱書，再把書平分抽籤，各得一半。您這本畢業論文正好在他那邊。我來日之前，他叫我帶來給您看，您可以影印一份留下來。我問過那古書商，這兩箱書從哪兒來？他說是樹林有一個老家，主人死後，子孫要蓋新樓房，就把藏書清掉。

「爲什麼您的書會跑到樹林老家去呢?」我問西川先生。

「那時日本戰敗,我父親經營的昭和炭礦場就送給一個最親信的台灣人職員,他的名字叫黃××(我一時記不起他的名字)。我們被遣送回國的日本人,只許隨身携帶兩個包袱。而我的書特別多,只好暫時寄放在黃××的家。」西川淡淡的地說:「後來他成了大富翁之後,不忘舊誼,常來日本看我。我看他也是愛書人,所以就言明那批藏書我無意索回。最近他年紀大了,較少來往,也聽說他身體不好。沒想到他已過世了。」

西川滿似乎忘了他的藏書被出賣,而只惋惜好友的早逝。

我想起了我曾見過黃××一面。那是前年我去日月潭訪張文環時,正好大飯店的老闆辜振甫陪黃××駕到。張文環向他倆介紹了我的苦心,並在大飯店門口拍了一張合照。但我知道像辜振甫這種財界大首富怎會把我看在眼裏?和我合照算已是最大的賞光了。兩人都高高瘦瘦,像斯文的教授。我要知道他有那麼多藏書,則早點去拜訪他,也免得他死後子孫就把他的書掃掉。

「這本論文不能讓售嗎?」西川滿幾近於懇求的說。

我看這對老夫妻那麼珍惜的樣子,實在不忍拒絕,但又不敢作主,只說:「請先影印一份保留起來,眞本等我朋友來了再說。」

我怕他倆會失望,趕快從手提包裏取出第二件寶——一本相簿。

「我朋友說這本相簿要還您們。」

兩人又驚奇地頭擠頭看着他們年輕時代的家庭生活照片。有一個穿木屐、和服的幼兒，現已成爲日本聞名的經濟學家，早稻田大學西川潤教授。

「四十多年的照片了。」夫人不勝感嘆道。

「這些也都雜在書箱裏嗎？」西川問。

「是的。」

中午，主人特地用電話叫新宿的台灣料理店送來一桌道地的台灣菜宴請我。飯後，帶我去樓下的天后堂，他先去佛前跪拜、誦經之後，然後指給我看滿櫃的書籍。原來他從台灣回來後，繼續以前在台灣時代的日孝山房事業，自己創作，自費印刷，精裝限定本，只改山房爲「人間之星社」而已，其內容與風格一成不改。同時自己發行一種小報型的刊物『安德爾米達星』，一方面宣傳媽祖天后的神蹟，一方面宣揚自己的文學。

他選了五、六本著作簽名送我，我自己再選購了四本，付了二十萬日圓。有一本『林本源庭園賦』，定價十萬日圓，我無法出手。

臨走時，他很開心笑道：「本來我是不見事先沒有約定的客人的，但今天是我的吉日，所以姑且見見你。果然是吉星高照的好日子。」

他問我生年月日時，要替我相命；我說我的生日不準，便作罷了。

某日，聞說陳映眞又被捕，我甚焦慮，卽刻寫信給北京的上野兒，想透過他請中共向國民黨施加壓力，救援陳映眞。但數天之後，陳無事返家，我才鬆了一口氣。只是不知上回我出國前的錄音帶有無被沒收？

池田敏雄約我在神田古書街見面。一見面便爲了張文環、蔡瑞洋的相繼去世而唏噓不已。池田先生邊問台灣的近況，邊帶我逛古書街。果然名不虛傳，神田神保町的大街小巷都是古書店，有的堆在路邊，每本五十圓、一百圓；有的擺在橱窗裏的，標價五萬、十萬的也有。池田先生帶我去幾家有可能買到台灣資料的書店去，但多關於中國、舊滿洲、朝鮮、東南亞諸國的；找了一個上午，才找到兩本內容稍涉台灣的書。我決心今後要每家徹底的找尋一遍，便索取了一張古書店地圖。中午，池田先生帶我去一家天普羅（油炸類）客飯的專門店去吃飯。他說張文環先生來時，他也帶他來這家老店吃。

這半天跟他一起逛街，我有一種錯覺，好像是跟着增田涉先生一樣的，池田先生也很容易疲倦的樣子。我告訴他前些天去訪問過西川滿，他只淡淡地應道：「是嗎？」

分手時，他叫我有空去平凡社找他，並畫了一張地圖給我。我心裏倒是很想見見他的妻子黃氏鳳姿，但他似無意叫我去他的家。

出國前交給遠景的『鳳凰樹專欄』於一九七九年三月出版了。分量雖不多，但每篇短文都是我從讀書、思考、生活中提煉出來的，文章洗練而多點到爲止的眞話。過去爲了發表在報刊上，常爲了要講一句眞話而不得不舖排一大堆假話；唯這本小册子，眞話比假話多。

高雄德馨室來信說承印『王詩琅全集』的印刷廠倒閉，字盤翻倒，原稿也遺失了一部分，要我再補充之。這套書眞是多災多難，而王詩琅來信字跡愈來愈難讀，不趕快出版恐怕趕不上生前讓他高興一下，便急急叫家人航寄大量存稿，火速補編了兩卷。終於一九七九年六月出全了十一卷。我拿到了這厚薄相差至大的十一卷書，不但不感到安慰，反而覺得很汗顏。因為分類、編排上的缺點太多了。

四月間，福田先生來找我兩三次。他是大前年在我入院之前由台灣資料蒐集專家河原功介紹而來的。福田生於台灣，戰後被遣送回國，對台灣故鄉頗為懷念，想把台灣文學介紹於日本，問我有哪些作品可以很快引起日本人的興趣，我不假思索推薦黃春明的『莎喲娜拉，再見』。他要我介紹原作者，我便約了黃春明在呂秀蓮辦公室見面。大概黃看出這個門外漢搞不出名堂，便不太熱衷的樣子，只提出一個條件，他要拿同日本作家一樣的版稅。接着，福田要我陪他去見日文名教授蔡茂豐學長，蔡教授一聽，便直截了當要求最高翻譯費。福田出來之後，又咋舌又搖頭。最後他決定自己翻譯，譯好之後再找出版社商量。此後，我就沒有他的音訊，心想他可能知難而退了。

不料，他又從河原功處打聽到我來筑波，便抱了一大堆翻譯稿來找我。原來他是東大經濟系畢業的，英文程度不錯，但中文一竅不通；而這幾年來，他一字字查字典而譯完了其中兩篇。我被他的精神所感動，不厭其煩地替他解說誤譯之處，然後他抱着訂正稿，到處找出版社，終於被他找到一家小出版社叫米貢出版社願意出版。米貢的年輕老闆桑原曾志願去中南半島義務服務，故取米貢河之名，想出版東南亞文學的書。因福田所譯的兩篇不夠一本書，便找了愛知縣立中文教授田中宏加譯兩篇。

田中宏先生也爲此來筑波叫我幫他選篇及解疑。他個子不高，剪平頭，看來比我年輕許多。因爲少瓔初來日本，他特地邀我們去上野吃朝鮮料理，只覺得此人平易近人得不太像日本人。後來他陸續寄來剪報、印刷品，始知他爲留學生或旅日華僑、韓僑、台僑所受的不公平待遇，一天到晚跟日本政府鬥。眞是我所見到的第一個日本人權鬥士。

『莎喲娜拉，再見』終於出版了，這是戰後三十五年來第三本台灣文學書（最早是吳濁流的『亞細亞的孤兒』，次爲張文環的『爬在地上的人』，兩者皆絕版）。福田與田中都希望在序文中向我道謝，但我婉拒了。因爲我知道黃春明看到書上有我的名字出現，不會很高興。

十一月，田中想乘此書之出版，在日本報刊上喧嘩一下，以引起昏睡中的日本人之注意，便要我寫一篇台灣文學概述，他負責修改和登報。我知道日本的報刊文化欄是不能投稿的，必由主編邀稿才能見報。既然田中有把握發表，我就抓住機會大寫特寫，從祖先開台寫起，寫到最近的鄉土文學之興起。尤其詳述了日據時期台灣新文學萌芽之後迄今的重要作家及作品。題目曰：「苦悶的台灣文學」，是有意模仿王育德先生的『苦悶的台灣歷史』之書名。副題曰：「三脚人的崎嶇路程」。

文中我強調台灣有史以來，皆受外來政權的殖民統治，台灣人雖曾英勇抗暴，但終歸失敗。因此，台灣人不得不在縫隙間求生存，長期受壓迫的結果，遂成台灣人的三脚仔性格。文學亦然。儘管抗日作家多英勇，也不得不喊幾句「大東亞共榮萬歲」；戰後在國共兩集團的對峙之下，台灣作家也不得不喊「三民主義文學萬歲」或「工農兵文學萬歲」，我眞舉不出戰前戰後都一貫堅持兩脚頂立的台灣作家。不管願不願，台灣作家或多或少都長出另一條腿，以免仆倒。如此一來，既不像戰前的日本狗，又不像戰後的中國豬，豈非成爲三脚動物！我的用意當然在激發包括我自己在內的台灣作家之醒悟，同時也希望讀者了解台灣作家的苦境。

洋洋灑灑寫了二十幾張稿紙寄給田中宏，他特地跑來找我，說朝日新聞的主編只限七張稿紙的篇幅。這使我爲難至極。光是我認爲值得在文學史上留名的人名，排列下來就夠七張稿紙了。最後只好刪了再刪，剩下殘缺的骨架而已。於一九七九年十一月五日的朝日新聞夕刊的文化版刊出了我這回來日後的第一篇日文稿。

戰前的我不敢說，戰後的日本大報上我敢說這是第一篇台灣文學論述，雖然我自己很不滿意內容的貧乏，但至少我已把「台灣文學」這個名詞登上日本文化舞台，也算踏出了來日目的的第一步。這應感謝田中宏先生的鼎力協助。

此文刊出第二天，外語中心的英語講師小笠原女士就把它影印貼於佈告欄上；同事、職員們見到我無不向我道賀。至於同鄉們的反應如何，可能要過一段時期才能知道。至少，我可以想像幾種不同的反映。一、台獨人士的反應：他們對我文中稱中國大陸爲「祖國」一詞，一定感到不快。他們可能不知道我用這字眼的意思是指台灣漢族祖先所來自的國土，而非指現政權的國家。二、台灣作家的反應：凡被我提及名字的作家，雖然個人介紹都省略，但也算被排了名，心中當會高興才對。而未被排名的人，心裏必定不快，認爲我忽視了他們；他們不可能知道我因刪除了他們的名字，而痛苦了好幾天。三、特殊個人的反應：爲了宣傳黃春明的新書，不得不多讚黃春明幾句；爲了讚黃春明，不得不舉陳映眞相比。陳出道較早，感染了當時流行的蒼白的存在主義，後來才轉變爲希望的人道主義。黃出道較遲，但從頭到尾都是人道主義。當不得不刪除陳的一半時，只好留下他的前半。這必然會引起讀者的誤解，以爲陳映眞全然是個蒼白作家。而以文壇領袖自居的陳映眞本人，怎能知道我很愧對他，決心以後有機會要給他正確的評價。

（以上三種反應我等了一年，皆無聲無息。又過了好久，陳映眞果然按捺不住了，突於中國時報雜誌以「金耕」筆名撰寫了「思想的荒蕪」長文，提名道姓向我開火。這是我從事筆墨生涯以來第一次受到的批判。）

七月，陳秀喜女士來日參加詩人大會，第一站便先來看我。在山中小屋，談起蔡醫師，兩人皆痛哭。翌晨，她穿我的日本木屐去林中散步。那白皙的小脚踩在又方又大的木屐上，看來格外可愛又好笑。

今年初以來，就不斷聽說島內高漲的政治空氣。最初有余登發被捕，黨外候選人團結起來，在高雄舉行抗議示威，這是三十多年戒嚴令以來，首次大突破。聽了令人興奮也叫人心憂。許信良身爲桃園縣長，卻去參加示威遊行，被公懲會停職了。而去年底最早宣佈放棄競選的康寧祥，也辦起了一份黨外雜誌『八十年代』。七月間，黨外人士於台中聚會，要求恢復選舉，羣衆呼擁，造成警民衝突，是爲「台中事件」。此次未流血，也未捕人，但我覺得這是暴風雨的前奏。八月，黨外精英合力創辦『美麗島』雜誌，繼『台灣政論』之後，又造成空前大轟動。支社分立全島，漸形黨團組織。忽然聽說許信良出遊歐洲，又忽然聽說抵達日本。很想見他一面或聽他演講，但也不知如何聯絡。

十月二十日，我應東大台灣學生會之邀，前往演講，才知道上週於同一教室，許信良來此演講。

東大學生會長張同學向我道歉：因許信良匆匆來日，來不及通知遠道的我；而上一週許信良的演講來的人太多了，緊接着這一週又有演講，所以聽講者減少了。我想在這島內火燄高張的時節，大家關心政治而不關心文學也是正常現象，何況今天來的也有四、五十人，已相當盛況了。

我講我對台灣文學史的構想。世界各國，各民族都有自己的文學史，而全世界就找不到一本『台灣文學史』，豈非台灣人之恥？因此我早就下決心要以畢生之力，完成一部舉世無雙的大業。如今來到海外，看到王育德的『苦悶的台灣歷史』和史明的『台灣人四百年史』，更堅定了我的信心，可是最大的難題是文學史料不知到何處去找？明清時代遺留下來的多半是官場文學，民間文學全被淹滅；日據時代尙有可尋，但流傳的也不過冰山一角。全憑個人之力，光找資料，就夠花一輩子時間，哪有時間再去詳讀內容，編排前後，連串成史書？所以我一方面爲了防止現代作家資料的散佚，趕緊草草地出版個人全集；一方面尋找古代資料。兩頭並進，心裏焦急萬分。因此希望有志同道合的人，分工合作，完成大業。

講完話，有幾個人發問或發表感想。一個是身材修長的漂亮老紳士，他是一開頭就要求我用台灣話演講的人，但因有人反對，所以我折衷半台半中。因爲過去我還沒有完全用台語演講過，有些表達需用中文。我忘了他問的問題，旁邊有人介紹說他是林茂生的兒子林宗義教授，刻正來東大講學一年。我乍聽，便起立向他致敬道：「林茂生先生是我心中的偉人。我希望得到他的資料以便發揚光大他的精神。」他說他父親遇難時，所有資料也都散佚了。

又一位胖臉、厚唇、蓬髮而穿清朝衣服的中年人發言，我聽到他報名「載國煇」時，立刻挺直腰身恭聆指教。他說我不該把皇民文學得獎作品的『道』提入台灣文學中。我答覆道：我覺得皇民文學也應該在台灣文學史中提起。一來告訴後人御用作家是什麼；二來他們的心態、處境都值得我們去分析，並警惕來者。他又問我有無看過『南音』雜誌。我坦言未曾看過，因爲我到處找都找不到；省文獻會有影印一套，但只免費贈送給國建會會員，外人買不到。(我知道他是國建會員。)

又有一位年輕學生抱了一堆書在桌上，他一本一本拿起來向聽衆解釋哪本是我編的，哪篇是我寫的，最後結論道：台灣鄉土文學論戰的直接導因是張良澤在『仙人掌』雜誌刊出了「鄉土與文學」專輯之故；但其遠因是張良澤整理了太多的台灣文學。

會後，我過去向年輕人致意，問他姓名，他說他叫張炎憲，現就讀東大歷史學博士課程。我牢牢記住他的名字。

載國煇教授我仰慕他已久。吳濁流幾本在日本出版的書都由他寫書後的解說，我雖然讀不大懂，但可見他與吳老之密切關係。會後，他邀我去吃飯，並命令學生會幾個幹部作陪，由他作東。他的直爽、熱誠令人感動。飯間，他說吳老不該在生前爲自己立文學碑，那會遺人笑柄。他說他事後才知此事，否則必定當面反對他。我聽了頗有道理，過去我都沒想到爲自己立文學碑有什麼不妥。載教授不但好客，而且博聞強記，對中國近代史人物的來龍去脈，瞭如指掌。只是聽他的話正如讀他的文章，跳躍閃爍，很難揣摩他的主意。印象最深的是他說國父是客家人，葉劍英也是客家人，鄧小平也是客家人，台灣的重要作家也是客家人。我心想我也是客家人，但從沒想到要跟孫、葉、鄧等人連在一起。

在座有一位始終保持笑容而不發一語的中年白面書生。問其名，他說他叫連根藤，讀太空物理，現爲無業遊民。再問其詳，他便笑而言他。

自從見了西川滿之後，我每隔數週就去見他一次。以前我評論日據時期的台灣文學時，動不動就劃分二等分，下頭是受壓迫的台灣人作家，上頭是統治者的日本人作家；而日本人作家當中，除了極少數人同情台灣人之外，以西川滿爲首，作威作福，當總督府的爪牙。當時我只看了幾期戰爭末期的『文藝台灣』，便人云亦云起來。後來在台北妙章古書店看到西川早期詩集『媽祖祭』，愛不忍捨，但價錢高得比秤黃金還貴。後來又在斗六鄭家看了幾種著作，都有他獨特的風貌。最後一次是和劉兄買了那兩箱書裏，有他手寫手製的詩文集。這回見了他本人，他說戰後回日本時，神田古書店還賣着他的書，所以自己便買全了一套在台時期的所有著作。他願借我利用，但不准帶出。於是我就躲在他的書房裏，一本本的翻閱他所有的著書和藏書。

只因他三歲就隨父母到台灣，直到日本戰敗，半生都在台灣生活。難怪他的作品除了極少數取材自日本和中國之外，幾乎都有關台灣的民俗、歷史、人物等。由於他出身士族的孤傲性格和大學時代浸淫於法國浪漫主義文學，使他的作品飄溢着芬芳的異國情調。他不關心殖民地的民生疾苦，也不關心統治者的跋扈，他只看到台灣的土地上飄着七彩烟霞。他獨自關在書房裏，把七彩烟霞編織成考究的鉛字、手製的宣紙、手畫的挿圖，最後變成精美的線裝書。

如此他親手編織的單行本有八十多卷，雜誌近百期。我敢斷言日據時期的台灣作家無不直接間接跟他發生關係，只是有的與他不合而分道揚鑣，有的以他爲師友。因此不談日據時期的台灣新文學則已，要談，則最後不提及他不可；不管他的功過如何。

我無暇細讀每本書的內容，但把每本書的封面拍攝下來，摘錄內容大要，決心要完整記錄他的畢生業績。

整理到戰後返日後的作品，我又發現只要內容涉及台灣時，差不多都在扉頁上題辭曰：「謹以此書獻給我的故鄉台灣」。他年紀愈大，愈懷念台灣。不管他的心態如何，台灣是他的創作源泉是不容置疑的。

由此，我想到戰後來台的大陸作家，同樣屬於統治階層，同樣認爲台灣是自己的「領土」，同樣過了三十多年，但我未見過有一個大陸作家寫台灣的作品量有超過他十分之一以上的。

將來同樣把大陸作家遣送回中國，而會有一個作家在書扉上印着：「謹以此書獻給台灣故鄉」的，我可不敢期待。

十月，報上登出一則消息：國立國文資料館舉辦第二屆「國際日本文學會議」，爲期三天，徵求各國研究者發表論文。我認爲西川文學於戰前說來，是屬於台灣的日本文學；但於今日說來，應該是屬於日本的外地文學，正如北海道文學、九州文學是日本的地方文學一樣。於是我擬題「戰前台灣的日本文學——以西川滿爲例」試報了名。結果我被排於首日第二人發表。意外的，第一位發表的竟是美國麻州大學中國文學教授鄭清茂。

一九七九年十一月當天會議開幕式之後，鄭清茂以流暢的日文報告魯迅文學與日本的關係。魯迅的東西在日本已被挖得爛爛了，因此換我上台時，便引起一陣小騷動，我看大家那好奇的眼光，便知道他們都讀了上星期朝日新聞的我那篇文章。

我一開頭便說：日本明治大文豪森鷗外、大正大文豪佐藤春夫、昭和大文豪北原白荻都直接對台灣文學發生影響；但把日本文學根植於台灣的是西川滿。日本人看上不看下，只知中央文壇的大文豪，而不知在殖民地首倡「外地文學」的西川滿是誰。

接着我舉例證明他對日本文學及台灣文學的貢獻。但就台灣人的立場而言，西川滿於戰爭末期附和皇民文學，且率先迎合總督府之意旨，實是他最大的過失。

會場近百人，鴉雀無聲。我相信今天他們聽到了很多不知道的事情。他們也許一時陶醉於我對日本文學的讚美讚揚，但回味一下卻又覺得我的話中有話。

學習院大學某教授負責對我講評，點出了我話中之話，可謂高手。接着是發問時間，第一個人舉手站起來，問道：

「麻州大學鄭清茂發問。請問張先生，戰前的台灣作家們戰後有無繼續寫作？」

我笑了笑說：「在未回答您的問題之前，我想借這個機會感謝您二十年前送了我一本書。二十年前，您翻譯了原田康子的『輪唱』，我很愛讀，但窮師範生沒錢買書，不得已寫信大膽向您要了一本，結果您簽名贈送了我一本。至今我還珍藏着那本書。今天不期而會，再次向您道謝。」

說至此，聽衆響起熱烈掌聲。

「現在回答您的問題。戰前的台灣作家於戰後不久，碰到『二・二八』事件，不是被殺就是自動折筆。因此戰後的第一代台灣作家就是您和您的朋友們如鍾肇政、鍾理和、文心等人，接受日本教育而自修中文的人。唯有兩個人持續不斷從戰前寫到戰後的，一個是吳濁流，一個是楊逵。不知我的答覆對不對？請鄭教授指教，因為您知道的比我更清楚。」

「謝謝。我很滿意。」他站起來回禮。

當天會後的聚餐，鄭清茂特來和我交談了很久。我說：「其實今天是我第三次的幸會：第一次在鍾肇政家裏，第二次是在台北的首屆國建會會場。當然您不記得我，因為您是名人。不過，我始終有一個疑惑埋在心裏二十年了。現在當面請問您。那次在鍾肇政家裏聚會，吃過午飯，大家要在外面合照相片，不知何故，您硬要先回去，鍾肇政再三挽留您。照了再走，也不差那幾分鐘。我看您一臉不高興的樣子，而鍾肇政也很難堪地望您背影而去。到底那時候發生了什麼事呢？您倆鬧翻了嗎？」

「沒有呀。」高瘦而禿髮的鄭教授似乎想不起什麼。朗爽地笑道：「我跟他一直很好呀。國建會時我還特地去看他呀。」

我還是不能釋然。

要來的終於來了。消息傳來，十二月十日，國際人權日，美麗島雜誌社於高雄舉行大規模的紀念會，國府動員大批軍警包圍，故意製造糾紛，警民大衝突，雙方受傷數百人。當局立即下令逮捕黨外人士，全島精英被捕百多人，僅餘施明德等少數人躲藏於不知處。

我知道這是國民黨設計很久的陷阱，不知黨外人士是樂昏了頭，忘了調度而落下陷阱；還是明知有陷阱而故意踐踏呢？如果是前者，則黨外之中，欠缺智謀之士；若是後者，則勇氣可嘉。我想這批人是戰後三十多年來培植出來的最優秀份子，不可能比我笨。若是，則顯然他們決意做烈士或義士，非我這個「逃士」所可比擬。

我獨自憂心。然也慶幸吾友峯松安然無事。

一九八〇年元旦，塚本先生邀我去大阪一遊。我先去看叔叔。孩子們都長大了，但叔叔依舊每天早晨去開店，燒水、捲手巾、切紙條、擦麻將牌、等客人。麻將桌全部換自動洗牌桌，打完一局，按鈕，桌面中央就自動開個洞，把牌推入洞裏，過一會兒就變成叠好的四隴浮上來，迅速又省力。叔叔說雖然換了這種全新設備，但客人還是不來。現在的人也懶得用腦筋遊戲了，他們寧可去打柏青哥，全部電動，一百円二十個珠子，在數秒之內就射完，進洞的機會極少，但不必花腦筋。最近又時興新發明的電腦遊戲，連麻將都可以獨打。叔叔帶我上樓去看，桌位依舊，可是到處堆放着紙箱雜物。他說我走後客人遽減，第二年起就幾乎空着沒用了。所幸債務已還淸，靠樓下的收入還勉強可過活。

嬸嬸很高興我來日本教書，一再告誡他的小兒子要向我看齊。

和塚本先生約好在大阪梅田街見面。還有時間，先去古書街走走。以前和增田先生、上野兄逛過的木造老屋已不見了，全部變成華貴的百貨大樓，而古書店集中於一條長街。雖然整齊劃一，但好像缺少了什麼。

塚本先生帶了兩位年輕弟子同來。在咖啡廳裏聊了好久，才知道他們都在默默耕耘。兩位都是塚本的學生，修完了關西大學中文研究所博士課程，因此算來也是我的學弟。一位叫中島利郎，專研明清小說；一位叫下村作次郎，專研中國現代文學。兩人合辦同仁雜誌『咿啞』，由中島自己打字。每年二期，已奮戰了六年。雖然到處兼課的鐘點費微薄，但不影響他倆做學問的熱忱。顯然受了塚本先生的旨令還是鼓勵，兩人都表示今後要向我求教台灣文學。因爲他倆已從塚本口中得知戰前台灣文學的概況，而要我撰寫一稿介紹戰後台灣文壇。因此我想起初來筑大不久，曾應邀在筑大中國研究會上發表台灣文學的近況，把那篇講稿加以補充，即可一目瞭然。

我趕緊叫家人寄來戰後所有文學雜誌的創刊號和任何一天的所有報紙。按年代排比，就我記憶所及，介紹每個作家風貌，綜合各個作家風貌而構成雜誌或副刊的風貌‥綜合各個雜誌和副刊的風貌，可看出台灣文壇的變遷。於是冠題爲「戰後台灣文壇的歷史考察」，附上所有雜誌和報頭的攝影圖片，發表於一九八〇年四月的『岬啞』第十三期。

該文結論時，我劃出分期表，是我多年來考察的結晶。此文刊出後，成爲海內外論述戰後台灣文學分期法的依據。宮城教育大學的小野四平教授及取手高中某教員的論文中，都引用我的圖表。該分期表如下‥

第一期1945年——(百花齊放——空白期)——→1949年

第二期1950年——(反共文學期)——→1959年
(鄉土文學成形期)
(西洋文學成形期)

第三期1960年——(西洋文學期)——→1970年
(鄉土文學成長期)

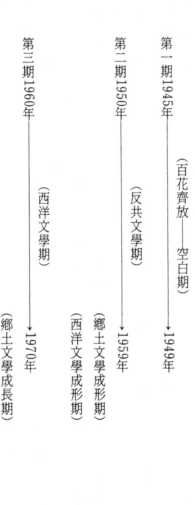

聞說增田先生的藏書全收藏於關西大學圖書館，因此順便去母校看看。時序正嚴冬，樹葉已落盡，校園無人。想當年手握畢業證書在校門拍照，一幌已十年。走進圖書館說明來意，一位負責整理增田文庫的副教授帶我去參觀。他說增田先生過世後，除了藏書之外，別無家產，留下老妻和一個殘障的兒子。學校便拿一筆鉅款，購下全部藏書，集中於一處，命名爲「增田文庫」。刻正一卷卷整理登記，將來要出版「增田文庫書目」，包括別人寄來的書簡。

我一本本地看,想要找出直接激發我走上台灣文學之路的那本『世界弱小民族文學選』。結果沒找到。副教授也幫我翻找書目而無登記。若然，則那本書必定於增田先生生前被借走而未還。倒是在書架的下端之一角,見到我回台之後陸續寄給他的著書。每本書上都有我「獻給恩師」的題詞。想到這些台灣文學書將與增田先生精神永存，內心也感安慰。

離開關大，順便到附近的國立民俗博物館參觀。當年熱鬧一陣的萬國博覽會場，現已變成綠樹成蔭的學術、教育機構。館內分研究部、收藏部、展示部。展示室陳列世界各國的民具，有香港、新加坡而無台灣。日本政府以國家預算、最新設備來收藏各國、各民族的破銅爛鐵，亞洲孤兒沒人認定，而自己又不認定自己；尤其文化上一旦被抹殺，則台灣人永無翻身之日。

大阪歸來，無日不憂心。隨時留意島內消息。

一月八日，逃亡中的施明德義士，終被密報而受捕，另有蔡有全、林弘宣兩義士也被捕。

我的心又往下沉。

一月十六日，陳若曦攜帶旅美台灣同胞的決意書，兩度回台見國民黨最高當局。這是她離台二十年來的首次回國，卽連「吳三連文學獎」的獎金她都叫在台的親人代領而不齒與獨裁者妥協，這次她的義舉令我感到意外和敬佩。

二月二十日，軍法大審開始。故鄉來客陳述施明德義士如何視死如歸，黃信介、林義雄、姚嘉文、張俊宏等義士如何義正詞嚴闡述民主眞諦，呂秀蓮、陳菊二女義士如何感動全場聽衆，連女警官都當場掩面哭泣。

適値國際筆會於東京召開年會，會上通過救援台灣作家楊青矗、王拓和呂秀蓮。

日本民間有一個人權組織叫「台灣政治犯救援會」，組織雖小，但代表了日本青年關心台灣民主運動的良心團體，他們不斷散發傳單，呼籲日本人抗議國民黨長期軍事獨裁，要求釋放所有台灣政治犯。

我沒有參加遊行示威，也沒有簽名「上蔣總統書」。我只獨自一人默唸着。

二月廿八日，方素敏去探監的當兒，在軍警監視下的林義雄宅中，林老母躺在血泊中，身中十數刀，已斷氣。雙胞胎兩小妹妹，皆身中二十數刀，已斷氣。另一位小妹妹身中五、六刀，在血泊中，微弱地呼喚着：

「爸爸，你在哪裏？媽媽，妳在哪裏？……快來呀！快……」

我彷彿聽到亭亭在叫我。記憶喪失了一段期間。

二十、鄉關夢遠（1980．5～1982．2）

去年東大演講後，雖然沒有任何東大同學來信自告奮勇要幫我整理台灣文學史料，使我有點失望，但比起筑大同學會可真天地之差。自從廖修平返美後，我不得不接任「筑大中華民國同學會」的顧問。最初幹部們還會來找我商量舉辦球類活動、郊遊活動；而從未聽過要辦學術活動。後來只在元旦、過年、端午、中秋的大吃會才來邀我去吃。每次都有亞東協會派人來參加並送津貼，我坐在主人席上的亞東官員身邊，吃得很不是滋味，以後便藉故缺席。久而久之，歷任會長便不來請我了。我也不知自己是否還掛顧問之名。

有一位卸任的陳會長突然來找我，他說他從亞東的一位高級官員口中得知我的事，不敢讓我知道；但不說又感內心不安，所以前來告白。

那高級官員說：張良澤是問題人物，你們不要接近他。他本來是不能出國的，但因正逢美匪建交前夕，情報單位一時疏忽，被他坐上飛機。等情治人員趕到機場時，飛機已起飛了。

「張老師，請你不要介意。我知道你是眞正的讀書人，說你有問題的人才是有問題。」陳君竭力要安慰我。

「不，我眞的是問題人物。如果台灣前途沒問題的話，我的問題也自然消失。」我雙手垂膝向他致禮道：「多謝你告訴我這些事。」

因爲那位高級官員的長兄曾幫助過我，所以我到日本之後，曾去亞東協會做禮貌上的拜訪。我想台灣人做了官，雖然表面上要聽主人的指使，但內心當然會照顧台灣人才對。所以他表面上警告學生勿接近我，內心裏是想透過學生轉達當局對我的注意，要我小心行事吧。其實我也沒有做過任何背叛人民利益的事，甚至我還相當尊重國民黨。有一次，小孩的學校要舉辦「國際日」，老師規定我家小犬要帶一面國旗和抄寫三句打招呼的話。"Gao Za!" "Li ja pa bue?" "Li be ki do wi?"三句台語即刻寫出來，但國旗怎麼辦？我又不能自己發明，只好請「亞東」寄來。果然「亞東」很快寄一面大「國旗」並附了一封信，讚揚我愛國不落人後。也許有這層關係，所以最初每逢「教師節」、「雙十國慶」，都有發帖子給我。我礙於情面，去吃了一次宴，看到滿席「顧面桶」的吆喝得意狀，就令我倒盡胃口。然而，想到我的膏藥護照，每兩年就要去亞東延期一次，最令人頭痛。

西川滿著作單行本部分全部八十卷，已記錄完畢。我用毛筆繕寫一遍，拿給他看時，他嚇了一跳，他說他從未看過如此週密的書誌方法。我的獨創方法包括三大項：

一、書的體裁——書名、作者、發行年代、發行處所、大小、頁數、收藏者，另外再貼上我自己拍攝的各書封面相片一張。

二、目次——抄寫全部目次；繁瑣者抄寫重要目次。

三、摘要——從前言、序文、本文、跋文、後語之中，抄錄重要片斷，顯示本書之性格及內容大要。

以上三項合寫一張稿紙，規格統一。每本書一張稿紙，整齊劃一。

西川滿借去我的原稿，影印五十份；另請一位攝影家把每本書重拍一遍，以彩色片代替我的黑白；絨布精裝限定本五十册，分贈諸親友。每册要貼八十張相片，共四千張，西川滿老夫妻和女傭共三人又折紙又貼相片，做得叫苦連天。正好台灣來了一位羅成純小姐入筑大碩士班，要跟我學台灣文學，我便請她去幫忙。終於一九八〇年八月，由他的出版社「人間之星社」發行，書名曰：『西川滿著作書誌——單行本之部』。緊接著，我照此方法進行第二部份的戰前雜誌之部。

美麗島事件、林家命案的衝擊，使得南部一位作家朋友住進精神病院；中部一位專寫抒情散文的碧竹，哭喊「不要殺那兩個可愛的林小妹」而改名為「林雙不」；一羣年輕人打包好行李，隨時準備被捕入獄，而放膽辦起黨外雜誌，衝入言論禁區，揭發國民黨黑幕，甚至對蔣家指名道姓揪出醜事。國民黨在此四面楚歌之下，不敢再抓人，只好查禁雜誌，令雜誌社吃不消經濟壓力；可是新生代的勇士們卻不甘示弱，這邊打擊那邊冒出來，黨外雜誌如雨後春筍。

我每次接到經常易名的黨外雜誌，心裏很矛盾，一方面很想看，一方面又不敢看。收到的雜誌經常有跳期，不知是在島內被禁呢？還是在海關被扣？每期我都珍惜地裝訂起來，以備將來做為台灣史料。

寄這些雜誌給我的是一位善心人士陳宏正先生。由他使用的信封、信紙，我只知道他是經營紡織廠的老闆，其餘多年來我從未問起他的經歷。早在王拓出版第一本書『望君早歸』時，他就主動寄一本到成大來給我，並附了簡短的信說對我表示敬意。之後，他陸陸續續寄來李敖、醬缸先生的書。他對醬缸先生的出獄好像出了不少力，則可見他關心的是中國民主化的問題。我來日後，他每寄一本黨外雜誌至少得花台幣一百五十元，平均每週至少寄三本，則幾年來可花了一大筆錢，而且他的持之以恒的耐心，實令我佩服投地。今年暑假，他帶太太來遊日本，約我去東京一會。第一次看到他，比想像中的還年輕；個子相當高，講話聲音宏亮。他對我似乎很清楚，只問我一些生活近況；可是我對他卻毫無所知，他只說他在台大經濟系讀書時，就很關心校園言論，畢業後經營紡織廠，事業還算順利。我還問他許多黨外新生代的情況，他皆瞭若指掌。

國民黨在黨外言論的猛攻之下，不得不把前年宣佈無限期延期的選舉宣佈於今年底重開。但對自己無信心、對別人不信賴的國民黨，著手修改制定「選罷法」，欲陷黨外於不得轉身之地。雖然萬法纏身，但黨外新生代擁護美麗島事件的受害家屬出來競選。周清玉、許榮淑等人所到之處，聽衆無不感動得雙淚垂。

我的書神劉公於高雄事件未被捕，事後又未溜出來，那麼我知道這是他最後一次參選的機會了。多年來他晨泳鍛練的身體，也唯有去撞「選罷法」的一條路了。

選舉結果，果然美麗島家屬及其關係者全面獲勝，而劉峯松與張春男因蓄意觸犯「選罷法」而同時被捕了。

黨外雜誌刊登劉峯松滿臉鬍碴子而勝利微笑地被扣進法庭的照片。我不必看他的答辯詞，就聽到他心裏呼喊著：愛！愛！愛！

池田敏雄先生自神田初會之後，我又去「平凡社」訪過他一次。其出版社規模之大令人咋舌。一棟十幾層大樓，佔地數千坪。池田於此當副總編輯，他帶我去地下室的資料館走一趟，藏書之多，不下大學圖書館。他說增田先生生前上京時，必來社找他。我眞羨慕他能在這日本第一流的出版社當任編輯、企劃工作。後來，米貢出版社的桑原社長爲慶祝『莎喲娜拉‧再見』再版，在三疊塌塌米的小房間宴請兩位譯者，外加池田和我。數月之後的一九八一年三月卅一日，忽然接到一張訃聞，池田敏雄先生去世了！發訃的人是池田鳳姿及一子一女。

等喪祭過後，鳳姿女士精神稍平靜時，我才去拜訪她。她特地到車站來接我。『七爺八爺』書上的小學生相片，突然在我眼前變成頭髮半白、眼皮低垂的小老婦人。她穿一雙台灣木屐，領我走入小巷中的獨立樓房，客廳堆滿書籍，壁上掛滿台灣草笠、簑衣等民具。桌前有先生中分頭的慈祥遺像。我點了三枝香插進香爐，坐於遺像左側的椅上，望著壁上的草笠，耳邊響起先生的笑聲：

「那年你陪我去台南的小巷中蒐購的手打的鎌刀、菜刀等刀具，重得勉強拖回日本。而我把大小斗笠，依次戴在頭上，由大而小，頂得高高的，出台灣海關時，關員看我像瘋子，便懶得檢查我的行李，幾本書也得以安然過關。」

然後又聽到他惋惜的嘆息聲：

「台南小巷中的糞坑蓋子，很多是清朝時代做爲壓船艙底的大陸方形碑；還有那些水溝蓋子，都是明清時代的石碑。台灣人眞不懂愛惜文化遺產。」

池田夫人答應讓我翻看藏書。我就每本仔細查看，凡有先生作品便登記下來，打算寫一篇池田先生作品年表。在書架的下角，有一包包綑好的東西，有的是先生作品的油印本，有的是別人贈送的油印本，而有一包竟然是我關西大學時代寄給他的我的小說日譯文！我已完全忘了這本日文手抄本。這才使我想起當年增田先生介紹我與他通信之後，他說他想看看我的作品，我就把以前在台灣發表過的短篇小說譯成日文，裝訂成册寄給他，心中暗暗期待他在出版界的關係，或許可介紹出版也說不定。結果他來信說我的作品是「大人的童話」，使我汗顏半天。事隔十多年了，他竟然保存了我的「童話」和信件；以狹小的書房空間，還沒有把它淘汰，眞令我感激萬分。

池田夫人說較不重要的書籍都堆到二樓的被櫥裏；但因重得木房的棟樑都彎曲了，不得已淘汰了幾次。我便自傲地把這包我的資料拿給她；她說她從不知道有這些東西，因爲先生的書房不准任何人動手的。

最後我巡視到書桌，書桌上寫了一半的原稿仍未移動。夫人看到這些原稿，眼眶便紅起來，對我說：「他知道自己無救時，非常痛恨地說：他眞不甘心就這樣死去。他認爲好不容易才等到退休，年紀也才六十出頭，正要全心開始寫自己愛寫的東西時，就要離開人間……」

原來他第一次去台南找我時，他已隨身携帶了藥包。這麼說，我想起他住旅館時，的確看到他服了一包藥粉。他說他的胃老是不舒服。

「從那時起，他沒有一天離開過藥包。因爲就近方便，他固定給這裏一位老醫生看病。老醫生診斷是胃痛，可是服了幾年他的藥都未有起色。我勸他改家醫院看看，他卻堅持要有始有終信賴一個人，不肯給別家醫院看。直到最近，自己覺得情況不對了，才改了一家醫院診斷，結果才發現已是末期的肝癌了！」個子矮小的夫人，坐在我對面，半身隱在桌面下，看來更覺小小弱弱的樣子。

我請她常來筑波鄉下散散心，順便來講一堂「台灣文學」。她答應靜養一段日子就來。

我開「台灣文學」的課是從今年四月開始的。原來筑大文藝言語系有一位主任教授內山知也先生，在我來日之前就已在『中外文學』讀過我的小論文，因此在我來校之後，常主動來外國語中心看我。內山教授有點像塚本教授的造型，文弱書生相，謙和恭遜，而且同樣專研唐代小說；只是內山不教中國現代文學，因而台灣文學的需要，不像塚本那樣迫切。不料，他主持的「中國文學特別講座」卻要我擔任。內山先生說授課內容就以我專長的台灣文學即可。我隸屬於外語中心，與文藝系無關，雖然每週多上兩小時，也無鐘點費可領。但在日本大學講授台灣文學是我的夢，要我付錢倒貼我都願意；如今，內山先生給我這個榮譽，實在令人興奮。

這個特別講座原先是由許勢常安教授擔任的。他利用寒假來筑大集中講課。經內山先生介紹後，我曾去宿舍拜訪他一次。他原名許常安，是音樂家許常惠的哥哥。記得二十年前，許常惠從巴黎學成歸國，帶給國內音樂界一大衝擊，報上時常讚美他的音樂成就。可是不久，他的元配妻子告發他與法國女人有關係，儼然以「遭棄的糟糠」姿態大事渲染。那時大家不敢談政治，報紙不做監視政府的喉舌，而專做揭發人民陰私的長舌婦。因此一時全島嘩然，我一位同學哭著寫了一封信去安慰元配夫人，使我覺得報紙的煽動力太大了。後來許常惠從現代音樂轉入民間音樂，大量蒐集高山族、客家族、福佬族的傳統音樂，加以整理，發揚光大。他對台灣的音樂做出了最大的貢獻，這可能要歸功於他的巴黎夫人。

我雖未見過許常惠，但看他哥哥的長相，我可想像他必然長得英俊瀟洒。可惜他老哥許常安先生毫無浪漫氣質，一副忠厚老實的滿臉皺紋相，頻頻問我嫂夫人怎麼樣、孩子怎麼樣、生活安定否等等。我一向最討厭這些婆婆媽媽，所以草草以對而已。也許他看出我有點煩悶，才切入正題道：

「做學問的人可不必管現實政治。我知道你對台灣文學很有研究，也很有貢獻，但不可操之過急，不必得罪當權者。爲了生存，四面八方都要有點關係。」

他停下來，服了一包藥，接著說：

「我在東京一所大學專任，還兼任其他大學，經常胃痛。明年起的特別講座還是請你來擔任最恰當了。」

我去旁聽過他的講課，正逐句講讀巴金的作品。他的年齡高我十歲，中日文造詣皆高出我十倍。

在日本各大學裏，稍稍把台灣文學附帶於中國文學的驥尾而提到課堂上來的，除了天理大學的塚本先生之外，我尚未有聞。塚本介紹了他的友人小野四平教授，任教宮城教育大學的中國文學，最近也去了台灣見了幾個台灣作家而對台灣文學發生興趣，但不知已否提到課堂上來。因此我的「中國文學特別講座」實際上是全日本第一個全年四學分的台灣文學專門課程。爲此，我於事前做了週密計劃，想讓它變成一門叫座的課程。我計劃第一學期講日據時期的台灣文學，一來與日本人有密切關係，二來可免翻譯之苦；第二學期則上溯明清的古典文學，因古文對日本學生而言較易理解；第三學期講戰後台灣文學。每學期才三個月，因此我只能每期講讀三兩篇重要作品而已。

我怕開始講不好日語，所以先以日文起草寫了數週份的講稿。終於第一堂上課了。出席人數六十名，打破中國文學各課程的紀錄。心中大喜，卽問台灣的地理位置。有的說在北海道之北端，有的說在香港的對面，有的說在中國大陸的南端的海上，最遠的說到澳洲旁邊有個小島叫台灣！全班大約有半數知道台灣在沖繩羣島南方，但沒有一人知道日本國土最西南的島嶼叫與那國島；更沒人知道晴天的時候，從與那國島西望，可望見台灣。

我又問：「日本明治維新之後，第一次對外出兵『征討』何地？」

全班沒人知道那是明治七年的「台灣征伐」（牡丹社事件）。

我又問：「明治二七、二八年的『日清戰爭』，清國戰敗，訂立馬關條約。日本帝國從清國手中得到第一塊殖民地，那是什麼地方？」

全班只有三人知道那是台灣。

我又問：「亞洲第一個民主共和國是哪國？」沒人知道那是「台灣民主國」。雖有幾個人知道日軍偷襲珍珠港的密號是「登上新高山」，但沒人知道新高山是日本統治台灣之後改「玉山」爲「新高山」的，因高出富士山少許，故被封爲「日本靈峯」。其餘如「霧社事件」、「皇民化運動」、「國語家庭」等種種，日本學生全部鴨子聽雷。

我準備的日文講稿根本用不上。看樣子我得從日本的近代史講起，講到日本無條件投降爲止。

我的研究室堆滿中日文的台灣資料，要圖片有圖片，要文獻有文獻，因此我儘量影印資料給學生。一方面我又不滿足於已有的藏書，每月定期去神田古書街找書。因爲我決心每一家的每本書都要掃視一遍，所以一天頂多只能找兩三家。找到下午六時半打烊，才去吃一碗又快又便宜的牛肉飯。不管什麼書，只要內容稍涉台灣的，不論價錢多昂貴，我必買下來。一看書名似與台灣扯不上邊，但看目次、前言後語，偶會發覺裏面有一節一段涉及台灣的，便如獲至寶。若說硬要找書名有「台灣」二字的，則如海底撈針。找久了，彷彿不是我在找書，而是書中的某一頁的「台灣」二字在召喚我，我隨手一翻便看它在向我微笑。

有一次，我爬上移動梯，在最高的書架上看到一疊黑皮的雜誌合訂本，書背上隱隱約約看到『××舊慣調查報告』。我隨手一翻，竟然是明治二十八年日帝治台開始著手調查的台灣舊慣調查月報。我高興得差點兒從梯子上掉下來。完整的七卷，抱下來，翻開塵封的書底，標價五十。問老闆多少錢，老闆邊用擦布拭去塵封，邊皺眉頭。想了很久，才說：「這是我祖父標的價。現在不知時價多少？」

他去後房叫來他父親，年紀已六十開外，也思索了好久，好像不太想賣的樣子。我即刻遞上一張名片說：「我是筑波大學的外國人教師，這套書對我的研究非常重要，請你一定賣給我。」結果以日幣五萬元成交。這是我來日之後，找到的珍本之一。日本治台的最初十年間，以來台的第一位人類學家伊能嘉矩爲中心，總督府撥出預算，對平埔族、漢族的語言、宗教、習俗等做了全面的調查，以做爲施政的參考。其目的當然在於提供統治者之方便，但其結果，卻成爲台灣有史以來首次以科學方法全面性調查了台灣社會，貢獻可眞不小。當然以後不斷入台的學者有的是爲學術而學術，有的是爲政治而學術，但就結果而言，五十年間，的確留下了龐大的台灣文化遺產，使我愈找愈多，找到「傾家蕩產」也買不完。

光是神田街就有古書店一百多家，東京都內約有一千家之譜，全國共約一萬家。我買了一本全日本古書店名錄，舉凡出差、旅行，無不隨身携帶，所到之處，必先找古書店。鄉下古書較東京便宜一半以上，但車費、住宿所費反而不合算。於是我用通信方法，向全國各古書店寫信，說明我想要的資料。於是，我不斷收到各地寄來的古書目錄。郵費由購書人負擔，每月大包小包的書滾滾寄到外語中心來，我根據「請求書」，滙款到業者指定的帳戶。

日本的商品不能討價還價，古書亦然。尤其藏書家地位崇高，不能自貶身份，有時發覺買得太貴了，但也只好「英雄掉牙和血吞」，也因爲這樣，業者對你絕對信賴，一年半載的債款，也不會輕易來催帳。

生平第一次能夠這樣暢快的買書，實應感謝筑大的待遇。文部省規定全國公立大學的外國人教師待遇基準高於本國教授，而我過去任教於小學、中學、大學的年資都算在內，因此我的薪水可能全校數一數二，加上一年三次的獎金，每年可領六百萬圓。每月家庭費用我只限於十二萬圓以內，其餘除了抽煙之外，一概買書。外國人唯一受到不平等待遇的是不能申請研究費，但相對的，每年全家可回國一次，往返旅費皆由日本政府負擔。我眞羨慕歐美同事，他們年年返國渡假，而我卻年年棄權，旅費歸還國庫。尤於一九八一年暑假，陳文成命案發生後，更堅定了我不踏回國門一步的決心。

聽說陳文成教授是美國某大學的數學教授，因爲參加過同鄉會，被記了暗帳，終於在第一次回國探親便遭了暗算，陳屍於台大圖書館前。只因他未拿美國國籍，所以被拿來做爲殺鷄儆猴的祭品，還不致於造成國際壓力。這一筆又一筆的血債，台灣人要牢記在心。

一九八一年七月卅一，在美國的台灣人團體繼『美麗島』之後，又創辦了『台灣公論報』。因航空郵費昂貴，我捨不得訂閱；適有某友人之子蔡君就讀醫學院，他借用日本友人之名及其地址訂閱了一年，因此每隔一兩個月，他就把舊報紙送給我。『美麗島』是週刊雜誌，『公論報』是三日刊報紙；前者偏重政論，後者偏重報導，各有千秋，互補長短。台灣人當了幾十年、幾百年的啞巴，而今有自己的一刊一報，講自己的眞心話，豈不令人深慶。

可是讀了不久，我慢慢發覺『美麗島』的筆鋒是一把兩面銳利的劍，它既對外鬥敵，又對內批友。我覺得友方不是不可批，只是要看時機。君不見巴游被逐出祖先之地，寄人籬下，頗堪同情；初時團結一致，尙有作爲，後漸爲了主義主張，爲了爭領導權，變得四分五裂，徒給列強各個擊破之機會，則巴勒斯坦民族勢必自取滅亡。反觀台灣人亦然。自古就被譏爲「放尿攪沙不做堆」的台灣人，在島內受權壓利誘，而變得派系林立，尙有可說；在海外的台灣人，都是孤軍奮鬥的好漢，只要贊成「台灣人當家作主」的大前提，則無不可包容。大家共同對抗反對台灣人當家做主的勢力，才是唯一的生路。至於在同一大前提之下，主義主張略有出入，甚至大相逕庭，亦無妨等到台灣人眞的當家做主了，再來分政黨，透過選舉來和平鬥爭，則豈非台灣子孫之福？

海外優秀人才多得不可勝數，政治學博士也一大堆，怎不會做一點遊說、協調的工作，而徒令我這個搞文學的人獨自扼腕嘆息、頓足焦慮？

塚本照和教授堅守諾言，果於一九八一年九月於天理大學成立「台灣文學研究會」，由塚本先生擔任代表，並發行會報。會報由下村兄主編，中島兄打字。每月舉行一次研究例會，由會員輪流報告研讀心得。我無法經常南下，只得於翌年元月，利用學校的出差旅費，去作兩場演講。一場在大阪YMCA國際社會奉仕中心，講題爲「台灣人的社會生活」；一場在大阪市太融寺，講題爲「吳新榮之文學」。當我談及我的童年生活時，有一位『每日新聞』兒童版的女編輯頗爲感動，會後特地來找我深談，成了我在日本的第一位知音聽衆。

遠景出版社長沈登恩拿去吳新榮全集的原稿後，照例每卷以新台幣一萬元做爲稿酬及編輯費。吳南圖全款贈我，共得八萬元，是我編書以來第一次得到的編輯費，也是我生平第一次得到的鉅款。校稿已完成再校之後，沈登恩來信說第八卷的戰後日記，必須刪除二•二八事件前後。這使我至感惋惜。本來這一部分我已做了相當大的保留，只摘錄了史實部分而已。台灣人不能不知二•二八呀。但爲了顧全大局，不得不屈就。

正爲此懊惱之際，突接美國陳芳明來信邀稿，此人我未見過面也未通過信，但第一次來信就感覺像老朋友。他說他最近才開始仰慕我，故冒然來信。其實我仰慕他已久，我曾讀過他的詩和評論集。那時我也在狂熱余光中的詩，而陳芳明更狂熱，把余光中的詩評價得高不可估。如今，他說他醒悟了，醒悟做一個台灣人的歹命運。於是他拋棄學業，投入『美麗島』陣營。他希望我投稿支持，並轉達許信良對我的問候。最後這句話著實打動了我的心。一個鼎鼎大名的革命先鋒，竟然也知道默默無聞的張某人，則表示他革命未忘文學，誠然可貴。於是我就化個名，把被抽出來的吳新榮日記寄給他發表。我只知道許信良赴美後，於去年八月把『美麗島』復刊，任陳婉貞爲總編輯，維繫「美麗島精神」於不墜；但在東京書店買不到，所以請陳芳明從創刊號起按期免費贈送，以便存做史料。

一九八一年十月，『吳新榮全集』共八卷，由遠景出版社出版。二十八開本，較以前的全集更大方精美。可惜二•二八事件前後的日記抄，遠景終沒勇氣放進去。我心想這可能是我在台灣出版的最後一套全集了。因爲我不願再被縛手縛脚，而斲傷了原作者精神，造成後人以偏概全的誤解。而且我應該趕緊往上一個時代追溯下去，不能老是停留在戰爭前後期這個階段。每一個時代我只要做幾個大橋墩，後人從上面架橋連串起來，豈不就是一部洋洋洒洒的台灣文學史？

翌年二月，楊碧川來遊。天寒。深夜。我穿厚棉袍，楊著單衣一件。兩人對坐於楊榻米上。無言以對。

楊碧川能來日本實在有點意外。他說他申請出國幾次都被駁回，這回以他的妻子和小女兒爲人質才得批准。他希望安靜地住在我家一段期間，白天到筑大圖書館看書。他一頭亂髮，下巴長山羊鬍子，個子瘦小而黑，一望卽知是長期煎熬出來的哲人。

第一次見到他是「筆鄉書屋」創設不久之事。有一天，他偕一位日本女友來「筆鄉」找我。他說他才出獄不久，現在台南附近一家電視機裝配廠做工，路過這裏，聽成大學生說我住在這裏，順便找我聊聊。我注意到店裏有陌生人在留意著我們的談話，我便推說現在正在忙，改天再來。

過幾天，他又來了。我請他到樓上房間談話。我因一向沒有參加政治鬥爭活動，所以對楊碧川之名完全陌生。他說他在成功中學就讀時，組織讀書會，討論救國救民之道，不料突遭逮捕，時年十八。獄中十多年，遇見了一位英國文學專家，以腦中暗記的「莎士比亞全集」口授之；其後又遇見一位日文精通者，授以日文。出獄時，他除了精湛於英、日文外，還寫了西洋史和哲學史的兩大部頭原稿。去年，『西洋史大辭典』出版。這回他帶了上下兩大卷來送我，我雖不甚關心西洋文化，但想起獄中字字鍛鍊，便不禁肅然起敬。

白天，他關在筑大中央圖書館裏看書；晚上，他便盤腿坐於榻榻米上，我坐在電暖桌邊，兩人常無言以對。

「這是我的妻子和女兒。」他微笑從皮夾中抽出一張相片。

我接來一看，果然是恩愛的小倆口兒。他太太是王淑英介紹的一位留美碩士。十多年煎熬，而博得海外美女的敬仰，毅然回台成婚，也算是現代台灣史上的一樁美談。楊碧川於出獄後走投無路之際，得此莫大鼓舞，今後他必如虎添翼，大有作爲。

不知是否受到這位留美女學人的影響還是什麼緣故，最近出獄的政治犯們，不但不受冷落，反而大受歡迎；滿街滿村大排筵席，迎接英雄歸來；淑女自告奮勇，願意替他們暖脚。

一九八二年四月，津田塾大學有位許世楷教授邀我去該校任敎「第三世界文化」的課程，繼筑大的台灣文學特講之後，我又佔領了一個發揚台灣文學與文化的據點。許教授說雖然科目名稱爲「第三世界」，但可專講台灣文化。許教授說他原先要請王育德先生任敎，但王先生因忙不過來，便推荐了我。許先約我去他的家時，才知道許盧千惠原來是他的妻子。丈夫英俊瀟洒，妻子美麗愛嬌，是我所見台灣友人當中，最匹配標緻的一對。

其實他兩人名字我早就很熟悉。許世楷由東大出版部出版了一部『日本統治下的台灣』，可謂研究台灣五十年間殖民統治的壓卷著作。看書後的作者簡介，知道他的年紀大我一兩歲，且同是彰化縣人，便心中仰慕他的學問高出我多多。但心想這麼一位了不起的東大政治學博士，怎麼屈就於未曾聽過的津田塾大學呢？許盧千惠所著的童話集『吳鳳』是我在普通書店唯一發現的台灣人著作。推理小說家兼中國文史家的陳舜臣，以及被視爲財神爺的邱永漢，兩人的著作氾濫於書店，但日本人多不知他倆爲台灣人，且他倆亦不自認爲台灣人；而許氏強調自己是台灣人，且著作之目的亦在發揚台灣之民族意識的文學書能夠被擺上一般書店的書架上，眞叫人興奮不已。所以我一下子買了兩本『吳鳳』，是表示對作者的敬意。從此，許盧千惠之名便銘刻在我心版上。如今不期而遇，而且她親切的微笑，正脗合我想像中的兒童文學家。

乘電車到東京郊外的小站「鷹之台」，車站前稀落的幾家小店面，接著便是一條林蔭小道，小道順著一條小河蜿蜒穿過櫻花樹林，盡頭便是一所古雅黃磚的女子大學。上了幾回課之後，才知道津田塾大學是歷史最悠久、規模最小而人才輩出的著名學府。許世楷在這兒主持國際關係研究所，正是適得其所；而在大學部開設台灣文化課程，也是他的謀略之一。

今年初起，在美國芝加哥某大學任教的許達然頻頻來信。這位早年以『含淚的微笑』風靡了台灣青少年們的散文家，我早在南師時代就知道他的名字，只是一直沒有機會見到他本人。突接來信之後，始知他已當了教授，而且和我一樣有意撰述台灣文學史，可謂奇緣。他希望糾合幾個志同道合的朋友組織一個文學研究會，分工合作，分段完成「台灣文學史」。我即刻回信，表示百分之百贊成。回想自從我從事文學活動以來，除了側列『台灣文藝』同仁及「吳濁流文學獎評審委員」之外，未嘗參加任何文學團體或組織。來日之後，戴國煇熱情邀我參加「台灣近現代史研究會」，我便報了名，聽過一次例會報告。該會成員有東大助教、國會圖書館員、博士班學生、高中教員等精英分子，環繞著具有權威性表情的戴教授。因為他的鑽研太深了，致使我只聽懂他們口頭報告的每一句日文，但內容整體令我揣摩不著，因此以後我便沒再出席過。全世界第一個有形而名副其實的「台灣文學研究會」，該算由我催生而由塚本照和所代表的研究會了。如今，許達然要催生全世界第二個「台灣文學研究會」，豈不令人興奮？一在日本，一在美國，我介於其間，可溝通信息。

可是不久，許達然又來信說：美國另有一羣台灣人要求聯合組織「台灣文藝家協會」，內容包含文學、美術、音樂等。問大家同意否？我認為台灣人團體唯恐不壯大，人多勢衆較易發生影響力。但許達然認為這與原先的宗旨不合，便拒絕了對方，而堅持單獨成立「台灣文學研究會」。我想他可能另有顧忌，便也不堅持。正好楊逵應愛俄華大學寫作班之邀請赴美三個月，便趁他抵達洛杉磯之時，於一九八二年十月三十日請楊逵為名譽會員，召開會員大會，宣佈成立。共推許達然為第一任會長。

前此，我於七月底應紐約客家同鄉會邀請，前往美國，無法在美等到成立大會，實屬可惜。

此次我能赴美開開眼界，完全是袁壽規兄的奔走和該會會長陳達孝的好意。袁兄把家眷接去美國之後，便積極與台灣人社團接觸；正好紐約客家同鄉會成立未久，而我祖先又是客家人，便叫我介紹台灣的客家作家，做爲該會的第一次學術活動。

我過去在台灣交友，並未區分客家人或福佬人。像吳老、鍾哥，我用中國話夾雜日本話交談；像鐵民，我就純用中國話交談。久而久之，習以爲常，並未意識到他們是客家人。像李喬、江上等人，我完全用閩南話交談，從未感覺他們有什麼特別腔調；但他們又會說流利的客家話，反倒使我意識到他們的客家人。總之，我的作家朋友中，到底哪些人是眞正的客家人，我搞不清楚。而我自己呢？父親不承認自己是客家人，幾代以上都不會講客家話，而我只在族譜上找到十八代前的祖先來自大陸客家莊而已，則我到底算哪那邊的人呢？本來在我心中只分台灣人作家和中國人作家；如今，爲了赴美演講，不得不印了調查問卷，請鍾肇政替我寄發。

收回問卷之後，我才知道李喬原是福佬人，只因父母遷入客家莊才被同化了。龍瑛宗從未聽他說過半句客家話，竟然他是客家人。還有很多青年作家，平時未曾聽他們講過客家話，此時都變成客家人了。算算人數，總計四十人。我根據他們寄來的資料和贈書，整理出每人的生平和著作年表，依長幼排列，影印成册。當中，旅美作家黃娟把她身邊僅存的一本小說集贈送給我，並暱稱我爲小老弟，使我倍感親切。自我加入『台灣文藝』之後，我就常聽吳老、鍾哥提起她的芳名，而我也常在『台灣文藝』讀她描寫男女愛情的故事，便想像著她必是美貌多情的才女。想像了二十年，以爲這次去紐約可以一睹芳容，不料她來信說正值大病出院又要搬家，無法來看我。

七月二日下午八時半自東京成田機場起飛，抵紐約機場也是下午八時半，我搞不清到底飛機飛了二十四小時還是十二小時？出了機場，不見袁兄，等了半小時，接客的人都回去了，剩下一些黑人在招攬計程車生意。他們輪番來問我要不要搭車，我窘於應付，退避牆角。看到壁上有公共電話，但身上沒帶美金，即使有美幣，我也不會打，因爲我看那電話的號碼很複雜，不像日本只有一至十的十個號碼而已。我心急得全身出汗，但表面上裝著沈著自若的樣子，以免被那些虎視眈眈的黑人把我挾走。不知何時轉角處出現了兩個黃臉孔的東方人，我像看到了救星，走過去用日本話問他倆；他倆搖頭表示聽不懂。我改用北京話，較年輕的聽懂了，兩人親切地幫我打通了電話，袁嫂說袁兄已來了。我拿了兩百圓日幣請他倆收下。年長者聽不太懂華語，他說他來美國已四十年了；年輕者是他的姪兒，從香港來美已十多年，今天還要接另一個從香港來的姪兒。

機場出口處的人羣又多起來了，黑色、白色、黃色、棕色、灰色等各色人種都在等候下班飛機的乘客。仔細聽他們交談，好像講英語的人不多，讓我錯覺這到底在哪個國家？夜十時半，袁兄冒大汗出現了，他說從公司下班趕來，途中車擠，讓我久等了。調整此地時間爲七月二日下午九時二十分。陳會長及湯幹事亦來會。他倆出示各華文報紙刊登我來演講之記事，好像很重視我首次來美之行。商談一下五日講稿之後，袁兄載我返家。夜十二時抵達，袁嫂老樣子，笑咪咪地爲我備好稀粥、豆腐乳；三個小孩都長高了，親暱地叫我「張伯伯」。

翌日，袁開車，全家人陪我繞長島一圈。海濱公園成羣的海鷗、水鴨、白鵝，都不怕人，但想抓牠也抓不著；一齊飛起來幾乎都要遮蔽天空。偌大的半島，跑了一整天，沒看到幾戶人家。有海水浴場，又有遊艇、帆船直通庭院，又有游泳池。袁兄說宋美齡也住在這半島上。又說中國太窮了，人又那麼多，吃都吃不飽；在這兒，教育又好，不愁吃穿，等他辦好了居留權之後，就要貸款買自己的房子，便可安定下來了。

「老張，到時候你每年來渡假寫作也好，長久住下來也好，你都可隨時來。」

老袁眞的是夠朋友。自從認識他以來，我不但未曾付出他什麼，可是他一直在付給我；只差他對中共寄望太大了。

四日上午，袁載我去新澤西州王淑英家。淑英已約了六、七個附近的同鄉在等我了。彼此相見，樂得不禁拉手高叫。她還是粗衣粗裙，一頭短髮，不施脂粉。先去看她們的溫室，花盆東倒西歪，有些花苗沒有移植到花盆裏，擠得喘不過氣來；有的在噴水器旋轉的範圍內，顯得朝氣勃勃；有的滴水未沾，乾渴得垂頭喪氣。巡迴過三間大而無當的溫室，出來便是一片大草原，山崗起伏連緜。王淑英指著眼前那片低地，說：

「這一片是我們的花圃。」

我定睛一看，沒有田界，怎能知道是誰的土地。但仔細一看，果然於草叢間隱約可見白色花盆。再仔細一看，菊花葉子被雜草葉子掩蓋得分辨不出來。好一大片的花圃全未拔草。

「有一種農藥灑上去，花苗不死而雜草會枯的。但我們連噴灑農藥的時間都沒有呀。」

她大概看出我的訝異，便歉然向我解釋道。

中午在屋後的涼台上吃烤肉之後，大家一起去拔草。淑英說：一盆花種一年才賣五角，如果雇請工人則工資甚高，不夠成本。阿殿（蔡明殿）都在外頭跑生意，難得回來幫忙。而她在台大是唸農業經濟的，現在攻讀教育學博士，根本不懂種花木，可是這兩年來她已摸出要領，好容易今年才平衡了收支。

大家赤手拔草。草根伸過盆底的小洞，釘入泥土中，必須用力才能拔得出來。我的雙掌被草梗割得又熱又痛。淑英蹲在我旁邊，晒得黑黑的臉和手臂，脚下穿一雙木屐。我偷看她的脚尖到小腿，又粗糙又佈滿許多小裂痕，可見她每天在圃裏要勞動多久。那粗糙的手，曾經在台南遞給我血汗錢。

晚上，蔡明殿回來了。他晒得比淑英更黑，身體結實得像橄欖球員。一見面就高嗓門叫：「張桑，辛苦你了，這多年來你爲台灣文學太打拚了。」接著掏出一個漂亮小盒給我做見面禮。我打開一看，是一枝金亮的鋼筆。

晚飯後，大家圍坐長桌邊，問些台灣文學事。當我談到鍾理和時，卻不禁掉淚。

山崗上，只有兩戶遙遙相對的人家。淑英他們的房子和農場便是向那戶美國人購買的。房子相當大，有大房間可容七、八人睡。大家躺著也不想睡，談著家鄉事。賴滄海是花壇人，與我家鄉相距不遠。他說他小叔於十數年前任職農會，看不慣國民黨，有一天突然失蹤，留下新妻以淚洗臉。迄今生死不明，也不知何以失蹤。賴君是化學博士，任職於大學醫院化驗室，遇有假日便來此農場做工，算是淑英他們的唯一長工。淑英爲他介紹女友，他都無動於衷。

五日，由農場開車出發，急馳於寬敞公路上，開了三小時，只見稀落的農家。忽然正前方的地平線上，冒出屋頂尖端，慢慢地屋頂愈來愈多而愈高。弧形的地表上，沒有別的東西，只有一座模型似的城堡粘在地平線上。

「那是紐約城。快到了。」淑英說。她開車不像袁那樣快得嚇死人。

模型城堡像魔術一般膨脹得眞快，忽而脹大成一座科學怪城，慢慢從頭頂上壓下來。

過了隧道又過了吊橋，便入城市中。因還有時間，袁兄便帶我們去摩天大樓遊覽。從小就神往全世界最高的大廈，可是一旦登樓眺望，並不覺與東京有何兩樣。

逛逛附近街道，商店建築物多古老笨重，櫥窗塵封，好像都在賣舊貨的樣子。倒是街上行人很有趣，黑人提著黑色笨重的收音機，三三兩兩，邊走路邊跳舞；白人小女孩滑著輪鞋，只穿短褲奶罩，跑給公車追。

到了唐人街，又髒又臭，路邊積汚水，洋人排隊等吃飯；有的端一盤炒麵，邊走邊吃，好像炫耀他懂中國文化。下午六時抵達華人小學會場，陳會長、湯幹事已在場準備。有一個人拿一本『新土』雜誌給我，叫我看折頁的地方。我始知有位「阿修伯」抄了陳映眞以前發表在『時報雜誌』的評文，攻擊我的「三脚仔」論調。我下意識到此人必是好事者。客家同鄉來了七、八十人，自助餐吃得好熱鬧。陳會長特地爲我介紹一位國民黨駐美的文化參事，我便知道今晚危機四伏。餐畢，開始我的演講。開頭我便說：「我們中國人有句老話：有朋自遠方來不亦樂乎……我在機場聽到我們中國人講國語，使我倍感親切。……」話入正題時，我便說：「我們台灣人有了不起的作家，當中不少客家人。……」

今晚是開場戲而已，所以我只提起鍾理和、吳濁流、鍾肇政三位代表作家而已。強調戰後台灣文學的傳統是客家人打下的基礎，因此海外客家同鄉不能不購閱『台灣文藝』，並合力支持「鍾理和紀念館」。約講了一個小時，接著是發問時間。果然那個拿雜誌給我的人首先發難道：「我姓劉，是台灣人，……」我猜想這個姓劉的必是阿修伯。他問了三個敏感的問題：第一，台灣文學是不是中國文學的一支？第二，台灣抗日運動是不是中國抗日運動的一環？第三……。他氣勢兇猛，大概預料我會僵住。我卻輕輕推拿道：

「有一條老河的土質鬆散，流出一支小河，小河流到低地，加上雨水充足，而變成一條大河。久而久之，老河乾涸了，或者河口淤塞而隔絕了小河口。請問這條新河還算不算老河的支流？第二問題，假若你家裏來了強盜，你要不要打電話給隔洋的祖宗三代，請示要不要趕走強盜？你的第三個問題我忘了，請你再說一次。」

「沒……沒問題了！」

我看他像洩了氣的皮球靠在椅背上，站不起來的樣子，而且臉色不太對。我便笑着陪禮道：「我不知高深的學問，只知顯淺的道理。在下有講錯的地方，請多多包涵。」

接着有五、六人發言，不是發問而是發抒自己的感想，氣氛和諧。當中有一位個子略矮而戴眼鏡的人，自言他從台大中文系轉入歷史系，考了那麼多試，還不知台灣文學和台灣史。

到了美國，讀了張某的書，才重新認識自己的鄉土。他的一番評獎便取代了陳會長的結語，完滿結束了今夜的聯誼會。會後，那位講評人叫我挪出一天給他招待。他叫花俊雄。

今晚，酒會中，有一個打扮得花枝招展的小姐突然跑到我面前，猛叫一聲：「張先生！你還記得我嗎？」

我嚇了一跳。在衆人之前，她那麼親熱地把身上的香水噴向我來，令我發窘。自知過去沒有什麼見不得人的風流帳，但也有幾節無傷風雅的戀情。我緊急敲開記憶的倉庫，七手八脚地翻箱倒櫃；但總找不到她的相片。

「小姐，妳大概認錯人了。」我端著酒杯，非常鎮靜。

「哎呀！你忘了？」她的嗓門實在夠大。我察覺有幾個看熱鬧的人湊過來了。「你在成大時，你的室友薛死人追我的同學謝女。你是他的參謀。還記得嗎？……」

一層濃濃的霧，開始滾動起來，慢慢擴散。霧中浮起兩個成大男生騎自行車去長榮女中校門口等謝女；可是謝女老是拉個高高壯壯的女友做保鏢。……

「那時，我帶謝女去找你們的時候，」我看她現在倒有幾分魅力。她幫我撥開一點雲霧的樣子，說：「我們去的時候，因爲打擾你看書，所以你都很不高興。」

「我想起來了，那時我們大一，妳才高一。妳們比我們早熟呀！哈哈……」

說笑當中，旁邊的人走開了。她說她現在唐人街一家雜貨店工作，老闆是客家人。幾天前看到報上登我的消息，便請老闆帶她來。她介紹了一個站在我身邊的老闆之後，遞給我一張紙條，上面有她的電話號碼。

是夜，宿於湯幹事家。考慮結果，沒有打電話給她。

翌日上午，湯幹事帶我去逛聯合國大廈，這又是大開我的眼界。過去以爲這各國要人聚集的地方，必定門禁森嚴；沒想到憑湯的身份，就可帶我到貴賓室、安全理事會席上一坐。雖然沒有開會，但我也小坐片刻，想像着自己爲全人類的和平與安全在關注的聽着或站起來發言。在一條巨大無比的萬里長城的天津壁氈前，我神遊於夕陽西照的大好河山。心想：如果台灣成了自由獨立的國家，我眞想當駐中華人民共和國的大使，以便和父祖之國的人民並肩跋涉玉門關，吟咏西出陽關無故人的詩句。

湯兄帶我會見在中國室服務的幾位台灣同鄉，花俊雄也在這兒工作。聽說他們都是釣魚台運動的急先鋒，雖然他們的愛國熱誠落了空，但得到了安定而高級的聯合國中國室的工作，實在令人羡慕。

下午，淑英來接我，開車往北急馳，出了紐約城，除了寬廣的公路之外，不是田園便是森林；林間又有大湖，好像都沒人去過的樣子。我在想：住在美國的人，根本不怕沒東西吃，隨便到湖邊釣魚，也可釣到百年以上的大魚，甚至也可釣到恐龍。晚上抵達波士頓的郭尙五家，郭妻楊葆菲是淑英的台大同學。現在全力於繪畫與木刻。畫室擺滿畫具與習作，屋前屋後都是森林，要多少靈感就有多少。

陳芳明與謝里法應邀於前幾天的美東夏令營演講後，留在郭家等我到來。兩人都是我神交已久的人材，彼此一見面就交融如水。芳明面貌如北京猿人，笑出爆牙，具有原始人類的無邪本性；目光炯炯，似有洞察宇宙萬化的本能。而里法卻反之，他好像是人類進化後，經過文明的洗禮，科技的衝擊之後，而感到身心俱疲、萬念俱灰的現代人；經過一番自我煉獄之後，爲了拯救人類的痛苦，他鼓吹人們應該親近泥土，尤其應該回歸自己出生的泥土上，從那塊泥土上的藝術作品裏得到心靈慰藉。

是夜，談到天亮，最後，我提議創刊『台灣文化』雜誌，做爲大家溝通心靈的廣場。衆人皆甚贊成，將分頭籌劃之。

七日，淑英載我去拜訪麻州大學鄭清茂教授。抵達時，鄭教授正在高梯上粉刷牆壁。他很高興地述說最近他們組團去旅遊中國大陸的感想，以及謝東閔副總統對他的禮遇。他年輕美貌的妻子特地爲我燒了一桌豐盛的中國菜，並叫了得意門生王謹夫婦來做陪。吃過飯，爲了趕去淑英大姊家，便匆匆告辭。臨走前，鄭教授握着我的手說：「老弟，你該寫一部台灣文學史。上回在東京看了你展出的那些雜誌，我就知道只有你可以寫台灣文學史。」

我卽深深答禮道：「這句話如果出自別人口中，我不覺怎樣；但出自鄭教授口中，是我最大榮幸。今天我得到這句話，終生難忘。」

淑英的大姊叫淑江，待我如弟。我發覺她倆姊妹不但長相一樣，而且心地也一樣善良古道，一天到晚都在奉獻自己。不同的是，姊姊關心的是十億人的幸福，而妹妹關心的是一千八百萬人的自由。

八日上午，車子駛進劍橋時，淑英指着一棟古舊的公寓說：

「那上面最靠邊的房間，就是呂秀蓮以前住過的地方。她在這房間，每天研讀台灣史，讀到深夜。……」

淑英的喉頭哽住了。我看她一手放開駕駛盤，擦着眼。

哈佛大學燕京圖書館比我想像中的還小，藏書也比我想像中的少，但比我想像的更自由。不必辦任何手續，淑英就帶我直往二樓的書庫走進去。走到書架盡頭，有一間小辦公室，門開著，不必敲門就進去了。被書堆圍困的辦公室桌旁，抬起了一張戴日本式眼鏡的學究臉。

「這位是賴永祥教授。是這裏的副館長。」淑英沒有預告地介紹起來。

這使我嚇了一跳。好熟悉的名字。好像是一位研究台灣史的專家，也好像是當過台大圖書館長，也好像已作古了。但他竟然還這麼壯年，孜孜不倦地埋在舉世聞名的圖書堆中。正好中午，賴教授便帶我們去大學城的中國菜館吃飯。走過哈佛校園，青青草地上，學生們三三五五徜徉在大樹底下。稀稀的幾棟建築物，不是某某紀念館，就是某某資料館，好像沒有教室的樣子。

下午，淑英找來在本校深造的江永正兄幫忙找書，謝里法說，他曾在本館書卡上看到江文也的兩本詩集。這是我在日本連聽都未曾聽過的詩集。於是三人全力尋找，終於江兄找到了，喜出望外，即刻攝影紀念。本館共四樓，除了樓上一樓收藏日本和朝鮮資料外，其餘都是中國資料。台灣的中文資料集中於中國資料之一小部份書架上，日文的台灣資料除了江文也的兩本詩集外，未見其他。地下一樓，堆滿舊報紙、舊雜誌，一綑綑的，多未加整理。兩三個洋學生在翻尋着，不知是在整理還是在找資料。

謝辭了賴永祥先生，他送我們到門口的石階下，突然想起好像在呂秀蓮的書上看過她和她的指導教授在這門口的石獅旁合照的相片，便也請賴教授和我在石獅旁合照紀念。

九日，淑英載我到耶魯大學圖書館，有如進了中古世紀的歐洲城堡，大石塊疊起的高大殿堂，好像是古帝王的大客廳；圓拱屋宇下，插滿不知哪國的旗幟。借書枱後有兩位東方女館員，一問始知，一位是詩人鄭愁予夫人，一位是來自東海大學的陳講師。兩位親切地帶領我們穿過中世紀的甬道，推開鐵門，便是不見盡頭的書庫。台灣出版的文學書按作者姓氏筆劃排列，多屬外省作家的晚近作品。因爲沒有借書證，只好在館內影印，每張都要丟銅板，甚不方便。爲了印十幾本戰後初期的作品，只好再去外面的銀行換了一小袋的零錢。我印書，淑英丟銅板。印完一疊書，她再跑上樓換一疊，趕得兩人大汗直流。

前天在客家同鄉會上，我說還沒有看過「原鄉人」的電影，有一位姜仁貴老先生就邀我去他的家看錄影帶。於是與袁兄約好十日中午在姜家會合。姜老先生以前在日本當醫生，退休後來美國與兒孫團圓，一家美滿和諧。吃過豐盛的客家菜後，便放映電視錄影帶給我們看。

這片子經過吳錦發的奔走後決定開拍時，我已來日本了。可惜我不但沒機會當男主角，即連劇本都無法提供意見。但聽說由鍾肇政撰寫劇情故事，則可放心。後來上映時，觀衆都感動流淚，但似乎票房紀錄不高。我想可能大家都看慣了刀光劍影的武俠片和煙雨濛濛的愛情片，對於第一部台灣「鄉土電影」，可能認識不夠。我看了結果，覺得導演為了考慮票房，企圖賺取觀衆眼淚，便多描寫外在的家庭悲苦生活。而忽略了作家內心的心理衝激，因此全片的藝術氣氛尙嫌不足。我覺得像鍾理和這麼好的藝術家，而未拍成高水準的藝術片，實在可惜之至。但本片至少為台灣文學開創了一條新路，已足垂史矣。

十一日下午抵唐人街容閎小學，正式演講「台灣客家人作家作品」。因我已編妥了厚達五十多頁的資料集，同鄉會把它印製成册賣給聽衆，所以我可以輕鬆介紹大要，而沒有爭論的問題。聽衆中，我發現一位白髮的老婦人，仔細一想，原來是數年前在台中見過的葉榮鍾夫人。我卽刻請她站起來給大家鼓掌歡迎。

會後，淑英介紹了她的好友葉芸芸給我認識。葉芸芸一定要請我吃飯，並叫來七、八位年輕女士作陪，大家親切為我挾菜，勸我多吃，令我榮幸不已。座中，有位陳心瑩小姐身材高大，言談豪邁，看似女中豪傑。她突然對我說：

「張先生，你還記得晚蟬出版社嗎？」

「當然記得，那是出版我第一本書的出版社呀！」

「那出版社就是我開的。」她笑道。

大家好像不足為怪，我卻瞪大眼睛，盯住她。那時，我只聽鍾肇政說有位輔仁大學剛畢業的小姐有志於文化事業，便答應把『金閣寺』廉價賣給她。沒想到事隔十五年，竟在海外碰到這位雄心萬丈的女丈夫。

她說除了『金閣寺』賺錢之外，所出的台灣鄉土文學皆賠老本。而且台灣的出版限制太大，伸展不出手脚，只好到美國來闖天下。問她現在做什麼？她說做貿易兼做股票生意。

餐畢，葉芸芸的有鼻下鬍的老公載我們去他的家。搬出一堆雜誌給我看，始知她們幾位女傑合力出版一本名叫『台灣雜誌』的油印雜誌。除了封面打字印刷之外，全由自己手寫，共出版了二十多期。內容偏重分析台灣的政治、經濟之不平等現象，而較少涉及文學、文化層面。現在她們準備籌組公司，改同仁雜誌爲正式雜誌，問我意見。正好我有『台灣文化』的構想，便請她們和謝里法、陳芳明連絡，合辦一本舉世無雙的高水準文化雜誌。並且建議她們以郵購方式販賣島內的好書。

翌日，陳小姐帶我去普林士頓大學圖書館參觀。本校的建築物和耶魯大學一樣的古老，牆上爬滿了長春藤。圖書分類亦按姓氏排列，因此做個人研究至爲方便。瓊瑤的小說一本不漏地被蒐藏着，但鍾肇政的書只有兩三本而已，雖如此，我還是找到十多本戰後初期珍貴的版本；陳小姐怕我勞累，替我跑上跑下在地下室影印，空氣悶熱得似要窒息，所幸備足了銅板，免得再跑銀行換錢。我很不了解像美國科技這麼發達的國家，怎麼用這種陳舊落伍的影印機？用這麼笨拙的投錢方式？日本則方便多了；可是日本的圖書館除了蒐藏日本的東西之外，便是蒐藏歐美的東西，要找台灣或東南亞的資料就如海底撈針。這也是美國之所以成爲美國的重要因素。我對美國的胸懷和眼光佩服得不再埋怨它的陳舊機器。

陳小姐爲我勞累了一天，正不知如何感謝她時，她卻突然說出她是陳逸松的女兒！這又使我吃驚不小。暗想日後要譯一篇文章回報她。

『台灣雜誌』同仁之一的倪慧如夫婦招待我去宿了一夜，翌日載我去初訪某親戚家。親戚對我的文化活動不甚了解，也不甚關心，枯坐一會兒便告辭，往訪花俊雄。花兄帶我去坐紐約的地下電車，以前在電視影片看過的紐約地下車的情景，果然是眞的。光禿禿的鋼鐵車廂，沒有一塊完整的玻璃；鋼鐵板上沒有一寸乾淨的地方，全用噴漆亂畫。乍看之下，覺得很刺眼；但愈看愈覺得那些混亂畫也不難看；再看到車廂裏各色人種、各種表情的乘客，也覺得這些圖案似乎表徵人生的某種意義。

花兄帶我去看小時候介紹我認識美國的自由女神。乘坐渡輪，船尾星條旗在飄搖，船頭朝向女神的召喚。這鏡頭，好像所有撰寫「遊美紀聞」的人，都會揷印作者到此一遊的相片，甚至拿來做封面。當年看到這些文章，都覺得那些作者們好偉大、好福氣；能一睹女神芳容，比上天堂更舒服。可惜時運不濟，輪到我來時，女神卻忙着要回法國娘家重新裝扮，無暇招待我進她的身體裏面。

翌日，有人帶我去見一位台灣革命家。革命家的妻子拿肉粽請我，然後埋頭於中文字盤上敲打着。革命家爲我介紹了他的大學兒子和高中女兒，皆甚乖巧。革命家很感安慰的樣子。然後帶我去書房參觀他的藏書和戰略圖。對這位閉門苦思的革命家，我由衷敬仰；但心想若做爲理論革命家，則稍嫌藏書不足；若做爲實踐革命家，則又不見槍砲。

七月十六日，袁兄送我至機場，結束了爲期兩週的美國之旅。也許連續熬夜的關係，還是多咬牛排的緣故，幾根蛀牙都動搖起來。機上無聊，五指伸進嘴裏玩弄痛牙。十七日下午出成田機場，正好牙齒掉下半片。

二十一、迢迢天涯路（1982·8～1983·4）

美國回來不久，消息傳來洪醒夫車禍身亡。才慶幸洪、宋兩顆巨星的誕生，卻突然殞落一顆，使我不得不抑住悲慟，趕快工作下去。首先趕快影印從哈佛圖書館借回來的二十冊珍本書，寄給王淑英去歸還，以免失信。第二件事便是翻譯疑雨山人原作的短篇小說「姊妹」，以報答陳心瑩的辛勞和葉芸芸的接待。

「疑雨山人」這個筆名，大概很少人知道是陳逸松的化名；也沒有人知道陳逸松寫過小說。當年張文環還在世時，我曾就『台灣文學』雜誌上幾個可疑的筆名請教過他，後來又在河原功的論文中證實了「疑雨山人」就是陳逸松，所以我要把它譯介出來，讓他的女兒大吃一驚。

其實陳逸松在台灣文學史上唯一的貢獻是，他和山水亭老闆王井泉合力支持『台灣文學』的經費。就他這篇畢生唯一的作品而言，嚴格講當屬於日本文學而非台灣文學，因爲小說中所描寫的全是日本社會，情節、人物也是日本的。只是透過一個身份不明的留學生來觀察而已。而這留學生最後回歸的土地，不是楊逵「送報伕」筆下的留學生回到台灣鄉土，而是四川成都；而且「送報伕」中，主人公（代表作者）所繫念的是台灣故鄉，所以兩篇同樣描寫日本帝國的社會之一角，而一篇是台灣文學作品，一篇非台灣文學作品，其道理在此。

不過，純就文學才華而言，陳逸松不下於楊逵。他的筆調細緻生動，很有浪漫的氣質；尤其最後主人公回歸成都，已埋下陳逸松五十年後的行動軌迹。這也是我翻譯此篇的一得之見。

譯稿寄出後，馬上得到陳心瑩、葉芸芸的良好反應。遂以此篇排印於『台灣雜誌』終刊號，做爲美好的回憶。

不久，我收到北京寄來的信，字跡工整，語氣誠摯，讚美我對台灣文學挖掘之深，及譯筆之忠誠流暢。這封署名陳逸松的來信，算是我翻譯此稿的最高報酬。

戰後，第一位在日本介紹台灣文學的日本學者當推中村哲教授。他於昭和三十年代發表「憶台灣人作家」於『日本農民文學』雜誌上，懷念他在台北帝大當副教授時所接觸的台灣文士。那時他教憲法，和人類學專家金關丈夫兩人，算是對台灣文化最表關心的台北帝大教授。由於他倆的地位崇高，所以大膽領導台灣人從事台灣文化的建設，總督府也不敢動其毫毛。

一九八二年八月某日，我終於按捺不住仰慕之情，寫信到法政大學校長室要求會面。秘書卽刻來電約定時間。這時他不但身爲十多年的大學校長，且是代表日本社會黨的最高知識人當選了國會議員。和我暢談半天，不但意猶未盡，還帶我回去在他的書房宿了一夜。他的隨和及對台灣的關心，令我印象極深，不禁寫了一篇「中村哲印象記」，寄給『台灣文藝』。

我在台灣開始大量蒐購台灣資料時，古書店老闆都認識我，價格一路上漲。多年來，我在日本大量蒐購台灣資料，南自九州，北至北海道，無數家的古書店都知道我的名字。因爲台灣資料愈來愈少，價格亦愈來愈貴。同樣是舊殖民地的朝鮮、滿洲、南洋等地區的資料，則甚爲廉價而無人蒐集。台灣的古書店老闆會把好書留給我而抬高價格，但日本的古書店先定好價格才公開出售，倘若有兩人以上同時注文，則由書店或書展會場公平抽籤決定。有時候我愛得不得了，願意加價購買，再熟識的老闆也不肯答應。

一九八二年九月，有一個陌生人打電話到我的研究室。

「張先生嗎?你想買的蔡培火的書，現在在我手上。我可以借給你。」非常親切的聲音。我如約找到他服務的日果威士忌公司大樓。是一位和祥的長者。

「河井是也。勞駕之至。」看他的名片，名叫河井公二，沒有任何頭銜。

他遞給我蔡培火的『東亞之子如是傾訴』。我早就在找這本書，直到最近才在某家古書目錄上發現，抽籤結果，被河井先生抽中。他看了抽籤單上有我的名字，便打電話問書店，才知道我是專門蒐集台灣資料的。

我大體也猜得出哪些人在跟我搶購台灣資料，但沒想到威士忌公司的「重役」（董事）也對台灣文獻有興趣。

「河井先生去過台灣嗎？」這種年齡的日本男人於戰時中，大多被徵調到台灣、南洋、中國戰場去充軍。但我不好意思直問。

「沒有。無論戰前、戰後，我都沒去過。」他的頭髮稀少，但梳得一絲不亂。服飾端莊。老紳士眼鏡後面的下眼皮有點浮腫。他說：

「我在早稻田大學時代，有兩位好朋友，一位朝鮮人，一位是台灣人。戰爭末期，我被徵調當輜重兵。照理他倆在內地求學中，是不被徵調的，可是兩人都志願從軍。當時我已看準日本必然戰敗，東南亞各國必然脫離日本而獨立，到那時各地區最需要的是人材。因此我勸他倆要愛自己的國家，而不必愛日本。」

「這麼說，您是『非國民』了。」我知道當時的反戰份子或不愛國者，都叫『非國民』，其處境是非常危險的。

「按當時的標準，我是『非國民』。可是我相信我是愛國者。我愛日本，也愛東亞各國。我認爲東亞各國必需互助合作，才能幸福。」

「後來呢？」我急切想知道戰爭的結果。

「三人分手後，戰爭吃緊，彼此失去音息。直到十年前，那位韓國朋友突然聯絡上了，三十年重逢，如一場夢。他現在已成韓國的老作家，常來日本和東南亞，爲分割的朝鮮半島及東亞地區的和平而奔走。他的筆名叫韓雲史。另一位台灣朋友，至今還聯絡不上，眞希望他平安無事。………」

河井先生原本微弱的聲音突然哽住，摘下眼鏡，擦拭他浮腫的眼睛。

眞沒想到眼前這位老紳士竟然那麼激動。

「河井先生被派到前線了嗎？」我想撥開他的傷感。

「沒有。我在內地迎接了敗戰。」

「爲什麼蒐集台灣文獻？」

「那是因爲我的外祖父曾當過台灣總督。」

這令我差點兒跳起來。眼前這位慈祥長者竟是欺壓台灣人的總督之子孫！

「請問總督的大名叫什麼？」

「伊澤多喜男。」

印象中，初期台灣總督都是日本近代史上武功赫赫的大將軍，到了大正年間及昭和初葉的中期換了文官當總督，到了戰爭的治台末期又恢復了武官。只因台灣總督一兩年就換一人，我也記不大清楚誰先誰後，不過我記得伊澤是文官，也曾於李喬的『寒夜三部曲』中讀到昭和初年，台灣文化協會開始在左傾劇化的當兒正是伊澤多喜男的執政時代。印象最深的是伊澤總督爲了精簡機構，節省經費，強迫官員退休。爲了安置這些退休的官員，便把「官有地」發放給他們。可是這些「官有地」原有台灣農民賃租耕作，如今變成了退休官員的「私有地」，便逼得農民走投無路，何況這些原屬荒地的「官有地」都是台灣農民血汗開墾出來變成的良田，如今拱手讓給不費吹灰之力的日本人，豈能叫人甘心？於是台灣的農民運動便如火如荼地展開。雖然伊澤總督任官才一餘年，可是他立下的土地政策一直延續了幾代總督，農民運動遭遇的慘痛鎮壓也綿延到戰爭結束。

「伊澤修二是伊澤多喜男的親弟弟嗎？」

「不，是親哥哥。」

啊，我搞錯了。只知道他倆是兄弟，但因多喜男當總督，修二當教育局長兼國語學校校長，錯覺官大是大哥，官小是小弟。其實仔細一想，修二志願跟隨「近衛師團」登陸基隆，入台北城，第二天就在艋舺租民房爲教育局辦公室，第七天遷移至士林芝山巖，兼辦國語學校時，已四十多歲，而多喜男也於四十多歲來台當總督，其間已相距三十年了。

河井先生請我吃飯，問我以後是否可以常見面，然後恭敬地送我走出「取締役室」。我心想這大公司的僅次於社長的要員如此對我卑恭，可能是基於贖罪心理使然吧。

數日後，河井先生寄來一張舊報的影印給我。一看日期是昭和二十三年。亦即日本戰敗第三年，「伊澤多喜男逝世，台灣友人贈送遺族慰問金」。內容稱：曾任台灣總督的伊澤多喜男因病逝世，生前任官清廉；而昔日曾受其照顧的台灣友人蔡培火、吳三蓮、羅萬俥等人現於國府皆任要員，此數人聚集二萬圓慰問金，於日前送抵其遺族手中，以報故人生前之恩。

我知道這二萬圓在當時是天文數字，可是不知道這些台灣文化協會的領袖受到什麼恩惠。因此，第二次見到河井先生，我就提起這個疑問。

「我也不太清楚。」他遲疑地說：「根據我母親的傳述，我外祖父被免總督之後，回來當了貴族院議員。當時台灣經常有些知識份子滋事被捕，便來向我外祖父求援；我外祖父便透過公私關係儘量釋放因言論而觸犯刑罰的人。」

他說他手邊的一些台灣資料對我較有用處，便帶來一包送我。我看每本書都有古書店的標價，有一本手抄本貴得驚人。

我開始對伊澤總督有點興趣，翻查當時的資料文獻，發現了一項驚人的事實：當伊澤被任官台灣總督時，第一次在帝國國會發表台灣施政方針時，他的第一句說便說：「台灣施政是為台灣人的施政，而不是為日本人的施政。」這句話震怒了政軍界，也轟動了言論界，造成他日後政壇失勢的主因。

我再求證一下李喬的『寒夜三部曲』，竟然李喬也提到這句話，可見李喬寫這部小說下了多大功夫。但是李喬沒有說明這句話的重要性，恐怕讀者也不甚了解。原來當時帝國表面上宣稱對待殖民地「一視同仁」，其實其差別待遇則有目共睹；甚至以「蕃人」、「本島人」來稱呼台灣人，以別於「內地人」、「日本人」。而身為總督的人，竟然稱「台灣人」以對等「日本人」；進而說他的施政不是為日本人而施政，這是何等大膽的發言。

日後，我再求證於河井先生，伊澤總督是否認為台灣應該脫離帝國統治而成為獨立國家。河井先生皺皺眉頭說：

「我不敢說他有沒有這個意思。不過當時的讀書人受到第一次大戰後興起的民族自決思潮的衝激，有這種認識的人應該是很自然的現象。我小時候常住於外祖父家，經常看到一些文士來找他，我想他也是不失書生本色的。」

河井又說：

「不過以他的身份，大概無法講出更白的話了。他在就任之前，就在國內物色了第一流的學者到台灣創辦了台北帝國大學。我想他是有長遠計劃要發展台灣文化的。」

蔡培火的那本『東亞之子如是傾訴』，相當婉轉地勸告日本人不要意圖併呑中國，應該結爲兄弟之邦，以圖共存共榮。這種表面恭維帝國，骨子裏是反戰的論說文，能在戰爭前夕的日本國內出版，也是一大奇蹟；而且能在日本最高水準的岩波書店出版，更是天大奇蹟。包括戰前迄今，台灣人能在岩波書店出書的，我未見過第二人。推算年代，出版這本書時，蔡培火正在東京以文士之身份開麵店。這樣的身份能在岩波出書，除非有人大力推薦，則別想得到書店的青睞。

果然從資料上，我找到了伊澤與「岩波」的創始人是好友，而蔡培火又常過從伊澤，則可推想蔡受伊澤之栽培不少。

河井又說蔡曾畫過他外祖母（伊澤之妻）的畫像，那幅油畫還保存於他舊家之中。再證之戰後蔡等人贈送鉅款，則其受恩之深，可想而知。

我看河井無意把那本不算昂貴的蔡著割愛給我，我便發誓要在東京找出第二本。果然踏破鐵鞋無覓處，終被我買到了，價格只有他買的半價而已。

我對伊澤喜多男總督的評價逐漸改觀了，但對伊澤修二教育局長的評價則甚難下定論。伊澤修二是日本近代教育的奠基者。舉凡日本的師範教育、音樂教育、體育教育、盲啞教育、國語教育等，無不是他於留美歸來後大加提倡而確立的教育理論與實際。

他是一個拓荒者。中年之後，他爲了把自己的教育觀念推廣到新領土的荒蠻之地，毅然拋棄國內的崇高地位，隻身隨軍入台灣，召集六位日人教師，創辦了第一所「國語學校」。招收兩個台灣子弟開始教「國語」的時候,伊澤才發覺他準備多年的「清國語」（北京語）行不通，於是叫學生教他台語。伊澤校長猛學台語，發明用「假名」注音的符號，並編纂台語教科書。所以伊澤修二是台灣史上第一個創辦近代教育的先驅，第一個編纂正規教育中的台語課本，也是第一個把「台語」與「國語」平列於小學教育中的台灣近代教育的奠基者。

翌年（一八九六），伊澤返日招募教員之際，北區台人大舉抗日，凡日本人皆見之則殺，故士林芝山巖內之六先生亦遭全殺，是爲「芝山巖事件」。伊澤返台，繼續擴充設備，遷校台北市內。後來總督府又設立醫學校，於是「台北國語學校」與「台灣醫學校」成爲日帝治台前期之最高學府。當是時，吳濁流於國語學校習得人類尊嚴之可貴;蔣渭水於醫學校體悟出人民參政機會的均等。兩校培植出來的台灣精英不計其數，奠定台灣近代化的礎石。

到底台灣總督府遵循伊澤修二的「國語政策」而推行了五十年的「國語」教育，其功過如何?正如遵循了新渡戶稻造（如今已成五千日鈔的人像）的「經濟政策」而推展了五十年的經濟建設，吾人論其功過當可兩面言之。就其過而言，它助長了日本帝國對台灣的榨取剝削;就其功而言，它加速了台灣的近代化。

我非政經學者，不敢輕言政經;但就文教看來，五十年間的小學入學率直線上升，直到終戰前已高達80％，這對台灣民智的提高，與文盲消除的速率，恐非世界其他地區所可比肩的。至少它豐富了台語的語彙，方便了思想的表達。就文學者的立場，我不能否認它的貢獻。

如今多少日本語彙已融入台語的血液中，成了台灣人日常生活的骨肉。拖「力仔卡」，牽「電氣」，辦「手續」，去「放送局」，聽「拉琪奧」，有「元氣」，坐「動車」，遇到「奧基桑」和「奧帕桑」，講要去「郵便局」，吃「便當」……。

我粗略調查了現代台語中的日本語彙，總數約三百個，歸納其台灣化的法則不外有四：

①日文的漢字以台音發音之。如：寄付、月給、乞食等。

②日語發音原般不動者。如：阿伊殺之、西比羅等。

③日語中的外來語原般不動。如土瑪特、他巴苦、卡麥拉等。

④語源原屬日語，但台語與中文兩方同時採用者。如哲學、大便、手續等。

再依其性格而分類，其多寡次序如下：①社會生活②經濟、交通、工業③醫藥、食品④衣服、家具。

我把這番考察成果，發表於一九八二年十月的第五次筑大「外語教育研究會」上。其後印成論文集，有些語言學者及博士班學生來索取資料，想依此方法再做進一步研究、調查。

一九八二年十月，台灣文學研究會請楊逵當名譽會員，於加州洛杉磯宣佈成立大會。會上，楊逵發表簡短演講，大家仰慕這位文壇老兵至久，因此吸引了數百聽衆。這些盛況都是看了執行秘書陳芳明負責發行的會報才知道的。葉芸芸也寄來成立大會的合照，可惜我認識的只有三、四個而已。

楊老巡迴美國各地的演講活動，報上不斷有報導。每當他被問及最敏感的台灣前途問題時，他就推說：他主張「一統」，而反對「統一」。細讀其內容，實在分辨不出「統一」與「一統」有何區別？我自編輯他的第一本時就知道他是認同於「工人祖國」的。爲此信念，他坐過牢而無悔；也爲此信念，他不惜把我打成走資幫辦，勾結資本主義的書店來剝削勞動者的版稅。我絕不記恨在心，因爲只要是基於他的信念，再大的誤會，我都可以原諒。何況我本身也是屬於無產階級的勞動者。

可是在他最自由的晚年時節，人們最期待他的晚節聲音，他卻在「統一」與「一統」上翻弄文字遊戲，這才是使我感到失望的地方。

所以，年底他和媳婦自美歸台，停留於東京時，到處聚會演講，我卻無興趣參加。不料在他離日前夕，打電話來要見我一面。心想：就人情而言，我這個晚輩也不該太固執，便答應前往拜謁。因我的舊相機送給袁小妹，匆匆在車站買了一架，想要照下楊老最後的鏡頭——我知道我和他不可能再見面了。

來到東京某友人家，楊老和戴國煇已在等我。楊老出國前曾因腦病住院一段期間，我以爲他這次連跑兩個月，會精疲力竭，未料他愈跑愈起勁，可見他很適合於做羣衆運動。自從三、四年前應邀去戴家吃了一頓豐盛的晚餐之後，再也沒見過戴國煇了，這次楊老來日本，聽說都由戴國煇安排各方活動，此人神通廣大，各方關係很好，看來楊老也很滿意的樣子。

多年不見的楊逵，一見到我，仍然綻出童稚的微笑，就像我第一次去東海花園一樣的微笑。戴國煇叫來壽司，三人邊吃邊談。戴國煇說他在紐約客家同鄉會繼我之後也去演講了一場。此事我當然知道，因爲香港的『九十年代』，台灣的『夏潮』已有詳細的專訪。他的論調正如這份刊物的名稱一樣：看台灣，不能把眼光局限於台灣，要放大眼光，從世界來看台灣。從世界地圖看台灣，台灣小得可憐，緊靠在大中國的邊邊上，它本來就是中國文化或中國政治的一小部份，要脫離也脫離不掉。這是他的大前提。然後他的小前提是：他是台灣出身的客家人，客家人分佈至廣，從廣東上溯整個大中國，下溯至全世界都有客家人，所以客家人絕非少數民族，它有中國最大族「世界客家同鄉」；何況又有孫文、鄧小平、葉劍英等大人物。

戴兄愛做老大，就像他的身材比別人高大一樣。而他的眼光的確遠大，大到沒有看到第一個統治台灣的是荷蘭共和國，而不是中華帝國。

雖然，我仍然用我的新相機照了他倆談話的鏡頭。

數日後，當我要冲洗底片時，才發現膠片都沒有捲過去，使我悔恨交加。玩了二十年相機，第一次大失敗。偏偏又是無法補拍的對象。

旅居日本多年，每當有困難時，我最先想起的便是林銀，事無大小，只要打個電話求助於她，便替你辦得好好的。有一次，她看我勞碌奔波，便主動向我接辦『台灣文藝』的日本地區的發行。其實自從一九七九年我第一次見她以後，我就常去她家，看她忙碌的情形實在如同干樂。

早在十六年前，我於大阪讀書時，尉師來信要我聯絡東京的林銀學姐。言下之意，要我去追她，但我進成大中文系時，她正好畢業，算年齡大我一歲，而且大阪離東京十萬八千里，遠水救不了近火，勉強寫了一封信交差了事。以後我就忘得一乾二淨了。

那次在東大演講後，走出會場，突然冒出一對男女。

「喂，良澤喲。我就是林銀啦。」

好一副鄉下阿婆的形象，其口音也是道地的台灣口音。

「林銀？」我一時想不起來。

「有沒？彼陣你在大阪寫批乎我。尉老師介紹的。」

經她一提，我馬上想起來了。「噢，妳就是我的老情人嘛。」我知道這種人絕不會生氣。

「妳也沒給我回批。」

「有啊。我隨給你回批，你也自阿呢沒消息。今日，你已經變成一個大學者囉。」

她一直沒有停止過笑容，好像跟我講話很榮幸的樣子。我問她旁邊這位男士是她老公嗎？

「沒啊。伊叫許極燉，是東大博士班畢業的，阮大家攏嘛捌你的大名。」

許先生個子略矮，禿頭額，一看卽知是用腦過多的學者型人物。

後來，我就常去她家走動，她老公比她更土，怎麼也看不出他是成大電機系畢業的公費留學生。他姓洪，可是很多人管叫他「林先生」。兩人婚後，經營貿易公司，林銀又在大學兼課。我看他們不是在做生意，而是在開救濟院，凡在東京走投無路的台灣人，便會找到他們家來。

她接了『台灣文藝』的日本代理人之後，客戶大增，可是我相信她必定是半送半賣。

鍾肇政接辦了『台灣文藝』之後，可說有辦法想到沒辦法。前面幾期他請了遠景出版社當發行，『台灣文藝』有史以來第一次發稿費。後來遠景不勝虧累，便交還鍾肇政。鍾老大便企圖在海外台僑界打開市場，美國方面請許達然、林衡哲等人負責，我負責日本方面。我發函給所有日、台友人，結果只拉到二十個客戶。

此路行不通，鍾老大便又想在有錢人身上動腦筋。他擬定了「成功者的傳記」叢書，分別派人去採訪幾個大富，由大富購買自己的傳記一百本，並捐款贊助『台灣文藝』。

我被派採訪旅日首富台僑某立法委員。鍾說該委員是他的鄉親，小學時他父親曾教過他。也是遠房親戚。日本戰敗時，他在東京大買地皮，投資各種事業，現已成爲僑領。只有一個女兒，屁股鑽洞也吃不完。

我自留學時代就已看穿旅日台僑社會。它明顯劃分上下層。上層僑界互比樓高，一定要設法比對方高出一層。下層僑界呼朋標會，借錢還錢忙得團團轉。全日本的老台僑，只有兩人關心文化。一個是邱永漢，戰後得到「直木獎」。是歷來唯一得到日本最高榮譽的大衆文學獎的外國人，後來變質大談生意經，以「財神爺」自居。另一個是陳舜臣，得到最高推理小說獎之後，趁日本的中國熱，大談中國文化，沒有一個日本人知道他是台灣人。

但奉鍾老大之命，且念立委與鍾家有三層關係，便硬着頭皮撥了電話。

「×委員在家嗎？」

「我就是。」

「我是筑波大學外國人教師、敝姓張。」我知道這個頭銜掛上去，對方就不會切斷電話。

我說我仰慕委員至久，想前訪就教。對方很客氣，叫我下週再打電話約定時間。

到了下週，我如約撥了電話。

「你找我要談些什麼呢？」委員問。

我想應該事前讓對方有個心理準備，便坦白奉告鍾老大的計劃。我說：

「鍾肇政先生主持的『台灣文藝』目前……」

咔嚓！電話斷了。

「喂，喂，×委員……」

沒有回聲。

久久，我才意識到握着聽筒的手在發冷、發抖，額頭一直冒出汗來。

我不敢將實情告訴鍾老大；而鍾老大計劃中的「傳記」久久也未見出一本。年底，鍾老大來信說，他已負債數十萬台幣，已無法再苦撐下去了，只好準備停刊。

再不久，鍾老大很高興來信說：黃春明要接辦了！

這眞叫人又興奮又感激。其實，前不久，黃春明來日參加亞太地區作家會議後，到處參觀、演講，報上也登了他的專訪。不料於他返台前日，突然打電話給我，叫我上東京會一面。

我卽拋下工作，乘坐三小時電車如赴約會。

他帶我去一家小報社看南洋地區因砍伐森林而土地沙漠化的記錄影片。看完之後，眞叫人痛心這地球將要死亡。

「他媽的，這全是美、日資本主義造的禍！」黃春明激動地怒吼。我知道這兩週來，他到處向日本人怒吼這一句話。他的心情、我也十分理解。不過，我覺得該罵的，不僅是美、日帝國主義而已。

「砍伐那些森林的日本商人是用搶的嗎？」我輕微的反問一下。

「當然是用錢買的呀。」黃春明答道。

「那如果我不賣的話，你又能怎樣？」

「日本商人跟當地政府勾結，給他們甜頭呀。」他以爲我不知道這番道理。

「那是日本商人不好呢？還是貪圖便宜的政府不好呢？」我輕聲道。

「張良澤！」黃指著我的鼻頭，大吼着：「你來日本沒幾年，拿了日本人的薪水，現在就變成日本狗仔啦！」

我知道我若再爭辯下去，他必定要跟我比拳頭大小。當年我已領教過一次，這次我得認輸了；何況我對「經濟侵略」毫無研究，談不出高深道理。

自我踏入文壇之後，我就有一個決心：不與人打筆仗，不與人爭辯「眞理」。唯一破例的一次是某年在台北的文友衆會，黃春明正出了『我愛瑪麗』而日正當中時，我說我還是欣賞他的前期作品，「溺死一隻老貓」、「兒子的大玩偶」等鄉下小人物令人懷念不已；可是「莎喲娜拉・再見」之後的作品，都市氣息太重，我不喜歡。

他一聽說「不喜歡」，就追問到底，爲什麼不喜歡？我當然也陳述了一些理由，可是我每說一句，話還沒說完就被他否定掉。最後不得已我就說：「總之，我不喜歡就是！」

「張良澤！你是懦夫！」他握拳捶了一下桌子。衆人嚇了一跳。

「你要比拳頭嗎？」我笑笑，想沖淡氣氛。

「你敢跟我比？」他也笑了。大概一方面看出我沒有三兩力，一方面覺得在這種場合不該火爆。

「試試看吧！」我伸出手臂，立在桌面。

「好，我當裁判。」李喬說。我知道他想藉這場力量懸殊的遊戲來調解我倆的友情。

黃春明的手臂大約有我的兩倍粗。兩條手臂交勾於桌面中央。我覺得我的手臂像一枝枯柴。

「預備—起！」李喬下令。

黃春明猛力一掰，我的手幌了一下，但旋即穩住。他笑着望我，我低頭咬緊牙根。一分鐘後，他收斂了笑容。我的手臂沒有傾斜。

三分鐘後，兩人都開始出汗。他的臉孔漲紅，紅潮一直通過膨脹的血管佈滿他的粗臂。相反的，我的手一直發白而微抖。

五分鐘後，他的眼球佈滿血絲。我蒼白的手掌沒有傾斜，但已發麻。

雙方僵持了約莫十分鐘。最後他放了手，站起來，道：

「就算平手了。張良澤，我佩服你的毅力！」

我氣喘得來不及答禮，他就把皮包往背上一摔，揚長而去了。

可是這次他好意邀我一會，照理我不該惹他不快。所以向他道歉有事先走。他陪我走了一段，拍拍我的肩膀，說：

「張良澤，你該多吃點營養。這次我出來，多少收了一點演講費。這兩萬圓你拿去吃點東西，不要再買書了。」他塞了兩張大鈔在我手中。

「這……」我很想還給他，可是又怕惹他生氣。

「當年你住北投的時候，你送我去馬偕醫院開刀，算來也是我的救命恩人。」

我完全忘了這回事。

「你該聽說我要接辦『台灣文藝』了吧。吳老、鍾老都不是辦雜誌的人。這次我要大大改革了。」

這話我絕對相信。只要他接辦，必能使『台灣文藝』起死回生。

然而，一九八三年元月，我意外地接到陳永興醫師的一封公開信，稱：只因他不忍心眼看吳濁流辛苦建造的寶塔傾廢，不忍讓台灣文學的香火中斷，所以他決心接替鍾肇政的重担，希望各界朋友繼續支持，云云。

不久，面目一新的『台灣文藝』一月號寄來了。慶幸『台灣文藝』邁入第三個時代。

回顧『台灣文藝』的第二時代，鍾肇政的最大貢獻，我以爲有下列數項：

一、刊登甫出獄的陳映眞作品「夜行貨車」，使他很快回歸文壇，重振旗鼓。

二、發表宋澤萊作品「打牛湳村」，造就了台灣文學的新星。

三、連載了李喬的長篇小說『寒夜』，鼓舞李喬完成了劃時代的鉅構。

四、刊登了海外作家東方白、許達然、陳若曦、廖清山等人作品，開拓了台灣文學的域外格局。

至於每期都有作家研究專輯，對於台灣文學史家提供了珍貴文獻固不待言，但鍾老大的最大貢獻還是在於挖掘新人，鼓舞舊人，拿出紮實的好作品，勝過任何口號和理論。所以我敢肯定這時代的『台灣文藝』，是創作最豐收的季節。

一九八三年四月十七日，我去羽田機場，從少瓔手中接來在美國出生一個月的嬰兒。嬰兒已熟睡，但他似乎知道我來抱他，便微微睜開小眼睛，嘴角笑了一下，算是對我打了招呼似的，又安詳地入眠了。

「道南吾兒，爸爸對不起你。」

我心裏默念着。

二十二、二度美國行（1983·5～1983·7）

陳永興接辦『台灣文藝』，正是台灣黨外民主化運動進入新階段的時期，老一輩的民主鬥士正面臨着新生代民主鬥士的挑戰。而中生代民主鬥士的陳永興坐鎮與政治運動無直接關係的文藝刊物，正可緩衝雙方的激盪，並把政治運動與文化運動滙合成一體，穩定地向前推展。陳永興不愧爲有遠見的領袖人才，而他延聘李喬担任總編輯，更是神來之筆！

李喬甫上任，即提出「台灣文學本土化」之口號，眞叫我佩服得五體投地。這傢伙平時不喊口號，一喊就深中人心！

戰後台灣文學在反共文學、西洋文學的夾縫中，委曲生存下來，到了七十年代才頂着鄉土文學的帽子冒出地面。可是在一場「鄉土文學論戰」中，它又被戴上「三民主義文學」、「工農兵文學」的帽子，壓得這株幼苗喘不過氣來。李大人看不過去，一朝瞪眼吹鬍，把所有的帽子都吹到九霄雲外，這株幼苗便可得到陽光。

有些愛做「祖國夢」的人，一生沒踩過「祖國」的泥土，但一廂情願地以爲「祖國」泥土便是他的「本土」。但李喬說：我們的「本土」就是台灣這塊土地呀！

「本土化」運動，不但是台灣文學的最高指針，且必然成爲民主運動的歸趨。

一九八三年三月，劉峯松開始於『台灣文藝』發表作品。老友在獄中坐牢，猶能勤讀勤寫；而在獄外坐牢的我，豈能虛度歲月？

五月，陳永興發表「全面推展台灣文藝復興運動」。我知道此人說到做到，消息傳來，陳永興開始轉起旋風來了。

李喬第一次出國，就是來日本找我，這使我感覺非常驕傲。不知他聽誰說我的男人氣概漸喪失，特地帶來珍貴的蜂王漿，叫我晨昏吃一小匙，保證恢復信心。老友關心我到這地步，還有何話說？他囑我不要驚動任何人，他要獨自關在書房裏看書。

其實李喬寫出『寒夜』三部曲，已夠交代他的人生了。大抵有使命感的台灣作家都有一個共通的願望，就是想把明清移民時代、日帝殖民時代、戰後新殖民時代，透過一個典型家族的演化，寫出反映三個時代的三部曲大河小說。而據我所知，第一個下筆的是鍾理和。不幸體力不支，只寫了一章和一張人物表，不久就吐血而死了。第二個動筆的是吳新榮，他以黃色代表「清朝時代」，亦卽「封建主義末期」；以白色代表「日本時代」，亦卽「資本主義極盛期」；以青色代表「民國時代」，亦卽「社會主義初期」。如此分黃、白、青三篇寫出吳家的興衰。可惜吳新榮畢竟是個詩人，感情豐富，克制不住宣洩自己的家世，而無法佈局構成大河小說。

第三個是張文環，可惜只完成了第一部『爬在地上的人』便去世了。

到底還是中年作家鍾肇政，精力充沛，繼承鍾理和遺志，於十年之內，一口氣完成了『濁流三部曲』和『台灣人三部曲』的兩大套，每套各三巨册。創下台灣文學史上之最長小說。可惜兩部作品的時代背景都以日據時期爲主，且較集中於第二次大戰前後，因此易給讀者兩部作品分辨不清的印象。

接着便是李喬的『寒夜三部曲』了。我不敢說它是集大成，但至少綜合了以前各家優點。尤其在主題上，他鮮明地點出「台灣人」意識的形成過程。若說鍾肇政善於處理愛情瓜葛，透過愛情探討民族之間的矛盾；則李喬乃善於處理鬥爭的場面，透過異民族之間的鬥爭、同民族之間的鬥爭，看出人性的善惡、意識的明辨。讀者讀完此書，眼前不難浮現一幕幕台灣史的演化；同時必定會捫心自問：自己是否眞正不受利用、不做「三脚仔」的台灣人？我看出作者心中是何等痛恨比異族更奸狠地迫害自己同胞的三脚仔！

可是這部小說的美中不足便是沒有寫到戰後的時代。亦即李喬的時代分法是：拓墾及日帝佔台初期的武力鬥爭爲第一期，日據中期的文化鬥爭爲第二期，日據後期的第二次大戰爲第三期。至於大戰結束、國民黨入台後的第四期，可能是李喬最想寫而又不敢輕易動筆之處。

光是「二·二八革命」這個大慘案，就足夠作家取之不盡、用之不竭。可是在連「二·二八」這個字眼都不准提起的現況下，大家只好互相觀望而已。大家心裏都明白，誰先把「二·二八」寫出來，誰就在台灣文學史上佔較高地位，不管他寫得好壞。吳濁流寫『無花果』，只在篇末點到爲止，就已傳之不朽了，何況那才記了冰山之一角。

李喬第一次出國，不想去遊山玩水，也不去逛花街，日夜窩在我的研究室裏，我想他是有大野心的。至少，我猜他一定要彌補『寒夜』三部曲的缺憾。

一九八三年五月某日，顏尹謨突然從東京打電話給我。十幾年前我返台就職之際，只聽說爆發了「劉顏事件」，大量逮捕留日返台學生，風聲鶴唳，但只聞其聲而不見其影。如今他來電約我於池袋見面，我才得識這位臉上長個大黑疤的事件主角顏尹謨。

顏尹謨送我一本畫冊。那是他在獄中十多年換取的結晶。共三十幅素描，則平均半年只得一幅。獨坐牢房裏，又悶又熱，一格小窗，可看到教練場兼刑場。每天早上，都可聽到脚鐽拖地的聲音，有的大哭大鬧，有的沉默不語，有的大喊「毛澤東萬歲」。然後留下沉寂的走廊，和鄰近牢房裏的啜泣聲。從格子窗望出去，刑場上有憲兵、刑警、驗屍官，鎗聲一響，眼蒙白布的人就垂下頭，被軍車載走，今日的示範鎗決就閉幕。

「原先判我十五年徒刑，我很不服，打算上訴。但看了每天輕而易舉地鎗斃一個之後，我覺得十五年刑期算得了什麼？好像才十五天的感覺。於是，我撤回上訴，心血來潮，便用唯一的文具的簽字筆在衛生紙上開始快樂的畫起圖來。」顏尹謨笑着說。

微笑的白白胖胖的臉上，厚厚的嘴唇，和善的眼光透過高度的近視眼鏡，我找不出一絲痛苦的痕跡或仇恨的心意。但是我翻閱他的畫冊，卻使我心痛如絞。衛生紙上斷斷續續的線條，畫着一個人楞楞地望着鐵窗外；一個人光着身子蹲在臉盆前擦拭身體；一個人坐在牆角沉思；一個人伏臥在地板上，兩手伸進兩腿之間……。顫抖的點線時而墨水不足，時而渲染一小塊黑漬，那模糊不清之處，正可令人想像那身體的部位如何扭曲和痛苦。

我影印了幾幅畫，編成教材，請顏尹謨來津田塾大學講了兩堂課，我當通譯。學生們看到這些孤獨之極限的畫面，再看他笨拙的言辭，無不動容傾倒。自由談論時，學生們相繼發問道：

「組織讀書會，研讀各種思想著作，批評時政等活動，有什麼不好？政府有什麼權利抓人？」

「十多年間，您每天都在想什麼？」

「什麼時候您最感孤獨？什麼時候您最感痛苦？」

一連串天眞無邪的問話中，顏尹謨一時也不知怎麼回答。他想了一下才說：「因在台灣的國民黨政府施行了全世界最長期的戒嚴令，所以可以隨時抓人。我最痛苦的事是我的長兄和我同時被捕，分別審判。他是個硬漢，死不認罪，挨了毒打，內臟腐爛，弄到快死時才叫家人保外就醫，但已回生乏術，永別了父母妻子。家人怕我傷心，一直保密到底，直到我出獄那天，才知道長兄早已不在獄中。……」

我通譯完之後，學生們無動無靜，只啞然失神地望着講台上的顏尹謨。

「我現在很幸福。」顏打破沉寂。「我出獄後，有一位大學畢業的小姐主動要嫁給我。我們結婚後，她照顧我無微不至。」

我看到全體女生們泛起微笑也鬆了一下肩胛。

日本民間團體的「台灣政治犯救援會」的三宅小姐聽說顏尹謨來東京，便請求他到例會上演講。他因恐在外參加政治活動回台後又被找麻煩，只好婉拒了。該會另叫我演講台灣文學，請顏當陪賓，則不致造成問題。

我第一次參加了救援會的活動，才知道這個會是全靠幾個日本青年打工掙錢來維持的。與會人士雖寥寥十數人，但我由衷敬佩他們，認眞演講「台灣之歌」。會上，我很榮幸地迎接了兩位仰慕已久的代表性台灣人物。一位是王育德教授，一位是林景明先生。

王育德教授是我留學時代就從增田先生口中得悉的一位台灣語學專家，他是第一位獲得東京大學文學博士學位的台灣人。來筑波之後，我着手整理日本的台灣文學史論文資料，發覺他竟是戰後日本發表台灣文學論文的第一人。十數年後，有年輕學者河原功鑽研台灣文學，其動機顯然是受到王文的影響。其後王教授不斷在明治大學學報及他主持的台灣獨立聯盟機關刊物『台灣青年』上發表台灣文學論文，可以說是日本學界的台灣語學、台灣文學的拓荒者；只是大家只注目他在台灣獨立運動上的勞苦，而忽略了他在台灣文學上的貢獻。我曾在他的一篇論文的年表中，看到我自己的出生年月日及生平事蹟非常正確的被記載於其中，使我又佩服又感到榮幸。因此我曾兩次拜訪過他。第一次於一九八〇年十月去他府上，另一次去明治大學；兩次他都親自到車站來接我。兩次都很關心地問我台灣文學事，卻未向我宣傳台獨思想或勸我入盟。王教授高高瘦瘦，光禿的頭頂尖尖，周圍繞一圈白短髮；笑起來像小孩。王夫人略矮胖，帶酒窩，聞說我來自台南，特地準備台南臘腸款待我；門齒鑲一顆金牙，常露笑容視我如弟。其後他常打電話來問台灣文學事，並邀我有空常去找他；可是我始終沒有過訪，是因爲怕觸起他的鄉愁。

林景明是一匹獨來獨往的台灣豹。經常在報章上看到他控告日本政府剝奪了他的日本國籍。他說他在第二次大戰時，日本帝國徵調他去南洋當二等兵；日本戰敗後，就把他棄之不顧，不得已他就回台灣去。他被迫變成「中華民國」國民之後，再來日本，日本政府要他按規定每年辦理居留手續。他不但拒絕而變成非法居留，反而控告日本政府棄養之罪。日本政府每次要驅逐他出境，他就招待記者大鬧一次，弄得日本政府現在也不敢惹他；而最高法院的判決也一直懸案未決。最初我心想要住人家裏就得遵守人家的家規，有骨氣就不必來寄人籬下。但後來看了他兩本早期著作『被遺忘的台灣』和『二等兵手記』，才知道他刻意製造事件，透過傳播媒介，讓日本國民知道台灣有二十多萬人當了日本兵，死傷五萬人，日本政府全未付補償金；不僅不照顧「皇民」，反而與在台實施暴政的國民黨勾結，欺壓台灣人。林景明孤軍奮「鬧」三十年，迄今未娶，算來也快六十歲了，但全身肌肉陵陵，理平頭，紅光滿面，看來不過四十而已。

今天我講「台灣之歌」，王育德先生對我所介紹的原住民的舞蹈之歌及明清時代代言民間疾苦的詩歌特感興趣。一般人提起台灣的詩歌，都從日據時代的新詩講起，而忘了五千年來原住民流傳下來的「出草歌」、「狩獵歌」、「播種歌」等，以及移民時代留下來的民歌民謠。

會後，走到車站的一段路上，王育德在右，林景明在左，兩人緊挾着我，爭相問東問西，使我覺得像得寵的小孩子，在兩個大人呵護之下，心頭有種甘美的滿足感。

淑英寄來一張機票，囑我暑假赴美，參加美東夏令營。於是，一九八三年六月廿九日，我開始生平第二次的美國之旅。

西北航空公司的班機裏，聽到有人用台灣話交談，就像在東京街頭常聽到台灣話的交談聲一樣的感覺。一方面高興台灣人在世界各角落冒出頭來；一方面也悲哀台灣人不得不四出討食的政治壓力與生活壓力。尤其看到羽田機場一羣羣的台灣女子被日本流氓接走，看到報上公佈被警方逮到的台灣賣春女郎，都覺得自己不敢在日本人面前大聲說：「我是台灣人！」

抵紐約，袁兄把我接往洪銘水家。洪瘦瘦硬硬，於紐約市立大學教中文。上書樓，多中國文化書，其中一架台灣文學書，頗訝異。我只知道他是台灣文學研究會會員，其餘一概不知。便請問其詳。

他說他是西螺人，於東海大學中文系担任助教時，就默默關心台灣文學，曾訪鍾肇政，探索台灣文學史料，鍾告曰：已有張某人在蒐集矣。當是時，美國某教授參觀東海大學，見中文系助教竟然會講英文，便推荐獎學金使之來美深造，獲文學博士，便於紐大任教迄今。

我聽了，眞感羨慕。我與他命運之不同，只差他會講英文，我能說日文。

深夜抵淑英農場，陳芳明、謝里法、陳若曦等人已在休息。芳明陪我談至天明。他說他要拿陳映眞開刀，我反對，理由是要改變一個人的思想絕無可能，除非他身歷其境而大徹大悟，否則徒浪費精力而已。可是芳明堅持要一戰，叫我不要管。

清晨，大家還在睡夢中，我獨自走至花圃來。雜草依然高長，花盆依然不見。小灰兎白尾巴，看我不動，牠就不動地瞪我；我一走動，牠就一溜煙不見了。我俯身努力拔草，能拔多少就算多少，只要能減輕淑英一點負担就好。

飯後，大家齊動手拔草，州下幾對夫妻也來了，十數人有的搬動花盆，有的拔草，做累了，大家哄鬧要陳若曦跳扭秧歌紅毛舞。

陳若曦昨夜沒睡好，發了大脾氣，我以爲這老大姊難侍候，不料，她做起田事卻很開心，有說有笑。大家要她跳扭秧歌，她眞的一手揷腰，一手高舉於頭上，頓兩下脚就扭起來了！

「東方紅呀毛澤東，

西方白呀毛澤西，

……」

扭呀扭呀，屁股翹。扭呀扭呀，屁股翹。逗得大家前俯後仰。

做到夕陽西下，一大片草地都拔光了。謝里法已做好晚餐。

飯後，由陳芳明執行秘書主持開會。他說今年台灣文學研究會年會於下月舉行，年會特邀請陳映眞來參加。但今天聚會的人恐不能再參加年會，尤其張某遠道而來，無法住到年會，所以今天舉行部分年會，由張某報告研究心得。

我報告西川滿文學，目的在提示幾個問題：①台灣的新文學種子是日帝佔台後才由日人傳播的。②台灣作家能以流暢的日文創作是在日帝治台三十年之後。在此之前除了一些台灣漢文作者之外，文壇全屬日人天下。③日帝治台後的二十年間，台灣文壇仍以日人作家爲絕對優勢。

基於上述事實，一個台灣文學史家當如何處理？我請敎了在座的台灣文學研究會會員。

有人說：「照事實寫下來嘛。」

我說：「那麼一部台灣新文學史就變成了日本外地文學史了。」

有人說：「只提台灣人的作品就好。」

我說：「『台灣人』的定義很難。就國籍而論，五十年間的台灣人都是日本國籍。何況有些台灣作者改了日本名，也有的用筆名發表，很難判斷他是否道地的台灣人。」

又有人說：「以作品的精神爲依據，凡認同台灣、愛台灣的作品都屬台灣文學。」

我答道：「這是最理想的基準，但對他的判斷就在乎一心了。比如西川滿，他的作品中，處處表露對台灣鄉土的愛情，他也自認爲自己是屬於台灣的；如果日本不戰敗，我相信他一定要老死於台灣。所以到了太平洋戰爭爆發後，他希望日本戰勝，台灣永遠屬於日本的領土，則台灣永遠是他的鄉土。」

大概是陳芳明還是謝里法緊接着提議道：「所以我們要鑑別作者的心態是否承認台灣是台灣人的鄉土。」

「對！」我拊掌大悅道：「從作品洞察作者的心態；要是承認自己是台灣人，而且承認台灣是台灣人的鄉土，則其作者不論是什麼人，都算是台灣人；其作品便是純正的台灣文學。」

會後商談美東夏令營的文學座談會的議題，決定由陳永興、陳若曦、洪銘水三人共同主持會議，而我在台下協助。要事已畢，衆人紛紛離去，準備在夏令營見面。只剩下若曦和我在此過夜。

七月一日上午，阿殿載我們去附近的王永慶農場參觀。一聽王永慶大名，我便想像黃牛千萬頭，最現代化的製奶工廠，把鮮奶源源不斷地運回台灣以補島內的營養不足。事實上，抵達一看，一片荒山，幾排象徵性的蘋果樹而已。

「王永慶的地皮有多大？」我問。

「我也不知道。大概你眼睛看得到的，都是他的吧。」

「哪哪，這兒種的全是中國菜呀。」若曦樂得跑向蔬菜園去。

「是呀。王永慶派人管理農場，叫他們自由經營，收益全歸工人自己所有。最初工人們都種蘋果，但蘋果愈生愈小粒。現在改種中國菜，收成很好，紐約唐人街的需要量供不應求呢。」

正說時，從農舍裏走出一個管理員。阿殿親熱地和他打招呼：

「老王，你好。我給你介紹一下，這位是大作家陳若曦，這位是台灣文學專家張良澤。」

「哦，啊呢喲。」老王是個樸質的中年工人。「你們愛吃什麼菜，自己拔。儘量拔，這攏免本錢的。」

阿殿和他在談土質改良問題。我和若曦貪心地拔菜，準備一部分送朋友，一部分拿去會場現賣。

淑英開了一個下午的車，抵達Univ. of Delaware已黃昏。我也搞不清這大學在哪一州。這是相當具有規模又漂亮的大學。美東台灣同鄉會把全校包租下來使用三天，眞不可思議。在日本，民間要租用大學的一間教室都不太可能。

報到處像大市場，大家携幼扶老嘻嘻哈哈。主辦人看到我的邀柬，卽刻交給我房間鑰匙，並遞給我兩封信，一封內裝五百美元，主辦人說這是旅費補助。這時我才知道這趟我來美國的來回機票原來是淑英個人支付的。我就把五百美元交給淑英。另一封厚厚的信，打開來一看，密密麻麻的字跡寫了好幾張信箋。

「良澤：

你還記得我嗎？當年在澎湖……」

我趕緊把信收起來。淑英帶我去房間放好行李，再回報到會場，設了一個小攤位，把一路運來的兩箱『台灣文藝』和『文學界』擺上來，淑英喊着大嗓門，叫鄉親們買書和塡寫訂單。我看有些人很喜愛書的樣子，但有些人碍於情面而買；兩箱靑菜卻一下子就賣光了。

有位女士帶一位婦女來到我面前說：「這是我阿母。」我一看婦女胸前的名牌：「楊千鶴」，卽刻向她鞠了一躬說：「久仰大名！」

楊太太很高興，好像全會場只碰到我一個知音的樣子。我知道戰前有兩位很重要的女作家，一位是寫民話的少女作家黃鳳姿，一位是『台灣日日新報』的唯一女記者楊千鶴。黃女士的三卷單行本尙留存於世，但楊女士的創作只流傳一篇。我希望她把戰前接觸台日作家的印象寫下來，就台灣文學史提供珍貴資料。我一再強調晚輩們對老前輩的努力常因史料缺乏，致使只知敬重而無法蹈跡前進、發揚光大。楊女士可能是戰前唯一的台灣女記者，其獨特的見聞，彌足珍貴。她女兒聽了我對她母親的推崇，激動地鼓舞她母親重新提筆；楊女士似乎得到後人的肯定而表示願盡餘生之力奉獻台灣文化。

是夜，聽完了台獨聯盟主辦的建國綱領座談會後，已深夜十二時。回到寢室，趕緊細讀那封「情書」。她問我還記得在澎湖的海濱散步嗎？不記得，我只記得陪陳美津去海濱游泳。還記得我去她的家作過客嗎？我的確去過陳美津的家，只喝了一瓶汽水就走了。還記得我去護士室找陳美津時，她替陳美津出來勸慰我一番嗎？不，我只記得她故意不出來見我而已。還記得我把她介紹給鍾肇政認識嗎？還記得我每週都給她一信討論文學嗎？「你每次來信，都那麼激情動人，甚至要求我做你的永久伴侶。可是我只冷冷的回答你，我心已有主，我將不久赴美成婚。從此，你就斷了音訊。其實你怎會知道，你的信被我珍藏到今；我把要向你傾訴的話語都寫進日記，含着眼淚……」

我的視線有點模糊起來，只覺得信末的簽名好熟悉，但又不辨認不出什麼字。希望今夜她會在夢中出現。

七月二日上午，大會正式開幕。黃武東老牧師演講今年的主題「台灣文化的建設」。我覺得他本身就是台灣文化的結晶。緊接着周清玉的演講，聲調溫柔感性，句句打中人心。講完時，全場起立高歌一曲「望你早歸」，拭淚啜泣聲此起彼落。

下午，許榮淑演講，慷慨激昂，不愧女中豪傑。周、許兩人一柔一剛，一守一攻，搭配無間，台灣前途漸露曙光。接着由島內應邀來做專題演講的許常惠博士講「台灣民歌」。他說台灣山胞的音樂天分及曲調之多，舉世無雙。此話更堅定了我認爲「台灣原住民之神話傳說之豐爲其他民族所不及」的信念。只因臨時插入周、許的演講，所以剩下我的時間不多，主持人廖述宗博士介紹了我之後，我卽跑上講台，原先預定的「台灣文學綜談」，只好臨機應變，改談我個人從中國文學走向台灣文學的路程，也約略提到我蒐集資料的辛酸。講後全場鼓掌獎勵我，表示我短短二十分鐘的自我介紹留給聽衆某種具體的印象。散會後許多人圍着我問長問短，突然，冒出一個女人衝到我前面來。

「良澤！你還記得我是誰嗎？」

「胡月雲！」我一下子就認得出來了。雖然她已變成了微胖的中年婦女，但那兩顆水汪汪的大眼珠我是永遠忘不了的。

她把她老公拉出來介紹給我，並誇獎我是小學同學中變得最傑出的人。我卽刻在衆人面前讚美她老公是我們永靖的傳奇人物，從牽牛童而變成高考秀才，獲得富家千金的芳心，結成眷屬，傳爲美談。夫妻倆聽我一說，連聲「歹勢、歹勢」。大會節目眞緊湊，下午四時緊接着分科座談會。文學組由陳若曦、洪銘水、陳永興三人在台上主持，我於台下助陣。聽衆之中，有人攻擊陳映眞的大沙文主義，也有人不滿於陳若曦的中國情結。我儘量發言打圓場，因爲我認爲一個人的思想型態受到攻擊時，它會益加鞏固以保護自己；不如以愛心和理解來互通有無。

晚上有一場各社團報告。台獨聯盟由三位年輕代表發言，雖不甚老練，但可看出聯盟有意訓練新人。美麗島由許信良、史明出席，兩人皆有大將之風。台灣人權協會主張聯合國際正義人士，促進台灣政治之自由民主。我祈禱台灣人各盡所能，全力以赴，不要互爭山頭、互扯後腿，有本事就去割惡魔的心臟！

七月三日上午海外文藝工作者十數人邀請許常惠、吳豐山、陳永興三人座談，一致認為以迂迴的方法促進島內外的文藝交流是當前重要的課題。下午有政治座談會，張旭成、吳豐山兩人的看法大致相同，認為台灣不容許有劇烈變動，只能要求緩慢的民主化。大會另安排了中共駐華盛頓使館的台灣人外交官來發言，他自稱係以個人台灣同鄉身份與會，但所講的全是官方的見解，因此受到與會同鄉的圍攻。

七月四日上午，林鐘雄講台灣經濟，陳永興報告承辦『台灣文藝』的經過。陳醫師說：台灣人民在長期的政治壓迫之下，受到金錢、物質的誘惑，大家都變得自私自利了。他是精神科醫師，他診斷出全台灣人都生病了。

「全台灣人攏破病了！」他在台上大聲疾呼：「攏患了嚴重的心病！」

他認為一個個診療精神病患者已來不及了。所以他在高醫時代就領導社團從事社會服務工作，並參與黨外的政治運動。最後他認為要治療台灣人的心病，要救台灣的命運，唯有從文化層面着手才是治本之道。正好唯一象徵台灣人愛鄉愛土之大公無私之精神的『台灣文藝』

面臨解體之危機時，他毅然承擔起來。

「你是有為的青年，我們不忍心看到你這位好朋友被拖下水。」那時陳映真和黃春明聯袂去拜訪陳醫師。「那要死不活的『台灣文藝』，你是救不了它的了。不如讓它結束吧。」

「我連一份雜誌都救不了，還談什麼救世救人呢？」陳醫師在台上深沉堅毅地說。

於是他和太太兩人親自校稿、跑印刷廠、發行，挨家訪問推銷，有時在台北火車站前的地下道擺地攤，有時到台大門口推銷。

「一天拉三個客戶也好，五個客戶也好，我們的目的不在錢。如果是為了錢，我一天多看兩個病人就足夠維持『台灣文藝』的推行，又省事又省力；甚至有人願意捐款而不拿書，我也都拒絕了。我要的是一個人的覺醒，只要多一個人來喜愛台灣文學，愛護台灣文化，我們便多了一分力量。……」

陳永興痛心台灣人的不自覺，常常語不成聲，可是也不掉淚，兩道劍光直戳人心，聽眾有的低頭沉思，有的飲泣自疚。

走出會場，來到『台灣公論報』攤位前，向兩三位工作人員點頭笑笑，表示我對他們的敬意。突然有位戴金邊眼鏡的漂亮小姐站起來，爽朗地笑道：「我是毛清芬。吳新榮是我姑丈。本報發行人羅福全是我先生。很高興見到你，張先生。」

我曾聽吳南圖提起過他阿舅有個女兒在美國協辦台灣公論報。沒想到竟如此美麗又能幹。不知她老公長得怎樣？

隔鄰攤位有賣「建國儲蓄券」的。我無錢無勢，但想盡點心意，便選購了一張號碼000228的五十美元券。我相信台灣未來必有一場大變，而這場大變必會改變戰後迄今身分不明的台灣地位。我大胆假設台灣未來的歸屬不外如下：①聯合國託管。②歸還最早的殖民地主國荷蘭。③歸還最後的殖民地主國日本。④中國出兵佔領，成爲中國的領土。⑤將台灣併入夏威夷群島，成爲美國領土。⑥國民黨宣佈放棄大陸主權，繼續統治台灣。⑦台灣人民拒絕上述處理，獨立自主。

我家父母兄弟媳婦女婿總共加起來十六人。如果給他們完全自由選擇的話，投票的結果必然顯示如下意願：

①做美國國民90%。②做日本國民80%。③做聯合國公民70%。④做荷蘭國民60%。⑤做台灣國民50%。⑥做中國國民40%。(做中華民國國民35%。做中華人民共和國國民5%。)

由上述迹象顯示台灣獨立的意願並不高；但如果客觀條件演變成只憑國、共的和談而要解決台灣問題時，我想我的家人會挺而走險投入獨立運動。我想這是住在台灣島上的全體居民自己的抉擇，我已流浪海外多年，不便「干涉內政」。但基於人類平等、自由、獨立、自主的尊嚴，我相信大多數居住於島上的居民有一天必定會起來要求獨立建國。所以我買了這一張「建國儲蓄券」，打算叫我的子孫向獨立政府索取本息，到那時也許變成一筆大財產呢。

當我返身離開攤位時，突然後面竄來一人握住我的手，我感到手心被握住一張紙條。「張先生，你爲台灣文學付出太多了。這只是我們的一點心意。」

「這……你……」

來不及問他的名字，甚至來不及看清他的臉，他就跑開，消失於人羣之中。我楞楞地站住，掌中握的不是紙條，而是一張缺角的五十元鈔票，顯然是剛才我買了「建國儲蓄劵」的錢；另外又有一張百元鈔票。我緊緊地把一百五十元鈔票握住，握成一個拳頭，邁開脚步。

此次美東夏令營共有一千六百多人參加；除了小孩、老人之外，不是教授，便是博士，一問各個都有輝煌來歷，都是棟材。此次大會期間，認識了不少朋友，音樂家蕭泰然，美術家黃根深、陳錦芳，都是海外喚起民族魂的旗手；化學博士王秋森拋棄教授職位，創立台灣文化公司；張惠雄教授是日據時代『台灣文藝』發行人張星健的兒子，答應提供他父親的資料給我。印象最深的是大會結束後，將要離開大會場時，陳永興把我叫去，介紹他身邊的一位牽着小孩的少婦說：「這位是陳文成夫人。」

我不敢正視她，只看到她戴了墨鏡而楚楚動人的樣子，靜靜地向大家點了頭。我想伸手摸摸才會走路的小孩的頭，但又縮住了。結果我只跟大家合照一張相片，便沉默地離開陳文成夫人和陳文成的獨生子。

七月五日，葉芸芸一家人和倪慧如一家人接待陳永興夫婦和我逛遊華盛頓。林肯紀念館、甘乃廸中心的現代建築和國會大厦的古典建築，以及博物館的精心設計，都令我大開眼界而畢生難忘。陳太太一路上都不離開丈夫一步，而陳醫師一向勇往邁進的氣勢，現在卻變得柔情似水，牽着太太的手邊走邊細語。我不知怎樣報答她對『台灣文藝』的奉獻，不知怎樣感謝她鼓勵丈夫的犧牲，只好拿着照相機跟在他倆後面，努力多留下歷史鏡頭而已。

走出國會大厦，正看到一羣俊男美女在廣場的噴水池旁載歌載舞。一律穿着黑白色制服，打領帶，各個身材標緻而健美，在大太陽底下，賣勁地唱呀跳呀。觀衆都散坐在台階上，獨我被他們的笑容吸引着，吸引到盛開康乃馨花壇的前邊，爬伏在地面上抬頭透過花葉間，盡情地觀賞裙裾的飛舞。我聽不懂他們唱的歌詞，但不斷重複一句「阿美利堅」，我可想像那一定是讚美美國的歌。看他們每個細胞的躍動，便可知道他們是何等地由衷喜愛着自己的國家。不像台灣的小孩嘴巴唱「中華，中華，我愛中華」而感覺空空洞洞的。我眞羨慕美國人能喜愛自己的國家；有了這份喜愛，便是一切快樂的源泉。

這幾天匆忙的行程中，我不時惦念着口袋中的那封信。經過幾天的揣摸，我大致想出她的名字叫陳麗美，小小的個子，常陪着陳美津行動。其他都想不起來了。但她的每句話都引起我的鄉愁和青春的懷想。於是每天睡前便寫一段回信，不知不覺我好像對一位未見過面的知心朋友產生新的感情。七月七日離開華盛頓前，託葉芸芸替我投函。

賴滄海接我去費城住了幾天。四樓公寓的房間裏，除了床、桌、橱各一張之外，便是滿地的髒衣物和報紙，誰會想到他是生化博士的大學研究員呢？

他帶我去楊文傑家聚會，楊太太待我如親人，煮米粉招待衆人。又帶我去南新澤西同鄉會，又去楊太太的姊夫家聚會。所到之處，主人皆甚親切，臨時一召集，便有二、三十人開長途車來聚會，人人關心台灣的前途，都認爲推動文化才是根本之道。

阿海又帶我去賓州的Long Wood花園參觀。此花園原爲軍火商杜邦公司所有，現歸州政府管理，規模之大，花草之奇，令人嘆爲觀止。但印象最深的還是費城的美國獨立紀念館。以前常在圖片上看過象徵美國立國精神的自由鐘，如今總算目睹眞物，我不禁偷偷伸手摸了一下自由鐘的裂口處。紀念館附近還有憲章起草、秘密聚會所等遺跡。想起今天美國人有這麼一個國家讓他們熱愛、歌頌，實在是他們父祖造的福。

七月十日阿海把我交還淑英，又是一羣同鄉在阿殿農場等我。大家又合力拔草、搬花盆。工作中，我得識了蘇阿澤夫婦。阿澤自屏東農專畢業後，來東京農大深造，與日本女子結婚，現來美國闖天下。其日本妻子甚知台灣人之苦境，熱心台灣公益;聽阿殿說我蒐集文獻之苦，便囑其夫開一張二百元支票給我。下午，淑英開車送我到伊色佳林博士家。林博士夫婦於夏令營大會一再邀我來演講。林太太現任伊色佳台灣同鄉婦女會長，此地同鄉不多，又散居各地，但受林女之熱情所動，便滙聚成一股新生力量。果然今夜在康乃爾大學的化學系敎室裏，聚集了七、八十位同鄉，有一位最早在台灣的廣播電台敎授台語的徐王釆薇女士也來了;有一位曾經贊助過我的秀山閣藏版出版計劃的鄭昭夫也出現了;有一位在康大圖書館任職的王政源學兄也破例與會了。演講後，大家興緻高昇，有位留學生林麗卿小姐熱心發問，我眞期待她變成台灣文化運動的新血輪。

翌日，王政源先生帶我參觀康大圖書館。康大以農科聞名，但意外地發覺該館東亞圖書收藏不少文科資料。我看到一本線裝書，隨手一抽，竟然是一本福建省代表團的『台灣考察報告書』。昭和十年（一九二五年）正好日帝治台四十週年，總督府舉辦了大規模的博覽會。福建省主席陳儀特派了省府官員來台考察各項建設，考察結果報告說：「日本把台灣建設成天堂。」我卽請林兄印此書郵寄給我。康大位居山崗之上，丘陵起伏，遠處有大湖如鏡；校舍巍峨古雅，誠人間仙境。學生優遊其間，不知還有什麼苦惱？

十二日抵紐約洪銘水家。翌日洪兄帶我去哥倫比亞大學。此校位居市區之中，周圍酒巴與書店林立，人潮車聲，汗臭酒味，與康大別有風味。下午到曼哈頓藝術家公寓訪謝里法。屋內空空蕩蕩，中間擺一架書架，架上有一張卽將完成的油畫。一望無垠的農田，一隴一隴的田畝由遠而近地伸延過來；地平線上，白雲一團一團地滾向青空。坐畫前凝視，但覺白雲不斷擴大，神妙之至。

謝里法是挖掘台灣文化瑰寶的工程師，一向以爲他必是藏書滿室，可是我怎麼用眼睛去尋找也找不出有藏書的跡象。牆角一張單人床，床架上面疊了一捲捲的畫紙，床邊也疊畫框。門邊有帽架，掛着四、五頂泥帽，算是他最奢侈的佈置。我問他來美之後的生活情形。他說一來美國就住進這棟市府專門收容窮藝術家的公寓，十多年來，很少遠出；白天在家作畫寫稿，黃昏就去碼頭散步；有時就進唐人街吃一頓中國飯。我知道他是個孤獨的人，可是一個人能孤獨得如此溫和平靜，孤獨得如此愛鄉村也愛都市，更愛人們。我不知怎樣表示對他的敬意。

將告辭，走到門邊，我不禁瞥顧一下那些冬天的泥帽，發覺上面都佈了一層塵埃。「這些帽子是……」我不願問人家的私有物，但終脫口而出。

「這些都在港邊揀到的。我自己有一頂，所以這些只掛着而已。」

這一句哲學語言是任何哲學書上都讀不到的。我相信。

十三日下午，台灣研究會會長來接我去海濱部吃海鮮。然後去皇后區研究會場與十數位會員晤面。中有王耀南、許登源、洪哲勝等大將。該會算是台灣人社團中最重視學術活動的一社。會員定期召開研究會報，並不定期邀請各行專家學者來演講。黃會長個子瘦小，走路有點跛，但其衝勁熱誠絕非常人可比。過去我未曾聽過他的事，但我感覺他可能是台灣人社會中的一匹黑馬。

十五日夜，台灣研究會主辦、紐約同鄉會協辦，於惠恩教堂由我講台灣山地神話。聽衆滿座，使我興奮地讚美台灣原住民的想像力之偉大。他們想像着「人之初」不止像平地人所想像的菜頭那般小兒科，而是又長又大，長到走路都要拖地數箭遠；看到婦女在河流上游洗澡，他便跳進下游，把它潛入水中伸到上游的婦女大腿間，害得婦女們花容失色；夜間，他把它伸入窗口，直達床上，害得丈夫們咬牙切齒。可是有一次大洪流，村人逃往山頂，洪水也漲到山頂，眼看對面有一座更高的山，恨無法渡過，只好請他幫忙。他一口答應，便把「人之初」伸延過去，掛住對面山頭，叫人們安心走上去。可是當男人們走上去時，卻搖擺不定，又滑又軟；等到女人們走過去時，吊橋卻挺直固定，有如鐵橋。

我講後，毛清芬從人羣中鑽出來向我道賀今夜講得很成功，使我臉上熱到脚跟。緊接着一位西裝畢挺的紳士前來握手，態度恭謙地遞給我一張名片就走開了。我一看名片：「張燦鍙」！我嚇了一跳。他不是殺人不眨眼的大太保嗎？怎可能是這種中年斯文紳士呢？我來不及招呼他，又來了一對年輕夫婦，丈夫向他的漂亮太太驕傲地介紹我說：「當年我在高雄海專讀書的時候，是我邀請張教授去演講的！」

「高雄海專的那場演講？」我想起了那位年輕漂亮的外省女教師。「哦，謝謝你還記得我。」我伸手向青年致謝。

「當然記得啦。你的一言一行完全是台灣草地人的模樣。」年輕夫婦今夜很快樂的樣子。我也難得有這麼快樂的一天。

夜宿許登源家。細談之下，才知道他原是台大哲學系的助教，來美深造後，以思想向國民黨挑戰。他們創辦了『台灣思潮』，是海外台灣人刊物中最有思想的一種。因爲是很思想而非謾罵，所以愛看的人不多。

十六日，許登源夫婦送我坐國內航線。行前，台灣研究會送我五百元做爲研究補助費。在財力困難的小團體中，我眞不忍拿錢；但他們的熱情叫人無法拒絕。美國的國內航線，就像日本的公共汽車，隨到隨買票，也不用檢查行李，乘客衣裝也很隨便，從紐約飛到南卡州的哥倫比亞，費二小時，相當於東京飛到台北。要是從東京飛回臺北，好像是人生一件大事；可是在美國，一樣的行程，卻只像搭了公共汽車的一站而已。李春彥來機場接我到北卡州的美東南區夏令營會場。李兄是成大外文系畢業生，與我同期，但彼此不相識。一旦離鄉背井，就很容易認親認戚了。

比起美東區，此區的同鄉們顯得消極又散亂。大會標示「尋找台灣人的根」，可是人人都不甚熱衷於找根。只有黃金來夫婦每次最準時到禮堂坐最前面聽講。FAPA蔡同榮及人權協會許瑞峯的報告，以及我的演講，都無法激起偌大禮堂中散座百餘人的熱潮。十七日最後節目是周清玉、許榮淑的演講，勉強結束後，黃汝崇載我和許瑞峯去機場。黃和我同是成大排球校隊，打九人制時，他是二排右的高空搥手，我是他後面的地勤人員；後來改六人制後，我就變成場外的撿球員了。黃君一眼就認出我，我卻想了半天才記起他當年搥球的雄姿。許瑞峯個子小小，也是成大畢業的，以前專門修理收音機，現在卻專門救人。我看他很想替人坐牢，可是他又操心牢獄中有那麼多人怎麼辦？還有牢獄外受迫害的那麼多人怎麼辦？

我一人直抵波士頓，尙五接我返家，和葆菲父母談至深夜。原來葆菲的二哥曾和我同住於台南劉家，他是成大網球校隊，與同學合租一房，打球讀書無憂無慮；而我卻當家教兼管家還要改作文、寫鋼版，因此彼此不太交往。只是劉家老少及所有房客都要叫我：「張老師」。

十八日，第二度拜訪燕京圖書館賴永祥教授。他永遠那麼親善和樂，又請我們吃飯，又送我照片。我又借了一堆書，準備帶回日本影印。夜於麻省工學院（MIT）演講，同鄉四十人聚會。有位游勝雄同鄉來認親，他說他曾於士林中學與我同事過，只是我當高一導師，而他當初中部訓導主任。我一下子就想起那位訓導主任走路有風，矮矮胖胖滿臉紅光，集合學生來訓話，沒人敢吹鬍子。可是今晚的游勝雄，卻是一臉皺紋和謙遜，懇邀我隨時到他經營的大千飯店去吃飯，並送我百元當路費。我不敢收下，旁邊同鄉說他夫婦倆來波士頓白手起家，連開三家飯店，成為此地的傳奇人物，廣受同鄉之愛戴。我便頂禮拜受，並由衷讚美他的作風大變。

尚五家和明殿家一樣，葆菲和淑英既是台大同學又同樣熱愛台灣，因此台灣流浪客一到美國東部，無不來此二家調養疲憊的身心，再赴征程。二十日下午，葆菲帶我去郊外城堡參觀，並踏巡梭羅的舊蹟。白樺。翠湖。享受「湖濱散記」的逸趣。我禁不住冰涼清水的誘惑，脫下鞋子，捲起長褲，踩入鋪滿落葉的湖底。葆菲也捲起裙角下來了。她教我怎麼捉紅蝦，可是任我屏住呼吸，兩手一前一後地靜靜伸入水中包圍，也會被它察覺而逃遁。葆菲幫我包圍，尋尋追追，不知不覺已離開堤岸很遠，兩人的衣服都濕到腰際。

廿一日下午飛抵休士頓。德州農工大學台灣同學會正會長陳貽耀及副會長呂志平，接我去該校學生活動中心演講。呂志平於美東大會時就堅邀我來德州一行，言談之間，我察覺此人氣概英勇，似乎不惜與老K一決生死。可是到了會場，陳會長才告訴我他是北平人，使我嚇了一跳，他的台灣話從未露出一點破綻。

「我生在台灣，長在台灣，講台灣話，愛台灣故鄉，那是天經地義的事。」

也許他看出我開始對他另眼相待，便搶先向我表白心意。

我發覺此間的留學生和日本地區的留學生一樣對故鄉的文學很陌生。我只好淺顯地說明台灣文學的大要和自我摸索的過程而已。會後至呂志平家吃宵夜，幾位同鄉向我強調宣傳「台灣民族主義」的重要性。過去廖文毅首創「台灣民族」一詞，台灣聯盟繼之，常有論文發表，但每次我都只看題目而不想讀長篇大論。以前受到三民主義的毒化，以爲「民族」的形成是基於血緣，因此要拿「台灣民族」以別於「中華民族」，我覺得很困難。所以我迄今只使用「台灣人」和「台灣意識」而已。這次來美，到處聽到「台灣民族」一詞，最初頗感格格不入，但今夜聽大家討論講究血統關係的是貓狗馬之類，人類之間若還重視血緣，無疑還存在於動物社會或封建社會。想想也頗有道理，現代人的「民族」觀念應該是基於「共同利益」才對。居住於同一地區，因共同利益而結合的一羣人便是「民族」。如是觀之，不論一萬年前定居下來的原住民也好，四百年前移民台灣的漢人也好，三十年前退守來台的大陸人也好，只要以台灣全體之利益爲利益，便屬於台灣民族之一份子。

廿二日會許定烽、邱忠勇。許兄與二十多年前南師時代的印象一樣硬朗、孩子臉。邱弟曾於成大聽過我的課，與十多前一樣忠懇熱誠。是夜於休城同鄉會館演講，討論熱烈。不知是否受到德州風土的影響，此地同鄉各個剛烈勇猛，似乎可以隨時與強權決鬥的樣子。會上有一人發問頗有深度，一開始知是山水亭王井泉之公子王古動，使我驚喜不已。我雖未及瞻仰其父風采，但聽老前輩們各個讚佩山水亭主人已久，今逢其子，猶有遺風。

深夜，定烽夫婦載我回家，一到家裏，他就拿出『吳濁流自選集』上下兩册說要還我。我莫名其妙，但看扉頁，確是吳老題字送我的書。這類珍藏本我絕不輕易借人，何時借給許兄已全無記憶。

「當年我們在日本分手時向你借的。」定烽一臉稚氣的笑。「我知道你忘了。可是我不會忘記要還給你。這是你心愛的書。」

我低頭撫摸這離開我十五年的書，感激老友之守信守義如此堅定不移。難怪他來美國闖天下，事業有成。許嫂雖初次見面，但頗了解我，亦可見許兄常向她提及我事。

翌晨，許嫂要送小孩上學又要去開店，便由許兄送我去機場。飛越沙漠和高山，山上積雪，數小時景物不變，令人驚嘆國土之大。抵舊金山，張富美有事，請陳宏文來接我。陳兄帶我遊金山大橋，正好煙雨濛濛，但見吊橋直通雲中。又帶我去中國城吃飯，叫了一盤菜頭粿，邊吃邊想念故鄉。晚間於台灣人教會演講，由富美主持，氣氛和樂如大家庭。夜宿富美家。其夫陳文雄，成大工學院畢業，現在經營電子工廠，講話溫和平淡，不談政治也不談生意，只關心地問我一些文化問題，便先上樓就寢。富美陪我在樓下客廳談話，忽聞樓上有敲木魚誦經聲，使我詫異不已。富美說她老公是虔誠的佛教徒，早晚兩次的誦經無一日間斷。我感覺很奇妙。

我對富美並不陌生。舉凡島內的黨外人士到舊金山來，無不由她主持演講會，所以常在黨外雜誌上看到她的相片。而且她曾來信向我索取朝日新聞的那篇拙作，也於信上交換過意見。所以一見面就感覺如親人。

翌日，陳若曦邀我去住一天，她親手做了豐盛的菜肴，還邀了一羣在柏克萊深造的年輕學人來共餐。她老公段先生很體貼，可想像當年在大陸夫婦倆被分離之痛苦。可是陳若曦並不念舊惡，她對「祖國」和故鄉一樣的眷戀。

廿五日若曦送我去搭車，直抵史丹福大學，全部石塊砌成的西班牙式校舍，百花盛開，令人羨慕富美在此天堂工作。一進胡佛圖書館副館長辦公室，富美獨自一人於此高級舒適的房間辦公，使我一下子不敢叫她：「富美」，而改叫：「張教授富美副館長」。

富美副館長領我進藏書室，乖乖，一樓全是台灣資料，每本都是珍貴文獻，一看即知這是行家選購的。燕京的台灣資料較無系統，不是明清時代的古文獻，便是近代的雜書。而此館顯然是有計劃地蒐集藏日據時代及戰後初期的台灣史料。下午，富美特地召集了十數人該校研究台灣的學者，舉行座談會。但因這些成員有台灣人、香港人、美國人，使我不得不使用共通的北京話，致使我表達不出台灣文化的特殊味道。是夜回富美家，便收到陳麗美來信。令我佩服她怎麼那樣準確地知道我的行程。信中每句話都帶有花香。

翌日再去胡佛圖書館，借了數十冊書，請富美影印寄到日本。便搭機飛往洛杉機。陳芳明接我回家，剛坐下與胡忠信談不到幾句，江百顯夫婦就來邀我過去。

原來江百顯就是常在『台灣文藝』發表小說的廖清山。其妻至美慧，有如我二妹，看我穿一件破汗衫，硬要替我縫補。翌日，江兄約來楊加猷相會，然後一起去中國城吃台灣料理。楊兄現任『亞洲商報』社長；不久前才從日本來此打天下，不數年便建立了大事業，待人謙遜有禮，想必是他成功的原因。臨別，他贈我一百元。晚，林哲雄來載我去許丕龍家，適蕭泰然來。許兄作詞「所思念的故鄉」，蕭泰然配曲，兩人唱唱改改，準備明天發表，做爲送我的禮物，此情永不忘。是夜，與林兄暢談，始知他筆名林衡哲，早年於台大醫學院就讀時，協助由三輪車夫轉業的張先生創辦「新潮文庫」。他首先翻譯了幾本羅素的著作，風行全台，奠下「新潮文庫」的聲譽，從此他主編一系列的西洋哲學、藝術之叢書，變成大學最流行的知識寶庫。當年我也跟學生趕新潮，買了一些羅素來裝點門面，想像「林衡哲」必是台大哲學系教授。如今見面始知是比我年輕的兒科大夫。他說來美國之後，才知道有台灣文學，懺悔過去只一味崇拜西洋文化。他願意以加倍的熱情，做台灣文化事業，問我有何構想，我便把『台灣文化』雜誌和創立出版中心的夢想全盤說出。此事正與他的構想不謀而合。他便決心糾合醫生朋友出錢實現我們的夢想。

廿八日上午，林衡哲帶我去海濱晒太陽。下午他約朱里來會面。自從吳新榮逝世十週年的紀念會上見她一次之後，異國重逢，欣喜異常。她邀我和林衡哲去她家裏。看美國的同鄉們都住在大宅大院，已夠叫人羨慕；沒想到朱里的宅邸氣派之大，像日本的皇宮。適逢南河兄也來美探視寄養於朱里家的兒子們，大家到附近的日本料理店大吃生魚片。是夜，曾宗偉來接我去參加『台灣思潮』的研討會。許登源夫婦也從東部趕來。會上竟遇到郭德金老先生，喜出望外，即刻請他題詞紀念。他揮毫寫「發揚台灣文學、奮鬥」來勉勵晚輩。郭先生雖已八十高齡，但記性頗強，他還記得曾於王詩琅先生家跟我談過廣州台灣革命團之事。我所知所聽有限，懇請他把寶貴的經驗記錄下來，我願替他整理。他答應要試寫回憶錄。其他會員都是年輕的思想家，我意識到這羣少數精英或許會左右台灣的歷史。

廿九日上午，芳明帶我去一間很獨特的圖書館。館內收藏了很多中世紀的歐洲文學寶典；光是聖經，就有好多種古代手寫的原本書。我雖不懂洋文，但看書的字體、裝璜，並嗅其書香，就知道那是一千年以前的文獻。芳明告訴我，這城堡原是美國西部開發時期的鐵路大亨的私宅，大亨把所賺的錢用來蒐購歐洲的古籍，死前遺言將此私產全部獻公。如今全世界研究歐美文學的學者，研究到最後一階段，倘不來此館浸幾天，則無法達到學問的最高峯。

走出寶庫，躺在廣闊的草地上，城堡的尖塔矗立青空。我暗暗下定決心：我要繼承吳老遺志，建造一座台灣文化資料館，全世界研究台灣文學的人，倘不來此館浸幾天，則無法達到最高峯！

晚八時抵洛城協志社主辦的會場，由許丕龍主持，全體合唱前夜蕭教授爲我譜成的「咱的故鄉」，全場熄燈，桌上點蠟燭，我感動得不敢用手擦眼睛。演講後，大家熱烈發問。今夜是我離美之前的最後一場，我發覺這趟來美，要不是王淑英到處打電話，硬要大小社團邀我去講話，則知道張某人的實在很少。原先我以爲自己的大名滿天飛，來美國跑了一圈，才知道自己的知名度低到不可思議。但洛城的同鄉卻不然，至少今夜與會的百多人，多多少少都知道我一點，這是我臨走之前最感安慰之事。會上認識謝清志、柑仔縣縣長夫人姊妹等多人；更沒想到三妹百華夫婦因事來此，特來聽老哥演講，使她感到驕傲得要死。更沒想到我會在此巧遇台灣好媳婦艾琳達，叫我高興得眞要抱她熱吻，但隨卽想到施明德無期被關於牢獄中，我便沉痛得笑不出來。

深夜，於芳明家召開文學研究會西部會員臨時會議，讓我認識了十多個同志。如此我雖未參加年度大會，但東部一批、西部一批全都見過了。只剩龍頭許達然還臥伏於芝加哥。

七月三十日，在機場，和芳明緊握雙手，彼此都說不出話來。我看他眼眶都紅了。我猛一調頭便走進登機室去了。

西飛的機上，蛀牙動搖發痛。我一路上都在用手拔牙，毫無睡意。

一九八三年七月卅一日下午六時抵達東京成田機場。去年掉了一半的蛀牙，總算被我拔下了。

二十三、歐洲一瞥（1983．8～1984．9）

遊美歸來之後，一直感念同鄉們的熱誠招待；無論識與不識，大家都伸出友誼之手迎接我。照理應該一一寫信去答謝。但大小聚會總共大約見了五千人，有些人留了地址，大部份連名字都不知道，叫我怎麼謝呢？回憶每個人的表情和長相，雖各有不同，但回來數日之後，便漸漸混合起來；再過數週，他們便完全整合成一體，名字叫：「台灣人」！

我非報答台灣人不可；至少在美國的台灣人，我知道他們吃膩了牛奶、麵包，他們多渴望一嚐台灣鄉土風味。於是我寫了一份「台灣文化專刊」計劃書，影印兩份，一份寄給『台灣公論報』，一份寄給『亞洲商報』。

台灣人在美國創了兩報一刊，此一刊的『美麗島』週報，因有陳芳明和胡忠信兩員大將在執筆，所以文化水平最高。而兩報以報導同鄉活動為主，缺少文化氣質。因此，我自願做義工，服務鄉親。

原先寄望於葉芸芸的『台灣文化』，卻於一九八三年六月出版時變成了『台灣與世界』。不過，我想名稱無所謂，實質最要緊，所以我想努力充實它的內容。首先，我覺得台灣文化中最值得驕傲的是原住民文化。在小小的島上，聚居了十數支言語不同的原住民族，一萬年以來，與外界隔絕而誕生的神話傳說，更是世界各地區所罕見的寶藏。而那些寶貴的神話傳說幸得日據五十年間被日本學者記錄下來，而保存了台灣山地被開發之前的原型，因此，我逐篇翻譯下來，寄給葉芸芸。

刊登之後，蔡明殿看到我附言：以我個人爲之，逐篇翻譯，要花十年時間。他馬上匯來美金三千元，要我雇用留學生幫忙翻譯，錢用完了，他會再寄。

我馬上公開向筑大留學生徵求翻譯人手，選了應徵中的十名高手。把三千美元分完之後，我開始整理學生們交來的譯稿，才發覺他們不但對戰前的文體不甚了解，而且對山胞習俗也毫無認識。把「出草」譯成「出門割草」，把「男根」譯成「男人根本」，把「入墨」譯成「放入墨汁」，洵不知「出草」就是砍頭，「男根」就是陽物，「入墨」就是刺臉、紋身。最重要的是他們不瞭解山胞們在講述故事時的心理情況，譬如有時在醉酒時講述得牛頭不對馬嘴，加上日本學者的忠實記錄，因此翻譯時需要相當的想像力和做適當的調整。這些都非筑大碩士班的台灣留學生之能力所及。

勉強修整了幾篇，連載於『台灣與世界』之後，也因發覺此刊物所登文章立場不一，對台灣人之團結不一定有利，便不再投稿了。

一九八三年秋，張炎憲來筑波辭行。和他第二次見面就有將永別的感覺，心中既悲壯又淒涼。自從聽說他獲得東大史學博士之後，我想他必定會留在日本任教，那麼我可以找他合作，我想在日本出版的一大套『台灣文學全集』。不料，我這計劃都還來不及向他提起，他就突然決定回台。

他不愧爲台灣文獻的行家。他一眼掃過我的藏書，就知道我最缺少的是經濟方面的資料。他認爲從事社會科學研究的人，應當多從經濟史着手，而這是我最缺乏的一環。

沒談及他的回台計劃，他就匆匆要趕回東京。送他到車站，路過天橋，正看到又圓又大的火球掛在他的肩上。我請他佇足憑靠欄杆，讓我拍下這一位台灣人精英站在異國黃昏景色中的動人場面，萬一他也遭遇了陳文成的命運，至少我還留一張照片以資憑弔。

報上宣佈王桂榮先生爲了報答故鄉之恩，創立了「台美基金會」，每年頒授給科技、人文及社會服務三種傑出台灣人各得美金一萬元。報上讚譽此項獎金就是「台灣的諾貝爾獎」。我心爲之一動，自信遲早我會拿到。過去在台灣數十年之間，我只得過小學「六年皆勤獎」和成大的「佛學獎學金」。此外，任何民間的文學獎我都沒資格獲取，而任何官辦的文學獎我都不想要。如今在海外的自由天地裏，既然有了台灣人的最高榮譽獎，我非爭取不可。但是一想到自己沒有眞正代表性的著作，只好再努力數年再說。

美國台灣文學研究會來信徵求會員推薦候選人，我看最近被謝里法挖掘出來的江文也，的確了不起，便推薦江文也一人。可是其他會員也推薦楊逵，結果十一月公佈的第一屆「台美基金會」人文科學獎由楊逵和江文也平分一萬元。江文也在大陸被冰凍數十年，於病床上喜聞得獎，但數日後獎金寄到江家時，江文也已斷氣了。而楊逵也因身體不適，未克前往領獎。另外科技工程獎得主廖述宗，也是我在美東夏令營演講的主持人，對他印象頗深。社會服務獎得主陳五福，未曾聽說過，必是一位默默奉獻的善心人。至於創獎人王桂榮，更不知何許人，一口氣奉獻一百萬美元做基金，魄力之大，令人敬服。

一九八三年秋天某日下午五時。

我照例到筑大外語中心四樓的共同辦公室去取信件。走出電梯，一面光滑的走道輝映着紅光。循着紅光的來源，在走道的盡端，有一位年輕女先生憑靠在被夕陽染成金黃的窗櫺，眺望窗外景色的背影，在刺眼的金光中投入我的眼底。

我佇足觀賞了一下被赤炎包住的背影，然後悄悄地走過去，站在她對面的窗櫺邊。

「多美麗的夕暉呀。」我出了聲。

「可以望得到富士山哟。」

她看了我一眼，又繼續凝視着窗外的秋空。

我以前就知道她是英文老師，但不知她是否知道我是担任中文的台灣人。雖然是外語中心的同事，但不同科目就彼此不相往來，連名字也不知道。

浮現富士山的秋空固然美麗，但被那景色吸住的她的全身氣氛更使我感動。我惋惜着那一刻刻消失的黃昏之美，心中拼命地描畫她那鑲入畫框的側臉。

「你不覺得有點寂寞嗎？」

驀地，她自言自語道。

我怔了一下。一開始，我就有一種說不出的感覺，終被她一語觸着了。

這是我與百百佑利子女士的邂逅。

其後，她一連贈送我好幾本著作，書中偶而會夾封信，邀我參加她的演講會，我才知道她是相當聞名的兒童文學家。

她對孩子的深情與自然流露的母性的微笑中，我情不自禁地被吸過去，吸進深深的時空隧道……

那位用香水味手絹拭我眼淚的幼稚園老師……

那位細澤手臂抱着我，深情地注視着我的年輕母親……

三個影子時而重疊，時而分離，我分辨不出清晰的影像。

前年陳逸松以人大代表來日本時，我知道他必負有對台僑工作的任務，所以報上也大幅報導他的談話。可是我知道他遲早會來看我，而不是對我統戰。果然一九八三年底，他夫婦倆來看我了。陳先生出乎我意料之外的蒼老，而陳太太出乎我意料之外的年輕。他倆說長年住在北京，非常想念住在美國的孫女，想去住一段期間。我家道南一歲多，從來不給陌生人碰他一下；可是很意外地，不但願意給陳老夫婦抱抱，而且一下子就混熟了。我下意識到嬰孩和狗一樣，具有分辨善人和惡人的本能。

陳老先生才抱過去逗他未久，陳太太就要搶過來。陳太太牽着道南的小掌拍打她自己細嫩的臉頰；道南也好像第一次摸到那麼好摸的皮脂，顯得很滿足的樣子。陳先生不顧跟我講話，只看着道南那麼開心，又從他太太懷中抱過去，立在自己的膝上，張開掉了牙齒的大嘴對着只長半隻門牙的小嘴，傻呼呼地笑着。突然道南靜止片刻，從短褲底下撒出自來水，弄濕了陳先生的西裝褲一大片，樂得陳先生哈哈大笑，陳太太也哈哈大笑。我趕快叫家人拿乾布來給他擦拭。

「這孩子生下來以後，還沒有見過阿公、阿嬤。今天第一次被阿公、阿嬤抱得這麼開心。」我感激地說。

翌日，正好有「台灣文學」的課，我就請他倆來現身說法。學生們對於戰前的文體不甚理解，尤對戰前日本風俗更感陌生。陳先生把「姊妹」小說中的背景、道具、風俗加以說明，並說明小說男主人公是他自己的化身——一個充滿理想的殖民留學生所看到日本帝國資本主義的弊病。

第二晚，我請他倆住於學校招待所，請陳先生口述他的歷史，而我邊問問題邊錄音。他說：他自東京帝大法科畢業，即考上律師，暫於東京某律師事務所工作。時東北礦區多從殖民地的朝鮮雇用廉價礦工；礦工來日後，受到百般虐待而無處申訴，有時甚至遭遇日本浪人的殺害。一次，某礦場的朝鮮礦工遭受集體殺害，當局視若無睹，陳先生年輕氣盛，冒著被日本浪人報復之生命危險，前往調查，訴之法庭，終於勝訴而為朝鮮礦工討回公道。此項記錄尚存於現今出版之日本訴訟文書，有案可查。後來，陳先生鑑於故鄉同胞不諳法律，遭受剝削而無處申訴，遂返台開業律師事務所，專為貧民服務。聲譽日隆，總督府視如眼中釘，常欲拉攏，而為陳所拒。故戰前皇民奉公會等官方組織，從未有陳逸松之名出現。一方面，他對台灣文化的推展亦甚爲支持，尤對張文環主編的『台灣文學』，每期資助大筆經費，直到終刊。其間，他只發表「姊妹」一篇而已。戰後，他被民衆推舉爲「二・二八」處理委員，也受到國民黨的寵召而當了監察委員、銀行理事等職。直到他出來競選台北市長時，才正面與國民黨衝突，被國民黨做了票，使他一氣之下出國到日本，決心與國民黨對抗到底。旅次美國時，突接周恩來親函，邀請「歸國」協助法制。陳提出自由進出之條件，周答應之。即「歸國」，被任人大代表，法制委員等……。

我無法備記其詳，亦恐口說無憑，再三陳述自傳之重要，請他於美國含飴弄孫之餘，親筆寫下自己內心的話，即使生前不便發表，也當留給子孫，讓台灣子孫知道先輩們走過的路，不管他走對與否。

陳逸松頻頻點頭，答應儘量一試。今夜的談話錄音，我不忍獨享，故特邀對台灣史頗有研究的羅純成之日本丈夫近藤君同時來聽。會後出來，近藤君說：「陳先生是跨越兩個時代、三個地區的台灣知識人，那一代的知識人已凋零殆盡，故今夜談話甚爲寶貴，唯有許多事實尙待考證。」

當然我從不聽信片面之言，但以誠懇、謙卑的態度，恭請每位台灣長者出來做歷史的證人而已。

翌日，陳夫婦再來我家拘拘道南，將告辭。我忽然想起以前在台灣曾聽說他的藏書至豐，便順口一問那些藏書有無運出。

聽我這一問，他忽然現出痛苦的表情，以爲我已知悉他運書的經過。我坦白回答從未聽聞此事。

「其實，我倆這一趟來日本，也是爲了處理這批書的。」他頹然坐下，說：「這批書，現在還被壓於東京某一台灣人的倉庫裏。」

天大消息！沒有比這事更令我關注的了。我請他慢慢道出原委。——

「十年前，我倆出國時就已決心一去不回。爲了不露痕跡，所以書房原樣未動。抵日本後，即刻與東京某台灣人地下組織接頭，該組織答應負責全部運出，免費贈還給我。我便簽了條子，讓他們携回台灣向看管藏書的家人證實是我交託的。後來我從美國飛回中國時，聽說他們已安然全部運來日本。我即刻表示願意支付運費，請他把書還給我。不料，對方開來價單，統計那些書時價×千×百萬圓，要我購回。豈有此理？要我付高價買回自己的書。」

陳逸松氣得聲音發抖。停了下來。

聽至此，我已猜出個中奧妙：只因陳突然投共，與該組織宗旨不合，甚或背叛了諾言，故該組織故意開出高價，要活活氣死他！

「此後，我打算去美國度晚年，不再管中國政務。照理可以還給我運往美國。可是這次來接洽結果，他們答應歸還，但要求運出台灣的經費及倉庫保管費，總計和首次開來的價格差不多。我哪有那麼多錢？即使等到我籌出錢來，他們又要漲價了。」

「總之，他們是不願歸還的。」陳夫人下了總論。

我約略可以猜出放在誰家的倉庫裏，可惜我和那組織沒有直接關係，幫不了忙。

「多是哪方面的書呢？」

「法律方面的資料較多，但有關台灣文學、文化方面的文獻也不少。」陳老說。

我相信那裏面必有不少國寶級的文獻。

「今後怎麼辦呢？」

「我正請日本律師提出訴訟。」陳老恢復了信心說：「日本法曹有不少我的友人和晚輩，這場官司我必打贏。」

我真心希望他能勝訴，並不是誰是誰非的緣故。

談完了話，我送他倆一程。陳老沉默不語。陳夫人嘆了一氣道：「想到那些書，心腸如刀割……」

我目送着一瘦一胖的背影走向大學中央的公車招呼站。

以前寄給兩報的計劃書，只得到『台灣公論報』的回音，願意每月提供一版面供我發揮。我便於一九八四年元旦推出「台灣文化專刊」第一期。刊頭詞題爲「做一個三脚人」，既鼓勵讀者做一個堂堂正正的台灣人，亦宣佈自己斷除了一隻有形無形的第三條腿。

生平第一次佔有一整版面，我愛怎麼排就怎麼排，愛怎麼寫就怎麼寫，不必做假，不必說謊；有外稿就用，沒有外稿就自己包辦，資料多的是，趁此機會，每月多讀幾本書，寫幾篇像樣的東西。幾期之後，果然讀者反應不錯，都認爲每月一次，令人難耐，於是六月起，我便改爲半月一次。尤其陳麗美最歡欣，特別設計了幾幅「心傳心」的插圖，打開信封便聞香味。有一位平埔族後裔接到稿費，原封轉贈給我。報社在財政困難之下，還付給我每月百元的編輯費。

張炎憲回台之後，東大的「台灣同學會」由法學博士班的張同學苦撐。而另一個東大「中國同學會」卻聲勢愈來愈大，因爲「中華民國」與「中華人民共和國」的留學生都願意參加由「亞東關係協會」出錢的免費大吃大玩。張兄挾在兩大勢力之下，孤軍奮鬥，氣得無心拿博士學位而病倒休學。他的學弟林君挑起重担，邀我演講，我卽欣然前往。

距離上次來演講也當有三、四年了吧，會場在一間小教室，人數寥寥無幾，全是陌生面孔，只有那活佛一般慈善容貌的連根藤依舊座在最前排。除此，便是鄭穗影一個熟人而已。

這天我講「旅居東京的三位台灣作家」——葉笛、何瑞雄、鄭穗影。

葉笛是我南師的學長，我進南師時他已畢業，雖沒見過人，但文名尙留於校園。我也曾醉心吟咏過他的「浮世繪」中，描寫一個貧婦背着嬰兒，手中拉着一個小兒子，在冬夜的台南路攤共啜一碗糯米粥的情景。他在小學教了十幾年後，帶了妻小來東京教育大學從大一讀起。像他這種學歷的人，一般讀中文系或教育系較易過關，可是他卻選了最難讀的日本文學系，而且讀到博士課程。在留學生當中，我未曾聽過有第二人。他爲了生活而又不願去餐廳、麻將館打工浪費生命，便開了一家中國語文學院。最初學生只一人，他耐心地教下去，十數年後，我來筑波大學時，該學院已略具規模而小有名氣了。

大約在我抵日的第一個夏天，葉笛不知從何處打聽到我的消息，打電話邀我去學院一會。我去時，他正在上課，其他兩班也有兩位台灣老師在講課，總計約有二十來個學生。晚上九點結束後，他草草整理了辦公室，就帶我乘電車回家。一間在四樓上的小公寓，打開門就感到室內的熱氣衝出來。走道堆滿家具、書籍。坐在床邊的小桌邊，隨時都會有被牆上滿架的重書壓下來的感覺。葉太太從隔壁的廚房變出一樣樣小菜；老葉隨手從床下摸出一瓶洋酒。

「老張，飲啦！」

我初見老友，破例喝了兩杯滲水的威士忌，但葉笛似乎愈喝愈猛。他體格魁梧，長髮夾雜幾分銀髮，看來更富中年男性的魅力。

「老張仔，飲啦！」

不知是他愛喝酒，還是看到我特別高興，他又從床下摸出一瓶拿破崙來。講話愈來愈大聲，好像在怒吼我做錯什麼似的。我怕他吵醒睡在旁邊床上的葉嫂和讀高中的女兒，極力勸他少喝，可是他的視線已擴散到台灣上空。「幹伊娘，做台灣人足可憐！」

我看他已半昏睡狀態了，便勉強把他推到床上。而後，我睡隔壁的雙人床下層。下層原是他女兒的床位，今夜被母親叫去同擠一床；上層是讀初中的兒子的床位，七早八早就睡了。床邊有書桌，大概是姊弟共用的。

翌晨，老葉一早就起來準備上班。我的頭有點痛，但他卻精神飽滿，帶我去乘車。他的語文學院就在車站附近，他得先去開門。燒開水、倒垃圾、洒掃完畢，女職員來了，他就送我去車站。臨走前，我問他：

「老葉，你來日本幾年了？」

「嗯——十五年了。」他回答。

「老葉，這十五年，你是白過了。」有生以來，我第一次當面批判前輩友人。「你得趕快重新提筆，讓我像以前地愛讀你的作品。」

「老張，我會的。我要寫一篇長篇的台灣史詩。」

「一定？」

「一定。」

我們握手而別。

事隔三年，這期間他寫了一些評論、散文、翻譯，發表於『笠』、『台灣文藝』、『文季』之外，他的長篇史詩未見動靜，所以東大這次演講，我特地要提他；可是今天卻不見他來，或許主事者沒寄通知給他。

何瑞雄大我十歲，可是我倆在一起的時候，也許同樣衣裝不整，一樣憔悴，人家都以爲我們是兄弟，而我是他的長兄。認識他以前，我只知道他是高初中國文參考書編輯大王，對這種工作我持有偏見。但第一次在成大文學院舉行的「笠詩社」年會上見到他，即覺此人氣質非凡，狀如耶穌。後來開始注意蒐集他的著作，才知道我還在文學上牙牙學語的當兒，他已出版了詩集。

我來筑波第三年春天，聽說他也來東京就讀碩士班，課餘在老葉的補習班教中文。我卽刻請他倆來波筑一遊。三人在林中的小屋談了一夜，始知他沒有一天不寫詩。他說寫詩就是他的呼吸，他不能一天不呼吸。因此，他的床上床下都堆滿了他的詩篇。

他那首發表於『台灣文藝』的「魚」，短短數行，代表了台灣人數百年來的辛酸，可謂千古絕唱。何瑞雄一生得此一首，我敢肯定他已永垂不朽於台灣文學史上了。我每吟頌此詩，就想起有一次不期然見他散髮行吟於東京街頭。——

「已經習慣於不說話而漸漸地變成啞巴
魚之族啊，嗷、嗷、嗷、嗷
眼眶圓突突地瞪着
在水裏，人家看不見我們流淚
……」

魚族都有故鄉，何瑞雄也有故鄉。他在東京夢遊了兩年，耐不住要回故鄉喝故鄉的水。因此，演講會場沒看到那一頭散髮和笑起來滿佈皺紋的臉，使我有點寂寞。

鄭穗影是三人裏頭最年輕的，以前在高醫第一次見面時，看他老成持重又老態，以爲比我年紀大；但第二次見面於東京，他說他也來日大讀碩士班時，我才知道他小我五、六歲。

人到中年才出國讀書，本來是一樁值得讚頌的事，但我內心卻感到悲哀。還好鄭太太找到禮品店的工作，讓他少打工少氣喘；兩個小孩背靠父親的書堆，爬在矮桌上做功課。廚房一半是臥房。

以前不知鄭詩人那麼執着於詩的台語化。他說「趴山」不是「爬山」，「茨內」不是「厝內」。他說台灣人用台灣話寫詩，是天經地義的事。但我每讀他的詩，就感痛苦，儘管有的是寫快樂的事物。他有時也用台語寫小說，漢字化的台語很難讀，可是一旦讀通了，便留下深刻的印象。王育德曾說過：「用台語寫出一篇好作品，比寫一百篇論文來鼓吹台語更有效力。」我看鄭兄就有這個野心。

他有一篇「趴山」描寫一對父子耐心地爬向高峯的艱苦歷程。我向在座的鄭兄表示敬意，因爲他的每一篇創作都像攀登一座山峯，何況又要使用別人沒用過的道具。同時，我也向在座的連根藤表示敬意，因爲他十五年如一日發行『台生報』，自己撰稿，自己打字，自己寄發給所有的台灣留學生。連兄攀登的是一座看不着、摸不到的巨峯。

林衡哲眞是說到做到的人。我回來之後，他卽刻招股成立「台灣出版社」。聘請林衡哲、張富美、陳芳明三人爲編輯委員，並堅持掛我爲顧問，這是生平最高的頭銜。若掛到別的地方我會拒絕，但掛到我夢想已久的門口，則深感榮幸。

三月，該社推出「台灣文庫」第一批書：韓國鐄等著『江文也的生平與作品』，吳濁流著『無花果』，彭明敏著『自由的滋味』。由謝里法與楊葆菲負責封面設計，清秀大方，予讀者極好印象。這三本書都屬傳記性質。吳老的『無花果』在台灣被禁，死後在海外復活；他的一生至二·二八的經歷及祖先四百年史都濃縮在本書中。江文也和吳老是同年代的人，江以聲樂揚名於日本，赴日本佔領區的北平教書，戰後不歸鄉，寂寞終老於「祖國」；吳老赴日本佔領區的南京任職，戰後歸鄉，建設了台灣文學。人生遭遇之不同，只在一念之間。至於晚於兩老一代的彭明敏，更勇敢地邁向「自由」的大道。

我相信林衡哲必能在海外造成另一個「新潮文庫」。

五月五日，東京有位楊逸舟先生突然來電話邀我吃飯。楊先生我已久仰他的大名；從他的幾本著作中，得知他早年畢業於台中師範，苦學通過高等文科考試，再來日本文理科大學研究；其後一度赴南京任官，戰後返回台灣。二·二八事發，棄國來日，從事文筆活動。他的『蔣介石與二·二八革命』一書，可以說是日本第一本記錄該事件的史書。可惜這麼一位有骨氣、苦學出身的台灣老前輩，如今孑然一身棲息於小公寓。很早就想去拜訪他，可是聽說他住的房間連一個客人都坐不下，我便遲疑不決。如今看了我編的文化專刊，便邀集幾位友人要犒賞我。來到京橋的一家中國餐點，一位瘦乾如柴的老人親熱地迎過來，咧開缺牙的嘴，說：

「你就是張良澤桑吧。」

「您就是楊先生吧。」

彼此好像久年未見的師生，緊緊握住雙手。

他介紹了比他高齡而紅光滿面的江醫師、體格高大的黃昭堂教授以及常常接濟他生活費的林女士。我則向大家介紹我特別邀來的百百女士。席間，楊老一再推崇黃教授爲眞正的台灣人，說：

「黃教授當年在機場搶人的鏡頭實在令人感動。」

使我恍然大悟，原來他就是我留學時代，因看到報紙消息而令我敬仰的那位勇士。前此，我只知道他和許世楷是繼王育德教授之後，於日本學界頗有地位的台灣人學者。沒想到他們都是身經百戰的鬥士。

我問黃教授怎麼有那麼大的勇氣。他說他讀初中時，每天上學路經佳里大橋時，都可看到國民黨軍警在橋下槍決台灣人；有時看到軍車上押了一羣受綁的人要去槍決，可是那羣即將赴死的人卻一路上唱着軍歌，高喊台灣人獨立萬歲。

「死算得了什麼？」黃教授淡淡笑道。

百百女士說日本離台灣這麼近，而且又佔領台灣五十年，自己什麼都不知道，覺得很可恥。

一天，上野兄要我去中國研究所演講台灣文學。我深知上野兄是爲了研究中國現代語文學而與北京保持密切，但從未聽他談起政治問題，更未聽他褒貶過中共一句話。可是這個法人社團「中國研究所」，卻是日本民間最傾中共的團體，它對日共的建交立了一定的功勞。如今透過上野來邀約參加「一九八四年文學研究集會」的文學分科會上發表，我猜他們必因香港問題已獲解決，再來就輪到台灣問題了。當然上野兄也知道我心裏想什麼，便給了我這機會。

五月二十日到會一看，參加「香港問題」組的人很多，而參加「台灣文學」組的人只有十數人。可是大家對中英簽約後的香港歸還尚不很安心。天理大學的塚本教授及下村兄特地趕來聽講，日本女子大學的百百女士也來捧場。會議由上野兄主持，把我吹捧一番。當我講完「台灣文學的現況——以『寒夜三部曲』爲主」之後，有一位蓄羊鬍的年輕人問了一些很內行的問題，似乎有意試探我的心態，我重申了台灣文學的獨立性，絕不甘附屬於中國文學之下。他聽了之後頷首不語。會後他來自我介紹說他是若林，使我嚇了一跳，原來他就是研究台共的專家若林正丈。多年前我第一次參加戴國煇組織、若林主持的「台灣近現代史研究會」時，他還是初出茅蘆的小伙子。以後我便未再參加該會；而他竟著了兩本資料相當豐富的論集，成了日本人研究台灣史的新銳。如果當年我提了這番見解，肯定老戴和他不會放過我，但今天他頷首不語，已可窺出內心的某些轉變。

沒有改變的是島內的王曉波、陳映眞等人。六月中，王曉波將赴美，停留東京數日，本不干我事，但陳宏正陪他到東京，約我會面，我不得不到機場去接。一路上，他用漂亮的台灣話，我用漂亮的北京話交談着，他很熱誠、體貼地關心我的生活，可是總覺得無法拉近彼此的距離。照理，自從「台大哲學系事件」被革職的他，轉身擠入台灣史、台灣文學研究之列，我應以同好或同志待之，但看他每篇文章都先同情台灣同胞，而結論曰：台灣同胞心向祖國，唯有中國的富強統一才能造福台灣同胞云云。就令人作嘔。

王曉波問我以前陳映眞在『時報雜誌』批評我的那篇文章看過否？

「是那位金耕先生嗎？」我故意提醒他有出賣朋友之嫌。因爲陳永善一向以「陳映眞」發表創作，「許南村」發表論文，尤擅以「許南村」來捧「陳映眞」。他因怕我知道，所以第一次用了「金耕」這筆名。而今，他的好友王曉波把它揭穿了，我覺得有傷朋友之義。但也足見我置之不顧已數年，使他們按捺不住了。

他說他們希望得到我的回響，保證全文一字不改地登在『文季』上。我看既然佐將來邀戰了，我也得應付一下，便隨手草了一稿寄到公論報，好讓他到美國時看看台灣人的報紙。文末我聲明此文提供給『文季』轉載，生平首次破例寫無聊的論戰文章，發誓下不爲例。

日本有幾個台灣同鄉會，我不甚淸楚。但大致知道有一個中共派的「台灣省民會」，發行『台灣省民報』，其主編徐秋源頗有學養，曾譯載了許達然的小說；另一個國民黨派的「中華民國旅日台灣同鄉會」，每逢十月十日就從筑大招待一羣留學生去橫濱遊行。此外，只有一個郭榮桔當會長的「在日台灣同鄉會」，我於去年底首次應邀參加「忘年會」，始知這是純粹台灣人自主的團體，沒有官方要員的參加，沒有政府津貼可領，自己出錢、自己做菜，這才是我眞正想品嚐的鄉味。

今夏，「在日台灣同鄉會」改選黃文雄爲會長，郭榮桔任顧問。我亦被選爲理事，是我生平首次爲同鄉服務的機會。

可是我還沒替同鄉服務，同鄉就先出錢讓我和黃會長及張國雄理事三人代表旅日同鄉前往歐洲參加「世界台灣同鄉年會」。

七月十一日上午飛機起飛，飛了幾小時，還是西伯利亞的大森林。長河像巨蟒，伏臥於森林裏，千萬年來都沒有人敢去居住。飛抵莫斯科上空，才看到建築物和汽車來往稀少的公路。走出機艙，通過甬道，甬道口站着五、六個持槍的士兵，怒目逡巡着魚貫而出的沉默乘客，好像要押解犯人上那兒去似的。到了檢查關，先通過電子門，一般乘客就可過關，可是唯有我被叫住，另外用一個探測器把我全身探測一遍才放人。

因爲只過境二小時，只能在候機室枯坐。乘客稀少，反而顯得男女士兵太多，好像要看窗外的景物都受到監視。那些士兵都甚年輕，軍帽上的紅圈、軍服上的紅肩章最感刺眼。女士兵的臉型、身材都甚漂亮，可是那冷冰冰的表情，令人想像蠟人館裏會移動的蠟人。蠟人館裏的磨石地板擦得光亮如鏡。

一家小土產店，賣着精緻手工藝品。我買了一個小別針五盧布，換算日幣一千五百圓。我感覺他們很歡迎日幣的樣子。出了土產店，就沒地方好去。黃會長當了多年的導遊，已習慣於靜坐養神。我卻胸前掛着照相機，在不很大的候機室裏轉來轉去。不知從什麼時候開始，我的後面跟了一個紅軍，胸前掛了一個儀器，好像要測出我身上有沒有核子彈的樣子。窗外的機場停了清一色的客機，機尾塗鐮刀旗。始知蘇聯僅此一家國營航空公司。外國飛機大概都不能進來吧。時間將到時，我才發覺屋角的高背椅上坐著幾個東方士兵，身材瘦小黑乾，黃色粗布軍服，簡單的旅行袋和網袋，網袋裏裝着熱水瓶、牙刷、碗筷之類，使我想起剛到台灣的國民黨軍也一模一樣。我走近去聽他們是否講中國話，結果我判斷是越南的士兵。他們一定是來接受蘇聯的特種訓練。

換乘了單引擎的小型客機，機內的服務人員比來時較有笑容。我發覺蘇聯小姐實在漂亮，膚色白裏透紅，胸部溫柔多情，要不是那臉上罩一層陰影，眞想討一個回去抱抱。

大約三小時的飛行，不是整齊的田園便是滿車飛跑的公路，公路兩旁彩色的房屋接連。同樣的地球，東西如此不同的景觀，實在不可思議。走出西德法蘭克福機場，又髒又亂，男女不分，拖鞋、短褲和奶罩交織於機場出口處，也有人抬着自行車進進出出。都沒有一個士兵和警察來維持秩序。

張國雄繞南半球先到此地，來接我們去訂好的家庭旅館。堅厚木料造成的老式建築，高天花板、大客廳，視其氣派，可能是十八世紀的貴族人家。招呼客人的唯一女主人，雍容華貴，猜想可能是公爵夫人。洗過澡，睡了一覺醒來已晚上十點了。但覺街聲依然喧囂，打開窗簾一看，怎麼外面還是白天呢？黃會長說北半球的夏天白晝特別長。這道理我當然知道，可是歐洲的白天竟長到這時刻，實在不可思議。忍不住到街上散散步，涼快的黃昏，人們才要開始一天的活動似地，哪有深夜十一時準備睡覺的跡象？

翌日，遊附近植物公園及自然博物館。館內分三樓，樓下有數具各種型態的恐龍化石。正好有穿童軍裝的小孩羣由老師帶隊來參觀，也有婦女團體和老人團體，大家都聚精會神地聽着講解。

旁邊就是哥德大學。在活動中心遇台灣留學生四人，相談之下，才知道德國大學皆免費，而畢業後的居留問題和就業問題與日本的情況不二致。

下午去歌劇廣場閒蕩，路邊涼棚下，人們邊喝啤酒邊聊天，沒有聊天的人就坐在那裏人看人或沉思什麼。不像日本人急急上下班，急急購物大包小包。難怪德國會誕生歌德，日本就沒有歌德。有一個歌德跳出路邊，面對啤酒店，把他插着羽毛的鳥帽放在地上，沒有樂器，就拉高嗓門又唱又吟詩。唱唱跳跳表情千變萬化，好像對着城堡上的公主在傾訴他的心已碎裂。路過的人並不佇足觀賞，更沒有人丟錢，他就拿了帽子來棚下向每人點頭要錢，我看很少人給，便掏一個大銅板高高地丟進他的帽子裏，表示我很激賞他。他又去原來的地方繼續行吟詩人的生涯。突然一輛警車開到他身邊來，有幾個人吹口哨表示抗議，但行吟詩人很乖順地坐上警車被載走了。

七月十三日中午抵海德堡車站，乘計程車至青年館的世台會場報到之後，黃文雄便帶我們去山上看十七世紀的古堡。古堡立在山頂的小島上，因地殼的變動，把古堡撕裂成兩半，有一角落已崩圯，更顯出其雄偉險要之觀。渡過石橋，繞到城堡後面，脚下竟是一條大河。鐵橋橫跨兩山之間。河面有小輪船及帆船來往着。第一次看到夢想中的歐洲古堡，就直接連想到台南的安平古堡，實在不能相比。

晚上八時，世台會節目開始，歌唱、親睦、義賣之後，我便放映日據時期台灣風物的幻燈片。邊放邊解說，大家頗感好奇與感動。這些圖片都是日據五十年間發行的風景明信片，我花了多年蒐集數千張，從中挑選百張攝製成幻燈片。我相信年老者看了，必甚懷念他童年遊過的地方；年輕人看了，必會訝異台灣的很多建設都是當年日本帝國建造的，而不是戰後才有的。

十四日，台灣文化之化身的黃彰輝牧師專題演講，宣佈了二十分鐘前得到的消息說：國民黨封鎖了台南神學院。一時會場大嘩，義憤之聲久久不衰。接着由我舉辦台灣文化問卷，結果二百人之中，得九十分以上者兩人，得八十分以上者五人，皆頒給獎狀。進行討論時，對於「義民爺精神」，有人認爲它是趨附朝廷的走狗，不能當做台灣人的拓荒精神。我答應回去再研究。會後，就有一位大會義工的留學生即刻影印一本最近台灣出版的『台灣義民爺』送我，眞令人佩服此君行動之快及好學精神。

下午，黨外編聯會劉守成副會長突然出現，報告島內民主運動近況。看黨外新秀如此勇敢、有氣魄，實在自感慚愧。接着政治討論，因洪哲勝退出聯盟，另與許信良合組革命黨之故，聽衆都攻擊『美麗島』言論之不當。許信良窮於招架，但不失良好風度。

晚上，由陳美津的荷蘭人丈夫報告人權運動概況。一聽到陳美津之名，心裏悸動了一下，很像台南護校的她，但細看嘴邊沒有黑痣，而且那樣的鼓勵丈夫從事台灣人權運動，則絕非我的女友所能辦到的。晚飯後，到陳翠玉女士房間採訪。她是我主編「台灣文化專刊」以後，第一位反應的讀者。她認爲這專刊很有意義，便捐了一點錢給報社，並寄來一封信對我鼓勵有加。在會場上，我一眼就看出她像個大學教授，從儀表、談吐各方面綜合起來，我從未看過像她這麼具有現代感又有古典美的老婦女。訪談之下，才知道陳女士果然是台大護理系的教授，也是台北護專的校長。她的學生林女士在旁讚譽陳校長是台灣戰後護理教育的導師。另一位與她同事的高雅美女士，也是一位氣質不凡的中年婦女，覺得很面熟。一談之下，才知道她是黃天縱先生的夫人。葆菲的父母也來了。世台會眞的是全世界台灣人的大家族。即連旅居中國的台胞鄭先生也來參加，可惜凡來自中國的台灣人為什麼老是不願自己做主人，而一定要受人支配呢！

十五日中午開會後，李秀琴載我們往訪林玉家。同車有黃晴美小姐，是此次大會最賣力的義工之一，車上她才告訴我她是當年槍擊蔣經國的黃文雄之妹。我不禁對她致敬再三。

往西柏林途中，一片綠色田園，起伏的地平線，農舍點綴其間，多麼和平、安詳、富饒的世界。到西德邊境上的小鎮，進入一家小吃店，點了豬脚，胖胖的女主人同桌陪我們談話，好像我們是她家裏的客人一樣。車到東西德交界處，鐵刺網無限伸延於無人地帶，盧兄說那下面都埋有地雷。在東德入境關口辦手續時，衛兵問我們這是哪國的護照。

「中華民國的護照。」盧兄代我們回答。

衛兵很懷疑地拿了護照進屋裏對照什麼久久才出來說：

「這不是中國的護照。我們的資料裏沒有中華民國。你們到底是從哪兒來的？」衛兵的頭湊近車窗，審視我們五人的臉孔。

大概懷疑我們是危險人物，屋內走出另一個持卡賓槍的衛兵，用槍管指示我們的車子開到路邊。我心裏準備着如果子彈掃射過來時要怎樣伏爬於座墊之下。

盧兄下車進屋裏交涉，我們在卡賓槍的監視之下不敢一動。後面排成長隊的車子一輛輛通過了，沒有人像我們一樣被扣押下來的。約莫等了兩小時，盧兄才回來，衛兵指示可通關了。我問盧兄到底怎麼回事，他說：「他們不承認中華民國，我說我們也不承認，彼此會心一笑了。他便打電話請示上級，層層請示才獲得批准。」我心想這種官僚作風，與中華民國有何不同？夜深跑了兩小時又抵西柏林的國境。過去以爲西柏林就是西德的首都，現在才知道它是獨立政府。西柏林的關口只有一個非武裝人員在守門，連護照都懶得看，就讓我們進城了。

在盧榮杰家打擾了幾天。會見了國立博物館東亞部副主任吳森吉博士。吳博士原來是張國雄的政大同學，帶我們參觀了館內的珍藏品，竟然台灣的淸代文物也被蒐藏不少。以吳博士的學術地位，應該多領導海外台灣人推展文化運動。另有李秀琴研究道教，顏綠芬研究高山音樂，都是好人材。

在東西柏林交界的圍牆，我站在雷根總統站過的地方眺望東柏林的市容，凡靠近圍牆附近的數棟建築物的住家都被迫遷出，只有幾處高塔上有東德士兵拿望遠鏡四下張望。這邊的牆角下有無名英雄墓，紀念跳牆摔死的東德人。我青少年時代所嚮往的三民主義、社會主義、共產主義，早已幻滅了；如今還在做少年夢的陳映眞他們如果來此一遊，大概不致於再罵自由國家是「跨國經濟侵略的帝國主義」了。

十七日上午，盧兄帶我們去盧森堡領事館辦理盧森堡、比利時、荷蘭的三國共同簽證。這家領事館比隔壁的咖啡館還小得可憐，有一位老人正在掃地，看到我們，即刻放下掃把，正襟坐在三面國旗下的大桌前，然後起立跟我們握手。前後只花了十分鐘就辦完手續，總領事很高興地送我們到門口。

「一個人三十馬克，三人九十馬克。三國均分，每國收入三十馬克，今天他可以不再做生意了。」盧兄打趣道。我們都同意小國的可愛。

下午乘火車出柏林，經東德，至東西德交界的車站，站員上車來辦入境簽證。我看到車站中央的地面，兩國的小國旗並揷在一起，附近沒有士兵也沒有鐵刺網。到底這是一國兩制呢？還是兩國三制呢？眞叫人搞不淸。

至漢堡，同鄉十數人於李健夫經營的飯店聚談，夜宿曾豐田家。曾家設有小圖書室，蒐藏台灣文學書以供同鄉借閱，難怪這羣同鄉的水平甚高。

十八日，杜淑貞替我們去法國領事館簽證，法國人之官僚作風及辦事之低能，令她氣得半死。排了幾小時的隊，結果被拒簽。我們便決定最後一程偷渡法國。晚上在神學研究者吳慰民家聚會。因他們都沒有參加世台會，所以我重放幻燈片。翌日乘國際快車北上，入荷蘭國境，男警衛來檢查護照，女警衛來檢查行李。當年輕美貌的女警衛翻出張理事〇〇七手提箱裏有兩盒保險套時，嫣然一笑曰：「色兒，您帶這些做什麼呢？」

「貴國的女士太多情。」張理事漲紅了臉。

彼此會心一笑，男警衛也笑了。一路上換了三次車，每次都要問站長或月台上的乘客怎樣換車，總覺他們非常親切好交談。夜宿阿姆斯特丹梵谷旅館。

此行完全拋棄工作，純粹為觀光而來，所以當夜就開始逛花街。運河邊的夜街很熱鬧，很像台南運河，只是台南運河像一節盲腸，而阿姆斯特丹的像大腸，縱橫交錯於市區。河邊張燈結綵，小汽船載觀光客穿過橋下。少年時逛過台南運河邊的新町區，但覺陰沈感傷；如今但見異國情調百般風騷。此地運河街的櫥窗裏，擺的是活生生的女人。每個大櫥窗裏坐一個女人，有的穿皮衣，有的赤裸裸；有白的，有黑的；有胖的，有瘦的。櫥窗下寫着姓名和三圍。旁邊有一小門，客人看中意，可按鈴議價。黃會長已幾次帶觀光客來逛過，所以不感稀奇地一直往前走。張理事好像很不甘心他帶來的日本製保險套沒派上用場，一櫥一窗地仔細鑑賞；他的臉緊貼着玻璃窗，鼻子前端正對着女人的脚底，視線盯住燈光照射不到的陰暗處。

「張的呀，嗅不出味道的呀。」黃會長不時回頭催促。

「會長，稍等一下，這妞兒實在嶄。」張理事依然不動。他本來就突出的下嘴唇，此時更突出得快要流口水的樣子。

我在他倆之間調整距離。有時走快些來遷就前面的人，有時走慢些來牽制後面的人。其實有些櫥窗裏的女人會令我懷疑那是否是楊青矗的裁縫店裏的人造模特兒，不禁湊前一望，模特兒便動一下頭，笑一笑，示意她的後面打開來就是銷魂的彈簧床。我倒想約她出來到運河邊散散步，在掛着燈籠的咖啡店小坐片刻。可是我半句話都講不通，否則我眞想按鈴告訴她坐一個晚上太累了，到外面來透透涼風吧。

黃會長眞內行，他知道什麼可看什麼不可看。走進一家成人玩具店，你就知道人性赤裸裸的要求，就和吃飯喝水一樣的平淡無奇；一個人如果沒有「性」的衝動和慾念，大概也不想吃飯和喝水了。那些精美的畫冊，赤裸裸地滿足你的好奇；人體本來就是上帝的化身，沒有一個部位不美麗、不聖潔。這麼一想，我也變得坦蕩蕩地讓眼睛得到滋潤。東京的古書街也有成人專門書店，可是那些書刊都用尼龍袋封起來，只能看到封面的裸體女郎；而那些圖片根據日本的憲法，都塗上黑圓圈，不得露出一根陰毛。

翌日上午遊美術館，發覺街道兩旁的建築物完全和台北的大街道一樣，紅磚和水泥勾出的線條，和牆壁釘入的鐵鈎，完全一模一樣。因而想起日據時期台灣的都市設計，可能都是模仿荷蘭的。不知是否四百年前荷蘭統治過台灣的關係，總覺得除了膚色、言語不同之外，此地的人情風物無不像台灣。

下午抵比利時某大車站，站前有大建築物，即是歐洲共同市場總部。蔡命時來載我們返家，一路上商店關門甚多，我以爲他們都去渡假，蔡說比國經濟至蕭條，已關店一年多了。晚上於蘇復泰所開的餐館聚會。同鄉十數人皆龍虎，辯起台語問題，各不相讓。我發覺凡台灣人聚集討論台灣文化時，大多會提出語言問題。有人主張使用敎會羅馬字，有人主張全用漢字，有的主張漢羅並用，有的主張乾脆另創符號。各有各的立場，但無不爲保存台灣文化而憂心，所以爭辯起來相當火烈。我認爲台灣話的文字有統一的必要，但採用何種符號，那是台灣獨立之後，政府首先要做的大事，可以組織言語決策小組商訂之。於此日來臨之前，大家不妨各想一套，各自鼓吹自己的構想，而不必否定別人的方案。最後要是沒有一個實質的政府採用，則一切爭論皆歸無用。

蔡兄的比籍夫人美麗又賢慧，生兩女一男如洋娃娃，難怪蔡兄無暝無日甘願來打拚。七月廿一日正逢比國國慶，大家於蔡宅庭園吃烤肉。何康美開着屁股冒烟火的金龜車送我們到車站。此女傑短小而豪爽，與我們東京三劍客難分難捨，便陪我們乘車到國界送我們入法國。車上檢查護照時，黃、張兩人的日本護照保佑了我的「中華民國」護照，沒發覺我的護照未加簽證。

晚上抵巴黎邱啓彬家。鄭欣、阿美來相會，加上世台會的一批成員，好像在邱家舉辦巴黎世台會似的。餐後分乘三輛轎車夜遊巴黎，羅浮宮、凱旋門、塞納河畔，總算親目一睹了。至西沃宮廣場下車，站在噴水池旁遙望巴黎鐵塔，繁燈如百花園，始有置身花都之實感。夜遊歸來，主人陪我和鄭德和談至凌晨五時。頗感邱是深謀遠慮的謀略家，難怪他的事業成功到全巴黎高額納稅者之一；可是我看出他不是賺錢就能滿足的人。柑仔縣長鄭德和則是粗線條的人，一見即知是個見義勇爲而不計後果的實踐家。

翌日，乘電車去凡爾賽宮，車站髒亂，有個清道夫一手提垃圾桶，一手拿掃把，邊幌邊掃，我很懷疑他有沒有把垃圾掃進垃圾桶。我想起日本車站的清掃人員先撒木屑掃過一遍，再用拖把拖得乾乾淨淨，連掛在柱子上的烟灰缸都用袜布抹得亮亮的。

到了金碧輝煌的凡爾賽宮，我才知道法國人爲什麼那麼高傲、那麼懶惰。大帝國留給他們的遺產實在太多了。晚上，大家去紅磨坊看夜總會。裸女在籠子裏吊到客人的頭上來，舞台上的表演節目精彩美感。過去發誓不進夜總會的我，總算開了一次眼界。

七月廿三日，去邱啓彬的珠寶工廠參觀，工人大部份雇用越南難民，一些學有所專的留學生於此擔任設計、會計、管理工作，洋人多屬外務員。一個十多年前台大外文系畢業的留學生，能在世界服飾中心的巴黎坐穩第一流的珠寶公司，他的努力絕非常人所能及的。

中午入機場辦出境手續，被發覺我是未加簽證的偷渡者，便把我叫去辦公室。正好有幾個阿拉伯人在那兒爭論什麼，便簽了字打發我走。因買了最便宜的蘇航來回票，所以回程又在莫斯科停留兩小時。警衛又在盯我了。我去土產品店，毫無考慮地買了一頂克里姆林宮大皮帽，黑毛，日幣五萬圓。戴在頭上大搖大擺走出來，三、四個男女警官圍上來，輪番拿在手上端詳着，有的問我價格，有的摸摸質料，彼此交談着什麼，臉上露出很和善的樣子。

我知道我穿卡祺褲、白襯衫，頭戴北極熊的大黑毛帽，站在莫斯科機場內的窗邊，雙手交叉於背後，觀望着窗外的飛機在起降，一點也不像站在克里姆林宮閱兵台上的張良澤夫斯基；但我知道那些警衛在背後不斷地投射過來的親切感或敬意。

抵達東京成田機場是日本時間七月廿四日下午三時。

某日下午八時，我照例準時從學校的研究室回家吃晚飯。飯後，少瓔端出她自己做的蛋糕擺在桌上。已會走路的一歲半的道南，先爬在桌邊，一手伸過來就要抓蛋糕上面的紅草莓。

「打妹（不行）！今天是爸爸的生日，要等爸爸切給你們吃。」少瓔說。

「奧多桑（爸爸），這是我做的錢包，送給爸爸，希望爸爸賺很多錢。」就讀竹園東小學四年級的亭亭愛做手工藝，用黑、藍絨布縫製了一個錢袋，上面繡了「良澤」二字。雖然簡陋，但蠻可愛。

就讀櫻村中學一年級的道功，吃過飯就坐在電視機前看卡通影片，看到好笑時就笑得跳起來。可是當我切好蛋糕放進小盤子裏，還來不及開口叫他，他就自動跑過來端了最大塊的一盤又去看電視了。

道南坐在我腿上，我邊餵他邊向少瓔說：

「我都忘了今天是我的生日。」

「你幾時記得日子？」

「我到底幾歲了？」

「我怎麼知道？你自己還不會算！」

「哦，大概滿四十五了吧。」

我不太有食慾，但也嚐了一口生日蛋糕。

張良澤　略年譜

黃英哲編

年代	生平事蹟	周邊事情
一九三九 一歲	▲九月一日生於埔里街烏牛欄。世居員林郡溝皂，後遷五汴頭。原爲福建饒平客族，遷台十八代，已化爲台灣人。祖父張開恭，爲地方紳、漢醫、漢詩人。祖母蕭氏葱，爲平埔族後裔。父張水景，屏東農校畢業，任庄役場獸醫。母陳氏錦雲，彰化市人，任助產士。	△生前一年，祖父張開恭去世。（二十年後，尚於村人口中傳頌其人好善樂施。）
	▲兄弟七人，排行第一。	△小孩哭泣不停時，母親就叫：「大人來了！」小孩便不敢哭鬧。
一九四三 四歲	▲移居彰化和美庄。入幼稚園，常受日本「大人」之子欺負；女老師以香帕拭我淚，印象至深。	△母親穿燈籠褲，參加婦女增產報國運動。

		△家門釘有「國語家庭」之牌子。
一九四四 五歲	▲移居線西庄。某日聽母親口述愛情故事，印象至深。	△常有美軍B29機來襲。
一九四五 六歲	▲戰爭結束後，因不會講台語，被同伴譏爲「三脚仔子」。	△暴民街頭追殺仇人，到處流血。父親暫時逃避，暴民來找「三脚仔子」報復，母親跪下哀求。
一九四六 七歲	▲八月，入彰化縣永興國民學校。以台語唸書。後轉白沙坑國校。	△二月至八月，父充「中華民國國軍」上尉軍醫。退役後於白沙坑開診所。
一九四七 八歲	▲轉入永靖國校二年級。始領課本，以「國語」唸書。	△二・二八事件爆發。父任永靖農校教員，以布袋裝薪水。後以四萬換一元。
一九四八 九歲	▲朗朗背誦：「一年準備，二年反攻，三年掃蕩，五年成功！」	△軍隊佔用教室，級任老師與軍官私奔。村人大嘩。 △瘋狗病流行。
一九四九 十歲	▲以台語唸書給外婆聽，外婆感動流淚。首次感覺台語之魅力。 ▲愛演布袋戲給弟妹們看。演得弟妹掉淚，而自己也掉淚。	△級任詹老師嫁與軍官，村人嘆息。 △四月，楊逵因撰寫「和平宣言」，被判刑十二年。
一九五〇 十一歲	▲愛讀『學友』、『良友』等雜誌。	△五月，麻豆事件，卅三人被捕。

	▲撰寫外婆講述之故事，題爲「矮爺和柳爺」，投寄『學友』，石沈大海。是爲生平首篇創作及首次投稿。	△六月，桃園事件，七人被捕。 △『自由中國』創刊。發行人胡適，社長雷震。
一九五一 十二歲	▲國校六年級，每夜至陳師家免費補習。男女生十數人共聚一室，頗覺有情調；但夜歸甚怕鬼。	△陳師新婚，置新娘於鄰室，爲學生補習。 △五月，台中事件，六十三人被捕。 △『台南文化』創刊。台南市文獻委員會發行。 △十二月，『台灣風物』創刊。發行人陳漢光，主編楊雲萍。
一九五二 十三歲	▲七月，畢業於永靖國校。得六年皆勤獎而已。 ▲八月，報考台中一中、彰化工業學校，皆落第。 ▲九月，考入省立員林中學初中部。被選爲學藝股長。	△員中校長洪樵榕，「忠黨愛國」，爲人正直。 十二月，『台北文物』創刊。台北市文獻委員會發行。

一九五三 十四歲	▲沈迷章回小說，愛看牛哥漫畫及報紙社會版。嚮往聖女貞德。英文老師麻臉死人面，發誓不讀英文。	△學校發動捐艦運動。永靖魏學長志願從軍，入空軍官校。駕機失事身亡。 △六月，『南瀛文獻』創刊。台南縣文獻委員會編纂。
一九五四 十五歲	▲受國文老師章寅之影響，愛讀古文。背誦林覺民「與妻訣別書」，領悟文學家必也是革命家。 ▲參加童子軍鼓號隊。參加全省童子軍大露營於八卦山麓。	△六月，高玉樹當選第二屆台北市長。
一九五五 十六歲	▲七月，畢業於員林中學初中部。因家貧且弟妹衆多，放棄直升高中。 ▲九月，考入台南師範學校北港分部。被選爲學藝股長。 ▲國文老師錢倫寬之影響，愛讀世界文學名著。有志於文學創作。△『野風』雜誌、『塔裏的女人』盛傳於同學之間。 ▲自費油印「張良澤詩抄」，抄自『拜倫詩集』中之情詩，分送同學。	△高中生一律加入「中國青年反共救國團」(團主任蔣經國)，一律接受軍訓。 △二月，廖文毅於日本東京成立「台灣共和國臨時政府」。

一九五六 十七歲	▲南師二年級，遷回台南本部上課。 ▲始遊神町區，見一白衣黑裙神女，心中憐愛之。 ▲取筆名「奔煬」。寫新詩投中副，被退回。 ▲十二月，組織「和風文藝社」，自任社長，發行『和風』半月刊。社址設於「普師科二年和班」。自撰、自刻、自印，分發全校各班。既屬個人雜誌，又似班刊性質。	△南師北港分部廢校。 △五月，「劉自然事件」發生，羣衆搗毀美國大使館，全台反美。
一九五七 十八歲	▲六月，開始發表作品於校外，首次投稿成功於『公論報』。 ▲暑假，參加救國團之「澎湖農村服務隊」，由南師及南護校合組之。心慕護校陳女生，海邊游泳，畢生難忘，是初戀。 ▲九月，升南師三年級，開始於『青年天地』發表散文。 ▲擔任校刊『南師青年』編輯。認識一年級女生王清芬。 ▲十二月，開始於嘉義『工商日報』副刊發表作品。	△同學何榮森、許義雄、張英文、廖貞雄等酷愛文學，紛紛加入『和風』陣容。 △常見南二中許達然作品同時出現於『青年天地』。 △南師校長朱滙森自美返校，爭取到美援奶粉，每人每日可飲一大杯脫脂牛奶。 △十一月，『文星』創刊，發行人葉明勳，社長蕭孟能。

	▲同月，『和風』被迫停刊。共發行一年十八期。	
一九五八 十九歲	▲看日片『青色山脈』，嚮往日本自由開放之校風。開始自學日文。 ▲五月，於台南進興國校實習。 ▲六月，畢業旅行環遊半島。至新竹，由密友何榮森引介拜會許炳成（文心），得其處女小說集『千歲檜』，讀此書，鄉土文學意識開始萌芽。 ▲七月，南師畢業。返家等待分發期間，撰稿「榮譽袋」，首次發表於『中副』，稿費購買『莫泊桑全集』十二卷。 ▲八月廿八日，首次發表作品於聯合報。 ▲九月，被分發於彰化縣大城鄉潭墘國校。月薪三百八十元。擔任六年級級任。	△一月，『文壇』創刊。發行人穆中南。 △大城國校潭墘分校獨立爲「潭墘國校」。
一九五九 二十歲	▲報名參加文壇函授學校小說創作班。磨練修辭。 ▲七月，跳水救幼童，新生報登刊小消息。 ▲夜間補習學生功課，首屆畢業生考上初中成績不惡。	△四月，台灣青年社（代表王育德）創刊『台灣青年』於東京。 △五月，『筆滙』創刊。發行人任卓宣。 「八・二三」金門砲戰，連日報載我方大捷。

	▲八月，劉校長請全校教員上茶室，為生平首次經驗。 ▲九月，轉調母校永靖國校。拒絕入黨。擔任五年級勦頭班級任。	△九月，以雷震為首之民主人士宣佈組織「中國民主黨」，成立前夕，遭國民黨逮捕。『自由中國』雜誌被封閉。
一九六〇 廿一歲	▲二月，入彰化基督教醫院，割除大腿靜脈瘤。得識謝、陳二護士小姐。謝女熱情奔放，陳女深情關注。皆心慕之。 ▲四月起，集中火力投稿聯合報副刊。時登時退。 ▲七月，至桃園龍潭鍾肇政家，參加文友聚會。初識台灣作家多人。始知鍾肇政自印「文友通訊」聯絡台灣作家情誼，觀摩作品。會後參觀石門水庫興建工程，遇大風雨，自覺台灣作家之命運坎坷。 ▲九月，劉江水校長提拔為訓導課長兼體育組長。卸除級任，改任五、六年級升學班之作文科教員。	△三月，白先勇創刊『現代文學』雜誌。 △由於『筆滙』與『現代文學』之兩大學院派雜誌之鼓吹，西洋文學漸興起，壓倒反共文學。 △聯副主編頗鼓勵台灣作家陳火泉、鍾肇政、鍾理和、許炳成、廖清秀、鄭清茂、鄭煥等人。該副刊成為台灣人作家唯一發表作品之園地。 △八月四日，鍾理和病逝於美濃。 △由林海音、鍾肇政、許炳成等組成「鍾理和遺著出版委員會」。前後出版『雨』及『笠山農場』。
一九六一 廿二歲	▲三月，短篇小說「鐘聲」被剽竊於中廣「小小廣播劇」中播出。	△三月，『台灣風物』第十一卷三期刊「鄭成功開台三百週年紀念特輯」。

	▲七月，考入成功大學中文系榜首。入學未幾，卽心慕同班女生林秋江。	△同月，李萬居的『公報論』被查封。 △四月，楊逵義士出獄。 △九月，蘇東啓事件，三百餘人被捕。 △南師同學許錦亭因蘇東啓案被捕，出獄後，車禍離奇死亡。
一九六二 廿三歲	▲二月，農曆除夕，赴美濃山中，初訪鍾理和遺孀平妹及遺孤鐵民兄妹。 ▲同月，開始抄謄鍾理和遺稿。 ▲小說「序幕」連載聯副九天，所得稿費訂閱三年『文星』雜誌。 ▲愛讀聯副連載中之鍾肇政長篇小說『魯冰花』。受此影響，鄉土文學意識已確立。 ▲得識永靖國校女教員邱秀霞，貌美才高，爲之傾倒。後因參加「中國小姐」選美，一氣之下與之絕交。 ▲同班謝女喪父又喪母，發動募款運動。 ▲九月，升大二，首開成大戴斗笠之風。 ▲十月，計劃『成大青年』出刊「鍾理和紀念專刊」，但稿件送審後，被教官撤換。	△六月，鍾肇政『魯冰花』由台北明志出版社出版。 △七月，史明『台灣人四百史』由東京音羽書房出版。 △軍官學校學生獨立運動事件，三十餘人被捕。施明德被判無期徒刑。 △大二導師尉素秋教「詩詞選」，王禮卿教「歷代文選及習作」，吳振芝教「中國近代史」，唐亦男教「墨子」。皆良師也。

一九六三 廿四歲	▲九月，升大三。 ▲於『文星』雜誌讀葉石濤「台灣的鄉土文學」，心服之至。	△林秋江因病休學一年。 △六月，王育德著『台灣——苦悶的歷史』由東京文弘堂出版。
一九六四 廿五歲	▲四月，發表小說「朋友回去後」於『台灣文藝』創刊號。 ▲七月，赴成功嶺受訓。 ▲九月，升大四。 ▲十月，吳濁流南遊，首次拜見，與同學楊日出偕遊蕉田。	△四月一日,吳濁流創刊『台灣文藝』雜誌。 △六月,『笠雙月詩刊』創刊。發行人黃騰輝。 △七月，「台灣文藝」懸獎小說發表，第一名：鍾鐵民。 △九月，蔣中正偕其子經國及其孫蔣孝某，於文武衆官護衛下，來成功嶺閱兵。 △同月，彭明敏事件。 △十月,『台灣文藝』第五期刊出「鍾理和紀念特輯」。
一九六五 廿六歲	▲一月，軍訓學科期末考試時，被教官高興恩發現軍訓課本上胡亂塗寫辱罵「國軍」之言，受軟禁數日。後以寫「悔過書」開釋。 ▲二月，畢業旅行，徒步中部橫貫公路。 ▲四月，認識南師專女友鄭詩華。 ▲六月，成大畢業。畢業論文「莊子內七篇釋義」。留日考試及格。 ▲七月入伍，兵種爲陸軍政務官。	△中橫公路動工中。 △五月，廖文毅投降返台。 △士林故宮博物院興建中。 △建電視台，台灣開始進口黑白電視機。播放時間自下午六時起至十一時。 △十月,鍾肇政主編『台灣省青年文學叢書』十卷，幼獅書店出版。 △同月,『台灣文藝』第九期出刊「悼念王井泉特輯」。

	▲九月，赴潮州陸軍基地某師團報到，官拜陸軍少尉營務官，配屬於財勤隊。 ▲十月廿五日，小說六篇被選入『台灣省籍作家作品選集』第三輯出版(鍾肇政主編、文壇社出版)。 ▲十二月，部隊移駐嘉義中埔。	△十一月八日，張深切先生去世。 △十二月，『台灣風物』第十五卷五期刊出「張深切先生紀念特輯」。 △同月，吳濁流創設「台灣文學獎」。
一九六六 廿七歲	▲一月，跳河營救投水自殺之少校軍官。爲生平第二次小義舉。 ▲二月，部隊移駐澎湖。於軍中認識詩人林佛兒。 ▲七月，退伍還鄉。 ▲九月，任教桃園中學。開始辦理出國手續。 ▲十月，『台灣文藝』同仁於鄭清文家餞行。初識李喬。 ▲同月，成大同學於陽明山餞行。林秋江來會，心中暗喜。 ▲十一月，赴日留學抵大阪八尾市，宿五叔家。翌日起打工。	△一月，第一屆「台灣文學獎」發表。正獎缺。佳作：鍾鐵民、七等生、鍾肇政、張彥勳、廖清秀。 △軍中實施「日用品購買點券」，國防部大做生意。 △十月，『文學季刊』創刊。主編尉天驄。發行人尉素秋。 △十一月十六日，陳紹馨博士逝世。 △十二月，「陳紹馨博士逝世紀念集」。
一九六七 廿八歲	▲二月，初遊京都金閣寺。至京都大學拜見日本漢學大師吉川幸次郎。偶然發現三島	△一月，林海音創辦『純文學』月刊。 △同月，第二屆『台灣文學獎』發表。正獎

	由紀夫作品『金閣市』。 ▲三月，考入關西大學大學院中國文學研究科，受業於東京學派大師增田涉教授，爲終生良師；結識助教上野惠司，爲終生益友。放學回來即打工。 ▲四月，與上野惠司合譯魯迅「中國小說的歷史變遷」。夜間打工時偷空逐句翻譯『金閣寺』。 ▲七月，初遊伊勢海岸、芭蕉草堂、熊木南方紀念館。 ▲女友鄭詩華結婚，接信悵然良久。 ▲受增田師之影響，愛上魯迅其人其文，決心深研之。 ▲十月，陪增田師逛古書店，發覺古書價值。 ▲年末提交論文「論魯迅小說之結構與意境」。發覺魯迅對台灣文學影響至鉅。	缺。佳作：鍾肇政、黃春明、七等生。 △二月，『台灣風物』第十七卷一期刊「當前台灣鄉土研究的方向」座談會記錄。 △三月廿七日，吳新榮先生去世。 △四月，『台灣風物』第十七卷第二期刊「吳新榮先生紀念文集（上）」。 △同月，蔣經國來日密談，台灣留學生於羽田機場示威。 △美、日簽定協約，日本收回琉球羣島。同時，日本政府開始大量強制遣送「台獨分子」回台。 △六月，『台灣風物』第十七卷三期刊「吳新榮先生紀念文集（下）。」 △八月，劉（佳欽）、顏（尹謨）事件，二四七人被捕。
一九六八 廿九歲	▲由三島由紀夫文學而嚮往其行動哲學。 ▲增田師贈送古籍『南瀛紀略』，始知台灣有史。 ▲十二月，得吳振芝師之鼓勵，開始投稿於	△一月，第三屆「台灣文學獎」發表。正獎：李喬。 △同月，『大學雜誌』創刊。發行人林松祥。 △三月，日本報上連日刊載台獨志士跳船或

	學術刊物『大陸雜誌』。	於機場咬舌，拒回台灣。 △七月，民主台灣聯盟事件，陳映眞被判徒刑十年。
一九六九 三十歲	▲一月，與上野惠司合譯之「中國小說的歷史變遷」開始連載於『大安』雜誌半年六次。因怕返台被捕，故化名「河上淸」。 ▲同月，『金閣寺』連載於『自由談』，與鍾肇政合譯。 ▲因工資提高，大量購買中國文學論著，兼購日本文學書。 ▲決心購下伊能嘉矩著『台灣文化志』三卷複印本。心仰伊能對台灣文化之大貢獻。 ▲着手翻譯三島由紀夫第二部作品『假面的告白』，並試譯川端康成、深澤七郎、佐藤春夫作品。 ▲三月，認識日本某女大學生，人生首次「破功」。 ▲同月，修畢碩士學分，準備碩士論文。 ▲四月，碩士班第三年開始。 ▲心情惡劣，沾染自慰惡習，終至下跪於母親肖像前懺悔。	△一月，第四屆「台灣文學獎」發表。正獎：鄭淸文。 △日本各報大登中共核爆成功。 △每日成千上萬的紅衛兵朝拜北京天安門，謁見毛澤東。 △江青大跳紅毛舞。 △林彪猛揮『毛語錄』，駐英中共使館人員猛揮斧頭要砍人。 △蘇修佔領珍寶島，人民解放軍英勇奪回。 △川端康成得諾貝爾文學獎，爲日本第一人獲文學獎。三島由紀夫屢次被提名而落選。 △二月，中國的火花跳到日本，各地鬧學潮。水龍頭與石頭大會戰於東京街頭。 △美國也鬧學潮，學生用眞槍殺人。 △三月，關西大學被學生佔領，成爲「解放區」。 △四月，萬國博覽會開始於千里山動土。

▲向增田師借閱胡風編譯『世界弱小民族文學選』，見殿末作品爲楊逵之「送報伕」。猛悟自己爲世界弱小民族中之最弱小者，生報』。遂決心爲弱小同胞爭一口氣。

▲讀尾崎秀樹著『文學的傷痕』，始知日據時期已有優秀台灣作家，益增決心整理台灣文學史料。

▲七月，返台省親，並與暗戀多年之林秋江匆匆訂婚，隨即返日。

▲十二月，『金閣寺』單行本由台北晚蟬書店發行。

△『台灣文藝』終止「台灣文學獎」，設立「吳濁流文學獎」基金。

△十月，留日台灣學生連誼會創刊『台

一九七〇
卅一歲

▲三月，關西大學畢業，得文學碩士學位。

▲向友人借閱『台灣青年』，始知日本果眞有「台灣獨立聯盟」。

▲五月，返台。

▲六月，與林秋江結婚。證婚人尉素秋、吳濁流，來賓鍾肇政。新婚之夜，即感美夢幻滅。

▲九月，專任台北市立士林高中國文教員；兼任成大中文系講師，開授「新文藝寫

△一月，林景明著『被遺忘的台灣——台灣獨立運動家的吶喊』由東京三省堂出版。

△同月，第一屆「吳濁流文學獎」正獎：黃靈芝、沈萌華。

△同月，彭明敏逃出台灣，抵瑞典。

△三月，飛虹會事件，楊碧川被判徒刑十年。

△四月，蔣經國訪美，被某留學生槍擊事件。

△同月，大阪萬國博覽開幕。

△謠傳蘇聯派遣密使見蔣經國，故各處牆上

	作」。 ▲結識曹永洋於士林高中。 ▲成大第一節課，印證魯迅作品，爲全島大學講授魯迅之始。旋卽被特務學生密告而中止。 ▲開始講授台灣文學，首開全台之先聲。 ▲十二月，『假面的告白』由晨鐘出版社出版。 ▲同月，與鍾肇政聯袂應台大論壇社、淸華大學、輔仁大學、淡江文理學院等學生社團之邀，演講三島文學。 ▲同月，受命爲「吳濁流文學獎評審委員」。 ▲此年租屋於北投，常與黃春明、喬幸嘉、隱地三位作家交往。	標語改「反共抗俄」爲「反攻大陸」。 △七月，黃昭堂著『台灣民主國的硏究』由東京大學出版會出版。 △大街小巷懸掛布條，印着：「莊敬自強，處變不驚」，預告中共將進入聯合國。 △九月，尉素秋就任成大中文系主任，決意改革系政。 △十一月，三島由紀夫於自衛隊基地切腹自殺。
一九七一 卅二歲	▲春節，參加「歸國學人聯誼會」。蔣經國前來握手問好。 ▲七月，辭職士林高中。轉任「行政院靑年輔導委員會」專員，辦理海外學人回國服務。	△一月，第二屆「吳濁流文學獎」，正獎：黃文相。佳作：喬幸嘉。 △同月，『文學雙月刊』創刊。主編尉天驄，發行人尉素秋。 △三月，『中華文藝』創刊。編輯人尹雪曼。

▲七月卅一日，長子道功出生於台北。

▲八月，率成大中文系學生由花蓮瑞穗徒步登山，入八通關附近，採訪布農族文物。

▲十月，指導學生於成大學生活動中心學辦「布農族文物展」。

▲同月，受邀與蔡文甫等作家演出台視「藝文沙龍」節目。主持人陳敏華。

▲代表「中華民國留日同學會」向日本大使館抗議與匪建交。

▲被引見蔣孝武於仁愛路辦公室。

△四月，釣魚台事件發生，學生憤懣國府無能。

△國府以號召「海外學人歸國服務，啓用青年才俊」安撫民心。

△九月，葉榮鐘等著『台灣民族運動史』由自立晚報社出版。

△中共獲得聯合國代表權，國府喪失代表權。

△蔣經國至青輔會聽取會報。

△日本宣佈與中共建交。與國府斷交。

△『大學雜誌』刊載張俊宏等十五人執筆之「國是諍言」。

△十二月，成大事件。

一九七二　卅三歲

▲一月，參加「吳濁流文學獎」頒獎典禮，結識本屆得獎人楊青矗，及女詩人陳秀喜。

▲三月，受命策劃第一屆「國家建設研究會」，舉凡聯絡、擬稿、策劃、跑腿、印刷等無所不包。

△一月，第三屆「吳濁流文學獎」正獎：楊青矗；佳作：江上、張秀民。

四月，邱永漢投降返台。

△五月，許世楷著『日本統治下的台灣』由東京大學出版會出版。

	▲八月，編印「海外學人回國服務手册」後，即辭職青輔會。 ▲九月，專任成大中文系講師。加入國民黨。 ▲十月，結識詩人林亨泰、陳千武、何瑞雄等笠詩社人。 ▲假日騎機動車返鄉，途中車禍住院。輕微腦震盪。 ▲十一月，指導中文系學生會創刊『中文系報』月刊。 ▲同月，於中文系成立「鍾理和研究會」，自此每年率隊訪問美濃鍾家。 ▲十二月，「中文系報」第二期刊「鍾理和研究專輯」。	△六月，『中外文學』創刊。社長顏元叔，總編輯胡耀恒。 △同月，成大「大陸問題研究社」社員六人被捕。 △七月，李煥由青輔會主任委員調任中央黨部組織工作會主任。遺缺由潘振球接任。 △九月，『書評書目』創刊。洪建全教育文化基金會發行。 △十月，笠詩社假成大文學院會議室舉行年會。 △首批「中文系報」工作學生有：張德本、張恒豪、許素蘭、陳雀華、蘇永利、張淑貞、李登貴、李燕玲。 △十二月，『台灣文藝』增設「吳濁流新詩獎」。
一九七三 卅四歲	▲一月，指導學生成立「鳳凰樹文學獎」，成爲全台大學首創。 ▲參加『日本簡明百科全書』（中華學術院）執筆人之一。 ▲七月五日，於台大暑期文學研究會發表「鍾理和的文學觀」。聽衆有感動哭泣者。	△一月，第四屆「吳濁流文學獎」正獎：江上；佳作：張秀民、司徒門。 △第一屆「吳濁流新詩獎」正獎：岩上；佳作：凱若。 △四月，「台大哲學系事件」發生，趙天儀、陳鼓應、王曉波被解聘。

▲相繼於『書評書目』、『中華日報』、『中外文學』、『文季』發表鍾理和論，不但使鍾理和復活。且造成「台灣鄉土文學」之熱潮。

▲九月，編著『大學初級日文讀本』，由台南興業圖書公司出版。

▲十月，台大論壇社舉辦系列文化講座。與尉天驄合講「台灣鄉土文學」。

▲十一月，譯著『學問的世界』，由興業圖書公司出版。

▲十二月，託鄭清文引見龍瑛宗。

▲開始至台北光華商場、牯嶺街等古書店，大量蒐購台灣資料。

▲邀請黃春明來系演講。

▲應『大學雜誌』社長陳少廷之邀，往訪叙談，被密報。

▲今年起每年率隊慰問北門「烏脚病防治中心」病患。

▲尉主任授意被選爲國民黨南部知識青年黨部直屬第×小組組長。

△五月，第一屆「鳳凰樹文學獎」由系內師生十名委員評審。順利產生得獎人。

△六月，中文系『文心』創刊。主編張恒豪。

△七月，「吳濁流文學紀念碑」落成於台北市內湖金龍寺。

△八月，『文季』創刊。發行人陳達弘。

△十月，顏元叔發表「台灣小說裏的日本經驗」於中華日報副刊。

△同月，林景明著『台灣處分與日本人』由東京旺文社出版。

△沈登恩、王榮文等創立「遠景」「遠行」「遠流」三出版社；林佛兒創辦「林白出版社」；楊青矗創立「文皇出版社」。社會讀書風氣漸盛。

△呂秀蓮創設「拓荒者出版社」，設置「婦女電話服務中心」，鼓吹「新女性主義」，造成一股旋風。

一九七四 卅五歲	▲一月，於內湖金龍寺參加「吳濁流文學獎」頒獎典禮，受命報告小說組評審感想。認識王詩琅先生。 ▲四月，於台南區扶輪社演講「談鄉土作家鍾理和」。 ▲五月，編著『大學初級日語綜合讀本』，由台南大行出版社出版。 ▲七月，文學評論集『倒在血泊裏的筆耕者』由大行出版社出版。 ▲七月十日，長女亭亭誕生於台南。 ▲結識成大工學院講師袁壽規。 ▲與呂秀蓮正式認識於台南。	△一月，第五屆「吳濁流文學獎」正獎：張秀民；佳作：方死生、周梅春、潘榮禮。第二屆「吳濁流新詩獎」正獎缺；佳作：曾淑貞、衡榕。 △五月，第二屆「鳳凰樹文學獎」頒獎。 △九月，「世界台灣同鄉會聯合會」在奧國維也納成立。 △十月，『大學雜誌』舉辦「日據時代的台灣文學與抗日運動」座談會。 △十二月，紀剛來校演講『滾滾遼河』。 △十二月五日，莊松林（朱鋒）先生去世。
一九七五 卅六歲	▲二月，譯富士正晴原著『中國的隱者』，由高雄文皇出版社出版。 ▲三月，帶領學生訪左營葉石濤、彭瑞金、楊青矗。 ▲同月，訪台中楊逵。	△一月，第六屆「吳濁流文學獎」正獎：馮輝岳；佳作：潘榮禮、周梅春。第三屆「吳濁流新詩獎」正獎：李魁賢、謝武彰。

▲四月，拒戴蔣中正黑布孝帶，率領學生參觀台南監獄，受典獄長之警告。
▲五月，編輯出版楊逵小說集『鵝媽媽出嫁』，列入「台灣鄉土文學叢刊」第一種。
▲六月，得識台南名醫蔡瑞洋，爲終生之師。
▲得識張文環、西螺廖先生、北斗鍾先生、斗六鄭先生。
▲九月，編輯出版吳濁流小說集『泥沼中的金鯉魚』，列入「台灣鄉土文學叢刊」第二種。大行出版社出版。

△四月，蔣中正死去。三家電視連日連夜放映蔣家戲。
△五月，第三屆「鳳凰樹文學獎」評審委員增聘校外作家葉石濤、趙雲、郭楓、丁樹南等。
△同月，吳濁流來系演講「回顧日據時代的台灣文壇——談文學的反抗。」
△六月，『台灣風物』第廿五卷二期刊「悼念民俗學家莊松林先生特輯」。
△同月，楊逵作品「壓不扁的玫瑰花」（原題「春光關不住」）被採入國中三年級國語課本。爲此，楊逵大鬧版稅問題。
△八月，『台灣政論』創刊，發行人黃信介，社長康寧祥，總編輯張俊宏。
△九月，王淮接任成大中文系主任。
△同月，寒爵發表「鵝媽媽出嫁讀後」於中國時報副刊。
△同月，張文環長篇日文小說『爬在地上的人』由日本現代文化社出版。

一九七六 卅七歲	▲二月，編輯出版鍾理和小說集『故鄉』，列入「台灣鄉土文學叢刊」第三種。 ▲三月，遠景出版社長沈登恩及王總經理來訪，有意出版鍾理和全集。 ▲同月，吳南圖退伍還鄉，答應借其父遺稿，開始整理吳新榮日記。 ▲七月，自編小說集『生存的條件』，列入「台灣鄉土文學叢刊」第四種。 ▲同月，於第一屆「鹽分地帶文藝營」報告「吳新榮與鹽分地帶文學」。 ▲於光華商場古書店認識劉峯松，爲生死之交。 ▲同月，於圓山大飯店參加台大主辦之第一屆國際比較文學會議。 ▲八月，因打工過勞，肺部血管斷裂，內出血，送榮民總醫院急救，輸血五千cc，幸得死裏逃生。	△一月，第七屆「吳濁流文學獎」正獎缺；佳作：鍾樺、司徒門、鄭石棟。第四屆「吳濁流新詩獎」正獎：蔡潤玉；佳作：陳德恩。 △三月，『鳳凰樹文學獎作品選集』第一輯出版。豐生出版社。 △五月，第四屆「鳳凰樹文學獎」評審委員增聘校外人士江聰平、龔顯宗、朱沈冬、楊青矗、黃永武等。 △七月，第一屆「鹽分地帶文藝營」假佳里國中禮堂舉行，爲期三天。爲戰後首次民間自主之文學講習會。 △八月，吳濁流即將實現「台灣文藝資料館」於新埔舊宅。 △九月，尉素秋退休。王淮返中興大學。吳璵接系主任。 △同月，第一屆「聯合報小說獎」設立。

	▲九月，轉入台南陸軍總醫院療養。 ▲十月八日，於醫院中得悉吳濁流病逝，慟哭。 ▲十一月，編輯『鍾理和全集』八卷，由遠景出版社出版。爲台灣文學史上之首部個人全集。 ▲十二月，指導學生成立「創作研習會」。演講「小說欣賞」。 ▲十二月，與葉石濤對談鍾理和。彭瑞金記錄。	△九月十一日，吳濁流感冒，引起併發症。十月七日逝世。享年七十七。 △十月，『台灣文學』第53期刊「吳濁流紀念特輯」。 △十二月，彭明敏、黃昭堂共著『台灣的法律地位』由東京大學出版會出版。 △同月底，池田敏雄戰後首次來台，翌年元月返台。
一九七七 卅八歲	▲元月，於日月潭大飯店接受池田敏雄手贈領帶。 ▲三月，爲紀念吳新榮先生逝世十週年，奉其家族之託，編輯『震瀛採訪錄』、『震瀛回憶錄』、『震瀛追思錄』三卷，由琑琅山房私家出版。 ▲四月，發表散文「我來自泥土」於『仙人掌雜誌』第三期。此期特輯「鄉土與文化」，遂引發「鄉土文學論戰」。 ▲同月，帶領學生訪問黃天橫。 ▲同月，應高醫學院學生陳永興之邀，前往	△三月，『台灣文藝』改組，由鍾肇政接辦，請巫永福爲發行人。擴大版面，革新第一號刊「鍾理和作品研究專輯」。 △同月，『仙人掌』雜誌創刊。社長許長仁，主編王健壯。 △三月，李喬、洪醒夫來訪，於中文系「創刊研習會」演講。 △四月，「成大文藝獎」設立。 △五月，「鳳凰樹文學獎」得尉素秋教授捐贈一萬元退休金，故第五屆起贈列獎額及名額。競爭頗烈，以王麗華之詩作最傑出。

演講，臨時被校方取消。得識詩人鄭穗影。

▲同月，赴高雄海專、台南師專、台南神學院等處演講。

▲五月二日起，以「鐵英」之筆名，開始撰寫每週一篇「筆鄉書屋」。

▲八月，與成大得意門生四人合夥經營古書店「筆鄉書屋」。

▲九月，編集『吳濁流作品集』六卷，由台北遠行出版社出版。其中第三卷『波茨坦科長』因描寫戰後國民黨「接收」台灣之腐敗情狀，故甫出版即被警備總司令部查禁。

▲九月廿八日、十月廿六日、十二月卅一日連續發表三篇民初、戰前、戰後之國語課本論文於中國時報副刊，遂引起教育廳之重視收藏國語課本問題。

▲十月，奇遇王淑英於筆鄉書屋。

△同月，『詩潮』創刊。主編高準。

△六月，第八屆「吳濁流文學獎」正獎：陳千武、李篤恭；佳作：廖翱。

第五屆「吳濁流新詩獎」正獎缺；佳作：趙迺定，簡安良。

△同月，第二屆「鹽分地帶文藝營」於南鯤鯓舉行。

△同月廿九日至卅一日，官方召開「第二次全國文藝座談」。閉幕時，由王昇將軍致詞，為「鄉土文學論戰」打圓場。

△九月，『這一代』創刊，社長黃信介，總編輯張俊宏。

△同月，李雙澤救溺自斃。

△同月，『台灣風物』刊「楊雲萍教授退休紀念特輯」。

△十月，『台灣文藝』革新第三期刊「鄭清文作品研究專輯」。

△十一月，中壢事件爆發。

一九七八 卅九歲	▲三月，籌劃『台灣文藝』第58期「吳濁流作品研究專輯」。 ▲五月，譯「中國文學中的希望與絕望」發表於『前衛』第一輯。排印時，調查站得密報，強迫刪除一大段。 ▲六月，筆鄉書屋遭搜查。 ▲七月，與劉紹銘、胡萬川會見姜貴於台中。 ▲八月，接獲上野惠司寄來日本國立筑波大學外國人教師聘書，開始辦理留職停薪手續。 ▲同月，初訪王詩琅。 ▲十月，受聘爲第一屆吳三連文藝獎評審委員。 ▲同月，與張孝宗合編『張文環先生追思錄』。 ▲初識辜碧霞女士及台大考古系宋文薰、連照美小姐。 ▲十一月，開始於聯合報副刊發表「光復前的台灣文學作家作品」系列。首篇譯介龍瑛宗之「一個女人的紀錄」。	△元月，李喬「寒夜」開始連載於『台灣文藝』第57期。並刊出「李喬作品研究專輯」、「李雙澤紀念專輯」。 △二月十二日，張文環先生心臟病逝於台中。 △三月，陳映眞「夜行貨車」，宋澤萊「打牛湳村」發表於『台灣文藝』第58期。 △五月，張恒豪創刊『前衛』叢刊。 △六月，『台灣文藝』第59期刊「張文環先生紀念專輯」、「楊靑矗文學研究專輯」。 △七月，劉紹銘自美返台，訪南部文友。 △九月，鍾肇政主編「民衆日報副刊」。 △十月，聯副舉辦「光復前的台灣文學」座談會。參加者：王詩琅、王昶雄、巫永福、杜聰明、郭秋生、郭水潭、黃得時、葉石濤、楊雲萍、楊逵、廖漢臣、劉捷、劉榮宗。 △十月，『台灣文藝』第60期刊「黃春明作品研究專輯」。

	▲同月，於彰化青年音樂中心聯誼室演講「文學與人生」。 ▲十二月，與葉石濤、彭瑞金、王麗華、鍾鐵民、鍾延豪等會談於美濃朝元寺。決議發起建立「鍾理和紀念館」。 ▲同月，陳映眞南來訪問，與葉石濤、彭瑞金、袁壽規、王麗華、黃津清等人會談於高雄。 ▲十二月廿二日，取得護照並辦理簽證，廿六日取得出境證。翌日得悉美國通知蔣經國於元旦斷交。是夜得台南親友來電稱：安全單位約談。暫避一天。廿八日緊急購得機票。廿九日飛離台灣。下午抵東京。	△同月，第一屆「時報文學獎」設立。 △十一月，「台灣黨外人士助選團」成立。總聯絡人黃信介，執行秘書施明德。 △十一月，第一屆「吳三連文藝獎」發表。文學獎：陳若曦、姜貴，藝術獎：吳隆榮。 △十一月二十日，葉榮鐘先生去世。 △十二月，『台灣文藝』第61期刊「季季作品研究專輯」。 △十二月，美國宣布將於元旦與中共建交。 △國民黨宣布中央民意代表補選無限期延長。 △同月，余登發被捕，黨外大團結，於高雄示威，爲二・二八後之創舉。
一九七九 四十歲	▲一月，抵筑波大學報到。暫居上野惠司家。 ▲二月，塚本照和先生專程來訪。 ▲三月，初訪西川滿先生。 ▲同月，伴池田敏雄遊神田古書街。	△一月一日，中美建交，美國與國府斷交。 △一月八日，蔡瑞洋醫師去世。 △三月，李南衡編『日據下台灣新文學』五卷，由台北明潭出版社出版。

▲同月，文集『鳳凰樹專欄』由遠景出版社出版。

▲四月，福田桂二先生來訪，訂正『莎喲娜拉・再見』譯稿。

▲五月，田中宏教授來訪。

▲同月，於筑大中國研究會演講「台灣文學近況」。

▲六月，編輯『王詩琅全集』十一卷。由高雄德馨室出版社出版。

▲七月，詩人陳秀喜來訪，異國相見至歡。

▲十月，於東大台灣留學生會演講「台灣文學史之構想」。會上得識林宗義、連根藤、戴國煇、許極燉、林銀、張炎憲等。

▲十一月五日，『朝日新聞』文化版刊登「苦惱的台灣文學」。爲戰後於該報首次出現之台灣文學論文。

▲同月十日，於日本國立國文資料館參加第三回「國際日本文學研究集會」，演講「戰前台灣的日本文學」。會上重逢鄭清茂教授。

△同月，『台灣文藝』第62期刊「葉石濤作品研究專輯」、「葉榮鐘紀念專輯」。

△四月，陳婉眞、吳哲朗發行地下報『潮流』，爲二・二八後之創舉。

△六月，『八十年代』創刊。發行人康寧祥，總編輯司馬文武。

△同月，許信良因參加高雄示威，被懲停職桃園縣長。

△七月，鍾肇政、葉石濤主編『光復前台灣文學全集』共八卷，由台北遠景出版社出版。

△同月，『台灣文藝』第63期刊「日據時期台灣文學日文小說譯作專輯」。

△同月廿八日，黨外要求恢復選舉，於台中聚會，警民衝突，是爲「台中事件」。

△八月，『美麗島』雜誌創刊，發行人黃信介，社長許信良，總編輯張俊宏。

△同月，國府北美事務協調會紐約辦事處被炸。

△十月十三日，許信良自歐來日，於東大台灣留學生會演講。

		△十一月，『春風』創刊。榮譽發行人黃順興，榮譽社長張春男，社長王拓，總編輯蘇逸凡。 △同月，『台灣文藝』第64期刊「當代作家小說作品專輯」。 △十二月十日國際人權日，『美麗島』雜誌於高雄聚會，軍警壓民，造成大暴動。警方逮捕百餘人。是爲「高雄事件」，又稱「美麗島事件」。
一九八〇 四十一歲	▲元月，赴大阪，會塚本先生及其門生中島利郎、下村作次郎。參觀「增田文庫」及「民俗博物館」。 ▲二月以後，日夜痛苦，無所事事。	△一月八日，逃亡中之施明德、蔡有全、林弘宣三義士被捕。 △一月十六日，陳若曦返台，見蔣經國，要求公平處理「高雄事件」。 △二月，『亞洲人』創刊。發行人康寧祥，總編輯司馬文武。 △同月廿日，「高雄事件」軍事大審開始。 △二月廿八日，林義雄義士於受審庭上，義正辭嚴，遂遭致滅門慘案。母親及二女被殺死，另一女重傷。 △三月，第九屆「吳濁流文學獎」正獎：吳念眞、鍾延豪；佳作：吳錦發。

▲五月，受聘爲筑波大學「中華民國同學會」顧問。
▲全力整理西川滿著作。獨創書誌體裁。
▲八月，陳宏正來日，初會於東京。
▲九月，袁壽規赴美，途經日本，相會於東京。

第六屆「吳濁流新詩獎」正獎：賴伯修；佳作：鄭炯明。
第一屆「巫永福評論獎」正獎：葉石濤。。
△四月十八日國民黨軍事法庭以叛亂罪宣判施明德義士無期徒刑，黃信介義士十四年；張俊宏義士、姚嘉文義士、林義雄義士、呂秀蓮義士、陳菊義士、林弘宣義士各十二年。
△四月廿四日，高俊明牧師被捕。
△六月，陳逸松自大陸來日活動。
△同月，『台灣文藝』第67期刊「原鄉人作家鍾理和的故事專輯」。
△同月，鍾肇政著『台灣人三部曲』（沈倫、滄溟行、插天山之歌）由台北遠景出版社出版。
△八月五日，鍾理和紀念館破土於美濃故居。
△同月，『暖流』創刊。發行人康文雄，社長康寧祥，總編輯司馬文武。
△同月，『美麗島』在美復刊。社長許信良，執行總編輯陳婉貞。

	▲十月，拜訪王育德博士。	△十月，李喬『寒夜三部曲』（寒夜、荒村、孤燈）由台北遠景出版社出版。 △同月十一日，廖漢臣先生去世。 △十二月，『台灣文藝』第70期刊「一九八〇年小說專輯」、「笠詩刊一百期紀念專輯」。 △同月十六日中央民意代表改選。周清玉、許榮淑等『美麗島』家屬及關係者皆高票當選。
一九八一 四十二歲	▲四月，於筑波大學開授「台灣文學」課程，爲日本各大學之創舉。	△一月，『政治家』創刊。發行人兼總編輯鄧維楨。 △二月，『縱橫』創刊。發行人鄭臨安，總編輯宋國誠，副總編輯黃宗文。 △三月二日，蔡洪嬌娥義士入獄。 △三月三日，張春男義士入獄。 △三月九日，劉峯松義士入獄。 △同月卅一日，池田敏雄先生去世。 △四月，『進步』創刊。發行人鄭勝助，總編輯林世煜，社長林正杰，副總編輯林濁水。 △五月，第十屆「吳濁流文學獎」正獎：陳若曦；佳作：施明正。

	▲八月，應鳳凰來採訪有關台灣文學課程內容。 ▲十月，編輯『吳新榮全集』八卷，由遠景出版社出版。	第七屆「吳濁流新詩獎」正獎：許達然。第二屆「巫永福評論獎」正獎：謝里法。 △同月，『台灣文藝』第72期刊「江文也研究專輯」、「廖漢臣先生紀念專輯」。 △六月，『台灣風物』第卅一卷二期刊「池田敏雄先生逝世紀念專輯」。 △同月，『深耕』創刊。發行人黃石城。 △七月三日，陳文成博士被謀殺死於台灣。 △同月，『台灣文藝』第73期刊「台灣文學專輯」、「池田敏雄先生追念特輯」。 △七月卅一日，『台灣公論報』創刊於美國。 △九月，日本「台灣文學研究會」成立於天理大學。代表者塚本照和教授。 △同月卅日，葉劍英提出九點和平方案。台灣人大反感。 △十月，『關懷』創刊。發行人兼總編輯周清玉，社長謝長廷。
一九八二 四十三歲	▲一月卅日，於大阪YMCA國際社會奉仕中心演講「台灣的社會生活。」	△一月，『文學界』創刊。發行人陳坤崙，執行編輯許振江。

▲同月卅一日，於大阪市太融寺演講「吳新榮的文學」。

▲二月，楊碧川來訪。

▲四月，得許世楷博士之推介，兼任津田塾大學講師，開授「台灣文學與文化」。

▲七月二日，應紐約台灣客家同鄉會（會長陳達孝）之邀，赴美國演講旅行。

▲同月五日，客家會聚餐，演講「鍾理和文學」

▲同月六日，於郭尚五、楊葆非夫婦家初見陳芳明、謝里法。提議創刊『台灣文化』。

▲同月十一日，於紐約唐人街容閎小學演講「台灣客家人作家作品」。得識葉芸芸、陳心瑩。

▲同月十六日，自美返日。

▲八月，訪法政大學校長中村哲。

△二月，『台灣文藝』第75期刊「鍾肇政文學研究專輯」。

△四月，『新生代』創刊。發行人王應傑，總編輯汪立峽。

△五月，第十一屆「吳濁流文學獎」正獎：東方白；佳作：廖清山、吳錦發。

第八屆「吳濁流新詩獎」正獎：非馬；佳作：北一影。

△第三屆「巫永福評論獎」正獎：彭瑞金。

△六月，日本「台灣文學研究會會報」創刊。

△七月卅日，洪醒夫於豐原車禍死亡。

△九月，尤清主持「試談新黨組織與運作」。

△十月，美國「台灣文學研究會」成立。代表者許達然教授，執行秘書陳芳明。

△同月，『台灣文藝』第77期刊「台灣小說中的太平洋戰爭經驗專輯」。

	▲九月，得識河井公二先生。 ▲十月，於筑大外語中心第五回「外語教育研究會」報告研究成果「變成台灣話的日語——兼論『國語』教育」。 ▲同月，黃春明來日，相會於東京。 ▲十二月，楊逵自美返台，停留東京數日，會見之。	△同月卅日，楊逵於洛杉磯演講「從送報伕到壓不扁的玫瑰花」。由南加州台灣同鄉會及台灣文學研究會主辦。 △十二月，北美洲台灣人文藝協會成立於洛杉磯。選出理事長陳若曦，副理事長兼秘書黃根深。
一九八三 四十四歲	▲三月十七日，次子道南誕生於美國紐約。 ▲五月，李喬首次出國來訪。 ▲同月，顏尹謨來訪，邀至津田塾大學「台灣文化」課中演講「獄中作畫經驗」。 ▲同月，應日本民間團體「台灣政治犯救援會」之邀，演講「台灣之歌」。於會場初識林景明。	△一月，陳永興接辦『台灣文藝』，李喬任總編輯，提出台灣文學「本土化」主張。 △同月，『民主人』創刊。發行人陳淑美，總編輯鄧維賢。 △同月，台灣文藝社舉辦「台灣情歌雅集」，於台北耕莘文教院。

▲六月廿九日，起程赴美參加美東夏令營。

▲七月一日下午抵Univ. of Delaware報到。遇楊千鶴女士。

▲二日下午於大會演講台灣文學。並與陳若曦、洪銘水、陳永興主持文學組座談會。於大會期間得識陳淸風、黃根深、毛淸芬、陳錦芳、賴芳雄、王秋森、張惠雄、陳文成夫人等。四日夏令營結束。

▲五日，與陳永興夫婦接受陳文典、倪慧如之邀請，遊華盛頓市區。會李界木於陳宅。

▲七日，賴滄海接待遊賓州Longwood花園。夜於楊文傑家聚會，介紹山地神話。

▲八日，賴滄海導遊費城獨立紀念館，夜於南澤西同鄉會聚會，講日據時期「國語」教育問題。

▲九日下午至費城郊外楊文傑妻姊家聚會，舉行文化問卷遇陳逸松三子陳教授。

△同月，『鐘鼓鑼』創刊。發行人黃天福，社長陳水扁。

△二月，『夏潮論壇』創刊。發行人柯水源，社長黃溪南，總編輯蘇逸凡。

△同月，『生根』創刊。發行人許國泰，社長許榮淑。

△三月，小林典子畢業於筑大，爲日本第一位台灣文學士。

△同月，劉峯松發表「湖邊的兩個頑童」於『台灣文藝』第81期。

△同月，『前進』創刊。發行人林正杰，總編輯耿榮水。

△四月，『文季』復刊。發行人李南衡。

△同月，中央日報社、聯合報社被炸。

△同月，台灣文藝社爲紀念創刊二十週年，於耕莘文教院舉辦「台灣文學的過去與未來」演講會。由李喬策劃。詩組主持人：陳千武，主講人：羊子喬、趙天儀、陳明台。小說組主持：葉石濤，主講人：高天生、彭瑞金、林梵。

△五月，第十二屆「吳濁流文學獎」小說正獎：施明正；佳作：王幼華、林沈默。

▲十日，於蔡明殿家遇梁德明夫婦、蘇阿澤夫婦。下午抵伊色佳林博士家。夜於康乃爾大學系教室演講「台灣文學經驗」，同鄉約七十人。遇鄭昭夫、陳達文、徐王釆薇等人。

▲十一日，至康大圖書館訪王政源先生，找得珍籍一冊。夜抵紐約王耀南宅。

▲十二日，與洪銘水至謝里法家。

▲十三日上午洪銘水陪至哥倫比亞大學圖書館。下午黃再添接至台灣研究會場，與許登源、洪哲勝等十數位同鄉座談「台灣文學史方法」。

▲十五日，至紐約惠恩教堂演講「台灣文化」。台灣研究會主辦、紐約同鄉會協辦。

▲十六日抵南卡州哥倫比亞參加美南夏令營，演講「台灣人的覺醒」。

▲十八日上午抵燕京圖書館訪賴永祥教授。下午至麻省理工學院演講，遇尤勝雄。

▲廿一日抵休士頓，呂志平、陳胎耀接往農工大學同鄉會演講。會後至葉志平家聚談。

新詩正獎：鄭炯明；佳作：宋澤萊。第四屆巫永福評論獎：何欣、尉天驄。

△同月，陳永興發表「全面推展台灣文藝復興運動」於『台灣文藝』第82期。

△六月，葉芸芸發行『台灣與世界』創刊。

△同月，「台灣詩季刊」創刊。發行人兼主編林佛兒。

▲廿二日至休城，會許定烽、邱忠勇，於同鄉會館演講，見陳逸松女兒及王井泉先生之公子。

▲廿四日訪陳若曦，與許木杜、林正弘、謝正一等聚餐。

▲廿五日至史丹福大學與台灣研究者座談。於胡佛圖書館找書。

▲廿六日會楊加猷。下午林衡哲接往許丕龍家，見蕭泰然作曲。

▲廿八日，下午會翁朱里及吳南河。夜會郭德金及『台灣思潮』同仁。

▲廿九日，陳芳明導遊英美文學珍本圖書館。下午至洛城會場，舉行文化測驗。見艾琳達、百華妹。深夜於芳明家召開台灣文學研究會臨時會議。

▲卅日離美返日。

▲十月，東大文學博士張炎憲來告辭。

▲十一月，得識兒童文學家百百佑利子女士於筑大。

△八月七日，鍾理和紀念館成立於美濃。

△九月十日，「黨外編輯作家聯誼會」成立。

△十月，『前瞻』創刊。發行人費希平，社長周清玉，總編輯史非非。

△同月四日，林文珍義士保外就醫。

△同月八日，楊青矗義士出獄。

△同月十八日，陳忠信義士、張富忠義士出獄。

△同月，張炎憲獲東大文學博士學位，返台任職於中研院三民所。

△十一月，第一屆台美基金會人才成就獎發表。科技工程獎：廖述宗；社會服務獎：陳五福；人文科學獎：楊逵、江文也。

	▲同月，見林海音、余阿勳於東京。 ▲十二月，陳逸松夫婦來訪。	△十二月七日，余阿勳病逝於東京。
一九八四 四十五歲	▲一月一日，主編『台灣公論報』之「台灣文化專刊」(每月一期)。 ▲二月，赴東大台灣同學會演講「旅居東京的三位台灣作家」。 ▲三月，任「台灣文庫」顧問。 ▲五月五日，受楊逸舟先生宴請，得識黃有仁。 ▲五月二十日，參加社團法人中國研究所學行之「一九八四年文學研究集會」。於文學分科會發表「台灣文學的現況——『寒夜三部曲』為主」。 ▲六月，「台灣文學專刊」改為半月一期。 ▲同月，會王曉波於東京。 ▲七月十一日赴歐參加第十一屆世界台灣同鄉會。 ▲十三日抵海德堡世台會場報到。夜放幻燈片。	△二月，自立晚報社和台灣文藝社於台北耕莘文教院共同舉辦「台灣文學討論會」，邀請陳若曦、許達然、楊青矗演講。 △三月，為慶祝『台灣文藝』20週年，於台北市內湖碧山巖舉辦文藝活動。 △同月，第十三屆「吳濁流文學獎」小說正獎：鍾鐵民、李喬。新詩正獎：宋澤萊；佳作：曾貴海第五屆「巫永福評論獎」正獎：趙儀。 △同月，美國台灣出版社推出「台灣文庫」第一批書：韓國鐄等著『江文也的生平與作品』，吳濁流著『無花果』，彭明敏著『自由的滋味』。 △同月，『自由時代』創刊。總監李敖，發行人林世煜，社長陳水扁。

▲十四日大會開幕。主持台灣文化測驗並講解之。

▲十五日中午大會閉幕。於大會期間得識劉重義、許信良、陳美津夫婦、編聯會劉副會長、陳翠玉、高雅美、陳都會長等。會後訪林玉夫婦。

▲十六日上午三時抵西柏林盧榮杰家。下午遊東西德交界處。夜於盧家小聚會，得識吳森吉博士。

▲十七日下午抵西德漢堡，於李健夫之飯店聚餐，會談至晚，夜宿曾豐田之家。

▲十八日上午杜淑貞導遊湖濱。下午至吳慰民家聚會。夜遊自由街。

▲十九日下午抵荷蘭阿姆斯特丹。夜遊運河街。

▲二十日抵比利時蔡命時家。夜於蘇復泰之餐館會餐。

▲廿一日中午何康美、陳滿江、陳憲治來會於蔡宅。夜抵巴黎邱啓彬家。鄭欣等來會。

▲廿二日遊凡爾賽宮。夜遊巴黎。

△五月，張炎憲發表「戰後台灣史研究的發展脈絡」於『台灣文藝』第88期。

△六月，『蓬萊島』創刊。創辦人黃天福，社長陳水扁，總編輯黃森松。

△同月，『新潮流』創刊。發行人吳乃仁，編輯賀端蕃。

△同月，紀萬生義士出獄。

△七月二日，周平德、邱茂男義士出獄。

△七月，『開拓』創刊。總監李敖，社長陳水扁。

△同月，『薪火』創刊。發行人耿榮水。

△七月廿八日，劉峯松義士出獄。

△八月，『發表』創刊。總監李敖，發行人周伯倫，社長陳水扁。

△八月十五日，林義雄義士、高俊明義士、許晴富義士出獄。

△九月，『台灣文藝』第90期刊「林義士歸來專輯」。

△九月五日，王拓義士、蔡有全義士出獄。

▲廿三日，離法返日。
▲九月一日，滿四十五歲。

張良澤　著作年表

張英雪編

年代	年齡	日期	發表處所	作品名	類別	編號
一九五〇	11歲		（未發表）	＊矮爺和柳爺	傳說	0
一九五七	18歲	6・20	公論報副刊	喜劇	小說	1
		7・6	公論報副刊	夏天的故事	小說	2
		9・13	南師青年	一封信—寄南市農村服務隊一同志	散文	3
		10・1	青年天地	善良的劊子手	散文	4
		10・10	南師青年	衛生教育宣傳側記	散文	5
		11・24	南師青年	談師範生嚴重的自卑心理	論文	6
		11・24	商工日報副刊	貝殼的糾紛	小說	7
		11・24	南師青年	總統的睿智及其偉大	論文	8
		11・28	國語日報	芳鄰	散文	9
		12・4	國語日報	他（上）	散文	10
		12・5	國語日報	他（下）	散文	11
		12・16	商工日報副刊	吃飯生百態（一—三）	雜文	12
		12・22	商工日報副刊	夜拾者	散文	13
		12・30	商工日報副刊	文章公司	散文	14
一九五八	19歲	1・1	南師青年	追蹤	小說	15
		1・1	青年天地	「吃飯生」苦樂曲	散文	16
		1・5	商工日報副刊	吃飯生百態（四—七）	雜文	17
		1・10	商工日報副刊	女英雄	散文	18
		1・16	商工日報副刊	吃飯生百態（八）	雜文	19
		1・17	商工日報副刊	吃飯生百態（九）	雜文	20
		1・18	商工日報副刊	吃飯生百態（十）	雜文	21

		1．25	商工日報副刊	吃飯生百態（十一）	雜文	22
		1．25	商工日報副刊	新鞋記	散文	23
		1．28	商工日報副刊	吃飯生百態（十二）	雜文	24
		1．29	商工日報副刊	吃飯生百態（十三）	雜文	25
		2．2	商工日報副刊	吃飯生百態（十四）	雜文	26
		2．5	商工日報副刊	吃飯生百態（十五）	雜文	27
		2．7	商工日報副刊	吃飯生百態（十六）	雜文	28
		2．8	商工日報副刊	我抽煙的歷史	散文	29
		2．11	商工日報副刊	吃飯生百態（十七）	雜文	30
		2．13	商工日報副刊	吃飯生百態（十八）	雜文	31
		2．27	商工日報副刊	這一代	小說	32
		3．29	青年天地	致「愛的波折」	散文	33
		6．1	青年天地	離情依依	散文	34
		6．1	青年天地	旅行偶記	散文	35
		6．16	國教之友	實習隨筆	散文	36
		7．9	國語日報副刊	我被天性玩弄了	散文	37
		7．10	中央日報副刊	榮譽袋	散文	38
		8．6	新生報南版副刊	手段與目的	小說	39
		8．9	青年戰士報	眞理	小說	40
		8．28	聯合報副刊	風雨夜來客	小說	41
		9．10	聯合報副刊	溫暖	散文	42
		9．30	青年天地	空中三十分	散文	43
		11．1	青年天地	征途	散文	44
		11．1	青年天地	足跡	詩	45
		12．1	商工日報副刊	派克二十一	小說	46
		12．23	商工日報副刊	緊急剎車	散文	47
一九五九	20歲	1．1	青年天地	太陽、襯布	詩	48
		2．14	冬令營國光報	短簡	散文	49
		5．20	青年天地	山的故事	散文	50
一九六〇	21歲	1．16	新生報南版副刊	旅	散文	51

		1·19	商工日報副刊	背十字架的人	小說	52
		1·26	商工日報副刊	老伙伴	小說	53
		2·6	商工日報副刊	十年—參加同窗會有感	散文	54
		2·17	商工日報副刊	罹難—病院中偶感	散文	55
		2·22	商工日報副刊	生命	散文	56
		3·2	商工日報副刊	加冕	散文	57
		3·15	商工日報副刊	出院	散文	58
		4·6	民聲日報副刊	她的畫像	小說	59
		4·10	商工日報副刊	友情	散文	60
		4·18	民聲日報副刊	禁煙會	散文	61
		4·30	聯合報副刊	蒼白	小說	62
		6·1	聯合報副刊	約翰！約翰	小說	63
		6·1	彰化教師文藝3	病床下	散文	64
		6·12	聯合報副刊	龜蛇	小說	65
		6·27	聯合報副刊	仙人跳	小說	66
		8·18	聯合報副刊	旅途	小說	67
		10·15	教育輔導月刊十卷10期	火	散文	68
		12·21	聯合報副刊	雲	小說	69
一九六一	22歲	2·27	聯合報副刊	鍾聲	小說	70
		3·16	聯合報副刊	生存的條件	小說	71
		3·29	聯合報副刊	還給我孩子	小說	72
		6·3	聯合報副刊	逃	小說	73
		8·25	聯合報副刊	陌生的旅客	小說	74
一九六二	23歲	2·28	聯合報副刊	序幕(一)—(九) 3·8	小說	75
		4·29	聯合報副刊	大西瓜	小說	76
		11·8	聯合報副刊	爸，請來吃飯	小說	77

一九六三	24歲	6・12	自費油印本	李鴻章對俄外交（初稿）合撰者：王應通、汪學善、鍾石昌、蕭慶川、張良澤	論文	78
一九六四	25歲	4・1	台灣文藝1	朋友回去後	小說	79
一九六五	26歲	4・1	台灣文藝7	如果我現在就死去	小說	80
		6・1	自費油印限本	『莊子內七篇譯評』	論文	81
		10・25	文壇社發行	『本省籍作家作品選集』第三輯（鍾肇政主編）	小說集	82
一九六六	27歲	4・1	台灣文藝11	夏日最後的玫瑰	小說	83
一九六七	28歲	2・1	中國地方自治廿卷7期	由日本看祖國（一）	報導	84
		3・1	中國地方自治廿卷8期	由日本看祖國（二）	報導	85
		4・1	中國地方自治廿卷9期	由日本看祖國（三）	報導	86
一九六八	29歲	5・1	中國地方自治	日本的這一代	報導	87
		10・15	中央日報副刊	詩無定詁（吉川幸次郎原作）	翻譯	88
		12・1	大陸雜誌卅七卷11期	梁啓超逃亡日本始末（增田涉原作）	翻譯	89
		12・18	中央日報副刊	話柳架（吉川幸次郎原作）	翻譯	90
一九六九	30歲	1・1	大安 一五八	中國小說的歷史變遷（一）魯迅原著、上野惠司共譯	翻譯	91
		1・1	自由談20卷1期	金閣寺（一）三島由紀夫原著、鍾肇政合譯	翻譯	92
		2・1	大安 一五九	中國小說的歷史變遷（二）	翻譯	93
		2・1	自由談20卷2期	金閣寺（二）	翻譯	94
		3・1	大安 一六〇	中國小說的歷史變遷（三）	翻譯	95

		3・1	自由談20卷3期	金閣寺（三）	翻譯	96
		4・1	大安　一六一	中國小說的歷史變遷（四）	翻譯	97
		4・1	自由談20卷4期	金閣寺（四）	翻譯	98
		4・27	中央日報副刊	唐詩的報導性（鈴木修次原作）	翻譯	99
		5・1	大安　一六二	中國小說的歷史變遷（五）	翻譯	100
		5・1	自由談20卷5期	金閣寺（五）	翻譯	101
		5・4	學林4期	「制度通」小記	論文	102
		5・6	中央日報副刊	老子與莊子的先後問題（金谷治）	翻譯	103
		6・1	大安　一六三	中國小說的歷史變遷	翻譯	104
		6・1	自由談20卷6期	金閣寺（六）	翻譯	105
		6・1	大陸雜誌卅八卷	明月高掛三笠山顛（小川環樹）	翻譯	106
		7・1	自由談20卷7期	金閣寺（七）	翻譯	107
		8・1	自由談20卷8期	金閣寺（八）	翻譯	108
		9・1	自由談20卷9期	金閣寺（九）	翻譯	109
		9・30	中國時報副刊	美神（三島由紀夫作）	翻譯	110
		10・1	自由談20卷10期	金閣寺（十）	翻譯	111
		10・19	中華日報副刊	藜羹（渡邊卓作）	翻譯	112
		11・1	自由談20卷11期	金閣寺（十一）	翻譯	113
		12・1	晚蟬書店發行	『金閣寺』（三島由紀夫原著、鍾肇政合譯）	翻譯	114

一九七〇	31歲	3・1	大陸雜誌四十卷5期	日唐交涉史餘話（栗原明信作）	翻譯	115
		3・1	大陸雜誌四十卷5期	論「細雨夢回鷄塞遠」之句意（竹內照夫作）	翻譯	116
		3・15	大陸雜誌四十卷6期	雜書雜談（增田涉作）	翻譯	117
		4・26	中央日報副刊	觀山海經圖（湯川秀樹作）	翻譯	118
		10・1	成大青年29	漫談我的寫作經驗	散文	119
		12・1	大學論壇32	三島由紀夫其人其文其死	評論	120
		12・1	晨鐘出版社	『假面的告白』（三島由紀夫原著）	翻譯	121
		12・1	成大青年30	談三島文學及其他	論文	122
		12・20	喜悅 1	假面下的象徵	論文	123
一九七一	32歲	2・1	大陸雜誌四二卷3期	清末小說在日本	翻譯	124
		3・1	大陸雜誌四二卷5期	齋子學概要	翻譯	125
		5・4	學林 6	中日文化交流溯源及漢籍之輸日	論文	126
		8・1	大學雜誌	人類・猿猴與基本粒子（上）湯川秀樹・宮地傳三郎對話錄	翻譯	127
		9・1	大學雜誌	人類・猿猴與基本粒子（下）湯川秀樹・宮地傳三郎對話錄	翻譯	128
一九七二	33歲	1・1	巨人出版社	「生存的條件」（收於『中國現代文學大系』第三輯）	小說	129
		3・18	中華日報副刊	評成大新文藝佳作八篇	評論	130
		4・1	成大中文系刊 7	近世日人對水滸傳之研究	論評	131
		4・1	中華文藝	櫻島（上）（梅崎春生作）	翻譯	132
		5・1	中華文藝	櫻島（中）	翻譯	133
		6・1	中華文藝	櫻島（下）	翻譯	134
		10・25	中華日報副刊	親情	散文	135
		11・10	中文系報 1	賀發刊並勗勉工作同學	散文	136

年	年齡	日期	刊物	篇名	類別	編號
		12・1	成功思潮 20	自然與社會（湯川秀樹、大塚久雄對話錄）	翻譯	137
		12・12	中華日報副刊	慕	散文	138
一九七三	34歲	1・1	台灣文藝 38	論「有一個死」之化平面爲立體	評論	139
		2・25	中華日報副刊	飄起的氣球	散文	140
		3・24	中華日報副刊	給有志於寫小說的人（一）—（六）3・29（小林勝原作）	翻譯	141
		6・18	文心 1	評介成大中文系文藝創作十篇	評論	142
		7・24	中華日報副刊	小說主人翁的創造（一）—（四）7・27（椎名麟三原作）	翻譯	143
		10・1	青年天地191	小說欣賞與創作（一）	論文	144
		11・1	青年天地192	小說欣賞與創作（二）	論文	145
		11・1	中外文學二卷6	從鍾理和的遺書說起	論文	146
		11・15	文季 2	鍾理和的文學觀	論文	147
		11・15	興業圖書公司	『學問的世界』（增田涉等著）	譯著	148
		12・1	青年天地193	小說欣賞與創作（三）	論文	149
		12・13	中華日報副刊	鍾理和作品論（一）—（四）12・16	論文	150
			中華日報副刊	文學印象—烏脚病防治中心訪問記	剪輯	151
一九七四	35歲	1・1	青年天地194	小說欣賞與創作（四）	論文	152
		1・1	書評書目 9	鍾理和作品概述（上）	論文	153
		1・2	中華日報副刊	「融融新邨」集評（一）—（四）1・5	剪輯	154
		1・26	中華日報副刊	旅情	小說	155
		2・1	書評書目10	鍾理和作品概述（中）	論文	156
		3・1	書評書目11	鍾理和作品概述（下）	論文	157
		4・1	中外文學二卷11	鍾理和作品的日本經驗與祖國經驗	論文	158
		5・1	文心 2	楊青矗的世界	評論	159
		7・1	大行出版社	『倒在血泊裏的筆耕者』	論集	160
		9・1	大學雜誌	一片稚情對學問	散文	161

		9・1	大行出版社	『最新日文綜合讀本』	編著	162
一九七五	36歲	2・1	文皇出版社	『中國的隱者—亂世與知識份子』（富士正晴原著）	翻譯	163
		2・1	中外文學三卷9	吳濁流的社會意識（上）	論文	164
		3・1	中外文學三卷10	吳濁流的社會意識（下）	論文	165
		5・1	大行出版社	『鵝媽媽出嫁』（楊逵著）	編輯	166
		9・1	大行出版社	『泥沼中的金鯉魚』（吳濁流著）	編輯	167
		10・22	中央日報副刊	不屈的文學魂（一）—（四）10・25	論文	168
一九七六	37歲	2・1	大行出版社	『故鄉』（鍾理和遺著）	編輯	169
		3・1	豐生出版社	「歷屆鳳凰樹文學獎得獎作品評介」（收於『鳳凰樹文學獎作品選』第一輯）	評論	170
		5・1	巨人出版社	「舊照與臍帶」（收於『我的母親』陳秀喜編）	散文	171
		7・1	大行出版社	『生存的條件』	小說集	172
		10・1	輝煌出版社	「不屈的文學魂」（收於『壓不扁的玫瑰花』楊素絹主編）	論文	173
		10・1	台灣文藝53	念吳老	散文	174
		11・1	遠景出版社	『鍾理和全集』八卷	編輯	175
		11・1	出版家52	吳濁流・楊逵作品專論	評論	176
		11・29	中華日報「文教」	關於『鍾理和全集』	評論	177
		12・3	台灣新生報	懷念吳濁流先生	散文	178
一九七七	38歲	2・10	中華日報副刊	馴服野馬的人	散文	179
		3・1	台灣文藝54	與葉石濤秉燭談鍾理和（彭瑞金記錄）	對談	180
		3・1	大學雜誌105	吳新榮先生傳略	評論	181
		3・27	琑琅山房	『震瀛追思錄』（吳新榮紀念集）	編輯	182
		3・27	琑琅山房	『震瀛回憶錄』（吳新榮遺著）	編輯	183

3.27	瑣琅山房	『震瀛採訪錄』(吳新榮遺著)	編輯	184
3.27	台灣新生報	熱血愛國的詩人——吳新榮先生傳略	評論	185
4.1	仙人掌雜誌2	我來自泥土	散文	186
4.1	夏潮13	吳新榮先生傳略	評論	187
5.2	自立晚報副刊	巡査補	評論	188
5.9	自立晚報副刊	黃永武博士的新詩	評論	189
5.16	中國時報副刊	我愛美濃	散文	190
5.16	自立晚報副刊	劉兆祐博士的新詩	評論	191
5.23	自立晚報副刊	工人作家—楊青矗	評論	192
5.30	自立晚報副刊	含淚猶讀『望春風』	評論	193
6.1	夏潮15	小烏脚病的一天	報導	194
6.13	自立晚報副刊	美濃盛事	評論	195
6.20	自立晚報副刊	將軍典範	評論	196
6.27	自立晚報副刊	乃木將軍	評論	197
7.4	自立晚報副刊	一本書的的啓示	評論	198
7.11	自立晚報副刊	鳳凰花頌	評論	199
7.18	自立晚報副刊	書生本色	評論	200
8.1	自立晚報副刊	新台灣大學的構想	評論	201
8.8	自立晚報副刊	台灣研究所	評論	202
8.10	今日美濃	鍾理和的生平	評論	203
8.15	自立晚報副刊	懷念青輔會	評論	204
8.22	自立晚報副刊	日本奇觀之一	評論	205
8.29	自立晚報副刊	日本奇觀之二	評論	206
9.5	自立晚報副刊	可愛的青年	評論	207
9.12	世界日報	我來自泥土(轉載)	散文	208
9.12	自立晚報副刊	應未遲論「台灣人」	評論	209
9.19	自立晚報副刊	讀中文系的感想	評論	210
9.28	中國時報副刊	民初最早的小學課本	論文	211
9.30	遠行出版社	『吳濁流作品集』六卷	編輯	212
10.3	自立晚報副刊	公寓人	評論	213
10.17	自立晚報副刊	作家的傲氣	評論	214

		10・24	自立晚報副刊	小兒入學記	評論	215
		10・26	中國時報副刊	台灣光復初期的小學國語課本兼談當時台胞的「國語熱」	論文	216
		10・31	自立晚報副刊	感激之夜	評論	217
		11・7	自立晚報副刊	現代女大學生	評論	218
		11・14	自立晚報副刊	開放的政治	評論	219
		11・21	自立晚報副刊	改善都市交通芻議	評論	220
		12・5	自立晚報副刊	從郵件遺失說起	評論	221
		12・12	自立晚報副刊	再說女大學生	評論	222
		12・19	自立晚報副刊	痲將與我	評論	223
		12・26	自立晚報副刊	吳濁流遺事	評論	224
		12・31	中國時報副刊	日據時期台灣的國語課本	論文	225
一九七八	39歲	1・2	自立晚報副刊	再說郵政	評論	226
		1・16	自立晚報副刊	文學何罪	評論	227
		2・6	自立晚報副刊	國民性	評論	228
		2・20	自立晚報副刊	張文環先生逝世	評論	229
		2・27	自立晚報副刊	愛國者言	評論	230
		3・6	自立晚報副刊	肯定自己的東西	評論	231
		3・13	自立晚報副刊	南台灣文獻的耕耘者	評論	232
		3・20	台灣風物廿八卷1期	台灣關係書誌提要	評論	233
		3・20	自立晚報副刊	「終戰的賠償」	評論	234
		3・27	自立晚報副刊	評介小說佳作二篇（上）	評論	235
		4・3	自立晚報副刊	評介小說佳作二篇（下）	評論	236
		4・10	自立晚報	日本青年	評論	237
		4・15	成大校刊50	記熱愛文學的高衆望同學	散文	238
		4・17	自立晚報副刊	鳳凰樹文學獎讚	評論	239
		5・1	自立晚報副刊	被閹割的大學生	評論	240
		5・4	前衛1	中國文學中的希望與絕望（吉川幸次郎作）	翻譯	241
		5・8	自立晚報副刊	高希均的頌詩	評論	242

5・15	自立晚報副刊	外語教育	評論	243
5・22	自立晚報副刊	愛我的人	評論	244
5・29	自立晚報副刊	救救『台灣文藝』	評論	245
6・5	自立晚報副刊	陳秀喜的詩	評論	246
6・12	自立晚報副刊	欣見「前衛」	評論	247
6・19	自立晚報副刊	「台灣人物叢談」	評論	248
6・24	自立晚報副刊	國民的表情	評論	249
6・26	自立晚報副刊	熱鬧的省議會	評論	250
7・3	自立晚報副刊	罰鍰與基本定價	評論	251
7・8	自立晚報副刊	且談通貨	評論	252
7・10	自立晚報副刊	調整年度	評論	253
7・17	自立晚報副刊	豐子愷的文章	評論	254
7・31	自立晚報副刊	台灣文學的實驗	評論	255
8・7	自立晚報副刊	烽火情誼	評論	256
8・14	自立晚報副刊	異國知音	評論	257
8・21	自立晚報副刊	阮籍善嘯	評論	258
8・28	自立晚報副刊	有關機關	評論	259
9・4	自立晚報副刊	噩夢	評論	260
9・11	自立晚報副刊	羞於談吃	評論	261
9・20	民衆日報副刊	眞假女人	評論	262
9・26	民衆日報副刊	賣蕃麥的女孩子	評論	263
10・1	追悼委員會	『張文環先生追思錄』	編輯	264
10・2	自立晚報副刊	林佛兒的早期作品	評論	265
10・6	民衆日報副刊	賴和論（王詩琅原作）	翻譯	266
10・9	自立晚報副刊	工作鬼	評論	267
10・16	自立晚報副刊	向林梵致敬	評論	268
10・23	自立晚報副刊	『台灣文藝』的生機	評論	269
10・25	前衛2	植有木瓜的小鎭（龍瑛宗原作）	翻譯	270
10・30	自立晚報副刊	燕子的悲鳴	評論	271
11・13	自立晚報副刊	鼓勵移民	評論	272
11・19	聯合報副刊	一個女人的記錄（上）（龍瑛宗原作）	翻譯	273

		11・20	聯合報副刊	一個女人的記錄（下）	翻譯	274
		12・4	自立晚報副刊	告別「鳳凰樹」方塊	評論	275
		12・16	聯合報副刊	亡妻記（上）（吳新榮原作）—逝去青春的日記	翻譯	276
一九七九	40歲	2・10	聯合報副刊	亡妻記（下）—回憶前塵	翻譯	277
		3・1	台灣文藝63	葉榮鐘先生作品概述	論文	278
		3・1	遠景出版社	『鳳凰樹專欄』	論集	279
		6・1	德馨室出版社	『王詩琅全集』十一卷	編輯	280
		9・27	民衆日報副刊	禿頭港的故事（一）—（廿三）10・29	翻譯	281
		10・5	朝日新聞	難以理解的「連呼」	投書	282
		11・5	朝日新聞	苦惱的台灣文學	論文	283
一九八〇	41歲	2・1	東京國際日本文學研究集會會議錄（第3回）	戰前台灣的日本文學—以西川滿爲例	論文	284
		2・23	アンドロリダ一二六	西川滿著作圖錄	編輯	285
		4・1	暖流21	台灣文學雜誌	評論	286
		4・30	咿啞13	戰後的台灣文壇——台灣文學史的考察	論文	287
		8・1	人間之星社	『西川滿著作書誌』（單行本之部）	書誌	288
		10・1	台灣文藝69	日本統治期台灣文學管見（上）（塚本照和原著）	翻譯	289
		12・1	台灣文藝70	日本統治期台灣文學管見（下）	翻譯	290
一九八一	42歲	2・12	人間之星社	『西川滿著作書誌』（戰前雜誌之部）	書誌	291
		6・30	台灣風物卅一卷2期	池田敏雄先生著作總目	論文	292
		6・30	台灣風物卅一卷2期	史料拾遺（池田敏雄原作）	翻譯	293
		7・1	台灣文藝73	池田敏雄先生事略	評論	294

		7・1	台灣文藝73	張文環及其周邊的事（池田敏雄原作）	翻譯	295
		7・1	台灣文藝73	我愛吳新榮	散文	296
		9・10	出版與讀書29	永不止息的愛心—吳新榮全集序	評論	297
		10・1	遠景出版社	『吳新榮全集』八卷	編輯	298
一九八二	43歲	7・26	中報	從「倒在血泊裏的筆耕者」到「金排附」（蔡秀琴記錄）	演講	299
		9・13	聯合報副刊	村落的元老（上）（張文環原作）	翻譯	300
		9・14	聯合報副刊	村落的元老（下）	翻譯	301
		11・2	人間之星社	『日孝山房魁星樓所藏台灣關係書誌』	書誌	302
		12・31	台灣文學研究會會報	台灣文學關係雜誌介紹（一）	評論	303
一九八三	44歲	3・1	台灣雜誌23	姊妹（疑雨山人原作）	翻譯	304
		3・1	筑波中國文化論叢2	讀『台陽詩話』劄記	論文	305
		3・1	台灣風物卅三卷1期	讀『台陽詩話』劄記（上）	論文	306
		6・1	台灣風物卅三卷2期	讀『台陽詩話』劄記（下）	論文	307
		6・1	台灣與世界1	台灣原始神話傳說大系(一)附小序	譯著	308
		6・1	中國語研究22	變成台灣話的日語—兼談「國語」教育	論文	309
		7・15	台灣文藝83	中村哲印象記	散文	310
		7・15	台灣文藝83	憶台灣人作家（中村哲原作）	翻譯	311
		8・1	台灣與世界3	台灣原始神話傳說（二）（小川尙義原著）	翻譯	312
		9・1	台灣與世界4	海外文化運動的轉捩點（葉芸芸整理）	談話	313
		9・15	台灣文藝84	西川滿先生著作書誌	評論	314
		9・30	咿啞16	我的台灣文壇遍歷	評論	315
		10・1	台灣與世界5	台灣原始神話傳說（三）	翻譯	316

		11·31	台灣文學研究會會報3	台灣文學關係雜誌介紹(二)	評論	317
		12·31	台灣與世界7	台灣神話傳說(四)	翻譯	318
一九八四	45歲	1·1	台灣公論報	做一個二脚的人(刊頭詞)	評論	319
		1·1	文化專刊1	從「無花果」看吳濁流的台灣人意識	論文	320
		1·1		貢獻台灣文化的書和人(一)	評論	321
		2·1	台灣文化專刊2	台灣文化協會鬥士林冬桂先生	評論	322
		3·1	筑波大學「外國語教育論集」6	台灣語是什麼?—兼評台灣語著作書誌	論文	323
		3·3	台灣文化專刊3	平埔族非漢人論——評「苗栗鯉魚潭潘氏源流考」	論文	324
				日本第一位台灣文學士	評論	325
				日本農業之恩人—山本亮博士	評論	326
				余阿勳著「涓涓集」	評論	327
				貢獻台灣文化的書和人(二)	評論	328
		5·2	台灣文化專刊5	中國政府讚美日帝佔台	評論	329
		7·4	台灣文化專刊8	江文也補遺	評論	330
		7·15	台灣文藝89	一本被遺忘了的戰前台灣長篇小說—『暖流寒流』	論文	331
		7·18	台灣文化專刊9	評介小早川篤四郎著『台灣歷史畫』	評論	332
		8·1	文學界11	江文也的意氣昂揚詩	評論	333
		8·4	台灣文化專刊10	台灣文化的導師楊雲萍教授	評論	334
		8·15	台灣文化專刊11	鍾肇政著作簡介	評論	335
				戰前在台灣的日本文學—以西川滿爲例(上)	論文	336
		9·1	春風叢刊2	台灣原始神話傳說	翻譯	337

	9・1	12 台灣文化專刊	戰前在台灣的日本文學（下）	論文	338

至一九八四年九月一日，正滿四十五歲（虛歲四十六）。
計發表作品三三八篇次。
共出版單行本五十三卷。（小說創作一卷、小說合集一卷、評論集二卷、日文讀本二卷、書誌三卷、編輯四十卷、翻譯四卷。）

斯人獨憔悴

——『四十五自述』讀後

黃英哲

那年春天，正是胡適公園山坡上的杜鵑花開得最嫣紅的時候，我辭掉衆人羨慕的一份好工作，決定前往東瀛，尋求自年少時代即有的一個浪漫的夢想——我要穿着芒鞋，踏遍扶桑的落櫻。臨行之際，好友炎憲、碧川、筱峯再三叮嚀到了筑波大學之後，如碰到任何困難或者需要任何協助，儘可以去找張老師。筱峯還特別用毛筆寫了一封正式介紹信，要我轉交張老師。當時還問筱峯是否和張老師很熟呢？筱峯說：「是很熟，可是到現在我始終未曾和他見過面，但感覺上和張老師好像已經是多年的朋友一樣，尤其從張老師來信的字裏行間，我可以體會到他的赤誠與熱情。」

第一次知道有張老師的存在，是在我讀高中的時候，有一次在逛書店時，在書架的角落裏，發現一本已風漬的書『倒在血泊裏的筆耕者』，當時我只隨手翻一翻，並沒有仔細閱讀內容，可是對於令人有點怵目驚心的書名與突出封面設計卻留下深刻印象，當然作者的名字也留存在我的腦底。上了大學之後，剛好那些時候中國三十年代文學作品，大量被翻版暗中出售，我每天幾乎沈醉在魯迅、老舍、茅盾、巴金、錢鍾書等人的世界裏。直到有一天，同班同學劉素惠（家住羅東，唸了一年卽轉往日本留學，從此無音訊）拿了『原鄉人』、『夾竹桃』問我看過沒有？知道「鍾理和」是誰嗎？我說我沒看過，也不知道有「鍾理和」這個作家。當時，我還是隨手翻一翻，也無意借來看一看，但卻注意到書的編者是張老師。大三那一年，經常和良露（現在好像當了電視製作人）在一起，整天談的不是卡謬、卡夫卡、紀德，就是英格瑪柏格曼、高達、費里尼。可是在一個星期天，她卻說要帶我到淡水去找一位從成大數學系插班到淡江建築系的朋友，我永遠記得他講話的神態——嗓門很大，很容易衝動，時時流露着熾熱的眼神。他說他是成大「大陸問題研究社」的漏網之魚，彰化馬鳴山古厝是他的家。那次閒聊中的主題，除了圍繞在他們大陸問題研究社及寫『天讎』的凌耿（似乎已被遺忘了）外，就是談台灣鄉土、台灣古老的建築及鍾理和、吳濁流的文學作品，當然他也談到了他們成大的張老師。在那回的談話之後，回到台北，我卽刻把「鍾理和全集」和「吳濁流選集」，一字不漏的看完。

在我決定要來日本之前，恰好S小姐從筑波大學回台渡假，那時，張老師已在筑大任教四、五年了。有個晚上，炎憲、我、還有S小姐一道吃飯。席上談到張老師時，S小姐說：「在筑大的台灣留學生，現在沒有人敢去找他，我來筑大已三、四年，雖然知道張老師的專攻是台灣史，但是到現在他的研究室我還沒有進去過。上回，有一次筑大的中華民國同學會會長，帶了一些同學到他家玩，他拿了中共的畫報、放中國大陸的幻燈片給他們看，極力說中共多強，多有希望。後來，有人將此事告訴上面，害得那個會長差一點回不了台灣。」炎憲聽了之後，笑一笑，用堅定的口吻說：「張老師不可能會那麼做！」後來，我來筑大之後，證實了她所說的全是子虛烏有。

那回，我還曾和她一起到大學時代的恩師家作客，席上恩師也提到：「張老師的作學問精神，與對整理台灣文化所付出的心血，我是非常欽佩敬重的。可是，對於他的婚姻生活，我是大大的不以爲然。」S小姐在旁邊，用着調侃的語氣說：「人家張老師最近也上教堂了。」

一九八五年春，我抵達筑大之後，稍作安頓，即刻迫不及待地前往拜見張老師。五月的日本，櫻花剛謝了春紅，天氣還是有點微寒，張老師頭戴毛線帽，身穿短大衣，在他資料堆積如山的研究室接見了我。張老師很瘦，有點憔悴，相貌也不起眼，完全沒有日本國立大學老師的架勢。我遞上了筱峯寫的介紹信之後，他簡短問我來筑大的打算，告訴我如有任何問題可隨時找他。由於第一次見面，也找不到任何話題向張老師請教，很快就告退了，而且事先炎憲也向我提起張老師有時很情緒化，不太喜歡一些五四三（廢話）。

那時，剛好雪美姐比我早一個月來筑大，一面當研修員，一面搜集博士論文資料。經張老師介紹後，很快就熟起來。雪美姐說她比我早來日本一個月，所以我應當叫她師姐，我則是她的小師弟。從此，師徒三人經常同行徜徉在美麗的筑大校園，有時張老師到東京神保町舊書街尋寶時，我與雪美姐則一前一後跟着前去見習。或許和張老師並肩走在筑大校園的次數多了，或許生性喜歡放炮，言必稱張老師，沒多久就有留學生善意的跑來告訴我：「張良澤是問題份子，他現在已回不了台灣，儘量少跟他接觸比較好！」印象很深刻的一件事，張老師編著的『FORMOSA：台灣原住民的風俗』出版後，我在宿舍房間的書架上擺了一本，某留學生在我房間裏看到我把那本書擺出來，很緊張又很善意的告訴我：「趕快把張良澤的書收起來，萬一被別人看到會有麻煩。」抵筑大不到半年，有關張老師的謠言，不勝枚舉。到現在我還是想不通，到底張老師和這些台灣留學生有什麼解不開的仇，爲什麼他們視張老師如洪水猛獸呢？

誠如炎憲所說，張老師是有點情緒化，他寡言，不喜歡婆婆媽媽說一些五四三。每次到他研究室去找他時，我儘量二三句話就要把請教的事情講完，他則繼續工作，我則留在他的寶庫裏樂而忘返。

不久，張老師從筑大外國人教師變成非常勤外國人講師，光靠那菲薄的鐘點費是無法維持一家五口的生活。因此，爲了維持家計，除了筑大的幾個鐘點外，張老師還必須到東京打工，當中文家庭教師，每個星期筑波、東京兩邊跑。本來已夠瘦削的身體，在這種情形下，更顯得搖搖欲墜。少瓔師母一直躭心他負荷不了。而張老師的『四十五自述—我的文學歷程』，恰好就在此時開始撰寫，寫作的時候正是生活陷於困境，爲五斗米奔波的時候，看到他每回自述的末了所註明的「稿成於常盤線（東京到土浦的鐵路線）上」、「稿成於池袋斗室」，就可知其情形了。所幸，在這時「台美基金會」頒給他「人文科學成就獎」，稍解紓困；在接到這個獎時，張老師苦笑的自我解嘲說是領到一筆失業救濟金。但事實上，我知道在獲得這個獎之後，張老師對自己的期許反而更高，傳播台灣文化的担子反而更重了。

在張老師撰寫『四十五自述』的過程中，每當他完成一回之後，總要我仔細再閱讀一遍。他說由於荒蕪了的年代久遠，有些記憶已經模糊了，為了避免前後矛盾或重大事件顚倒起見，所以要我很細心的校對一遍，然而卻因此提供我先睹為快的機會。讀了張老師的『四十五自述』之後，給我的震撼相當大，我發現我自己許多成長的軌跡，幾乎是跟隨着張老師踏過的足跡而前進。

張老師的感情世界與婚姻生活一直是外人所詬病的，張老師也從未作過任何答辯。在我的感覺上，張老師是一個浪漫得無可救藥的人，他有很濃厚的頽廢、耽美傾向；少瓔師母曾說過張老師在男女的感情上非常的不成熟。他可以為着一份執着，排除親友的反對，完成他的心願，到頭來雖然落得幻滅，但他還是九死未悔。如果大家能看到當年他發表在『台灣文藝』的兩篇短篇小說「假如我現在就死去」、「夏日最後的玫瑰」，應當可以體會他當年的心情。

在『四十五自述』中，張老師對於他為何會從立志研究中國文學，轉變到研究台灣文學的心路歷程交待得很清楚。我想張老師對於台灣文學的發掘、整理與貢獻是受到肯定的，不止是台灣、中國，就我所知，連日本學界也肯定張老師在這方面的成就。他不止一次向我說，他做的只是一個開端，只是冰山的一角，他希望有更多的人能參與台灣文學的整理。只要把作品一套套的整理出來，在建構屬於台灣自己的文化時，就是一塊塊很堅固的礎石。他有時也很感歎的說如果台灣、日本能讓他自由來去的話，他相信會有更好的成績出來。張老師有時也談到早些時候從日本學成歸國回母校成大任教，一直到他再度來日本任教筑大之前，是他的黃金時期。在這段時期他做了不少事情，整理不少東西出來。

在成大時的張老師手下可說是有將有兵，來筑大任教後的張老師可說是一人孤軍奮戰。直到年前雪美姐來日後，在研究工作給張老師不少協助，我則向張老師說我願在他底下從小兵幹起，希望有朝一日能成爲張老師麾下的一員大將。

我認爲貫穿整本『四十五自述』的，不止是張老師自己的文學歷程，從書中也可以清楚了解戰後台灣社會氛圍的演變以及一個知識份子如何走出學術的象牙塔，如何從認同中國文化回歸到台灣文化，以至於全心擁抱自己的鄉土。當然書中也可以知道衆人所感興趣的張老師的感情世界。

不久前，與張老師的一次談話中，張老師有點消沈的說：「最近經常在半夜中醒來，醒來後往往有一種要哭的感覺。有時候懷疑活着是爲了什麼？但是一想到還有那麼多的事情未了，島內、島外的台灣文化運動正需要我全力的投入，我希望我這破車老馬的身軀，能再支撐幾年。」張老師的身體一向不好，這是很多人知道的事情。去歲，陳翠玉老師來日時，見過張老師後，也一再的勸張老師務必注意身體，尤其是現在島內外最需要他的時候。

當此之際，島內外政治團體山頭林立，在迷信政治萬能的急功近利之餘，大家是否想到文化運動才是長遠之計呢？也許這只是書生之見，但是一想到張老師憂心忡忡的爲台灣文化的整理、傳播，決意抱着「鞠躬盡瘁」的心情時，我不禁自問：豈可忍讓張老師斯人獨憔悴？

一九八六年六月十四日稿於筑波

『四十五自述』代後記

張良澤

・之一・

致謝里法、陳芳明、張富美、林衡哲諸友：

一九八二年夏，我首次赴美，在郭尚五家向謝里法、陳芳明陳述了『台灣文化』的夢想。翌年，參加美東夏令營後，又遇見了張富美、林衡哲，更增加了此一夢想的可行性。隨後，你們便積極展開籌劃工作，終於兩年後，把我們的夢想付之實現。我除了要感謝您們的辛勞之外，還要感謝支援它的團體與個人。

爲了證實這份刊物是我血肉的一部分，我遂解剖了自己的身軀呈獻給它。

可是唯恐我的牲醴獨佔祭壇太久，以致發霉發臭，所以請您們適時把它拆去，讓大家有機會輪流獻祀。因爲這個祭壇是屬於所有台灣人的，不管誰來燒一柱香、獻一碗米，只要誠心膜拜的人愈多，則台灣的香火就愈旺盛。

海外台灣文化的殿堂已奠基了。只要大家再接再勵，一磚一瓦的砌造起來，必定大家有一天可以自豪地獻給台灣子孫們，並說：

「台灣人是有文化信仰的。」

祝成功！

一九八五年十二月二十七日　於池袋斗室

・之二・

致台灣公論報某作者：

很抱歉，我因手邊沒帶來過期的台灣公論報，所以忘了您的大名。您是拙作『四十五自述』登刊以來，第一位公開撰文評論它的人。

那是今年九月間，『台灣文化』創刊不久，我還沒有接到雜誌，就先在公論報拜讀了您的評文。您的大作就該誌創刊號做了全面性的評介，而文中卻對排在殿末的拙作特別偏愛，我看了都覺不好意思，因此，您的溢美之辭，我也沒記清楚。不過，您好像說了一句：「本篇自述本身是一篇文學作品」這樣的話。

這句話，說實在的，令我敬服您的慧根與洞察力。

本來我在標題之下加了「文學歷程」這個副題是有如下用意的：

一、題材限定於「文學」範圍，以免牽扯太多，變得雜亂無章。

二、爲了交代我怎樣走上「文學」之路，所以也得交代摸索過程的「歷程」，故合起來謂之「文學歷程」。

沒想到一動起筆來，卻往事如煙，煙霧從時空的山谷間不斷湧起而瀰漫。本來我是要站在山頂上冷靜的觀察過去的足跡，可是現在我卻情不自禁的走進煙霧瀰漫的山谷中，走回時空的隧道！在那裏，我重逢了許多已經忘了名字的人；還有那熟悉的一草一木。不知不覺之間，使我要跪下來親吻那塊土地，使我要向愛過我的人懺悔，使我要扯下專橫而僞善者的猙獰面目，也使我要捕捉飄浮不定的七彩虹。……

每寫完一個章回，就像做了一場大夢。夢醒時，才發現我遺漏了很多事，忘了很多人名，甚至先後次序有顚倒的。當然我努力再啓開記憶的倉庫回去尋找，但也不敢確定到底是夢中的可靠呢？還是記憶中的可靠？誰能保證「現實」又不是一場「夢」呢？誰又能反證「夢」不是最眞實的「現實」呢？

因此，我很慶幸自己當初沒有標明「人生實錄」或「社會紀實」這類副題，而說是「我的文學歷程」。這正符合「文學卽夢」的說法，也與「人生如夢」不謀而合。

吾兄一語道破，善哉、善哉！

祝健筆

一九八五年十二月廿八日夜於獨居寮

・之三・

致聖地牙哥某同鄉夫婦：

我眞是個健忘者，才一個月前在加州聖地牙哥城的某同鄉（我也忘了他夫婦倆的大名，但印象最深的是女主人做的魷魚羹和男主人的代筆題字及大公子的拍照姿勢）家裏聚會時，約有二十個人來夜談，而您倆夫妻坐在我對面，尊夫人向我開口第一句話便是：「張先生，你的自述，我們每期都拜讀了。寫得眞好！」緊接着，坐在旁邊的胖丈夫又說：「我們很想把它拍成電影，那一定很感人。」對於這麼一對志同道合（我注意到您倆開口閉口都說「我們」而不說「我」）的好夫妻，我竟然忘了您們的名字，該打該打！

言歸正傳。您倆稱讚我的文章，也許是出於禮貌客套；但說想拍成電影，則可能是出自於內心的話。我知道您倆不是搞電影的（因爲我沒聽過旅美同鄉有人拍電影），但會說出這樣的話，一定是因爲我寫的情景對您們太熟悉了，我的經驗與您們的經驗重叠了，所以您們每讀一節，便想起一幕場景，進而考慮要把鏡頭如何調整或移動；而場景中的主角明明是瘦某人，卻於不知不覺之間變成了胖某人！甚至多了一位白衣天使的女主角呢！

要怎樣拍攝這部電影，我無權過問。我知道我永遠也看不到這部電影的上映，因爲它只在您倆的心幕上放映而已！

雖如此，我仍然很高興。我的鏡頭能換成別人的鏡頭，我的血肉能轉換成別人的血肉，我的生命能轉換成別人的生命，那麼我就沒有白活了。

謝謝您倆恩愛夫妻，讓我聽到最動聽的話語，也謝謝是夜的主人安排了我們見面的機會。那一夜的所有面孔都已投射在我的心版了。雖然我連一個名字也記不起來。

祝福您倆及朋友們安康！

一九八五年十二月廿八日夜於獨居寮

・之四・

致舊金山協志會同鄉：

今年十一月廿五日乘赴美接受「台美基金會」頒發的人文科學獎之便，至舊金山聽尤清戰士的選戰報告。翌日應協志會會長之邀，參加了家庭聚會。也許事先張富美教授已向會友提起我的遭遇，所以聚會時，大家頻頻問起我的近況。我因時間寶貴，不願多講私事，只略略帶過而已。後來離開舊金山，至愛灣林家，富美打電話來表示有人願意贊助我的研究，我感謝之。

返日後，又忙起兼差打工的生活，早已忘了贊助什麼的事。不料數週後的公論報上，突然刊出一則不小的「張良澤研究贊助啓事」，使我嚇了一跳，心理一時很矛盾。

現在爲了讓貴會的會友們了解我的生活情況，簡單報告如下：

我於一九七八年底，由摯友上野惠司之介，應日本國立筑波大學之聘，來日任教中文及台灣文學課程，身份是「外國人教師」。這是全日本國立大學專任外人教師的共同身份，其待遇較日本教授爲優，但一年一聘，無何保障。照日本一般慣例，我們雖屬客人身份，除非自願辭職，否則一直聘任下去，而未聞有解聘者。我一向不管這些，只努力教學，拼命買書，家庭生活得過且過。

直至今年初，校方突下一紙通知：凡任滿四年以上的外人教師，皆一律停聘。全校各科系約有十數人該走路了。但不久，系主任面告當中有四人被選定爲永久教授（與日人教授同等待遇），我也是其中之一人。聞下，頗爲安心。然至三月中，筑大人事爆出大傾軋，本來咱們外國人就無權干預人事、行政，卻被這場暴風雨無端席捲進去而成了犧牲品，終至今年四月，全部掃地出門。此時新學年已開始。

五月，學校一時找不到頂替我的中國人教師，只好把我留下來，改聘爲兼任講師，担任同樣的時數，而鐘點費只剩三分之一弱。

過去我沒有存款，現在每月只領十萬日圓，付了七萬房租，剩下三萬圓只夠水電費而已。我急了，到處託人找零工，只要能生活，我什麼事都幹。

八月，東京世台會剛結束，從會場搬運展出品回來，學校突然又下令我遷出研究室。這下子，眞是欲哭無淚，大大小小約有一百箱書籍，幸得廖、黃二君及小竹勝兄之助，運回家裏，從家裏的玄關堆到樓上房間。只怕隨時又要搬家，所以不敢開箱，天天望箱興嘆。我變成了手無槍彈的老兵了。

因此，台灣公論報的「台灣文化專刊」只好宣告暫停。可是鑼鼓緊吹的『台灣文化』雜誌，我是賴皮不掉的了。

『四十五自述』就在這動盪的一年中硬擠出來的。像擠一隻已經用完的牙膏，已經壓得扁扁了，還要用牙刷的柄把它壓出一點一滴來。有些不敢確定的人名、地名或年代，只要我翻一下文獻、信件，便可迎刄而解決；但那些資料在哪一箱呢？我只能坐在箱子的山頂上咬牙切齒而已。

這樣的情況將延續到明年三月。四月以後能否改善，不太樂觀。所以，您們說要贊助我的研究，如果我接受了，我還是交不出一篇報告，平白把您們的血汗錢拿去還書債，豈非辜負您們的宗旨與好意，而增加了我的心理負担。

如果您們一定要表示一點誠意，那麼，我建議把它充做本書出版的贊助金，則感恩不盡矣。

我雖然叫苦，但比起島內一羣默默犧牲的民主鬥士們，顯然太奢侈了。眞正急待支援的是火燒島上無辜的「思想犯」們與非洲大陸每天餓死數萬的小孩子們。

謹向您們

致敬、致謝！

又及：貴會友陳骨頭醫師替我撬骨，解決了世台會以來搬書扭傷的臂痛，醫術高明，永記心頭。

一九八五年十二月廿九日深夜於池袋頭

．之五．

致某仁兄：

您寫了密密麻麻的二十面長信，對連載中的拙稿第一回至第三回做了總評，其中一半寫我，一半寫您自己。全信提供了寶貴資料，非常感謝。

您的「酷評」大致可代表對拙作持反面意見的總結。如果是別人寫來的話，我還可以一笑置之；但出自認識了二十九年的老友筆下，我不能不正襟危坐、虛心坦懷的聽您斥責。

您指責我犯了夢遊症，把距離海岸一、二十公里的北港說成「海邊城鎮」；指責我自命非凡、愛出風頭、自視爲「人材」，而沒有把您及您的友人看成人材；指責我輕浮，看到女人就想入非非；指責我不像您那樣愛好讀書、修心養性，而專寫風花雪月的狗屁文章；指責我無故把您的大名牽連進去，而與事實不符；指責我……。

您不愧爲我的忠諫之友，一片好心好意，無非要我收斂鋒芒，晦光韜養，以免招來殺身之禍。

對於您的指責，我盡量修改訂正；並鄭重向您道歉把您寫入與事實不符的地方；並重申我對您及所有友人的敬意，絕無貶人以自褒之意圖。

對於您的忠諫，我感激再三。但我憑良知行事，只求上不愧父母，下不愧於子女。生死在天，豈我所能自保者乎？

再三反省之餘，發現拙作自述中，的確於「忘我」之下，犯了一點「自大狂」與「自我妄想症」。

那可能是因爲自剖很痛苦，爲了怕痛，而對自己打了幾針痲醉藥與強心劑使然。

仁兄，您連我這一點懦弱都不容許嗎？

祝您永遠微笑！

一九八五年十二月廿八日深夜

・之六・

致道功、亭亭、道南吾兒：

很抱歉，我把你們的「父親」的底細統統揭露出來了，這也許侵犯了你們的「隱私權」，甚至使你們長大成人之後，受到背後許多的指指點點，造成了你們的人生汚點也說不定。請你們要諒解，我是不得已才這樣做的。因爲「張良澤」不是僅屬於「你們的」父親而已。

你們幸而生爲張良澤的孩子，因爲你們得到了他的全部愛心；但又不幸而生爲「台灣人張良澤」的孩子，因爲他背負了歷史重債。他必須要傾其所能去討債！

不管怎樣，我要努力讓你們覺得做爲張良澤的孩子是光榮的，也要讓你們覺得做爲「台灣人張良澤」的子孫是驕傲的。

除了幾箱書之外，我沒有任何財產留給你們。而我的所有藏書及文稿，都要歸公於台灣人共同管理的圖書館。所以，你們有使用它的義務，而沒有佔有它的權利。

以後我還不知道能活幾年，也不打算寫些什麼「遺訓」給你們，就以這部『四十五自述』充做唯一的「遺書」，請你們好好讀它。

當然還有很多話沒有寫進去，但凡寫進去的，沒有一句是謊言。當然有不少是記憶錯誤的，也有不少是故意隱名埋姓的，但我發誓沒有一處一事是故意揑造虛實的。

我沒有權利要求你們繼續走我未走完的路。但若你們三人之中有誰對文學感興趣的話，不妨從我遺留下來的文獻資料、書信文稿中，做一點考證、補訂的工作，讓這本「遺書」變得完全眞實，則不僅成爲張家的歷史，也成爲台灣歷史的一小部分。

至於你們三個人怎樣誕生到這世上來，說來相當複雜。如果我能多活幾年，再寫一部『張良澤懺悔錄』，屆時你們也較懂得大人之事，便可冷靜批判一個人的功過得失。現在，我只能說一句：「我很對不起你們的母親。」

求神保佑你們健康長大！

一九八五年除夕前夜　父字於東京池袋

（時道功十四歲、亭亭十一歲、道南三歲）

尾語

一、本稿起草於一九八五年三月十日，完成於一九八六年七月十二日。歷時一年四個月又二天。

二、撰稿期間，恰逢東京世台會結束、遷出研究室及搬家、謀職等，故時續時斷。大致全文的三分之一於電車中站着寫，三分之一於電車上坐着寫，三分之一寫於縮短睡眠之時間。

三、得黃英哲老弟之再三校稿，並製作略年譜，誠屬知我心者。

四、得廖雪美妹迢迢千里返台運書，始得以提供張英雪君編纂作品年表。

五、得林衡哲兄預支付稿費，得北加州協志會之研究補助費，得台美基金會人文科學獎，得竹內敬人教授提供住屋，得林銀女士租房供我放書，得李建祥君做晚飯給我吃，得陳芳明兄之催稿，得家屬弟妹之犧牲，得衆人之關愛，始有此稿之誕生。

以上，謹記之在心。

作者附誌於東京語文學院

一九八六年七月十二日全稿完成時

國家圖書館出版品預行編目 (CIP) 資料

四十五自述 : 我的文學歷程 / 張良澤著 . -- 二版 . -- 臺北市 : 前衛出版社 , 2022.09
520 面 ; 15×21 公分 . -- (新台灣文庫 ; 9)
ISBN 978-626-7076-67-5 (平裝)

1. 張良澤　2. 傳記

783.3886　111013709

(復刻版) 四十五自述：我的文學歷程

著　　者　張良澤

出 版 者　前衛出版社
地址：104056 台北市中山區農安街153號4樓之3
電話：02-25865708 | 傳眞：02-25863758
郵撥帳號：05625551
購書・業務信箱：a4791@ms15.hinet.net
投稿・代理信箱：avanguardbook@gmail.com
官方網站：http://www.avanguard.com.tw
出版總監　林文欽
法律顧問　陽光百合律師事務所
總 經 銷　紅螞蟻圖書有限公司
地址：114066 台北市內湖區舊宗路二段121巷19號
電話：02-27953656 | 傳眞：02-27954100
原版日期　1988年9月台灣初版一刷
復刻日期　2022年9月台灣複刻版一刷
定　　價　新台幣500元
I S B N　978-626-7076-67-5